研究生卓越人才教育培养系列教材

地方政府管理学新论

主　编　司林波　任都甜
副主编　徐芳芳　韩艳丽　李亚鹏
　　　　谭筱波　王伟伟　张　丰

西北大学出版社
·西安·

图书在版编目（CIP）数据

地方政府管理学新论 / 司林波，任都甜主编. —— 西安：西北大学出版社，2024.7. -- ISBN 978-7-5604-5444-3

Ⅰ. D035.5

中国国家版本馆CIP数据核字第2024PF9258号

地方政府管理学新论
DIFANG ZHENGFU GUANLIXUE XINLUN

主编　司林波　任都甜

出版发行　西北大学出版社

（西北大学校内　邮编：710069　电话：029-88302621　88303593）

http://nwupress.nwu.edu.cn　E-mail: xdpress@nwu.edu.cn

经　　销	全国新华书店	
印　　刷	西安博睿印刷有限公司	
开　　本	787毫米×1092毫米　1/16	
印　　张	22	
版　　次	2024年7月第1版	
印　　次	2024年7月第1次印刷	
字　　数	385千字	
书　　号	ISBN 978-7-5604-5444-3	
定　　价	68.00元	

本版图书如有印装质量问题，请拨打029-88302966予以调换。

目　录

绪言　如何组织案例教学？ ……………………………………………… 1

第一编　基础知识部分

第 1 章　地方政府管理导论 ………………………………………… 13
1.1　地方政府的产生与发展 …………………………………………… 13
1.2　地方政府管理概述 ………………………………………………… 25
1.3　信息技术变革中的地方政府管理 ………………………………… 31
1.4　地方政府管理学的知识架构与学习方法 ………………………… 40
　　本章案例解读 …………………………………………………… 43
　　本章教学案例设计 ……………………………………………… 48
　　延伸阅读 ………………………………………………………… 51

第 2 章　地方政府管理的理论基础 ………………………………… 54
2.1　府际关系理论 ……………………………………………………… 54
2.2　制度变迁理论 ……………………………………………………… 61
2.3　区域发展理论 ……………………………………………………… 67
2.4　资源依赖与交换理论 ……………………………………………… 73
2.5　治理理论 …………………………………………………………… 78
2.6　公共政策理论 ……………………………………………………… 84
　　本章案例解读 …………………………………………………… 89
　　本章教学案例设计 ……………………………………………… 94
　　延伸阅读 ………………………………………………………… 106

I

第3章 中国地方政府管理的历史沿革 …………………………… 109

3.1 古代地方政府管理 ……………………………………………… 109

3.2 民国时期地方政府管理 ………………………………………… 116

3.3 当代中国地方政府管理 ………………………………………… 119

  本章案例解读 ……………………………………………… 126

  本章教学案例设计 ………………………………………… 133

  延伸阅读 …………………………………………………… 140

第4章 国外地方政府管理 …………………………………………… 143

4.1 美国地方政府管理 ……………………………………………… 143

4.2 英国地方政府管理 ……………………………………………… 150

4.3 德国地方政府管理 ……………………………………………… 155

4.4 日本地方政府管理 ……………………………………………… 159

  本章案例解读 ……………………………………………… 164

  本章教学案例设计 ………………………………………… 168

  延伸阅读 …………………………………………………… 174

第二编 主体内容部分

第5章 地方政府管理的逻辑起点：公共物品 ……………………… 179

5.1 公共物品：地方政府管理的逻辑起点 ………………………… 179

5.2 公共物品的属性与私人供给的障碍 …………………………… 184

5.3 地方政府公共物品的供给模式与优化路径 …………………… 189

  本章案例解读 ……………………………………………… 191

  本章教学案例设计 ………………………………………… 196

延伸阅读 ·· 199

第6章　地方政府管理的两个基础：职能与权力·················· 202

6.1　地方政府管理的基础 ·· 202

6.2　地方政府的职能 ·· 204

6.3　地方政府的权力 ·· 208

6.4　地方政府职能转变与权力结构的调整 ····························· 212

　　　本章案例解读 ·· 216

　　　本章教学案例设计 ·· 221

　　　延伸阅读 ·· 228

第7章　地方政府管理的三种力量：政府、市场与社会志愿组织 ······ 232

7.1　政府神话与政府失灵 ·· 232

7.2　市场神话与市场失灵 ·· 236

7.3　志愿神话与志愿失灵 ·· 239

7.4　地方政府管理中的力量关系 ·· 242

　　　本章案例解读 ·· 245

　　　本章教学案例设计 ·· 250

　　　延伸阅读 ·· 257

第8章　地方政府管理的四大要素：战略、资源、结构与流程 ········ 259

8.1　战略设计：地方政府管理的环境分析与目标管理 ········· 259

8.2　资源配置：地方政府管理中的资源整合与开发 ············· 267

8.3　组织结构：地方政府组织的纵横结构与体制选择 ········· 273

8.4　流程再造：地方政府管理运行机制的设计与优化 ········· 276

　　　本章案例解读 ·· 280

　　　本章教学案例设计 ·· 285

延伸阅读 ··· 291

第9章　地方政府管理过程的五个环节：决策、落实、评估、监督与创新 ·· 293

9.1　方案抉择：地方政府决策的科学化、民主化与法治化 ············ 293
9.2　保障落实：地方政府执行力的构成与管理工具选择 ············· 300
9.3　绩效管理：地方政府绩效评估与绩效改进 ························· 307
9.4　行为规范：地方政府管理的监督机制 ································ 313
9.5　追求卓越：地方政府管理创新 ··· 319
　　　本章案例解读 ··· 325
　　　本章教学案例设计 ··· 332
　　　延伸阅读 ··· 338

后　记 ·· 341

绪言　如何组织案例教学？

公共管理类专业人才培养具有很强的实践性和应用性要求，毕业生不仅要掌握专业的理论知识，还要在此基础上积累大量的实践经验。实践经验的取得，可以通过两种途径：一是长期的亲身实践；另一种是通过一些典型教学案例的学习。[①]小劳伦斯·E.列恩认为："教学案例是一个描述或基于真实事件和情景而创作的故事，它有明确的教学目的，学习者经过认真的研究和分析后会从中有所收获。"[②]案例教学就是以教学案例为载体，通过情景模拟再现达到实践经验的模拟习得。案例教学十分契合公共管理类专业人才培养的需要。在教学实践中，如何通过案例教学把内涵丰富的公共管理理念、规律、模式、方法与管理实践贯通结合起来，既实现学生对理论知识的掌握，又实现学生对知识运用的训练，最终实现学生分析、解决问题综合素质能力的全面提升，是公共管理学科教育面临的重要课题。

（一）案例教学的概念及意义

所谓案例教学，指教育者本着理论与实践有机结合的宗旨，遵循教学目的的要求，以案例为基本素材，将学习者引入一个特定事件的真实情景中，通过师生、学生之间双向或多向互动，积极参与、平等对话和研讨的教学形式。这种教学模式的核心在于，师生围绕特定的选题进行讨论，尽可能形成针锋相对的观点，进行激烈辩论，由学生依靠自己的经验、知识作出判断，教师只对判断结果进行分析与评论，而不简单地判定对或错。这样的教学形式有助于揭示问题、认清本质、探求真理。在教学实践中，往往与事例教

---

① 谢明.公共政策案例分析与思考［M］.北京：中国人民大学出版社，2010：1.
② 小劳伦斯·E.列恩.公共管理案例教学指南［M］.北京：中国人民大学出版社，2001：46.

学混为一谈，使得案例教学效果大打折扣。需要指出的是，案例教学与事例教学有着本质的区别，事例教学仍然属于传统教学方式的范畴，教师依旧处于主导地位，只不过是在理论讲授的同时用适当的案例对理论知识加以进一步解释和澄清而已。而案例教学则完全不同，在案例教学中，学生是课堂的主体，教师处于课堂辅助者的配角地位，案例是课堂教学的核心内容，理论的学习围绕案例层层深入，以期达到理论知识理解的深化和知识运用灵活化的效果。因此，案例教学的核心在于师生、生生之间围绕案例展开的互动，在互动中互相启发，加深对知识的理解和对实践应用能力的培养。

案例教学是公共管理教学中最普遍、最常用的方法。在教学过程中，教师选择现实世界中的某一典型的管理或政策问题作为案例，为学生提供背景情况，并讨论面临的矛盾、问题、困境和选择。公共管理案例教学具有以下作用：一是可以形象地传授公共管理知识，增加学习者的兴趣；二是将学习者置于复杂的公共管理现实环境之中，使其体验到公共管理人员和组织在实际管理过程中的各种压力和复杂性，提高学习者在有限信息的基础上进行决策的能力，提高他们分析复杂问题的能力；三是使学习者通过对公共管理现实素材的分析，更好地理解已有的公共管理理论和知识，掌握和发现公共管理规律，进而从案例研究中发展出新的公共管理理论；四是使学习者积极介入或参与教学过程，在教学的互动过程中开发学习者多方面的潜能；[①]五是弥补实践（实习）教学之不足。

（二）如何组织一场精彩的案例教学

公共管理案例教学强调开放性教学，由过去单方面灌输走向民主，由封闭走向开放，由单向走向双向，由单一走向多元，由理性走向感悟，由直观思维判断走向体验、感受、领悟和思考。一场精彩的案例教学受制于诸多因素，但根据学科特点，建构一套有效的案例教学组织形式是其必要条件。

1. 有效的案例教学组织形式

美国著名教育学家梅里尔·哈明博士在其享誉教育界的《教学的革命：创新教育课程设计》一书中提出了课堂教学的"五品"目标，即努力培养学生充满自信和发奋好学的尊严，诱发学生饶有兴趣地参与教学的活力，造就学生自负其责、自作选择的自我管

---

① 小劳伦斯·E. 列恩. 公共管理案例教学指南［M］. 北京：中国人民大学出版社，2001：7.

理能力，培育学生团结、友爱、协作的集体感，开启学生洞察事物的专注意识。[①]笔者认为公共管理案例教学通常围绕一个需要解决的实际问题展开，在学习的过程中，可以通过各式各样的案例让学生身处真实的问题情境，引导学生收集、分析和利用复杂信息，教师通常不进行宣讲式的教学，而是进行苏格拉底式的讨论引导，鼓励学生自主发现和提出问题、设计解决问题的方案、验证结论等，培养学生发现公共管理问题和解决公共管理问题的能力。公共管理案例教学能够有效践行上述"五品"的要求。然而，要有效开展案例教学，必须依赖于科学合理的案例教学组织形式。鉴于公共管理类专业人才培养以公共精神培养为价值旨归，以合作能力和管理实践能力培养为核心素质目标，笔者认为团队合作式案例教学模式是实施公共管理案例教学的有效组织形式。所谓公共管理团队合作式案例教学模式，指在教学组织活动中，以团队为教学活动的基本单元，以公共精神、合作能力和管理实践能力为核心的多方面素质和能力的培养为目标，教学组织者通过有效的案例开发和教学模式设计，把学生关注的焦点集中到教学案例所确定的主题上来，形成一个团队之间、学生个体之间，以及教师与团队、教师与学生个体之间充满互动和活力的有效的课堂教学组织模式。[②]

团队合作式案例教学模式是以学生为主体的教学设计，学生在教学活动中自我组织、自我管理，团队是课堂活动的基本单元。在课堂上，学生被分成几个既定的学习小组，以小组集体的形式参与课堂活动。学生必须依赖于团队开展活动，从而培养学生的集体意识。以团队为单元组织教学有两大特点：一是具有较高的互动性，团队合作式教学模式在实施过程中，不仅是教师与学生个体以及学生与学生之间的互动，还增加了教师与学生团队、学生团队之间的互动，因此互动性更强，互动的水平更高；二是培养学生较强的公共责任感，责任感是公共精神养成的基础，也是合作能力生成的动力机制。公共管理案例教学不仅要培养具有较高文化素质和专业技能的知识人，还要培养对社会具有责任感的社会人，从培养学生对所在团队的责任感入手，激发学生的参与热情和集体责任意识。此外，以团队为单位组织教学，同样以团队集体表现作为考核的主要依据，每个成员的最终成绩不仅取决于个人的表现，而且取决于团队的整体表现，要想在竞争中获胜，单靠个人是不行的，必须依赖于团队成员之间的通力合作。在培养学生团队精神的同时，还需要通过教学过程的程序和内容设计实现培养和锻炼学生的自信心、自我管理、

---

① 梅里尔·哈明. 教学的革命：创新教育课程设计［M］. 北京：宇航出版社，2002：4-6.
② 司林波，谢中起，李春林. 基于合作能力培养的团队合作案例教学模式探索——以公共管理类本科专业课程教学为例［J］. 教学研究，2014，37（05）：25-29，8.

组织领导以及分析和解决问题的多方面素质和能力。这是对教师教学艺术的重要挑战。

2. 一场精彩案例教学的基本特点

列恩曾对课堂案例教学的成效进行讨论，分析了一场精彩的案例讨论的主要表征。[①] 参照列恩的观点，我们认为一场精彩的案例讨论应该注意如下几个方面：

（1）在讨论中，学生是否高频率地发言？学生高频率的发言表明学生将注意力和关注点聚焦于案例并且富有成效地投入了讨论。公共管理案例的特点就在于能让学生有感而发，能够从案例中发现问题，并在激烈的讨论中发掘问题的本质。

（2）在讨论中，学生是否自觉主动发言？自愿参与是精力投入的一个表现。公共管理课程实践性强，应该选择学生熟悉的或本地的公司以及人或事作为案例，这对于没有工作经验的本科生来说是相当重要的，可以拉近学生与现实的距离，激发学生的兴趣，使学生有话可说。

（3）问题讨论的延伸程度如何？案例教学的起点建立在教师设计的教学案例中，案例中通常设置了若干问题，问题设置的科学性、合理性是教师教学组织能力的重要体现。问题的设计应该具有连贯性，应该有助于激活学生的思维，调动学生的情绪，并能围绕已有问题展开进一步的推演和思考。如果在教学过程中，学生提出了富有挑战性的新问题，则说明学生已经全身心地投入到案例讨论中来了。

（4）师生互动性如何？案例教学摆脱了教师一言堂式的传统教学模式，建立在师生平等的基础上，师生在案例讨论中的互动是一场精彩案例课的必备要素。教师应该在教学过程中离开讲台动起来，与学生打成一片，当教师积极主动、热情高涨地投入到教学中来，必然能够渲染教学气氛，把学生的情绪渐渐带入佳境。

（5）课堂愉悦度如何？一堂成功的案例教学课应该在师生互动、心情愉悦的气氛中进行，过于压抑或紧张的氛围都不能取得预期的效果。案例的选材必须有意义而且要有趣味，符合本科生知识和兴趣的特点，学生在课堂中笑了多少次是评判案例教学成功与否的重要标志。只有在愉悦的气氛中，学生才能没有任何顾虑地积极参与到案例讨论中来。

（6）课堂讨论是否存在一个活跃期？如果一堂讨论课始终在平和的气氛中进行，那么这堂课是不成功的，成功的案例讨论应该使同学们完全沉浸在案例所设定的情景中，有一种时空还原的感觉，也就是形成一个观点交锋的活跃期。试想一下，一个缺乏活力的

[①] 小劳伦斯·E.列恩. 公共管理案例教学指南［M］. 北京：中国人民大学出版社，2001：100-101.

群体肯定不如一个表现出渴望和激情的群体从案例讨论中获益更多。这就要求案例材料的编排与思考题的设计必须有助于形成正反两方面观点的交锋。

（7）连贯性如何？案例教学过程应该一气呵成，案例讨论的主题应该具有连贯性，论点应该层层递进，将学生一步步带入讨论高潮，从而使得学生在案例讨论后很长一段时间都能记忆犹新。对于公共管理案例来说，因为与实践联系紧密，只要论题设计合理，完全能够做到这一点。

（8）讨论是否在愈来愈活跃时结束？一般来说，案例讨论应当在一种高昂的情绪中结束，参与者应该有一种意犹未尽的感觉。"如果学生出了教室仍然谈论课堂上的案例，就可以认为你这堂课是成功的。"[①]公共管理课程的特点就在于理论应用于实践，如果学生能够在讨论中意犹未尽，必然有助于继续深入对问题的思考，加深对实践问题的理解。这是课堂教学效果向课后延伸的体现，也是传统教学模式所不及的。

（三）案例教学中的教师角色转换

教师角色在传统教学和案例教学中差异很大，一堂精彩的案例讨论课，离不开教师角色的科学定位和全力投入。按照案例教学的进程，案例教学过程可以分为案例准备、案例实施和案例总结与反馈三个阶段，在每个阶段中，教师都扮演着重要角色。[②]

1. 案例教学准备阶段的教师角色

教学案例的选择是案例教学的第一步，一个选题准确、设计合理的案例是确保案例教学效果的关键因素。教师在案例准备阶段扮演如下角色：

（1）典型案例的提供者。案例的提供者角色包括两个方面，一是选择案例讨论主题和案例素材，二是设计案例思考题。首先，选择一个主题鲜明并与教学目标相一致的案例是教师的重要职责，也是对教师教学水准考量的要素之一。教师应该深刻把握教学大纲、认真分析教材，根据教学目标和课程进度选择合适的教学案例。对案例题材的选择，是教师教学的基本功，但这并不意味着案例选材的来源具有唯一性，在教师根据教学目标确定了案例题材之后，具体的教学案例选择可以有多种来源：一是教师可以自我编写，这是主要方面；二是可以充分发挥学生的积极性和智慧，从学生中征集案例，学生将自

[①] 小劳伦斯·E. 列恩. 公共管理案例教学指南 [M]. 北京：中国人民大学出版社，2001：101.
[②] 司林波. 本科管理类专业案例教学中的教师角色定位 [J]. 教育评论，2011（04）：58-60.

己感兴趣的案例提供给教师,教师根据教学目标的需要从中选择在课堂进行教学的案例,这样的案例来源符合学生的兴趣点和关注焦点,有利于学生在案例讨论中的积极参与,从而提高教学效果。其次,仅仅提供一个好的案例是不够的,教师在准备案例的时候应该找出能够引起激烈争论的焦点,让双方得以充分发挥。这就要求教师充分发挥创造性,根据案例情景的演进路线和学生的思维方式设置问题,以问题为主线,把师生互动和学生之间的讨论步步推进,逐渐达到一个讨论"高潮"。因此,问题的设置是一种具有较高业务素质和教学艺术的能力体现,这也是案例教学中教师应该承担的重要任务,也可以说,案例教学并不像想象中那么简单,要比传统教学付出更多的精力和智慧。

(2)案例教学规则与程序的设计者。"无规矩,不成方圆。"案例教学也是如此,案例教学的要点在于发挥师生、生生之间的互动性,充分营造一个愉快且激烈的课堂环境,但这与遵守"游戏"规则并不矛盾,案例教学过程的实施也必须遵循一定的规则逐步展开。团队合作式案例教学模式是公共管理类课程案例教学的有效组织形式,笔者曾在案例教学中,开发了"团队合作三段七步教学法"作为案例教学实施的规程。"三段"是指把教学过程分为三个阶段,即准备阶段、实施阶段、总结与反馈阶段。"七步"是对"三段"的进一步细化,准备阶段包括"教师介绍案例背景及教学目标""学生阅读案例或模拟案例情景"两个实施步骤;实施阶段包括"小组内自由讨论""小组代表发言""组间自由辩论"三个步骤,这是案例教学的核心环节;总结与反馈阶段包括"总结""反馈"两个步骤。

2. 案例教学实施阶段的教师角色

教师不仅仅是教学活动的设计者,还是教学过程的组织实施者,实施环节的角色定位不准确,案例教学效果就要大打折扣。传统教学模式下,教师是教学主体,在整个课堂教学中教师是绝对的中心,教师讲授、学生听讲是基本形式。案例教学与传统教学模式恰恰相反,教师不再是教学活动的中心,而是教学过程的辅助者,学生是教学活动的绝对中心,教师要甘做一个"配角",决不能角色错位。在案例教学活动实施中教师要扮演好如下角色:

(1)教学进程的控制者。案例教学必须按照事先设定的教学规程来进行,教学规程中对教学的步骤及时间分配做了统筹安排,教师要严格按照教学规程安排案例讨论的进度,使得案例教学有章有序,无组织的案例讨论会陷入杂乱无章、无终无果的境地,教师必须控制好进度、掌握好案例讨论的节奏,推进案例讨论在轻松活泼、有章有序的气氛中实施。

（2）学生发言的倾听者。在案例教学中，教师的魅力不在于向学生展示自己的渊博学识，而在于把学生的观点一点点地挖掘出来。教师在案例教学中应该扮演一位倾听者的角色，要把课堂的话语权交给学生，让学生充分发表自己的观点和想法，无论学生的观点对或错，都不能随意打断学生发言而自我滔滔不绝，否则就会打击学生发言的积极性。

（3）学生发言的沟通者。教师作为学生发言的倾听者不是终结，而是为下一步活动做好准备，就是要与学生进行观点沟通，只有听得仔细、听得认真才能将学生发言的原貌陈述出来。教师的沟通者角色包括两个方面：一是教师与发言学生的直接沟通，即在学生发言完毕时表达自己对该问题的态度，与学生进行进一步的交流，激发学生的进一步思考；二是向全班学生陈述发言学生的核心观点，便于学生之间的互相辩论，这也是教师与全班学生以及学生与学生之间实现有效沟通的重要途径。

（4）学生思考与讨论的引导者。教师在案例教学准备阶段的思考题设置就起到引导学生思考的目的，但这只是第一步，更为重要的是在案例讨论过程中对学生的发言以及学生之间的辩论进行引导，将讨论的主题始终锁定在教学目标上，保障教学有序进行。具体来说，包括三个方面：一是案例讨论进入"活跃期"以后，双方和多方之间的观点交锋往往陷入"白热化"状态，这是案例讨论所期望的，但激烈的争论往往容易激化矛盾和情绪失控，教师应该将学生的争论引导到理性思考上来，避免无谓的争吵与攻击，校正教学活动方向；二是案例讨论也有陷入"冷场"的时候，究其原因，可能是学生对该话题不了解或不感兴趣，这就要求补充案例知识背景或者转移话题，从而将案例讨论引导到新的热烈讨论的轨道上来；三是针对案例讨论中偏离主题的现象，教师要及时加以纠正，这不是要打断学生的讨论，此时教师要通过自身的积极参与讨论来把关注焦点重新"拉回"正轨。

3. 案例教学总结与反馈阶段的教师角色

案例教学要有始有终。案例讨论应该尽量在讨论的高潮中结束，从而使得学生产生意犹未尽的感觉。讨论结束以后，教师应给予总结，并进一步向学生反馈课堂教学效果。

（1）教师是案例讨论总结的主体。在该阶段教师扮演案例讨论点评人的角色，应该对各个小组的主要观点进行高度提炼，为了避免讨论中出现遗忘，教师在讨论的过程中就应该适时将各组的核心观点书写在黑板上或打在屏幕上，一方面为总结提供素材，另一方面便于小组间和学生间对对方观点的了解，有助于讨论的持续进行。基于此，总结不是案例讨论的终结，而是贯穿整个案例讨论的过程，也就是教师要对讨论过程中的主要观点随时加以总结。同时值得说明的是，教师也不是案例讨论总结的唯一主体，可以在案例讨论结束后，让各个小组先自我总结，然后教师根据各个小组的总结进行最后总结。最后总结是总结阶段的重点内容，也是案例教学的必备环节，而且必须由教师担当。相对于学生来说，教师是案例的编写者，掌握更为丰富的案例背景资料，对案例的认识也更为深刻，通过师生、学生之间对案例展开的多角度、多侧面的讨论，更能激发教师对案例的进一步思考并产生新的认识，教师理应将自己的想法充分展现在学生面前，供学生参考，但这种展现不是真理式的传授，而是一种讨论参考式的推介，其目的在于启发学生对案例本身的认知和把握，激发学生进一步思考。因此，在案例总结中，教师在陈述自我观点的同时，不可以对学生的观点进行简单的对或错的判断，应该留给学生充分进一步思考的自由空间。

（2）教师应该做好案例教学的反馈工作。与传统教学的单向式传授与接纳模式不同，案例教学是师生之间的一种互动，是师生双向和师生、生生之间的多项互动模式。因此，教学效果的反馈是不可或缺的环节。教学效果的反馈要做到两点：一是对本次讨论案例本身认知的反馈，这属于课堂教学效果的进一步延伸，教师应该积极鼓励支持这种延伸，可以在课外时间与学生进一步沟通，如果有必要可以再次组织课堂讨论。二是对本次课堂教学效果的评价，教师应该对各组的表现进行总体评价，值得注意的是，应该以小组为单位进行评价，以免对个人评价而挫伤积极性，而且评价应以积极鼓励为主，同时也应该指出存在的不足，以便下一次改进；另外，还包括学生对教师和教学案例设计的评价反馈，教师要虚心吸纳学生关于教学方式方法、教学案例选材以及组织设计方面的意见，以便不断完善。通过评价反馈使得师生相互促进，达到教学相长的效果。

总之，在案例教学中教师既是教学案例的开发者、教学规程的设计者，也是案例教学实施中的控制者、倾听者、沟通者和引导者，同时还是案例教学效果的总结者和反馈者。作为教学案例的开发者，教师应该根据学生的知识结构基础、兴趣爱好和专业特长开发出兼具知识性、兴趣性和实践典型性的案例，这就对教师的业务能力提出了挑战。教学规程的设计能否体现科学性、活跃性、有效性，同样考验教师的组织设计能力。在案例教学过程中，学生之间的互动、焦点问题的讨论甚至是争论，往往会出现跑题、无序的情况，教师如何既实现"拨乱反正"，又不挫伤学生的讨论热情，这是一门教学艺术。案例教学的总结阶段，教师的总结如何能够画龙点睛——既让学生思路清晰，又让学生产生意犹未尽之感，则是教师综合素养的体现。案例教学中，对教师的这些素质要求，无论难度、高度还是技巧性都是传统教学无法企及的。这种教学素养和能力的获得，不仅需要教师的艰辛努力和不断探索，更需要有专门的案例教学的培训和训练来帮助教师获得。

"地方政府管理"是公共管理学类各专业本科生和研究生的核心课程。在国内高校公共管理专业教育中,案例教学已经不是一个新鲜事物,但由于案例库建设滞后、缺乏可用案例教材以及教师案例教学能力不足等各种条件限制,案例教学并没有真正落到实处。本教材理论与实践相结合,专门针对 MPA 教育的特点,在讲授地方政府管理的基本理论和知识的基础上,重点服务于案例教学实践需要。值得强调的是,案例教学要把握好度,应该将案例教学与理论教学结合起来,不能走向"有实践、无理论"的另一种极端,教师应该首先进行理论讲授,然后辅之以案例教学,通过案例教学检验学生知识学习效果,培养学生对知识的应用能力,训练学生解决实践问题的思维方法和能力。在教学实践中,无论是教师还是学生,搭建知识架构是非常重要的。本教材的内容结构和知识体系设计是我们多年教学实践的成果总结。本教材试图结合 MPA 学生和教学实践的实际情况,构建学生能够"烂熟于心"的"一二三四五"知识结构体系,用一个"杆"将知识串起来,以便学生从整体上把握地方政府管理学的知识体系;同时,能否具备一套适合课程和学生知识结构、兴趣取向并反映实践热点、典型事例的教学案例是案例教学能否有序、有效开展的重要基础性保障,本教材提供了与理论知识点相匹配的丰富的案例素材,这些案例素材主要来源于地方政府管理的历史、实践和当前社会热点问题,以及政府部门行政执法实务材料,实现了地方政府管理相关理论、政策与实践的有机融合,能够帮助学生在案例训练中实现理论素养和实践能力的双重提升。"烂熟于心"的"一二三四五"知识结构体系和与之相配套的丰富教学案例素材,不仅便于教师教,而且便于学生学,是对地方政府管理知识体系和教改实践的一次探索尝试。

希望本教材的出版,能够为相关教师更有针对性地开展地方政府管理案例教学提供参考,为广大读者更好地学习和掌握地方政府管理知识体系提供更有效的帮助。

第一编

基础知识部分

第 1 章　地方政府管理导论

学习要求：通过本章的学习，了解政府的起源、地方政府的产生与发展，理解地方政府产生的不同争论和不同类型，进而明晰地方政府的内涵和构成。掌握地方政府管理的含义和作用，并结合当前时代背景了解信息技术变革对地方政府管理的影响。熟悉地方政府管理的知识架构与学习方法，并能够运用本章的知识点对相关案例进行解读和分析。

地方政府的产生和发展是探讨地方政府管理及作用的重要基础。政府的起源和演变加速了地方政府的产生，伴随着经济社会的发展，国家管理事务日益复杂多样，地方政府的体制、结构、职能等不断发展演变。地方政府的含义、地方政府管理的内涵与特征等内容是研究地方政府管理的基础。当前，信息技术变革成为地方政府管理转型的重要变量，必须深入探析地方政府数字化转型的问题。此外，本章还对地方政府的知识架构与学习方法进行了介绍。

1.1　地方政府的产生与发展

地方政府是国家机构和政府组织的重要组成部分，承担着区域经济社会发展的重要职责，是国家意志、目标的执行者和实现者。国家是一个独立的政治实体，拥有领土、主权和公民，统治和管理既定的疆域。地方政府作为政府组织的基本单位，则是负责国家特定区域管理事务的行政机构。政府是在国家产生以后出现的，其性质和作用受到国家体制机制、结构形式、文化传统等的综合影响。因而,必须结合国家、政府的起源和演变来探讨地方政府的产生与发展。

1.1.1 政府的起源

在现代社会生活中,政府扮演着至关重要的角色,影响着我们生活的方方面面,"人从摇篮到坟墓都要接受政府的管理,甚至人出生以前就接受着政府的管理"①,人们所享受的各种经济发展成果、公共产品与服务、社会福利保障等都是由政府来提供的。因此,探讨地方政府管理必须首先回答政府的起源问题。古往今来,许多学者和思想家对于这一问题都进行过探索,产生了神创论、有机论、家长制论、契约论、社会分工论、阶级论等不同的学说。以下具体介绍三种较有影响的观点。

1.1.1.1 有机论的观点

"有机论",又称自然需要论。该理论认为政府与国家是统一的概念,社会是一个类似于生物体的有机整体,具有生命、结构、功能和目的,而政府是社会的头脑和心脏,是在满足自然需求和社会需要的过程中发展而来的,因此政府的权力和责任来自社会的需要以及社会内部的相互联系和互动。该理论的代表人物有亚里士多德、托马斯·阿奎那和约翰·C.卡尔霍恩。亚里士多德认为,从人类的繁衍,到家庭和村落的形式,直至城邦的产生,以及统治者与被统治者的形成等各个环节,都是自然演化的结果。②也就是说,城邦是伴随着人类自然需要而进化的产物,"人类自然是趋向于城邦生活的动物"③。阿奎那在亚里士多德关于人类本性、社会形成、法律制定和最佳政体的观点上进一步指出,"人天然是个社会的和政治的动物,注定比其他一切动物要过更多的合群生活"④,人在本性上就需要社会,政府是社会中必不可少的一部分,它是为了维护社会的秩序和正义而设立的。政府不是由人类自由选择或授权的,而是由上帝所赋予的权力和责任。卡尔霍恩认为,社会状态就其自身而言,如果没有政府是无法存在的,政府之缘起乃扎根于人类本性的双重构造当中:同情式的或社会性的情感是政府的远因,个体性的或直接

---

① 乔耀章. 政府理论 [M]. 苏州:苏州大学出版社,2000:1.
② 俞可平. 权力与权威:政治哲学若干重要问题 [M]. 北京:商务印书馆,2020:71.
③ 亚里士多德. 政治学 [M]. 北京:商务印书馆,2017:7.
④ 阿奎那. 阿奎那政治著作选 [M]. 北京:商务印书馆,1991:44.

性的情感则是政府的近因。①

1.1.1.2 契约论的观点

"契约论"是西欧新兴资产阶级反抗封建主义和神权的武器，该理论否认了国家（政府）是神的意志或天命选择的结果，认为政府的产生是基于人们之间的社会契约或协议，因而政府权力的合法性来自人民的合意，人们为了摆脱不完美的"自然状态"从而让渡自己部分的自然权利换取社会权利。该理论以霍布斯、洛克和卢梭为代表。霍布斯认为，人类在自然状态下是处于无限的战争和恐惧中的，"这种战争是每一个人对每一个人的战争"②，为了摆脱这种状态，人们订立一种契约，"把大家所有的权力和力量托付给某一个人或一个能通过多数的意见把大家的意志转化为一个意志的多人组成的集体"③，从而建立起一个强大的国家。霍布斯认为，人们将自己的全部权利让渡给政府，而且权利一经让渡则不可收回，因此必须无条件地服从政府，只有一个不受任何限制的主权者才能有效执行契约，并防止人们再次陷入无政府状态。作为专制主义的代表，霍布斯倾向于维护王权，主张建立的是无限政府。洛克是坚定的自然法理论的倡导者，他认为的自然状态是一种"完备无缺的自由状态"④，和平、善意、互相帮助和共同生存，虽然不像霍布斯描述的那样暴力和无序，但仍然可能发生战争。因此，人们需要进行权利的转让，形成一种政治权威，即政府，由政府来依靠公共权力去保护人们没有让渡的那部分权利（个人的生命权、财产权和自由权）。他提出两种契约理论：社会契约和统治契约。前者是人们之间签订的，同意让渡自己的部分权利从而进入政治社会，后者是人民与政治权威（政府）之间的契约，政治权威（政府）的行为也应该由当初的契约来限定。洛克进一步认为，如果政府践踏法律、破坏社会契约、侵犯人民的合法权利，那么人民就拥有反抗和革命的权利。⑤因此，洛克认为人们让渡的只是部分权利，主张通过社会契约建立一个有限的政府。卢梭是"西方近代政治思想史上第一个将国家和政府区分开并完整论述两者

---

① 约翰·C.卡尔霍恩. 卡尔霍恩文集（上）：政论 [M]. 林国荣，译. 桂林：广西师范大学出版社，2015：3-5.
② 霍布斯. 利维坦 [M]. 北京：商务印书馆，2009：95.
③ 霍布斯. 利维坦 [M]. 北京：商务印书馆，2009：131-132.
④ 洛克. 政府论：下篇 [M]. 北京：商务印书馆，2017：3.
⑤ 曹宪忠. 社会契约理论：霍布斯与洛克之不同 [J]. 文史哲，1999（01）：104-109.

关系的思想家"①。卢梭认为"人是生而自由的"②，在进入社会阶段之前，人们处在按照自己的"天然本性"生活的自然状态。但这种自然状态存在一些缺陷使得无法保护个人的私有财产。因此需要通过缔结契约的方式来组成政治体——国家，由国家来维护个人之间的自由、平等、财产等。政府作为契约的内容之一是国家与人民所建立的一个中间体，是基于人民的意志和委托而组织起来的管理国家事务的代理人，目的是协调国家与人民之间的关系。③

1.1.1.3 阶级论的观点

阶级论认为政府起源于社会的阶级分化和阶级斗争，政府的性质和功能是为了维护特定阶级的利益和统治地位。该理论的代表人物是马克思和恩格斯。尽管马克思的著作并没有直接论述政府的起源，但其思想表明政府作为国家意志的执行机构，与国家同时产生，因而从这个意义上来说，将国家的起源视为政府的起源。④马克思、恩格斯在摩尔根研究成果的基础上，完整地论述了国家（政府）起源和私有财产之间的联系，提出了国家（政府）起源于阶级之间的矛盾，是阶级矛盾不可调和的产物，国家（政府）此时是凌驾于两大对立阶级之上的第三种力量，更深意义的理解是经济上占统治地位的阶级进行统治的工具。⑤马克思和恩格斯认为，原始社会没有私有制、没有阶级和剥削，相应地也就没有国家。伴随着新的生产工具的出现，私有制得以形成，出现了贫富不均的现象，在剥削与被剥削者之间出现了不可调和的阶级矛盾，需要一个代表第三种力量来对抗阶级的公开冲突，国家就应运而生。⑥因此，政府是一个历史范畴，是随着阶级、国家的出现而产生的。政府的产生是为阶级利益所服务的，它与生俱来担负着维护阶级利益的使命和责任。阶级论对政府的产生、性质和目的提出了一种全新的解释，揭示了国家、政府与社会经济基础的密切联系，以及与阶级斗争的内在关系。

---

① 赵洁. 政府的社会责任［M］. 太原：山西人民出版社，2015：5.
② 卢梭. 社会契约论［M］. 北京：商务印书馆，2017：4.
③ 赵洁. 政府的社会责任［M］. 太原：山西人民出版社，2015：5.
④ 江国华. 法治政府要论：责任法治［M］. 武汉：武汉大学出版社，2020：85.
⑤ 郝玲玲. 政府公信力研究［M］. 长春：吉林大学出版社，2022：30-31.
⑥ 王沪宁. 政治的逻辑：马克思主义政治学原理［M］. 上海：上海人民出版社，2016：134-140.

1.1.2 地方政府的产生

1.1.2.1 地方政府产生的争论

地方政府是政府的组成部分,回溯政府的起源是探讨地方政府产生与发展的基础。基于以上的论述我们可以看出,不同的学者对于政府的产生持有不同的观点。同样,在关于地方政府产生的问题上学界也存在着争论。

一种观点认为,地方政府随国家的产生而产生,由于国家把所属居民不再按血缘关系而是按地区划分进行统治与管理,所以产生了管理国家事务的中央政府和地方政府,即自从国家产生以来就有了中央政府和地方政府。①恩格斯在《家庭、私有制和国家的起源》一书中论述了国家是阶级矛盾不可调和的产物,是剥削阶级对被剥削阶级的暴力机器,其中关于"国家和旧的氏族组织不同的地方,第一点就是它按地区来划分它的国民"②的论述,认定国家一经从原始社会的末期脱胎而出,就有中央政府与地方政府之分,即地方政府是与国家一起产生的。

另一种观点认为,国家在发展中的对外扩张使得国土面积增大、人口增加,加之所管理的事务日趋增多,因而设置地方政府来实现统治阶级的政治统治和提高国家机构的工作效能,即大多数国家发展到一定阶段才设置地方政府,如中国自春秋战国时代始设置地方政府,西欧自近代始设置地方政府。③该观点认为,地方政府是在国家和中央政府的基础上产生的,但并不意味着国家和中央政府一经产生,地方政府就随之而来了。前一种观点忽略了恩格斯论述中一句至关重要的话,"但是我们已经看到,当它在雅典和罗马能够代替按血族来组织的旧办法以前,曾经需要进行多么顽强而长久的斗争"④。这句话表明,第一,恩格斯的论述是针对定型的国家与原始社会末期的氏族组织的区别而言的,并不是说国家一经产生(学术界称之为"早期国家",区别于地域组织、公共权力完备的成熟国家)就伴随有地方政府的出现;第二,作为国家政治体系有机部分的地方政府,其从萌生到定型,经历了漫长悠久的岁月。⑤在长久的斗争中,东西方社会进入国家

---

① 陈嘉陵,田穗生. 地方政府手册[M]. 武汉:武汉工业大学出版社,1989:2.
② 恩格斯. 家庭、私有制和国家的起源[M]. 北京:人民出版社,2018:189.
③ 薄贵利. 中央与地方关系研究[M]. 长春:吉林大学出版社,1991:5-7.
④ 恩格斯. 家庭、私有制和国家的起源[M]. 北京:人民出版社,2018:189.
⑤ 吴卫生. 地方政府的产生与发展比较研究[J]. 江汉论坛,1997(12):62-66.

时代先后有别，且途径和过程也不尽相同，因而使得东西方社会地方政府的产生也各不相同、各具特色。

地方政府的确是在国家和中央政府的基础上产生的，但并不是必然伴随国家和中央政府的产生同时出现，而是需要经过漫长的斗争和发展，下述关于地方政府产生的类型则是对这一观点的有力印证。

1.1.2.2 地方政府产生的类型

纵观中西方政府的发展历程，地方政府产生的形式及形成的时间也存在差异。综合来看，地方政府的产生主要包括两种类型：一是建立在地主和小农经济基础上的宗法等级君主制的东方国家，如古埃及和古中国；二是建立在小商品市场经济基础之上的工商业奴隶制的古代西欧城邦民主制国家，如古希腊和古罗马。①

在东方，早期国家的产生都与大江大河和农业发展密切相关。河流为农业提供了水源和灌溉条件，农业为国家提供了粮食和人口基础。河流和农业也促进了社会分工、文化交流、政治统一等方面的发展，从而推动了国家的建立和巩固。位于著名的尼罗河流域的古埃及，是人类文明和早期国家的诞生地之一。古埃及的早期居民是由北非的土著和西亚的游牧民族融合而成的多文化圈。尼罗河流域的原始游牧部落从逐水草而居的游牧生活转向定居生活，便开始了创造文明的活动。私有制和阶级的产生使得氏族部落逐渐形成，并在历史进程中经由农村公社发展为"斯帕特"。②氏族社会发展的后期，金属工具的使用及生产力的提高导致贫富分化的现象出现，不同氏族之间发生战争。尼罗河两岸出现了许多"州"，也就是城邦（地域性政府）。这些州逐渐由修建水利的临近村庄结合体转变为初具规模的国家。③直到公元前 2500 年，埃及形成中央集权国家，地域性政府的性质才得到根本改变，由王权神授的君主法老任命各州州长，此时的州由原来的以血缘为纽带的、氏族贵族控制的村社联合体变成了统一王国中央政府之下的地方政府。这一变化经历了近 25 个世纪的漫长岁月。④古中国诞生于黄河和长江流域，是典型的农耕文明国家。夏王国的建立标志着国家的产生，而夏王国是由原始社会的部落联盟演变而成。部落联盟演变为国家的同时，联盟的各个组成部分则由部族演变为臣服于夏王朝

---

① 吴卫生. 地方政府的产生与发展比较研究 [J]. 江汉论坛，1997（12）：62-66.
② 曹顺仙. 世界文明史 [M]. 北京：北京理工大学出版社，2012：55-56.
③ 徐朝华. 埃及文明 [M]. 长春：吉林美术出版社，2012：6.
④ 吴卫生. 地方政府的产生与发展比较研究 [J]. 江汉论坛，1997（12）：62-66.

之下的方国。方国实质上是以血缘关系为主导的地域部落，部落首领被称为诸侯。夏朝灭亡后，商朝建立起了不同于夏朝时期的方国的新的地域性政府，采用"赐土授民"的方式交给与自己有血亲关系的贵族去治理，形成"封国"。公元前 11 世纪，商王朝为周所灭。周武王采用封国制，以分封血亲的方式来达到拱卫王廷的作用。并在宗法制的基础上，在封国内部推行分封制和采邑制，出现了周天子与封国国君、卿大夫之间表面是政治上的臣属关系，而实质上是血亲宗族关系的现象。①经过东周"无义战"的春秋时期和"七国争雄"的战国时期，剧烈的社会动荡和变革，中央君主集权制先后形成，出现由王国统一划定行政区划和任命官员治理的郡、县，地方政府初步形成。公元前 221 年秦王朝的建立，出现相对于中央政府而言的郡县制政府，地方政府才得以真正形成。这一历程，几乎用了 20 个世纪的时间。②

与以农耕文明为主的东方国家不同，古代西欧城邦国家地方政府的产生则是建立在手工业、商业较为发达的工商业奴隶制经济基础之上。克里特文明（又称"米诺斯文明"）被视为古希腊文明的起点。公元前 17 世纪末到公元前 16 世纪初，克诺萨斯的米诺斯王朝统一了克里特全岛。公元前 1450 年后，米诺斯王朝被来自希腊半岛的异族所推翻。③雅典等古希腊城邦国家在形成之前就受到外族统治的破坏，也受到了来自异域的小商品市场经济文明的熏陶。公元前 8 世纪左右，雅典城邦国家创建伊始，就由各氏族公社联合组成中央权力机构，人民按地域划分，组成由旧氏族贵族为主的地方权力机关，这可以看作其地方政府的雏形。④伴随着工商业的发展，雅典出现了新兴的工商业奴隶主阶层，他们的经济实力不断扩大，但在政治上受到氏族贵族的歧视。因而工商业奴隶主要求改变城邦的政治结构，分享乃至控制城邦的政治权力。于是历史上著名的梭伦改革（公元前 594 年）应运而生。这次改革在政治上的一大特点是，以财产而不是按血亲划分社会等级，并根据不同的等级确定执政官和军事指挥官。公元前 508 年，平民领袖克里斯提尼当政，进一步推进政治改革，以地区原则划分新选区代替按氏族部落组成的旧选区，每个区由若干具有政治、军事职能的自治村社组成。⑤这次改革完成了雅典由氏族社会向国家的历史过渡，也标志着西欧地方政府的正式形成。这一过程，大体经历了 3 个世纪

---

① 李明强. 地方政府学［M］. 武汉：武汉大学出版社，2010：3-4.
② 吴卫生. 地方政府的产生与发展比较研究［J］. 江汉论坛，1997（12）：62-66.
③ 王飞鸿，朗启波. 世界简史［M］. 长春：吉林大学出版社，2010：54-55.
④ 吴卫生. 地方政府的产生与发展比较研究［J］. 江汉论坛，1997（12）：62-66.
⑤ 曹沛霖. 西方政治制度［M］. 北京：高等教育出版社，2000：8-11.

的时间。古罗马国家是以罗马城为中心逐步发展起来的。历史上一般把罗慕路斯建村到共和国建立的这一阶段称为"王政时期",这是罗马从氏族社会向国家过渡的时期。罗马的社会基本单位是氏族,进而组成"罗马公社"。公元前6世纪,平民与贵族的矛盾日益突出,氏族制度难以为继。这种情况导致了罗马第六王塞维·图里乌的改革:一是不论平民和贵族,按财产划分社会等级;二是设立以百人队为单位的森杜里亚大会,打破了传统库里亚大会体系,人民不再按氏族和胞族划分,而是按地域和财产划分。① 从公元前8世纪至公元前7世纪古罗马城邦国家的形成,到公元前510年废除王政实行城邦共和制时地方政府的定型,经历了1个多世纪的时间。

通过以上的分析可以看出,第一种类型的产生方式具有两个明显特征:一是中央集权单一制国家取代宗法等级分封制国家,这是地方政府形成的基本前提;二是中央政府有权划定行政区划和任命不世袭的官吏予以治理,这是地方政府得以确立的条件。第二种类型的产生方式表现出工商奴隶制市场经济在其中的重要作用,它摧毁了以血缘为纽带的氏族组织,阶级分化明显,使氏族组织无法作为统一的地域组织而存在。②

综上所述,地方政府的产生是有一定历史条件的。首先,它是随着血缘关系退出公共管理权力分割的舞台而产生的。其次,地方政府的产生随着社会管理的复杂化和疆域的扩张而出现。③

1.1.3 地方政府的发展

伴随着政府运行的内外部环境、经济发展形势、社会主要矛盾及公民需求等方面的变化,地方政府必须及时对自身的机制、结构和职能等做出优化调整。在发达国家,地方政府的发展通常通过行政改革来完善,如调整政府机构、优化管理流程、提高行政效率等。在发展中国家如中国,地方政府的发展不仅包括地方的行政改革,更重要的是地方政府体制的健全和完善,如明确地方政府的权责、完善监督机制、建立科学有效的决策系统等。

---

① 曹沛霖. 西方政治制度 [M]. 北京:高等教育出版社,2000:17-19.
② 吴卫生. 地方政府的产生与发展比较研究 [J]. 江汉论坛,1997 (12):62-66.
③ 朱光磊. 现代政府理论 [M]. 北京:高等教育出版社,2006:294-295.

1.1.3.1 西方国家地方政府的发展

从 20 世纪 80 年代开始，西方各主要发达国家掀起了声势浩大的政府改革浪潮，即新公共管理运动。这次政府改革将"3E"（经济、效率和效益）作为目标，重新界定政府与市场的关系。经过这次改革，西方国家的地方政府出现了新的发展趋势，也引发了发展中国家的政府变革。

英国是这场政府改革运动的发源地之一。1979 年撒切尔夫人执政以后，英国政府推行了西欧最激进的政府改革计划，开始了以注重商业技术、引入竞争机制和顾客导向为特征的政府管理改革。美国也是新公共管理运动的重要参与者和推动者，其改革的主要目标是提高政府效率和效果，增强公民参与度和满意度。1993 年克林顿就任美国总统后，开始了大规模的"重塑政府运动"，其目标是创造一个少花钱多办事的政府。其改革措施包括精简政府机构、裁减政府雇员、放松管制、引入竞争机制以及推行绩效管理。此后，许多西方发达国家和地区都先后在地方政府领域推行了改革措施，成为遍及全球的行政改革。综合来看，此次西方国家地方政府改革的主要内容包括以下几个方面。

第一，重新界定地方政府的职能，有序向市场和社会转移。各国行政改革的普遍做法是按照市场优先、社会优先的价值取向，将原来由政府承担的部分经济职能和社会职能推向市场和社会，以实现收缩政府职能、缩小政府规模和减少政府财政负担的目的，具体措施包括非国有化、自由化、合作化、契约化等。

第二，重新调整地方政府的关系，扩大地方自治权力。为适应全球化、信息化的环境，满足公众多元化的公共服务需求，西方国家广泛推行地方分权改革，取消不必要的辖区层级。[①]地方政府直接面对公众，因而更能够了解当地公众对公共产品和服务的需求，从而强化了地方政府的权力和责任。

第三，创新地方政府内部管理体制，提升管理效率。各国机构改革的显著趋势是通过大部制改革，将职能相似、相近或交叉的部门整合到一个部门中，精简政府机构、减少横向协调困难、增强首长对各部门的直接控制，有效降低了行政成本，提高了政府的管理和运行效率。

第四，探索多种政府工具，实现公共服务的市场化、社会化。各国地方政府改革的普遍思路是将市场机制或社会机制引入公共产品和服务的供给中。探索了多种政府工具，如民营化、用者付费、合同外包、特许经营、凭单制、放松管制、产权交易和内部市场

---

① 柯学民. 西方国家地方政府层级体制改革的演变规律与借鉴价值[J]. 西部学刊, 2021（20）: 31-34.

等市场化工具，社区治理、志愿者服务、公私伙伴关系等社会化工具。

第五，采用多种方式，强化对地方政府的监督。主要通过调整中央政府和地方政府，地方议会和地方行政机关以及地方政府和地方民众之间的关系，使地方政府处在各方有效的监督之下，具体方式包括实施预算监督和绩效评估制度、建立责任考核和问责机制等。

1.1.3.2 中国地方政府的发展

中华人民共和国成立以来，中国的地方政府和地方制度走过了一个曲折发展的历史进程。总体来看，第一阶段是1949年至1978年，称为高度中央集权化阶段，确立了高度中央集权的政府体制。第二阶段是1979年至今，称为分权化阶段，1982年宪法的颁布及其他相关法律的出台确立了我国新的地方制度，如设立民族自治地方和特别行政区，重新划定中央与地方的职责，设立计划单列市和副省级城市等。①

改革开放以来，中国地方政府的改革与发展取得了显著成就。在地方政府体制和机构改革方面，逐步取消地区行政公署，探索建立市管县体制，完善地方政府行政管理机构。"公推直选""民主恳谈会""两票制"等政治体制的探索与实践也增加了地方政府的自主性和责任性。在地方政府职能方面，为适应社会主义市场经济的发展要求和经济全球化的趋势，地方政府职能从全能型政府转变为经济建设型政府，大力减少政府审批事项，增强政府的监管和宏观调控职能。在地方政府管理方式方面，建立专家咨询制度、采用信息化技术手段，提高决策系统的科学性，提高政府运行效率，政府行为逐渐法治化、公开化。在地方政府公务人员管理方面，增强公务员服务意识、公关意识，改善机关精神面貌，改进公务员工作作风。此外，地方政府在府际关系、绩效评估、政府与社会关系方面的探索和实践都取得了显著的成效。然而，与社会经济发展的需要和民众的愿望与要求相比，地方政府的改革与发展还存在很大差距和不足，需要进一步加大改革力度，推动政府职能转变，更好地适应经济社会发展需要和满足人民群众期待。

党的十八大以来，中国地方政府改革取得显著成效。第一，政府职能转变。地方政府从过去的计划经济管理者和直接干预者，转变为社会主义市场经济的宏观调控者、市场监管者、社会管理者和公共服务提供者。各地大力推进"放管服"改革，深化简政放权，减少行政审批事项，优化行政审批流程，提高行政效率和透明度。同时，加强对市场主体的监管，维护市场秩序和公平竞争，保护消费者权益和知识产权，打击违法违规

---

① 李增田，赵银红，赵伯艳. 地方政府学［M］. 天津：天津大学出版社，2013：197-198.

行为。此外，地方政府还积极履行社会管理职能，加强社会治理创新，推进社会组织发展，构建共建共治共享的社会治理格局。地方政府还不断完善公共服务体系，推进基本公共服务均等化，提高公共服务质量和效率，满足人民日益增长的美好生活需要。第二，政府组织结构优化。地方政府根据中央部署和本地实际情况，进行了多次机构改革，整合了一些领域的相关职能和机构，减少了部门数量和层级，压缩了人员编制。同时，地方政府还探索实行横向协调机制和纵向联动机制，加强部门间的沟通协作和上下级的衔接配合，提高政策执行力和协调能力。第三，政府治理方式创新。地方政府大力推进数字政府，利用信息技术提升政务公开、便民服务、数据共享等水平。同时，地方政府加强绩效管理和问责制度建设，通过目标管理、结果评价、激励约束等手段，提高公务员工作效能和责任感。此外，地方政府还积极推动法治政府建设，加强法治思维和法治方式运用，规范行政行为和权力运行。

1.1.4 对地方政府的界定

1.1.4.1 地方政府的内涵

地方政府是相对于国家和中央政府而言的。从世界范围来看，各个国家对于中央政府的认识基本趋同。但是对于地方政府的表述和指代的内容则存在争议。如前所述，各个国家的行政体制、结构形式存在差别，其地方政府的组织安排、行政地位也略有不同。在单一制国家中，中央政府以下的地域性政府都属于地方政府，而在联邦制国家，联邦组成单位不属于地方政府，而是具有相对独立性的准地方政府，联邦组成单位以下的区域性政府才被视为地方政府。[①]

在西方，《不列颠百科全书》中，政府分为国家政府、区域政府和地方政府，地方政府是指对所在区域进行直接治理的政府。《美利坚百科全书》严格区分地方政府和州政府，将地方政府界定为"在单一制国家，是中央政府的分支机构；在联邦制国家，是成员政府的分支机构"。《布莱克维尔政治学百科全书》则将地方政府定义为"权力或管辖范围被限定在国家的一部分地区内的一种政治机构"。

在我国，人们一般从单一制国家中央与地方关系的角度，把地方政府界定为"中央政府"的对称。如《辞海》认为，"地方政府是中央政府的对称。设置在地方各级行政区

---

① 黄顺康. 论地方政府研究的若干基本问题[J]. 理论月刊, 2005（05）: 66-68.

域内负责行政工作的国家机关"①。中国学术界较普遍的观点是：地方政府是国家设置在中央政府之下，行使部分国家权力，管理国家和地方事务的地域性政府。徐勇、高秉雄等考察我国政治结构，将地方政府界定为"由中央政府为治理国家一部分地域或部分地域某些社会事务而设置的政府单位"②。张紧跟在归纳中外学者不同见解的基础上，将地方政府定义为"由单一制国家的中央政府或联邦制国家的联邦成员政府依法设置的，治理国家部分地域或某些地域某些社会事务的政府"③。

可以看出，地方政府的权力由中央政府或联邦政府的组成单位所授予，其管辖范围是国家部分行政区域，管辖的事务是某些社会事务，其权力不具有主权性。根据以上特点并结合我国现实情况，对"地方政府"进行如下界定：地方政府是指为了实现国家和地方治理目标，依靠中央政府授权，依法对特定区域内的各项公共事务进行直接管理的地方各级国家行政机关。

1.1.4.2 地方政府的构成要素

地方政府的构成要素是公共管理理论研究的重要内容，也是认识和分析与政府有关的各种社会政治关系的理论基础和话语基础。综合来看，地方政府的构成要素包括职能、权力、机构、体制和过程五个方面。

（1）地方政府职能。地方政府职能是指地方各级国家行政机关依法要求对地方各项事务进行管理时应承担的职责和具备的功能。它直接回答了地方政府"应该做什么"和"不应该做什么"的问题。从静态角度来看，地方政府职能包括政治职能、经济职能、文化职能和生态职能等，反映了地方政府的本质特征和功能定位。从动态角度来看，地方政府职能包括计划、组织、协调、控制和监督等职能，反映了地方政府活动的过程和方式。

（2）地方政府权力。地方政府权力是指地方各级国家行政机关依法履行职能过程中具备的影响力和支配力。地方政府实施的任何公共管理活动，无论是决策还是执行，都需要凭借权力来实现。它回答了"政府机构凭借什么来履行职能"的问题。地方政府权力来自中央政府的授权和宪法、地方组织法的规定。

---

① 夏征农. 辞海 1999 年版普及本［M］. 上海：上海辞书出版社，1999：1503.
② 徐勇，高秉雄. 地方政府学［M］. 2 版. 北京：高等教育出版社，2013：4.
③ 张紧跟. 地方政府管理［M］. 北京：北京大学出版社，2015：2.

（3）地方政府机构。地方政府机构是指正式的、制度化的、承担专门职能的机关及其人员。它是公共行政体制的组织表现形式，也是公共行政管理活动的主体。地方政府拥有诸多职能，每一项职能的履行都需要具体的机构来专门负责。地方政府机构回答了"谁来履行政府职能"的问题。

（4）地方政府体制。地方政府体制是指政府权力在不同层级地方政府之间以及在同一地方政府单位内部不同国家行政机关之间配置的结构形态。[1]地方政府体制的核心问题是行政权力的划分、政府机构的设置以及对政府系统的各级各类政府机构和部门职权的配置。地方政府机构和地方政府体制分别从形式和内涵两个方面反映政府的运行状态。地方政府机构是地方政府运行的物质载体，地方政府体制则是地方政府运行的权力基础。

（5）地方政府过程。地方政府过程是现代政府学的一个重要概念，是分析政府问题的一个重要角度。任何实际运行中的政府，都不仅是一种体制，而且是一个过程。所谓"地方政府过程"，就是指地方政府的实际运作活动和工作程序。地方政府过程一般包括利益表达、利益综合、政策制定、政策执行等方面。[2]地方政府过程与地方政府体制最大的区别在于，地方政府过程是由一系列前后衔接又相互联系的重要环节所构成，地方政府体制则由横向和纵向的权力关系构成。

1.2 地方政府管理概述

1.2.1 地方政府管理的含义

1.2.1.1 对管理的不同理解

管理作为一种社会活动，伴随着群体的形成、组织的出现而产生。管理学意义上"管理"一词，主要来自对西方管理科学的引进，对应的英文有 management、administration、government 等。而汉语中的"管理"一词却源远流长。

---

[1] 李增田，赵银红，赵伯艳. 地方政府学［M］. 天津：天津大学出版社，2013：48.
[2] 朱光磊. 当代中国政府过程［M］. 3 版. 天津：天津人民出版社，2008：15.

古汉语中的"管"和"理"是两个独立的概念。从词源来看,"管"字本义是竹子做的乐器,①或指毛笔的笔管,或指一种竹制的锁扣门户的工具。之后引申为权力的归属,有权才能说"管"。②"理"本义是指治玉,即对玉石进行加工,把原始玉石按其纹路雕琢成玉器。治玉是一个去粗取精、去伪存真的过程,蕴含着策划、整理、处置的内涵。"管""理"二字连用,在中国古已有之,意指在权限范围内对事物进行处理或整理。

从西方管理学的发展来看,自泰勒创立管理学100余年以来,对于管理的含义一直众说纷纭。泰勒认为"管理就是确切了解你希望工人干些什么,然后设法使他们用最好、最节约的方法完成它"。法约尔认为管理就是实施计划、组织、命令、协调和控制的过程。③我国学者对"管理"的定义也存在差异。芮明杰认为"管理是对组织的资源进行有效整合以达成组织既定目标与责任的动态创造性活动"④。周三多认为"管理是为了实现组织的共同目标,在特定的时空中,对组织成员在目标活动中的行为进行协调的过程"⑤。

综合以上观点,可以对管理的定义进行综合性的表述:管理是指在特定的环境中,为有效实现组织既定的目标,通过计划、组织、指挥、控制和创新等职能,对组织内的各项资源进行有效协调和配置的动态过程。

1.2.1.2 对地方政府管理的界定

地方政府管理是一个不断发展变化的过程,受到时代背景、社会发展水平、地域环境、体制安排、文化传统等因素的影响。在不同的情境下,由于对地方政府管理的范围、性质、地位等的不同认识,产生了对地方政府管理的不同理解。从国内学术界来看,李景平认为"地方政府管理是国家特定区域内行使国家权力、管理国家事务和地方事务的地区政府的管理活动"⑥,将地方政府管理看作一种活动。徐勇和高秉雄认为"地方政府

---

① 张儒. 汉字形义溯源 [M]. 太原:山西古籍出版社,2005:59.
② 刘熙瑞. 中国公共管理:概念及基本框架 [J]. 中国行政管理,2005(07):21-25.
③ 丹尼尔·雷恩,阿瑟·贝德安. 管理思想史 [M]. 7版. 李原,黄小勇,孙健敏,译. 北京:中国人民大学出版社,2022:201-205.
④ 芮明杰. 管理学 [M]. 4版. 北京:高等教育出版社,2022:5.
⑤ 周三多,陈传明,刘子馨,等. 管理学:原理与方法 [M]. 7版. 上海:复旦大学出版社,2018:7.
⑥ 李景平. 地方政府管理 [M]. 西安:西安交通大学出版社,2008:2.

管理是指，地方政府中的行政机关依据国家宪法和相关法律对自身事务和对辖区社会公共事务，行使法定权力，履行法定职能，进行控制和协调活动的总称"[1]，同样认为地方政府管理是各种活动的总称。也有学者将地方政府管理视作一种行为。如陈瑞莲和张紧跟认为"地方政府管理是指地方政府部门运用政府权力，为解决地方政府面临的公共问题，为维护与实现整个地方整体利益而对地方性公共事务施加管理的政府行为"[2]。

综合以上观点，结合地方政府的概念、构成要素以及我国当前政府管理的时代背景，笔者认为：地方政府管理是指地方各级行政机关为了实现一定的行政目标，根据自身的职能定位，依法利用行政权力对辖区内的各项公共事务活动进行有效组织协调并不断创新的过程。

基于地方政府管理的概念，可以结合地方政府的构成要素进一步分析地方政府管理的基本内涵。

第一，行政目标是地方政府管理的出发点和归宿，是确定政府职能的依据。任何管理活动都是为了完成一定的目标，公共产品的供给是地方政府管理最主要的行政目标。

第二，职能和权力是地方政府管理的基础。职能说明地方政府应该做什么，权力说明地方政府能够做什么。职能决定权力的范围和内容，权力保障职能的履行和实现，两者构成地方政府进行管理的重要基础，服务于地方政府管理目标的实现。

第三，机构和体制是地方政府管理的载体。机构是政府机关及其组成人员的统称，地方政府管理的各项工作都有赖于地方各级政府机关及其工作人员的落实；体制主要是地方各级机构设置及人员安排的权责关系，不同的体制产生不同的权力运行结果，体制是权力实现的载体。因此，机构构成地方政府管理的组织载体，体制构成地方政府管理的制度载体。

第四，地方政府管理是一个过程，涉及地方政府的决策及其落实、评价、监督和创新的全过程。地方政府管理具有动态性和综合性。决策是地方政府管理的核心，落实是地方政府管理的关键，评价是地方政府管理效果的检验，监督是对地方政府管理的规范，创新构成了地方政府管理的动力。

---

[1] 徐勇，高秉雄. 地方政府学 [M]. 2版. 北京：高等教育出版社，2013：155-156.
[2] 陈瑞莲，张紧跟. 地方政府管理 [M]. 2版. 北京：中国人民大学出版社，2016：3.

1.2.2 地方政府管理的特征

1.2.2.1 权力的非主权性

权力的非主权性表明地方政府管理的权力不是固有的、不可剥夺的,而是由国家授权或委托的,可以被国家改变或撤销,而无须征求地方政府的同意。地方政府的权力必须服从于国家法律法规和政策,并接受上级政府和社会监督。由于地方政府是由单一制国家的中央政府或联邦制国家的联邦成员政府依法设置、依法授权的,因此,地方政府所拥有的权力不具备主权性质。这是地方政府最根本的特性。

1.2.2.2 地域的特定性

地方政府是中央政府设置于国家特定地域范围内的行政单位,其管理的范围与一定的行政区域相联系。从地方政府管理的范围来说,受限于特定的地理边界,如省、市、区等。地域的特定性表明地方政府管理只针对本地区的社会公共事务,且受到本地区的自然、经济、文化等条件的影响。因此,地方政府管理的目标主要是根据本地区的实际情况,依靠本地区的人才、资源、技术和组织,发挥本地区的特色和优势,促进本地区的经济社会发展,增强本地区的竞争力和吸引力。

1.2.2.3 角色的双重性

地方政府管理的角色是双重的,既是国家政府的执行者和服从者,又是地方民众的领导者和代表者,需要在中央和地方、上级和下级、政府和社会之间进行平衡和协调。一方面,地方政府作为单一制国家中央政府或联邦制国家联邦成员政府的下属政府,必须执行和服从国家的法律。另一方面,地方政府在其所管辖的地域范围内,又是领导者、决策者,有权对辖区内的公共事务进行管理、领导与指导,协调地方事务,管理地方区域经济的发展秩序,以保证与促进地方经济和社会的顺利发展。

1.2.2.4 管理的有限性

管理的有限性表明,地方政府管理只涉及国家全部事务中的一部分,并且在这一部分事务中也不一定拥有最高、最终或唯一的决定权。因此,地方政府管理要遵循科学合理、精简高效、协调统一等原则,明确自己的职责范围、权力内容、责任主体等,与中央政府、其他各级政府、社会组织和民众个人形成有效的分工和协作。在我国,地方政府管理的范围基本上是由法律和中央政府明确规定的,在中央政府统一管理下,地方政府根据法律规定的事权、财权和人事权承担权限范围内的职责,因地制宜地履行地方政府应有的义务。

1.2.2.5 职能的社会性

相较于中央政府管理所具有的主权性和政治性,地方政府管理更偏向社会职能。具体来说,中央政府管理主要负责全国性的公共事务,如国防、外交、国家安全、法治环境、宏观调控等,涉及国家的主权和政治,需要中央政府以政治权威和统一领导来实现。而地方政府管理主要负责本地区的社会公共事务,如经济发展、民生保障、社会治理、文化教育等,这些事务涉及人民的生活和福祉,需要地方政府以更直接、灵活的方式来实现和满足。因此,地方政府需要履行好社会职能,及时有效地回应社会需要,提供合适的公共产品和公共服务,维护社会公平和秩序,促进社会稳定和发展,如调节收入分配、实施社会保障、保护生态环境和自然资源、建立社会服务体系、优化人口结构等。

1.2.3 地方政府管理的作用

1.2.3.1 推进国家治理体系和治理能力现代化

推进国家治理体系和治理能力现代化是我国全面深化改革的总目标,它既包括横向上的政治、经济、文化、社会、生态文明等不同领域的现代化,也包括纵向上的全国整体和各个层级的治理现代化。地方政府是国家政治统治的基石,同样也是实现国家治理现代化的基础。地方政府管理由于资源优势的不同而具有不同的功能定位,需要结合自身的区位优势、发展特色、战略方位等要素,在实现地方政府治理现代化上发力,助力国家治理能力现代化建设。

1.2.3.2 保障市场经济有序发展

市场经济的有序发展需要公正的法治环境、良好的营商环境、公平的竞争环境等,涉及人才、资源、资金、技术、产权保护等多种因素和条件,这些都需要地方政府通过有效的管理来提供和实现。具体来看,地方政府为市场经济的发展提供良好的条件,加强基础设施建设,实施有效的宏观调控和产业政策,优化资源配置方式和市场监管手段,打击不正当竞争和垄断行为，创造良好的发展环境。伴随着市场经济的发展，地方政府不断转变政府职能，优化管理的方式，保障市场经济有序发展。

1.2.3.3 实现政策探索和制度创新

纵观世界各国，制度创新往往都是由地方政府率先实施的。相较于中央政府来说，地方政府更接近市场和社会，更容易感知本地区的具体问题和社会需求，因而能够更有效地解决地方性和区域性的问题和矛盾。从我国实践来看，地方政府是政策探索和制度创新的源泉。一方面是因为中央给予地方一定的自主性和试错空间，通过试点机制、激励机制、容错纠错机制等鼓励地方政府进行探索和创新，另一方面是因为地方政府间的比较、竞争以及公众需求的变化，使地方政府具备政策探索和制度创新的压力及动力。

1.2.3.4 提供公共物品和公共服务

地方政府的主要职责是对与辖域内居民日常生活紧密相关的社会事务进行有效管理，如基础设施建设和维护、社会福利和公共服务、市场监督和管理、就业和经济发展以及环境保护和安全。地方政府根据本地区的实际情况和民众的需求，制定和实施有利于改善民生、促进发展、维护稳定的政策措施和工作项目，以创造有序、安全、和谐的社会环境。同时，地方政府能够动员和利用各种社会资源参与公共物品与公共服务的供给，形成政府主导、市场运作、社会参与的多元化供给格局，增加供给的多样性和创新性。

1.2.3.5 加强和发展基层民主政治

地方政府尤其是基层政府的活动和行为是与民众的日常生活密切相关的，它们直接面对民众，地方政府管理的水平影响民众的生活质量和满意度。因此，地方政府的工作是否高效、公正、透明，工作方式是否民主、科学、创新，都会对民众的利益和福祉产生深远的影响，并进而影响到民众对国家的认同和信任。可以说，地方政府辖域内的居民既是地方政府的支持力量，同时也是地方政府的制约力量。[①]这就要求地方政府在执行中央政策和履行自身职责时，尊重民意、回应民情、保障民利、促进民生。同时，民众也可以通过各种渠道和方式，对地方政府的工作进行监督、评价、建议和投诉等。

---

① 陈瑞莲，张紧跟. 地方政府管理［M］. 2版. 北京：中国人民大学出版社，2016：12.

1.3 信息技术变革中的地方政府管理

地方政府管理是在特定的时代背景和社会环境中进行的，受到环境中各种因素的影响。21世纪以来，伴随着互联网、大数据、物联网等技术的发展，人类进入了信息时代。信息技术的快速发展对于地方政府管理变革带来了新的机遇和挑战。当前，人工智能技术的发展及其在社会各领域中的广泛应用，影响着政府运作的内外环境，成为地方政府管理转型的重要变量。

1.3.1 信息技术变革与政府管理的关系

技术与组织的关系是社会学研究的重要领域，自20世纪50年代以来形成了三种代表性的视角，分别为"技术决定论""技术结构化理论""技术—组织互构理论"[1]。在此影响下，关于信息技术变革与政府管理的关系，已有的研究形成了三种主要的路径。

1.3.1.1 技术决定论

"技术决定论"强调技术对政府管理理念、治理结构、工作流程、政策制定方式、服务方式重大变革的支撑作用和决定性影响。[2]信息技术的发展改变了政府的运作环境，要求政府压缩层级，分散决策权力，提高行政效率和透明度，促进公共事务管理中的社会协作和公民参与。例如，陈振明认为技术变化是政府治理变革的最深刻动因，新技术革命已成为当代政府治理变革的基础和推动力；[3]孟庆国和鞠京芮在考察人工智能技术对政府服务影响的基础上认为，当前人工智能对政府数字化能力全面升级具有促进作用，能

---

[1] 张燕，邱泽奇. 技术与组织关系的三个视角[J]. 社会学研究，2009（02）：200-215，246.
[2] 谭海波，孟庆国，张楠. 信息技术应用中的政府运作机制研究——以J市政府网上行政服务系统建设为例[J]. 社会学研究，2015（06）：73-98，243-244.
[3] 陈振明. 政府治理变革的技术基础——大数据与智能化时代的政府改革述评[J]. 行政论坛，2015（06）：1-9.

够为政府实现数据、业务、协同和交互能力的智能化升级提供必要的技术支持。①该路径的研究展现了信息技术在政府管理应用上的乐观前景，但忽略了信息技术与政府管理的复杂性和多样性，过于强调信息技术自身特性对组织结构及政府管理行为产生的单向因果影响。

1.3.1.2 制度约束论

"制度约束论"认为信息技术的应用受制于政府组织本身的结构和制度，并不必然带来政府组织的结构变革和管理创新，任何一个技术系统的选择都会受到组织政治、交错的利益关系以及制度安排的制约。②信息技术是政府管理变革的重要因素，但不是唯一的或决定性的因素，政府可以通过改革制度、调整结构、协调利益等方式来适应或改变信息技术的影响。例如，蔡立辉认为信息技术不会自动地实现政府管理创新，信息技术只有在新的行政理论、行政理念、行政职能和行政体制等的作用下才能有效发挥作用。③张成福和谢侃侃考察了数字化时代的政府转型问题，认为数字政府建设的重点并不在于技术本身，而是在于如何利用现代数字技术改变政府的结构、功能、工作流程、服务提供方式等，从而促使政府数字化转型。④该路径的研究克服了"技术决定论"的单向思维，强调了制度性因素对信息技术应用的制约，但对行动者及其选择能力的关注不够，忽略了特定组织结构和制度安排背后不同行动者的互动策略及其实践。

1.3.1.3 策略选择论

"策略选择论"认为，行动者策略是影响信息技术应用效果的重要因素，根据策略选择观，技术参数制约而非决定参与者的反应，与技术复杂性相伴的是结构复杂性和执行者的复杂性。⑤政府行动者需要考虑信息技术变革的内外部环境，以及各种利益相关者的诉求和反馈，通过沟通、协商、合作和竞争等方式，实现不同的技术应用效果。例如，杜

---

① 孟庆国，鞠京芮. 人工智能支撑的平台型政府：技术框架与实践路径［J］. 电子政务，2021（09）：37-46.

② 谭海波，孟庆国，张楠. 信息技术应用中的政府运作机制研究——以J市政府网上行政服务系统建设为例［J］. 社会学研究，2015（06）：73-98，243-244.

③ 蔡立辉. 应用信息技术促进政府管理创新［J］. 中国人民大学学报，2006（04）：138-145.

④ 张成福，谢侃侃. 数字化时代的政府转型与数字政府［J］. 行政论坛，2020（06）：34-41.

⑤ 谭海波，孟庆国，张楠. 信息技术应用中的政府运作机制研究——以J市政府网上行政服务系统建设为例［J］. 社会学研究，2015（06）：73-98，243-244.

治洲以博弈论为基础分析了政府部门间的信息资源共享状况，划分为囚徒困境、智猪博弈和斗鸡博弈三种博弈类型，不同的博弈类型有不同的获益特征，从而影响着电子政务信息资源共享的效果。[①]该路径的研究打破了技术—制度研究的结构化传统，突出了行动者的主体地位、选择能力和策略差异，但仍需进一步探析行动者策略产生的认知基础、条件和核心机制。

三种不同的研究路径提供了分析信息技术与政府管理关系的不同视角，也让我们能够更加深刻地把握两者间的互动关系。综上所述，信息技术变革对政府管理的环境、方式、过程等均产生了重要的影响，为政府管理的转型提供了技术基础。政府作为行动主体应该抓住信息技术变革带来的机遇，为信息技术在政府中的应用创造条件，以此为契机不断提升政府管理的水平，实现信息技术变革与政府管理转型间的良性互动。

1.3.2 信息技术变革对地方政府管理的影响

信息技术的变革能够带来信息生产、传播方式、处理手段等的革新，能够达到更高的运行效率、构筑新型的交互关系、产生丰富的技术成果、实现更多的社会价值。其对于地方政府管理的影响主要包括职能、权力、机构、体制和过程五个方面。

1.3.2.1 对管理职能的影响

信息技术变革为政府服务的分解提供了可能，使得地方政府可以更加清晰地界定与市场、社会的关系，厘清政府的职能边界，推动地方政府向服务型政府转变。一方面，地方政府可以运用信息技术来探索公共服务提供的多种方式，如"一网通办""不见面审批""最多跑一次"等新型样态，提高政府服务的质量和效率，满足公民的多样化需求。另一方面，信息技术变革也使得社会问题更加复杂和多变，传统的管理方式和手段难以有效应对，需要地方政府更多地将职能重心放在社会管理和服务上，构建协同高效的政府数字化履职能力体系，依托"数字政府""智慧政府"等的建设，利用大数据、云计算、人工智能等技术分析解决社会问题，制定更加科学、精准的决策，促进社会稳定和发展。

---

① 杜治洲. 基于博弈论的政府部门间电子政务信息资源共享研究［J］. 现代管理科学，2009（04）：29-30，43.

1.3.2.2 对管理权力的影响

信息技术变革为政府权力边界和纵横结构的调整提供动力,并凭借信息技术形成地方政府内、外两种监督力量,为政府权力结构的调整提供可持续的约束力。①从权力边界来看,信息技术变革减少了政府与行为主体间的信息不对称,在一定程度上规避政府权力失范现象,进而使政府权力的边界更加清晰,减少对市场、社会的过度干预。从权力结构来看,地方政府可以利用信息技术实现与上级政府、下级政府、其他地方政府、社会组织和公众的互动和协作,形成网络化的治理模式,逐渐向市场、社会赋权,构建多中心的公共行动体系。与此同时,信息技术也能够加强地方政府对自身权力的约束和监督,利用信息公开、社会评价、问责机制等手段提高了权力运行的透明度和效能。

1.3.2.3 对管理机构的影响

在以新兴信息技术为支撑的大数据时代,政府和社会海量的数据不断涌现,数据成为地方政府决策、管理的重要基础,这使得原本建立在工业化和大机器基础上的传统科层制政府架构无法适应数字化社会,地方政府亟待推进机构改革以回应时代发展的要求。②相应地,地方政府管理机构需要从分散型逐渐向集成型转变,从而实现部门间的信息共享和业务协同,打破部门间的行政壁垒,推进业务流程再造和优化,减少重复建设和资源浪费,使得地方政府机构更加扁平化、集约化。同时,地方政府可以运用信息技术提高工作自动化和智能化程度,加强对机构规模和人员编制的控制和调整,降低政府运作的成本和行政负担,提高地方政府管理机构的灵活性和适应性。

1.3.2.4 对管理体制的影响

信息技术变革一方面对政府执政理念、管理方式和方法带来了巨大挑战,另一方面也为政府改革提供了技术条件和工具,推动了政府管理体制的创新和完善。③改革开放以来,以建设符合社会主义市场经济体制的政府管理体制为目标,地方政府不断推进政府

---

① 周盛.走向智慧政府:信息技术与权力结构的互动机制研究——以浙江省"四张清单一张网"改革为例[J].浙江社会科学,2017(03):37-43,156.

② 米加宁,彭康珺,章昌平.大数据能驱动地方政府机构改革吗?[J].电子政务,2020(01):13-19.

③ 陈文理,柴颖.地方政府行政审批流程优化研究——广东实践[M].广州:广东人民出版社,2015:99-100.

管理体制的自我发展和完善。在信息技术变革的助力下，地方政府以"放管服"改革为契机，以行政审批制度改革为抓手，探索网上审批、并联审批等新形式。同时，地方政府可以运用大数据、人工智能等数字技术辅助科学决策和社会治理，提高决策的科学性和效率；运用互联网、移动互联等数字技术促进政府与多元主体之间的互动沟通，形成多元共治、多方协作、多层互动的新型政府治理格局。

1.3.2.5 对管理过程的影响

信息技术变革使得政府管理过程更为智能和便捷，提高了管理过程的效率和质量。主要表现在三个方面：第一，管理过程更具智能性。通过收集、分析、挖掘海量的政务数据为政府决策提供信息支撑和智能辅助，大数据、区块链、人工智能等技术可以实现政府对社会经济活动的监测，提高应对复杂问题的能力。第二，管理过程更具交互性。信息技术变革帮助政府更好地收集和了解社情民意，加强地方政府与企业、社会组织、公众等的沟通协作，增强政府的开放性和民主性。第三，管理过程更具透明性。信息技术变革为政府政务公开、"阳光行政"等提供了技术支撑，使政府的管理过程更加透明、公开、可追溯，从而保障了公民的知情权和监督权，提高政府的公信力。

综上所述，信息技术变革对地方政府管理产生了众多影响，成为推动地方政府管理转型的重要力量。然而，信息技术变革也会对地方政府管理转型带来风险。因此，客观看待信息技术所产生的多种影响，统筹考虑技术变革、经济社会发展与政府管理转型，不断提升政府的管理水平，践行以人民为中心的发展思想，是我国地方政府在信息社会的必然选择。

1.3.3 信息技术变革中地方政府的数字化转型

推动地方政府的数字化转型，已经成为国家治理现代化的重要内容。当前，人工智能、云计算、大数据、区块链等新技术不仅改善政府的决策流程和质量，同时也推动现代政府体制的全方位变革。党的十九届四中全会强调要推进数字政府建设，建立健全运用互联网、大数据、人工智能等技术手段进行行政管理的制度规则；"十四五"规划明确了加快数字化发展，建设数字中国的重点任务，鼓励支持新技术赋能。建设数字中国成为数字时代推进中国式现代化的重要引擎。作为数字中国建设的重要课题，数字政府建设及其治理能力的提升正是对新一轮产业革命和国际竞争新焦点等战略态势的准确把握，也是信息技术变革中地方政府管理转型的重要方向。

1.3.3.1 地方政府数字化转型的阶段

地方政府数字化转型是指地方政府利用新一代信息技术，如大数据、云计算、物联网、人工智能等，对政府内部管理、公共服务供给、政府监管与公共政策等进行深刻的改造和创新，提升政府治理效率和效能，实现政府治理范式的转变。一般来说，根据数字化程度的不同，地方政府的数字化转型至少要经历电子政府、数字政府和智慧政府三个阶段。

（1）电子政府。电子政府是互联网时代的产物，它是指在政府内部采用电子化和自动化技术的基础上，利用现代信息技术和网络技术，对传统政府的行政职能、组织结构和业务流程进行重组，实现更好的公共管理与服务，从而形成一种更为有效的政府运作形态。[1]从技术支撑来看，建设电子政府的过程就是政府部门IT化改造的过程，[2]即运用信息技术在政府内部实现数据信息的电子化管理。其典型应用包括电子邮件、政府门户网站、政府内网等。我国电子政府的发展经历了办公自动化、"三金工程"（金桥、金关、金卡工程）、政府上网工程、"三网一库"（办公业务网、办公业务资源网、政府公众信息网和信息资源数据库）、数字城市与城市信息化试点等阶段，适应了我国深化改革、扩大开放的要求，提高了我国国家信息化水平。[3]

从我国地方政府的实践来看，1996年海南省政府创办首个政府门户网站；2001年北京市政府印发了《关于加快政务信息化建设的意见》，建设首都公用信息平台；2002年上海市政府门户网站"中国上海"正式开通，并于2010年起开通市级网上政务大厅。

（2）数字政府。数字政府是大数据时代的产物，它是指政府通过数字化思维、理念、战略、资源、工具和规则等治理信息社会空间、挖掘数据资源、提供优质政务服务、提高公众满意度的一种新型政府管理和服务形态。[4]数字政府以大数据技术为支撑，重塑政务信息管理架构、业务架构、技术架构，形成"用数据对话、用数据决策、用数据服务、用数据创新"的现代化治理模式。[5]较电子政府而言，数字政府的内涵更为丰富，不仅包括电子政府，还涉及公众参与、业务协同和组织变革等内容。其典型应用包括政务云、大数据平台、信息交换平台、政务服务平台等。

---

[1] 钟明. 电子政府：现代公共服务型政府的实现途径［J］. 中国软科学，2003（09）：27-31.
[2] 宋爽. 数字经济概论［M］. 天津：天津大学出版社，2021：274.
[3] 李传军. 电子政府管理［M］. 北京：对外经济贸易大学出版社，2008：51-58.
[4] 王琦，张静. 数字政府［M］. 北京：北京邮电大学出版社，2020：1-2.
[5] 冯锋. 大数据时代我国数字政府建设的路径探析［J］. 山东社会科学，2022（05）：139-146.

从我国地方政府的实践来看，2017年广东省率先启动"数字政府"建设，目前已建成"一网统管"和"粤治慧"等平台，《广东省数字政府改革建设2022年工作要点》提出要全面推进"数字政府2.0"建设，强化全省"一片云、一张网"；2018年，浙江省提出"最多跑一次"改革，打造整体协同、高效运行的政府，其注重数字技术（平台）以点扩面的全域化运行，采用"政府牵引+企业参与"的合作运营模式；①2018年，上海市"一网通办"门户网站及移动端陆续上线运行，"一网受理，只跑一次，一次办成"成为具有指导意义的工作模式。

（3）智慧政府。智慧政府是人工智能时代的产物，它是指充分运用新一代信息技术和人工智能技术，促进管理资源的线上线下融合，实现智能办公、智能监管、智能服务和智能决策，形成高效率、低成本、可持续、易监控的新型政府形态。②从其技术支撑来看，它建筑在大数据、物联网、人工智能、机器学习等新一代信息技术的支撑之上，对既有知识的分析推演和对实时数据的挖掘处理，从而使机器和系统习得新的知识以至转化为高度的智能。③智慧政府就是要实现政府社会管理等智能的自动化、精细化、数字化、网络化和智能化，即数字化的政策制定、智能化的监管服务、网络化的协同治理和精准化的公共服务。④当前，以聊天生成预训练转换器（ChatGPT）为代表的通用人工智能成为智慧政府运行的核心技术，其以大规模预训练和自然语言处理为基石，具备上下文感知性和多领域适应性，能够通过强大的自主学习能力来进行语言编辑和创作，实现与人类的深度智能交互。其典型应用包括政府知识管理系统、政务智能（GI）系统、场景式服务网站、智慧监管系统、智慧应急联动系统等。

从我国地方政府的实践来看，2016年，杭州市发布了全球第一个城市大脑计划，依托阿里云的人工智能技术，政府将与城市治理相关的数据通过归集、分类接入城市大脑平台，平台便可通过算法建模进行快速分析，实时将结果传入城市相关基础设施促进公共资源优化配置，实现城市智能运行；⑤雄安新区自2017年设立以来，始终将智慧城市建设作为重要战略目标，并首创"数字孪生城市"概念。新区政府将智慧治理理念全面融入城市空间发展建设规划中，依托人工智能技术，通过采集、调用和分析城市运行数

---

① 宁琪，谭家超. 数字政府建设的地方实践与完善策略［J］. 改革，2023（01）：144-155.
② 朱光磊，王雪丽，宋林霖. 中国政府发展研究报告［M］. 天津：南开大学出版社，2019：325.
③ 于跃. 智慧政府的生成与演进逻辑［J］. 电子政务，2019（07）：93-100.
④ 卫鑫，陈星宇. 智慧政府的功能定位及建设路径探究［J］. 中国行政管理，2020（07）：91-94.
⑤ 本清松，彭小兵. 人工智能应用嵌入政府治理：实践、机制与风险架构——以杭州城市大脑为例［J］. 甘肃行政学院学报，2020（03）：29-42，125.

据，以响应式的方式有效解决城市内关于民生、环境、公共安全等发展问题，开启了以合作式智慧治理促进城市治理创新的积极探索。①

1.3.3.2 地方政府数字化转型的路径

当前，人工智能等信息技术的发展改变了政府运作的环境，为政府职能转变、公共服务分解、治理参与渠道拓宽及向社会的赋权提供了新的机遇，地方政府数字化转型成为时代发展的必然趋势。地方政府从传统的管理形态向数字化的政府形态转变，需要从顶层设计发力，加强技术应用的系统谋划，为技术赋能和创新提供良好的制度环境。同时，也需要采取措施有效应对数字化转型带来的风险和问题，在践行"以人民为中心"发展思想的过程中不断地实现公共价值。

（1）坚持系统谋划，优化顶层设计。地方政府数字化转型需要有清晰的目标、方向和路径，以顶层设计为引领，以制度创新为保障，以需求导向为原则，形成数字化转型的整体规划和实施方案。

首先，地方政府应当明确数字化转型的目标和愿景。根据当地的发展水平和实际情况，确定数字化转型的总体目标和重点领域，如提升公共服务的质量和效率、增强政府行政的透明度、激发社会创新和民主参与等。其次，依托数字化转型的契机，重构政府部门间的行政职能与业务逻辑。②地方政府应当建立健全数字化转型的组织机构、政策法规、技术标准、管理流程和监督机制，并以数字化转型的目标为导向，对地方政府部门办事流程和逻辑进行重新论证和梳理，推动政府结构重组和功能重塑。最后，地方政府应当加强数字化转型的理论探索和研究，及时有效回应转型过程中出现的新情况、新问题，实现技术创新与理论创新"同频共振"，为地方政府数字化转型提供坚实保障。

（2）强化技术赋能，提升治理效能。地方政府数字化转型需要充分利用互联网、大数据、人工智能等新一代信息技术，发挥信息技术对于政府决策质量提升、政务服务流程再造、监管模式创新、多元协同机制构建等方面的赋能作用，全面提升地方政府的治理效能。

首先，地方政府需要客观对待信息技术带来的机遇和挑战。全面准确地分析技术的本质和局限，不将技术视为解决问题的万能方案。加强对信息技术的研究，分析技术应

---

① 司林波，宋兆祥. 人工智能时代合作式智慧治理如何促进城市治理创新？——雄安新区绿色智慧新城成长轨迹的探索［J］. 长白学刊，2023（04）：57-68.

② 刘祺. 从数智赋能到跨界创新：数字政府的治理逻辑与路径［J］. 新视野，2022（03）：73-80.

用的可能性和可行性，充分评估技术应用的价值和风险。其次，地方政府应积极探索信息技术应用的路径和模式，充分发挥新技术的赋能作用。例如，地方政府可以利用人工智能、机器学习、数据挖掘等技术，对政务数据进行深度分析和挖掘，发现数据中的规律、趋势、问题和机遇，为政府的决策提供科学的依据和支持。最后，地方政府要以技术应用效果作为评价技术路径的依据。技术是手段，治理效能是目的。地方政府要确保信息技术的应用能够有效实现数字化转型的目标，使技术应用适应经济社会发展要求、符合公众利益，真正提升地方政府的治理效能。

（3）注重数据管理，防范安全风险。地方政府数字化转型需要重视数据的管理和保护，通过建立数据的分类分级、归属权责、安全保密等制度，确保数据的完整性、安全性和合法性，加强数据的安全防护和监督检查，防范数据的泄露、篡改、损毁和滥用等安全风险。

针对可能出现的数据安全风险，应当从法律和制度层面对数据运作的全过程进行规范和监管，确保数据运作的每一个流程、每一个环节都能安全合规。从地方政府数据运作过程来看，主要包括目标确认、数据收集、数据管理和数据应用四个环节。目标确认要求根据治理目标的确定数据收集的对象、范围、方式等，必须遵循合法性、合目的性原则，严格遵守法律法规和行业标准。在数据收集环节，应当制定明确的信息安全政策，明确数据收集过程中的职责和权限，明确数据的权属、分类和分级，遵循最小化原则。在数据管理环节，根据数据的类型、规模、结构来选择合适的存储介质和存储格式，重视数据的加密和脱敏工作，建立安全的网络架构和风险评估系统，加强数据审查和追踪回溯。在数据应用环节，明确数据的用途和使用权限，实施严格的访问控制，加强人员的培训，强化数据应用的监管和审查。

（4）坚守人民取向，实现公共价值。地方政府数字化转型需要坚持以人民为中心，以满足人民的需求和期待为出发点和落脚点，以实现公共价值为目标和导向，及时回应人民的关切和期待，优化和创新数字化转型的内容和方式，实现更多的公共价值。

首先，地方政府应深入了解和满足人民的多元需求，提升公共服务的质量和效率。通过数字化转型，建立完善的人民需求的收集和分析机制，通过互联网、大数据、人工智能等技术，更为全面地了解人民对于教育、医疗、社保、就业、环保等的需求，从而实现公共服务的便捷化、个性化、精准化，提高公共服务的水平和品质。其次，地方政府应促进和保障公共事务治理中的民主参与，促进社会的公平和正义。通过数字化转型，建立完善的人民参与的渠道和平台，通过互联网、社交媒体、区块链等技术，实现人民对政府的监督、建议、投诉、评价等，增强政府的透明度和问责。最后，地方政府应当通过数字化转型全面提升和保障人民的幸福感和获得感。通过互联网、数字媒体、虚拟现实等技术，实现人民文化和精神的丰富和提升，增强人民的幸福感和获得感。

1.4 地方政府管理学的知识架构与学习方法

1.4.1 地方政府管理学的知识架构

地方政府管理学是研究地方政府管理行为及其规律的学科。本书将地方政府管理学的内容体系分为两个部分，形成了独特的知识架构（图1.1）。

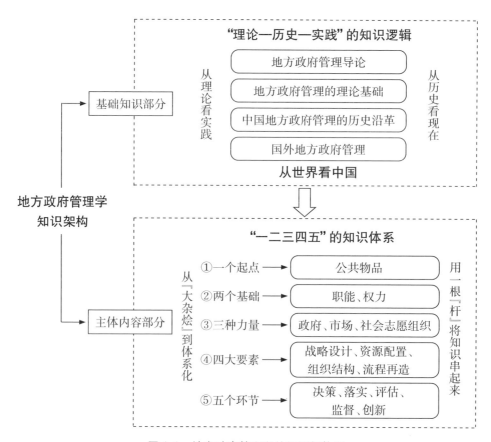

图 1.1　地方政府管理学的知识架构图

第一部分是基础知识部分,主要对地方政府管理的相关核心概念、基本理论、历史沿革以及国际进展等基础知识进行系统介绍,帮助读者掌握地方政府管理的基础知识,形成对地方政府管理知识体系的总体性了解,为后续学习做好知识储备。

第二部分是主体内容部分,是本书在知识结构上的突出特色,也是区别于其他教材的重要特征。本书按照地方政府管理的基本逻辑,将地方政府管理的知识体系进行了重新组合,形成了富有内在逻辑关系的"一二三四五"知识架构体系。"一个起点""两个基础""三种力量""四大要素""五个环节"的知识架构体系基本涵盖了地方政府管理所涉及的职能、权力、机构、体制和过程等各方面内容。相对于以前地方政府管理教材在内容体系上呈现出的相互独立的块状结构,本教材在知识架构上力图呈现出内容融通有序的立体式结构。用一根"杆"将知识点串起来,知识体系脉络更加清晰。

各章具体内容如下:

第1章 地方政府管理导论。主要包括地方政府的产生与发展、地方政府管理的含义、特征和作用,以及信息技术变革对地方政府管理的影响等。

第2章 地方政府管理的理论基础。主要包括府际关系理论、制度变迁理论、区域发展理论、资源依赖与交换理论、治理理论和公共政策理论等。这些理论是分析地方政府管理的重要工具。

第3章 中国地方政府管理的历史沿革。主要介绍古代地方政府管理、民国时期地方政府管理和当代中国地方政府管理探索与实践等。

第4章 国外地方政府管理。主要介绍了美国地方政府管理、英国地方政府管理、德国地方政府管理和日本地方政府管理的模式与特征等。

第5章 地方政府管理的逻辑起点。主要介绍公共物品的概念与类型及其作为地方政府管理逻辑起点的理论证明,公共物品的属性与私人供给的障碍,以及地方政府公共物品的供给模式与优化路径。

第6章 地方政府管理的两个基础。主要介绍职能和权力作为地方政府管理基础的依据、地方政府的职能和权力的内涵,以及地方政府职能转变与权力结构调整等内容。

第7章 地方政府管理的三种力量。主要介绍地方政府管理中地方政府、市场、社会志愿组织三者的各自优势与不足,以及三者之间的相互关系、合作优势以及实现路径。

第8章 地方政府管理的四大要素。主要介绍地方政府管理战略设计、资源配置、组织结构和流程再造等内容。

第9章 地方政府管理过程的五个环节。主要对地方政府管理过程进行分析,包括决策、落实、评估、监督与创新五个部分。

1.4.2 地方政府管理学的学习方法

根据地方政府管理学的知识架构和特点，在地方政府管理实践中，不仅需要相关理论的指导，还需要有博古通今的宽广知识面，理论、知识与实践的有机结合是有效开展地方政府管理的基本要求。本书认为学习好地方政府管理的理论知识是为了更好地开展地方政府管理实践，理论学习可以丰富管理思维，历史学习可以汲取管理经验，比较学习可以拓宽管理视野，实践学习可以检验管理效果，这些都是学好地方政府管理学的有效学习方法。

（1）理论学习法。理论是智慧之花。理论学习不仅可以丰富我们的知识结构，还能激发我们的创新思维，理论学习法是学好用好地方政府管理知识的基本方法。地方政府管理学是以政治学、行政学、管理学知识为主干，涉及经济学、法学、社会学等多学科知识的交叉学科。地方政府管理实践更是涉及社会科学、人文科学甚至是自然科学基础知识的综合运用。因此，地方政府管理的学习，加强跨学科理论知识的学习尤为重要。

（2）历史学习法。中国特色地方政府管理是在长期历史发展中形成的，只有充分了解中国历史，才能深刻认识中国特色地方政府管理制度形成的合理性和必然性。中国地方政府的形成过程有几千年之久，最初可追溯到春秋战国时期甚至更早，中国自秦汉以来的郡县制是中国古代地方政府管理的基本形式，随着中央和地方权力关系的变化，地方政府的形式和层级也发生变化。中华人民共和国成立以来，在历史制度的基础上，逐步形成了中国特色的地方政府建制和管理模式。只有充分了解历史才能理解中国地方政府变迁和管理实践过程。

（3）比较学习法。他山之石，可以攻玉。只有通过比较，才能正确对待过往的历史，才能正确认识当下的现实，才能汲取经验，更好地开展接下来的工作。地方政府管理过程是一个动态过程。只有通过纵向比较，才能充分把握地方政府管理的特点及发展走向；只有通过横向比较，才能学习借鉴人类文明的成果，避免封闭僵化，同时在比较中建构制度自信，而不是妄自菲薄。①

（4）实践学习法。实践是管理的生命力。深入实践，将理论知识与实践相结合是学好用好任何一门管理学知识的基础，也是管理能力成长的必要条件。中国特色地方政府

---

① 徐勇. 地方政府与政治［M］. 北京：高等教育出版社，2017：12.

管理是在实践中形成、运行和完善的。只有深入实践，并运用实践的观点和方法，才能深刻认识中国特色地方政府管理的合理性、科学性和发展性。②实践学习有两种途径：一是深入管理实践一线，通过切身体验，培养和锻炼管理能力；另一种途径就是案例教学，通过地方政府管理实践中典型案例的情景模拟，再现管理过程中的复杂环境，在有限信息的基础上进行决策模拟，从而实现分析和解决复杂问题实践能力的提升。案例教学是实践学习法的重要实现形式。

本章案例解读

01 浙江安吉：以绿色发展推动贫困治理的生动实践

[**案例阅读材料**]

安吉县地处浙江省西北部，是湖州市下辖的一个县，位于长三角腹地。安吉县有着优美的自然风光和丰富的生态资源，是天目山脉的重要组成部分，也是上海黄浦江的源头。安吉县曾经是浙江省20个贫困县之一，为了摆脱贫困，大力发展了造纸、化工、建材等产业，虽然实现了经济增长，但也造成了严重的环境污染和生态破坏。2005年8月，时任浙江省委书记的习近平在安吉考察时提出了"绿水青山就是金山银山"的科学论断，指出要把生态环境优势转化为生态经济优势，让绿水青山不断"产出"金山银山。这一理念为安吉指明了一条绿色发展之路。

纵观安吉县的绿色发展进程，可将其分为两个阶段：第一阶段是"生态立县"，第二阶段是"中国美丽乡村建设"。在实施"生态立县"战略方面，首先，安吉县政府开展生态建设。按照"生态建设与生产发展一体推进、自然生态和现代文明高度融合、品位村镇与品质贫困和谐共进"的要求，大量开展生态建设。其次，发展生态林业。由于具有丰富的竹叶资源，安吉县大力推动竹资源产业，先后获得"中国椅业之乡""中国竹地板之都"的称号。再次，发展生态农业。安吉县发展了包括白茶在内的多种生态农业，建立了国家级白茶标准化示范基地。最后，引入休闲产业。安吉县依托自身的区位优势与良好环境质量，新建了中南百草园等大批景点。通过这些绿色产业的发展，安吉县实现了经济

---

① 徐勇. 地方政府与政治 [M]. 北京：高等教育出版社，2017：13.

与社会的全面进步。在推进"中国美丽乡村"建设方面。首先,安吉县以"环境保护"和"资源永续利用"为核心,继续优化生态环境,建立了环境优美、人与自然和谐、产业协调、发展潜力强劲、生态文化活跃的生态文明建设模式。其次,继续发展生态林业。坚持"集中、集约、集聚"的原则改造"竹""椅"两大传统产业。再次,优化生态农业。安吉县以"整合、联合、融合"的理念加强主体联合,加快推广"公司+基地+专业合作社"模式,做优笋竹、白茶、蚕桑等农业主导产业。最后,精化第三产业。安吉县坚持以"品味、品质、品牌"的要求培育休闲龙头企业,推出一批乡村旅游特色产品。通过对绿色产业的坚持和改革,安吉县不仅持续提高了当地的社会与经济效益,还成功地打造了多个"中国美丽乡村"样板。

(资料来源:参见童志锋,姜渊:《以绿色发展推动贫困治理——以浙江省安吉县为例》,载《学习与探索》,2020年第10期。引用时有删改。)

[思考题]
1. 结合案例分析地方政府在推动绿色发展中的重要作用。
2. 结合案例及所学知识探讨地方政府以绿色发展推动贫困治理的实践路径。

[案例解读]

扫描二维码查看案例解读

02 地方政府数字化转型:政务改革的"浙江经验"

[案例阅读材料]

推进地方政府数字化转型是党的十九届四中全会对我国电子政务发展提出的目标要求。浙江省作为政务改革的先行省份之一,其数字化转型经历了基础建设、体系建设、高水平建设和"一体化"标准建设四个改革探索阶段,走出了一条具有地方特色的路子,为地方政府治理能力现代化探索提供了实践经验。

自2003年以来,浙江省委、省政府为增强改革后劲,着眼于体制机制的创新与市场活力的激发、打造最佳营商环境,全力推行成为政府数字化转型"全国样板"的政府治理革命,围绕构建"整体智治、唯实唯先"现代政府的目标导向,历经了基础建设、体系建设、高水平建设和"一体化"标准建设四个螺旋式上升的改革探索阶段。

1. 基础建设阶段(2003—2012年)

浙江数字政府转型肇始于2003年,时任浙江省委书记习近平同志提出"推进'数字浙江'建设",以及"数字浙江是全面推进我省国民经济和社会信息化、以信息化带动工业化的基础性工程"等重要思想论断,并主持制定实施《数字浙江建设规划纲要(2003—2007年)》,加快电子政务建设、探索网络审批方式成为当时政府主要的改革任务之一,全省各级政府积极"探索起步、夯基垒台",谋划建设政府综合门户网站,分步推行网上办事、网上办公,推进政务公开、提高政府服务水平、打造清明的政务环境。自2003年起,以事项目录、政务公开为主要内容的省政府综合门户网站率先开通运营,到2007年年底,基本建成省市县三级政府综合门户网站群的"电子政务"框架。2006年,全省启动建设电子政务实时监督系统,至2010年年初开通运行省政府网上办事大厅,网站功能开始从政务公开向网上审批服务拓展。综上所述,浙江数字化政府转型的基础建设阶段是以政府门户网站开通运营为主要内容和标志的,初步由传统的经验主义"人治"方式转向对数字化法治方式的求索,但对数字政府转型的践行与诠释尚停留在静态的数字政府形态层面。

2. 体系建设阶段(2013—2016年)

2013年年底,浙江省开启政务服务"一张网"建设。至2014年6月25日,浙江省在国内建成首个省市县一体化建设与管理的"互联网+政务服务"云平台,实现政务服务上线运行。同年,制定出台《浙江省深化行政审批制度改革实施方案》,力求以"一张网"为载体晾晒"四张清单"(政府部门权力清单、责任清单、企业投资项目负面清单、财政专项资金管理清单),依法依规厘清政府治理边界,为数字政府新模式下流程再造套上"权责紧箍咒"。2014年实施的"电子政务建设的云基础设施战略,建设电子政务'一朵云',为后来的全省电子政务和公共数据的整合和共享奠定了坚实的基础"。至2015年,全省信息架构设计、信息化发展指数已跃居全国第三,达到95.89。人口、法人单位等基础信息数据库基本建立,统计数据库等一批专业数据库相继建成使用。率先推出政府数据统一开放平台,将68个省级政府单位共358项数据类目全面向社会开放。由此可见,体系建设阶段是以政务服务"一张网"上线运行为主要内容和标志，并且已然触及一个深层问题："数字政府"并非仅仅是指政府办公流程的"数字化"和政务处理的"电子化"，其真实含义更多是指政府通过数字化思维、数字化理念、数字化战略、数字化资源、数字化工具和数字化规则等治理信息社会空间，提供优质政府服务，增强公众服务满意度的过程。可以说，这是一种全新的动态公共治理方式和技术治理改革进程。

3. 高水平建设阶段（2017—2018年7月）

2017年年初，浙江省遵从"群众和企业到政府办事最多跑一次"的理念和目标，通过自主创新和顶层设计开始有计划地组织"最多跑一次"改革，"重点攻坚、综合集成出成果"，围绕"最多跑一次"办事事项打通数据孤岛。改革目标、评估改革效果从赋权于群众的角度而确定，从与企业和人民群众生产生活关系最紧密的领域和事项做起，由点到面逐步实现全覆盖。倒逼各级各部门减权、放权、治权，逐步形成和完善行政许可、行政服务等全领域的"一次办结"机制，市场监管的"部门联合、随机抽查、按标监管"的"一次到位"机制，便民服务"在线咨询、网上办理、证照快递送达"的"零上门"机制。至2017年年底，省内各类办事事项得到系统性梳理和规范，"一窗受理、集成服务、一证通办"的办事流程、数字化公共服务体系得到结构性优化，"最多跑一次"改革关键环节数据共享取得实质性突破。2018年的"政府数字化转型"行动，从服务转向治理，以部门履职的核心业务数字化为突破口，改革逐步向纵深发展，数据基础设施逐步整合，政务服务网成为全国有影响力的公共数据平台。"一窗受理、一网通办、一证通办、一次办成"实现全覆盖，掌上办事"浙里办"、掌上办公"浙政钉"快速推进。省市县三级63.6%的民生事项实现"一证通办"，适宜网上办理事项100%开通网上办，企业投资项目开工前审批全流程实现"最多跑一次、最多100天"，重大标志性应用成效凸显。可见，高水平建设阶段是以"最多跑一次"改革重塑政务服务新模式，以多部门多业务的协同式和场景化应用、重塑权力结构为主要内容和标志，"是政府对权力边界的主动再界定、权力制衡机制的自主再构建，行政职能和权力运行的治权再科学化"。这一阶段，数字政府建设致力于从部门转型逐步向整体政府转型升级，并且已经涉入数字治理的实质领域，由流程转变、数据共享的技术逻辑向开放共享、整体协同、合作共治的现代治理的观念与职能转变，从而确立了浙江在国内地方政府数字化转型格局中的"领跑者"地位。

4. "一体化"标准建设阶段（2018年7月至今）

在数字政府建设全国"一盘棋"的愿景下，国内学者瞿云认为，规范和标准是以整体政府理念为基础的电子政务改革发展的关键"支撑点"。经过三个发展阶段尤其是"最多跑一次"改革后，浙江各地政府在数字政府改革上出现了创新有余而标准化不足、尺度不一、技术交叉以及"自立门户"等情况。鉴于省域内11个设区市、90个县（市区）政府数字化转型水平参差不齐、进度不一，为整合转型资源、统一建设标准，以"最多跑一次"改革的标准化建设为"突破口"升级既有电子政务成果。2018年7月16日，浙江省创新政策工具，向全省印发《浙江省数字化转型标准化建设方案（2018—2020年）》（浙政办发〔2018〕70号），明确提出要"全面实施标准化战略，深化国家标准化综合改革试点，以标准化支撑数字化转型"，在目标设定上定点指向夯实政府数字化转型标准体系框架基础、增强政府数字领域标准话语权竞争力、释放政府数字化转型标准的规范和引领效应。政府数字化转型开始进入以构建具备地方特色的数字化转型标准体系为导向的阶段，政务改革实践的方向和具体任务转而聚焦于以打造"一体化"智慧政府助推现代政府数字化转型，力争"把数字化转型先发优势转化为强大治理效能"。

两年来，浙江政府数字化转型"一体化"体系框架已基本搭建，逐步构建成一套权责明确、统一协调、结构清晰、系统高效的标准体系。同时，在省内分头实施"三个一批"，即：制定出一批具领先水平的亟须标准，开展了一批关键领域的标准项目，形成一批可复制、可推广的标准成果。初步制定修订形成涵盖经济、社会诸领域和政府，包含50项国家标准、地方标准、行业标准为主体的标准体系，以优先制定政府数字化转型急需标准为先导，撬动经济和社会各领域数字化转型。由此可见，"一体化"标准建设阶段以系统性、标准化、功能型数字政府转型为主要内容和标志，它既体现在数字化转型的数据资源统一规划、制度规范层面，也包含各级地方政府工作目标一致性；既包括标准化政府权力运行机制，也涵盖社会治理、公共服务、市场监管、经济调节、环境保护等诸多领域的标准体系；既体现为政府治理标准化效应、公务人员整体政府的理念层面，也包含公共数据平台标准化建设，直面打通信息孤岛的堵点难点、打通数据互通关键节点，构建跨部门、跨层级、跨领域标准模型的行动层面；并基本达到数字治理与现代公共治理的高度重合与叠加一体，从而实现对原有的行政层级、办事事项、城市群协作的全方位拓展和超越。

考察浙江政府数字化转型的探索历程，不难发现，其始终有着追随中央政府主导制定的政策策略，把握数字时代变革新特征、发展新走向的高度政治觉醒，始终有着"不进则退、慢进也是退"的自我革命精神和危机紧迫意识。其转型动力来自自身善于创新使用政策工具、完善制度体系，创新组织赋能和行动路径，探索新的技术治理方式，并且这些推动力因素相互渗透、相互影响、相互推动，从而催生出浙江地方政府数字化转型升级发展的独特走势。因此，浙江才成为"全国率先进行数字化转型，优化和提高政务整体水平的省级机构"，并且成为展示我国数字化政务服务建设最新成就的"重要窗口"和地方政府数字化转型的典范之一。

（资料来源：参见许峰：《地方政府数字化转型机理阐释——基于政务改革"浙江经验"的分析》，载《电子政务》，2020年第10期。引用时有删改。）

[思考题]

1. 浙江政府数字化转型的亮点有哪些？它们是如何破解数字政府建设中的难点和痛点的？

2. 结合案例梳理浙江省在推进地方政府数字化转型中的经验，并探讨"浙江经验"对其他地区地方政府数字化转型的启示。

[案例解读]

扫描二维码查看案例解读

本章教学案例设计

[案例分析材料]

01 上海"一网通办"：政务服务创新的地方探索

上海"一网通办"是一个以用户为中心的政务服务平台，它集成了各个部门、各个区域、各个层级的政务服务事项，实现了线上线下融合、全程网办、全市通办、全国联办的目标，为企业和市民提供了便捷、高效、精准的服务。"一网通办"改变了以政府为中心的做法，站在用户的角度思考问题、推进工作，从本质上来说，是政府"刀刃向内"的自我革命，是政府管理体制机制的重大制度性变革。

上海在探索"互联网＋政务服务"的过程中，经历了从网上政务大厅建设到"一网通办"改革的两个阶段。一是在2015年2月，市政府成立上海市网上政务大厅建设与推进工作领导小组，正式启动全市网上政务大厅，力求打造政府服务"单一窗口"，推动政府服务管理加快迈入"互联网＋"时代。二是推动"一网通办"改革。上海作为改革开放排头兵、创新发展先行者，充分总结"互联网＋政务服务"工作经验，于2018年全国两会期间率先提出实施"一网通办"改革，并于当年3月30日印发《全面推进"一网通办"加快建设智慧政府工作方案》，全面启动"一网通办"改革工作。经过建设实践，上海数字政府建设成效突出。根据《2020联合国电子政务调查报告》，上海"在线服务指数"跃居全球城市第9位，达到"非常高"的水平。

"一网通办"作为一种新的公共管理和服务方式，需要被公众广泛接纳和使用。上海在改革过程中也很重视这一问题，并确立了两个建设的重点任务：一是使公民和企业办事像"网购"一样方便；二是使涉及公民和企业的公共服务事项"进一网、能通办"。此外，"一网通办"改革的各项举措需要接受人民监督，将是否方便人民、是否令人民满意作为衡量改革成效状况的最重要指标。早在2019年7月，"一网通办"就已引入"好差评"制度，听取和收集民众的意见。2023年以来，上海推进建设"一网通办"智慧好办2.0版，全面提升政务服务标准化、规范化、便利化、智慧化水平。

（资料来源：参见董幼鸿：《城市治理数字化：探索、反思与愿景》，上海人民出版社，2022年版。引用时有删改。）

02 黄河版"鲁豫有约"：省际生态补偿的生动实践

2022年7月，山东省政府新闻办举行新闻发布会，宣布河南省"赌"赢了山东，山东省兑现承诺向河南省支付生态补偿资金1.26亿元。至此，这场耗时1年、被网友称为黄河版"鲁豫有约"的生态补偿对赌才尘埃落定。

生态补偿制度是一种新型环境管理制度，是对无法或难以纳入市场的生态系统的服务功能进行经济补偿的制度措施，主要方式是通过对生态系统的服务功能进行核算并通过受益者付费或公共财政补贴方式进行补偿，或是对因保护生态系统在经济上受损者给予财政补贴。黄河发源于青海，途经四川、甘肃、宁夏、内蒙古、陕西、山西、河南和山东九省（区），一直以来都存在着"九龙治水"的问题。面对黄河的严重污染，上下游互相"甩锅"。为解决这种问题，国家在各省（区、市）重要河流交界断面上设立了"在线水质监控系统"，其要求是：无论上一个断面的实际来水是什么状况，下一个断面的水质都须达到考核要求。2021年4月，山东、河南两省签订了《黄河流域（豫鲁段）横向生态保护补偿协议》（下称《协议》）。这是一个对赌协议：以河南省与山东省黄河干流跨省界断面水质监测结果为依据，在水质全年均值达到Ⅲ类标准的基础上，每下降一级，河南省给山东省6000万元；反之，每上升一级，山东省给河南省6000万元。作为黄河流域的首个跨省流域横向生态补偿协议，《协议》一经发布便引起舆论的广泛关注。

早在2016年12月，财政部等四部门联合印发《关于加快建立流域上下游横向生态保护补偿机制的指导意见》，要求到2020年，各省（区、市）行政区域内流域上下游横向生态保护补偿机制基本建立，探索开展跨多个省份流域上下游横向生态保护补偿试点等。其中，建立省内生态补偿机制较为容易，长江经济带11省市和此次对赌中的两省目前均建立了省内流域生态保护补偿机制；而跨省生态补偿机制方面，从2011年开始，安徽和浙江两省就在新安江流域探索了中央财政补偿＋地方对赌补偿的"新安江模式"，为全国首个跨省流域生态保护补偿机制。此后这一经验逐渐推广，据生态环境部透露，截至2022年1月，全国已有18个相关省份，签订了13个跨省流域横向生态补偿协议，其中半数流域已经完成至少一轮补偿协议。

此次山东省、河南省对赌，有一个很明显的特征是只将水质的断面考核作为标准，而未包括水量，以生物多样性、水源涵养等更为丰富的标准。并且参与者只有两个相邻的省份，而非在整个流域内按照统一标准进行横向生态补偿。有专家表示：在黄河流域生态环境保护方面，无论是山东省、河南省，还是其他省份，以协议的形式实现生态补偿目标固然重要，但更为重要的是，需要在充分考虑有关各省区各方面实际情况的基础上，形成有效的生态保护协同和协调机制。

（资料来源：参见郭煦：《黄河生态保护："鲁豫有约"背后》，载《小康》，2021年第24期。引用时有删改。）

[思考与讨论]

1. 结合上海"一网通办"建设的历程和内容，探讨其体现了我国当前地方政府发展的哪些趋势。在当前时代背景下，地方政府应当如何实现治理转型？

2. 结合材料分析黄河版"鲁豫有约"为其他地区流域跨省治理提供了哪些有益的借鉴。探讨地方政府在政策探索和制度创新中的重要作用。

3. 结合上述材料思考当前我国地方政府职能转变的方向、路径和措施。

延伸阅读

类ChatGPT人工智能技术嵌入数字政府治理的价值分析

2023年年初，ChatGPT成为热议的一个现象级话题，受到一些大型科技企业、互联网企业及传统企业的高度关注，同时也引发了人们对类ChatGPT应用前景的思考与争论。ChatGPT是美国人工智能机构OpenAI开发的聊天机器人，是"Chat Generative Pre-Trained Transformer"的缩写，中文译为"生成型预训练变换模型"，也被直译为"聊天生成器"。ChatGPT达到了史无前例的人工智能高度，其智能水平远超出此前的技术，并且呈现出看似无所不能的超强能力，能够借助人工智能技术并综合神经网络、人机交互技术等多种技术，通过学习与理解人类自然语言，并通过大型预演练与用户进行连续的实时对话，针对用户提出的需求生成文本、图像、音频、视频等数字内容，来完成诸如文本撰写、编码编撰、翻译、创作等工作。类ChatGPT作为新一代人工智能技术，具有广阔的发展潜力与应用场景，其与政治、经济、社会生活的方方面面都会发生关联，同样会对数字政府治理带来诸多影响。在数字技术不断更新及创新应用背景下，数字化深刻地嵌入社会运行及其社会成员的生活习惯与行为模式，进而对传统政府治理提出一系列的要求与挑战。因此，有效推动数字政府治理成为新时代实现我国国家治理体系与治理能力现代化的重要内容。

类ChatGPT作为人工智能技术更新迭代的最新成果，为强化与完善数字政府治理工作提供了诸多价值。

第一，有效控制数字政府规模。在数字政府权力运行过程中，类ChatGPT通过机器学习与精准算法，可以获取更丰富的大规模数据，能够实现更加科学地分析与整合数据，推动数字政府的决策方案制定并提升决策效率与质量。很多常规性、程序性的资料收集、信息发布、行政问询等政务工作，可以实现由类 ChatGPT 程序来替代人工，比如写文件、方案、发言稿、汇报材料、总结等常规性文字材料可以由类 ChatGPT 来完成。这样既可以减少岗位及人工数量，也能够大幅降低成本，提升准确度与效率。通过类 ChatGPT 的嵌入，多层级、多部门的协同治理也更加简洁高效，既可以使治理主体从简单事务中解放出来，还能够推动治理过程的扁平化。

第二，有效助力数字政府治理决策。类 ChatGPT 不仅为数字政府决策提供相关的各类信息与数据，还能够依据行政决策需求提供更多可供选择的政策方案。类 ChatGPT 嵌入到数字政府治理可以使得数字政府的政策决策更加科学，还能够减少人为主观决策或经验决策带来的负面影响。类 ChatGPT 的应用将基于人工智能技术的政府数智决策成为可能，带来了数字政府决策的智能化加速推进，为实现数字政府治理能力现代化提供了强大的决策支撑与保障。

第三，有效提升数字政府治理效率。类 ChatGPT 应用到数字政府治理时，能够打破地方政府与部门保护主义对数字政府行政运行流程优化的影响，可以借助类 ChatGPT 强大又智能化的功能实现对公众需求的采集、分类、整理与处置，有效识别行政流程中烦琐低效的环节，进而可以优化行政运行流程，如简化公众办事流程、精简行政审批程序等，进而提升了数字政府的行政运行效率。类 ChatGPT 在数字政府治理中的应用，也为数字政府治理提供了新的工具，并带来了治理工具的突破创新。

第四，有效降低数字政府治理成本。在数字政府治理中，治理成本的控制意识与必要性更加强烈。类 ChatGPT 嵌入到数字政府治理中，能够有效实现降低治理成本的目标。类 ChatGPT 能够用于实现多层级、多部门、多地区的协同治理，不仅减少了政府政务工作的构成，也能够达到降低人工成本的治理目标。此外，类 ChatGPT 可以实现降低行政负担的效果。

第五，有效推动数字政府治理精细化。作为数字技术的典型代表之一，类 ChatGPT 会推进政务服务与公共服务的智能化、精准化与定制化，从而可以大幅提升公众的服务满意度评价。类 ChatGPT 的低使用门槛、高智能化等特性，未来有望成为万物互联的端口、系统或设施，从而可以基于其构建优化出一系列政务服务及社会公共服务，并使得这些服务实现跨层级、跨部门、跨地区、跨流程、跨环节的互联互通，能够打破现有各部门提供的服务相互割裂的情况。

第六，助力强化数字政府监管。类 ChatGPT 可以驱动数字政府的资源配置方式智能化，通过不断挖掘政府在监管领域的需求，将数据进行算法建模分析，及时自主地判断与预测，将其结果以控制命令形式传递到相应的执行设施，从而提高数字政府监管的效率，推动数字政府监管的资源配置效率。此外，类 ChatGPT 的应用能够有效地解决数字政府的能力不足与注意力不足等问题，通过对市场信息收集整理、社会舆情监管、网络空间舆情监管等方面导入类 ChatGPT 人工智能平台，从而推动市场主体要素获取、政策获取、诉求解决、权益保护、纠纷解决、市场秩序维护等方面的数字政府监管能力提升，可以赋能营商环境建设。

（资料来源：参见张夏恒：《类 ChatGPT 人工智能技术嵌入数字政府治理：价值、风险及其防控》，载《电子政务》，2023 年第 4 期。引用时有删改。）

第 2 章　地方政府管理的理论基础

学习要求：通过本章的学习，系统了解地方政府管理的理论基础，尤其是府际关系理论、制度变迁理论、区域发展理论、治理理论、资源依赖与交换理论和公共政策理论等相关理论的理论渊源、基本观点和政策主张，同时能够运用相关理论知识对地方政府管理相关实践案例进行解读和分析。

地方政府间关系是府际关系理论研究的重要组成部分。传统的府际关系理论重点关注央地关系的研究，随着时代的发展和政府间关系的变化，该理论逐渐演化为对多层次的、多元主体参与的、网络化关系的研究。制度变迁是制度创新的过程，可以被理解为一种更优、效益更高的制度对另一种制度的替代过程。制度变迁理论研究已经形成了一个相对成熟的体系。区域发展理论是一个涉及多个学科的综合性理论。资源依赖与交换、治理理论和公共政策理论则为分析地方政府管理行为提供了直接的理论工具。

2.1　府际关系理论

一般而言，府际关系或称"政府间关系"，相关英文文献常将其表示为"Inter-Governmental Relations（IGR）"，通常意义上是指中央政府与各级地方政府之间纵横交错的网络关系，它既包括纵向的中央政府与地方各级政府之间的关系，也包括同级地方政府之间以及不存在行政隶属关系的非同级地方政府之间的关系。[①]从更广意义上理解，府

[①] 陈振明. 公共管理学［M］. 2 版. 北京：中国人民大学出版社，2017：106.

际关系还包括政府部门对外与本国民间社会之间的公共关系。①

地方政府间关系是府际关系理论研究的重要组成部分。从内容上看，地方政府间关系指的是建立在利益关系基础上的各类政府之间的权力和利益分配关系。从形式上看，地方政府间关系可分为纵向关系、横向关系、斜向关系以及网络关系。纵向关系，即中央政府与地方政府、上下级地方政府以及政府内上下级部门之间的关系。横向关系主要指地方政府之间的平行关系，即同级地方政府之间的各种关系。斜向关系，即不同级别、不同垂直体系内的地方政府之间的关系。网络关系将中央政府以及各级政府视为相互依赖彼此资源的平等行动者，通过合作达到各自的目标。因而，府际关系理论也从早期的重点关注于央地关系的研究，逐渐演化为对多层次的、多元主体参与的、网络化关系的研究。

2.1.1 府际关系研究的分析模式

府际关系在纵向上的研究主要基于对政府之间的利益关系、政治与经济关系、权力分配关系、权限划分和监督关系、权利义务关系等内容而展开。在横向、斜向以及网络关系上的研究则主要针对政府及部门之间的分工协作关系和沟通关系而推进。究其实质，府际关系研究依然是对政府之间权力配置和利益分配的探讨。作为公共行政与公共政策领域的重要研究课题，府际关系研究涵盖行政学（公共管理学）、政治学、经济学、史学等多学科、跨学科的研究领域。各学科融合视角为府际关系研究提供了多种分析模式，其中主要包括了中央控制模式、地方自治模式以及近年来新兴的网络互动模式。②

传统的中央控制模式凸显中央政府享有充分的"自上而下"控制权，在极大程度上决定着整个国家行政区域的划分和地方政府的设置，中央政府可对本国地方政府的行政区划范围以及结构形式加以实质性的影响，与此相应地，地方政府的存在及其权力禀赋亦取决于中央政府。同时，中央政府"自上而下"的控制权也体现在央地关系中公共政策制定与实施相互分离的过程中。总之，中央政府掌握全权，地方政府是中央政府的下属机构或代理机构，依中央政府的意志或中央政府行政便利性需要而设置。因而，在本模式中的府际关系研究侧重于强调国内政府间的等级序列关系及基于此所生成的利益博弈。

---

① 赵永茂，朱光磊，江大树，等. 府际关系：新兴研究议题与治理策略［M］. 北京：社会科学文献出版社，2012：1.

② 陈振明. 公共管理学［M］. 2版. 北京：中国人民大学出版社，2017：112.

而相对应的，地方自治模式采用"自下而上"的分析视角，强调高度的地方分权和自主治理，并在法律上规定中央政府不得随意干涉地方政府权力范围内的事务。在该模式下所形成的府际关系中，中央政府虽对地方政府也能实施一定的控制，但其前提是承认地方政府的相对独立，以确保地方政府能拥有必需的政策自主权、资源以及自治权。

作为突破上述两种传统分析逻辑的新型模式，20世纪80年代以来兴起的网络模式可以从三个方面加以理解：第一，行动者的多样性与等级色彩的弱化。网络模式打破传统的官僚制等级体系，将包括中央政府在内的每级政府都视为在地位上平等的行动者。每个行动者都只是政府间网络中的一个结点，发挥着各自不同的作用，彼此不可替代。第二，相互依赖与分权。鉴于资源的相互依赖，网络中的各政府需要实现政府间权力的分享以实现资源的均衡分配。各地方政府都掌握着一定的资源，能够成为相对独立的决策中心，但同时又都必须依赖其他行动者的资源，实现各自的目标。第三，策略活动与合作。在网络中，各地方政府不再互相孤立，相反地，它们需要主动联系彼此进行相互合作与协作以求获得资源、获取目标，需要采取合作的策略行动。①

2.1.2 中央政府与地方政府之间的府际关系

当今各国的国家结构形式大体可划分为两类，即单一制国家和联邦制国家。单一制国家是世界上绝大多数国家所采用的一种模式。联邦制国家由若干邦国所构成，是各邦国依法拥有一定的自主权的统一国家。

2.1.2.1 单一制国家

在单一制模式下，全国只有一个立法机关和一个中央政府，国家内部按地域划分行政区域，各行政区域的地方政府的存在及其权力都取决于中央政府，地方政府实际上是中央政府的派出机构。然而，该模式下的央地关系也区分为两种，即单一制集权模式和单一制分权模式。

在西方，单一制集权模式以法国为典型代表。中央与地方的权力关系是一种委托—代理关系。地方政府所行使的权力是中央政府的让与或委托。中央政府监督和控制地方政府的方式与手段为合法性监督和事后的司法性监督，地方分权后的地方自治并不独立。单一制分权模式以现代英国最为典型，国会通过法律规定各地方政府的权力。授权方式

---

① 陈振明. 公共管理学[M]. 2版. 北京：中国人民大学出版社，2017：113-114.

主要采用个别授权。各地和各级地方政府的权限大小不一，大致包括立法权、行政权、执行权、维护公共安全的权力、改良社会设施的权力、发展社会福利的权力、从事准商业活动的权力、执行全国性职务的权力、财政权。采用政党组织加强中央与地方的联系。在英国，政党的作用很大，地方政府的很多政策问题可以成为中央政策纲领和中央选举所关注的对象。由于特有的政党组织结构和议会内阁制度，英国执政党中央一级的决定可以轻而易举地改变地方的组织结构。在英国，政党的媒介作用、控制作用是连接中央与地方最重要的渠道。所以有学者把英国的单一制称为"垂直的政党统制"①。

基于历史传统与现实发展，我国实施单一制集权模式。早在公元前221年的秦朝，我国就形成了中央集权体制并建立了大一统的封建帝国。在漫长的历史发展进程中，纵然经历过几次分裂，主旋律依然是国家的统一。直至近代西方列强入侵形成瓜分狂潮，不仅使中国丧权失地，而且在20世纪上半叶一度演变为国家分裂的危险。因而1949年新中国成立后的首要任务之一就是维护国家主权、独立、统一和领土完整，这就需要建立一个强有力的集权政府，中央采用高度集权体制是历史的必然选择。直到20世纪80年代改革开放以来，地方利益意识的复苏推动了中央权力的不断下放，央地关系也经历了"放权—集权—再放权—再集权"的往复循环。总体而言，地方政府在与中央的博弈中获得了越来越多的权力，随着事权和财权的拓展，地方政府逐渐从中央的附属机构向独立的利益主体演变，但是地方分权对中央的权威并没有造成影响，因为我国实行的是以经济性分权为主的体制而非政治性分权。②在新时代，我国央地关系的协调呈现出了从片面的"集权—分权"思路到合理的"确权—确责"思路的演进、"韧性集权—有效放权"相结合的特征日益凸显、"有序分工—合作治理"相协调的趋势逐步增强等发展动向。③

2.1.2.2 联邦制国家

在联邦制国家中，权力在中央政府与各成员政府之间进行划分，中央政府和各成员政府，各成员政府拥有不依赖于中央政府而依赖于联邦宪法的自治权。也就是说，联邦政府与成员政府是并立的，不存在上下隶属关系，在各自权限范围内各自直接对人民负责。这种模式的典型代表是当代美国、德国。

---

① 曾伟. 地方政府理论与案例 [M]. 北京：北京大学出版社，2015：137.
② 方雷. 地方政府学概论 [M]. 2 版. 北京：中国人民大学出版社，2015：75-76.
③ 高永久，杨龙文. 府际关系视角下的中国央地关系协调：价值意涵、演进思路与发展动向 [J]. 山西师大学报（社会科学版），2022（05）：39-45.

以美国为例，联邦政府、州政府与地方政府三级政府间的纵向博弈可分为三个时期：一是，二元联邦主义时期。从美国宪法确立到 20 世纪 30 年代，联邦政府和州政府在各自的权限范围内运作，二者互不干涉。地方政府完全受令于州政府，与联邦政府几乎没有行政事务上的联系。三级政府自上而下泾渭分明，呈"夹层蛋糕式联邦主义"。二是，合作联邦主义时期。20 世纪 30 年代爆发的世界性金融危机使凯恩斯主义盛行，联邦政府以财政手段向地方事务渗透，打破了泾渭分明的"夹层蛋糕"，各级政府由界限分明的对峙逐步转向合作。三是，新联邦主义时期。自 20 世纪 70 年代尼克松政府始，各届政府都倾向于让州政府和地方政府承担更多的责任，将权力下放给州和地方政府。随着中央集权趋势的缓解，州与地方政府自治权力的复苏，美国政府间纵向关系回归至法定权力下的多中心治理格局。①

2.1.3 地方政府之间的府际关系

中国地方政府一般分为四级，即省—市—县—乡。中国地方政府之间的府际关系，是中央政府和地方政府之间的府际关系的延伸。改革开放以后，一方面，省级政府也向下级政府分权，进行倾斜分权、垂直分权、经济分权，比如向那些沿海地区、交通便利地区、知识密集地区分权，以带动全省、全市、全自治区的发展。下级政府因而也获得了一定的自主权，促进了社会经济的发展。同时也产生了地方保护主义和地区之间发展的不平衡，增加了地区之间的矛盾和冲突。另一方面，上级政府领导下级政府，通过人事、财政、行政等手段控制下级政府，下级服从上级，这种状况仍然没有改变。地方政府之间的府际关系发生了很大的变化，但只是量变，没有质的飞跃。②

美国联邦宪法没有关于地方政府的规定，地方政府由各州设立，主要有县、市、镇、特区和学区五类，其中，特区和学区履行单一的服务功能，它们与其他地方政府的管辖区交叠。不过，美国是世界上大都市区发展水平最高的国家之一，全国共有 200 多个大都市统计区。大都市地区的地方政府数量很多，大城市希望通过兼并方式将周边的市、镇纳入管辖范围。但由于大城市的公共支出很大，其税赋水平普遍高于周边的市、镇，因此，居民普遍不同意被并入大城市的行政区域，绝大多数大都市地区都未能建立统一的政府机构。此外，大城市地域范围的不断扩大，会导致行政责任和回应能力降低。为适

---

① 方雷. 地方政府学概论 [M]. 2 版. 北京：中国人民大学出版社，2015：73-74.
② 谢庆奎. 中国政府的府际关系研究 [J]. 北京大学学报（哲学社会科学版），2000（01）：26-34.

应大都市地区的一体化发展趋势，同时又兼顾各市、镇居民的利益诉求，大都市地区纷纷通过政府间合作实施跨域治理，主要的具体形式如：设立特殊服务区，签订政府间协议，市县联盟、市镇联盟，以及成立都市政府联合会。①

2.1.4 国内外府际关系研究

西方学者基于各国实践，将不同时期府际关系概括为以下几种模式：②

（1）拉焦尔模式。根据分权的程度，拉焦尔将府际关系分为三种类型：第一，政治性分权。以联邦制为基础，地方政府自主财政，其权限基础来源于宪法而非中央，其首长由选举而产生。第二，行政性分权。地方政府从属于中央政府，但并非完全依附中央政府，财政上有部分自主权。第三，行政权转让。地方政府在法律上根据中央授予的权限从事行政管理活动。在政治上，地方从属中央，其首长由中央任命。地方政府基本上是中央政府的派出机构，不仅其存在取决于中央政府，而且在财政上也依附于中央政府。

（2）赖特模式。美国被认为是一个传统上具有分离模式的央地关系国家。为理解美国各个时代联邦政府、州政府和地方政府的三级关系，赖特将其定为分离模式、下位包含模式、相互依存模式三种，并认为，能够解释美国现实央地关系的是相互依存模式。三级政府各自具有互不干涉的领域，同时还具有共同关心、共同负责的领域。共同领域中，既有三级共同参与的情形，也有两级相互合作的情形。

（3）罗斯构想。该模式着重于中央与地方的依存，认为不是一个中央与一个地方的关系，而是复数中央与多数地方之间的关系，而且地方上也有自律性。根据多种多样的依存方式、依存程度、依存结构，央地关系可划分为四种：相互依存、地方单方面依存于中央、中央单方面依存于地方、相互独立。

（4）村松岐夫模式。日本学者村松岐夫将不同时期日本的府际关系模式概括为垂直式行政统制模式和相互依存模式。

（5）罗茨模式。该模式将央地关系分为官僚体制、市场方法和网络管理三种模式，这三种模式分别对应的机制是命令机制、利益机制、协商机制。

（6）艾伦的合作型和代理型模式。英国学者艾伦将央地关系划分成合作型和代理型两种。在合作型模式中，中央政府与地方政府是平等的合作者，国家权力与地方权力不

---

① 杨宏山. 美国城市治理结构及府际关系发展[J]. 中国行政管理，2010（05）：102-105.
② 亢犁，杨宇霞. 地方政府管理[M]. 重庆：西南师范大学出版社，2015：17-19.

存在对立性。而在代理型模式中，地方政府的权力是中央授予的，地方政府只是中央在地区设置的代理机构。

从 20 世纪 70 年代末 80 年代初开始，随着全球化、信息化、民主化以及"新公共管理"运动的掀起和公民社会的崛起，以强调政府与市场（企业）和社会及公民的平等合作关系为特征的网络化治理模式及"政府间治理"模式出现。府际关系呈现新趋势，主要体现为等级制色彩的弱化、中央与地方的分权倾向，以及地方政府间的合作日渐普遍。①

国内府际关系研究可从内涵、主体与脉络三个角度加以概括②：在内涵界定上有纵向关系主导论、横向关系主导论及网络论之分；在府际关系上可从微观、中观、宏观三个层次加以讨论；在府际关系脉络上包括纵向关系上特别是央地关系的研究，横向关系的府际间竞争与合作的研究，"十字"关系的博弈研究，突破科层制的斜向关系研究，以及已经萌芽并快速发展的网络关系研究。

总体而言，近二十年来，国际府际关系的研究重点从最初的权力下放革命等领域到财政分权等领域继而到公务员等领域再到环境治理研究等领域；研究热点为联邦主义、政策、政治、治理、地方政府、分权等领域；研究基础为跨国府际关系、政府间协商与谈判、央地关系、政府与政府外公共部门；研究前沿主要呈现静态、动态双线发展；研究的新兴主题以府际关系、联邦主义、治理、分权等为基础演化出问责治理、气候变化和问责制等。值得注意的是，研究纵向府际关系与研究网络化府际关系并重。网络治理是随着时代和社会的发展而提出的一个新的治理概念，近年府际关系研究存在不少体现纵向、横向、斜向及网络化府际关系的学术术语，网络化研究力度在不断加大，即横向府际关系研究与斜向府际关系研究热度在不断上升且与传统的纵向府际关系研究日趋交叉呼应。③

---

① 陈振明. 公共管理学 [M]. 2 版. 北京：中国人民大学出版社，2017：118-123.
② 徐宛笑. 国内府际关系研究述评：内涵、主体与脉络 [J]. 武汉理工大学学报（社会科学版），2015（06）：1118-1122.
③ 问延安，方禄. 府际关系国际研究回顾与借鉴 [J]. 中共青岛市委党校. 青岛行政学院学报，2020（04）：35-44.

2.2 制度变迁理论

制度是人为设计的形成人们之间相互交易的约束,是由正式规则、非正式规则和它们的实施方式构成的。[①]制度变迁是制度创新的过程,是制度替代、转换与交易的过程,可以被理解为一种更优、效益更高的制度对另一种制度的替代过程。从这个角度来看,制度变迁实际也是新制度产生,并否定、扬弃或改变旧制度的过程。制度变迁可区分为正式制度变迁和非正式制度变迁两种。

总体上看,制度变迁与创新理论的基本分析框架如下[②]:分析自然环境、技术水平、人口结构、产权、道德文化、意识形态等方面的变化如何向人们提供新的获利机会,从而提供变革旧制度、创造新制度的动力;为了获得更大的收益或节约某些交易成本,人们进行制度创新;当新制度所能提供的边际收益等于旧制度进行所需付出的边际成本时,制度变迁就会暂时停止,制度结构就达到了某种"均衡";只有当环境改变时,才会又产生对更新制度的需求或供给。

2.2.1 西方制度变迁理论的变迁

首先,产权制度作为一种典型的制度安排,德姆塞茨声称当内部化收益超过其成本时,产权就建立起来以实现外部性的内在化,则产权制度发生变迁。舒尔茨从人力资本的角度出发,认为制度是经济领域的一个变量,制度变迁是为适应人的经济价值提高而引致的对新制度需求所进行的滞后调整。在此基础上,诺斯和托马斯将西方世界的兴起归结为人口压力导致相对要素价格变化时,有效的经济组织要求产权的修正使支配产权制定的制度发生变迁。诺斯后来提出,在竞争约束和交易成本约束下,面临双重目标的国家会导致低效制度的形成。进一步地,诺斯认为报酬递增和不完全市场是决定制度变迁轨迹的两个力量,加之规模经济、学习和协调效应以及适应性预期等自我强化机制,使

---

① 林红玲. 西方制度变迁理论述评 [J]. 社会科学辑刊, 2001 (01): 76-80.
② 庄子银, 邹薇. 制度变迁理论的线索与发展 [J]. 财经科学, 1995 (04): 54-59.

制度变迁出现"路径依赖"和"锁定"这两种轨迹。受到诺斯国家理论的影响，卢坦和速水指出，由制度创新所形成的新收入流提供了利用政治资源来分割收益的激励，制度变迁可能是由政治家、官僚、企业家及其他人指导的创新努力的结果。新政治经济学家阿西莫格鲁、约翰逊和罗宾逊的政治制度变迁理论认为政治制度决定了政治权力的分配，经济制度决定了经济政策制定的基本框架，并对各种政策施加约束。掌握政治权力的政治精英，通过选择政策增加自身的收入，并直接或间接地从社会其他阶层那里转移社会资源。精英阶层操纵经济制度以便进一步增加自己的收入，使得为其他阶层提供产权保护的经济制度变得有效。①

此外，在制度演化方面，哈耶克强调社会秩序是人们在社会交往中相互调适而生成、并经由一个演进过程而扩展的，且规则自身就能组织一种"人之合作的扩展秩序"。演化博弈论把哈耶克的制度演化思想模型化，用数学模型证明文化习俗等非正式制度是有两个以上演化稳定策略博弈中的一种博弈策略。值得注意的是，在非正式制度中，意识形态是最重要的，而诺斯的意识形态理论则认为，在个人改变其意识形态之前，必然有一个经验与意识形态不一致的积累过程。仅仅相关的一套价值标准的单独变化是不能改变个人的观点和决定，但违背个人合乎理义准则的持续变化或其福利的有重大后果的变化，则会促使意识形态的改变。但他强调，即使两个社会面临相同的相对价格变动并且建立起大致相同的初始制度，这两个社会仍然会在随后的变迁过程中因文化传统和价值观上的差别而走上不同的道路，演化出相距甚远的制度安排。格雷夫在诺斯的研究基础上，指出不同的文化信念会导致不同社会组织结构的形成从而衍生出不同的制度安排，同时，在社会制度变迁中，不同的经济组织又通过吸纳新型博弈策略而改变所有的博弈信息，从而导致原来的博弈规则发生改变。

制度演化研究在20世纪初的美国，已经由近代制度经济学家维布伦、康芒斯和米切尔等运用心理学、认知科学和法学等学科的知识做出重要的贡献。首先，维布伦指出，制度实质上就是个人或社会对有关的某些关系或某些作用的一般思想习惯；而生活方式所构成的是在某一时期或社会发展的某一阶段通行的制度的综合，因此，从心理学方面来说，制度是一种流行的精神态度。康芒斯在此基础上进一步指出，某个人的一致性称为习惯，它只限于个人的经验、情感和预期；而习俗不只是习惯，它是造成个人习惯的社会习俗，即习俗是许多个人习惯的相似点，由集体的同样行动的他人的经验、感受和预期而不断重复得以形成。米切尔延伸维布伦的观点，认为社会的制度环境迫使人类逐渐

---

① 何一鸣，罗必良. 制度变迁理论及其在中国的修正 [J]. 当代财经，2012（03）：5-13.

形成理性行为，而行为模式的理性化和一致性演化使各种文化和习惯等社会制度也随之演变。

关于对正式制度与非正式制度之间的一致性耦合关系，史密斯论述认为若二者能够一致，按同一方向作用，人类社会的博弈就会如行云流水、结局圆满；但若两者相互抵触，则博弈结果将苦不堪言，社会在任何时候都会陷入高度的混乱之中。20世纪初，德国著名社会学家韦伯深信，社会制度的型构与演进虽取决于历史赋予的技术、法律和行政管理制度等因素，但与特定时代的社会文化传统有着某种内在的渊源关系。新韦伯主义经济学家比利格用折中主义的方法把非正式制度融合到社会正式制度分析当中，并视非正式制度为正式制度型构和变迁的土壤，认为韦伯的"资本主义精神"如同市场经济中所通行的自愿契约交易原则一样，是现代市场经济制度所必备的伦理原则和理性精神，它使市场参与者以"形式理性"的精确计算来使资本和劳动的组织合理化，并引导分工和专业化的演进，从而促使经济制度朝着符合人类伦理规范的方向发生变迁。此外，罗森鲍姆的研究模型也证明，制度的功能是在正式约束的隐性情景中扩充社会资本的存量，因为社会资本能够创造和维持自愿缔结行为，所以可通过非正式约束扩张社会关系网络以解释集体行动的问题，非正式约束因而依附于复杂的社会关系网络中。这样，正式制度与非正式制度共同交织在一起并相互耦合共生、共同缔造社会的整体制度结构系统。罗兰则从转轨经济学的研究范式出发，把制度区分为"渐进式"制度和"急进式"制度，并认为文化作为"渐进式"制度的典型，包括价值、信念和社会规范在内，与技术和科学知识进步一样在理解经济增长方面具有举足轻重的作用。因为制度移植的困难在于不同文化背景下人们的习惯和观念对新规制的认可和学习程度存在明显差异；同时，政治体制可顷刻变更，但文化的演进却是缓慢而非人为可操控的。所以，要使转轨国家实现成功的制度变迁，必须考虑文化因素，移植与当地传统冲突较小的制度安排以减少制度摩擦成本，提高制度转型绩效。[①]

2.2.2 诺斯的建构主义理论

美国著名经济学家道格拉斯·诺斯是新制度经济学的创始人之一，1993年因提出制度变迁理论而获诺贝尔经济学奖。他通过对西方经济史的研究发现了制度因素对于经济

---

① 何一鸣，罗必良. 制度变迁理论及其在中国的修正［J］. 当代财经，2012（03）：5-13.

增长的影响。以制度和组织为界定，诺斯对制度变迁提出五个论点：第一，在稀缺经济和竞争环境下，制度和组织的连续交互作用是制度变迁的关键之点。第二，竞争迫使组织持续不断地在发展技术和知识方面进行投资以求生存，这些技能、知识以及组织获取这些技能、知识的方法将渐进地改变我们的制度。第三，制度框架提供激励决定人们取得什么种类的技能和知识以取得最大限度的报酬。第四，人们的想法来源于人们的思想角色。第五，集体学习，即从历史中存活下来的，表现在社会文化中的知识技能和行为规范使制度变迁绝对是渐进的，并且是经济依赖的。①

在自己的著作《西方世界的兴起》中，诺斯认为制度因素是引起经济增长的关键。在其另一本著作《经济史中的结构与变迁》中，他提出了制度变迁理论的三大基石：产权理论、国家理论和意识形态理论。其中，产权理论和国家理论，是诺斯在分析框架中用以说明经济增长和经济衰退根源的两个基本的支柱体系。

诺斯对制度变迁，即制度的产生到衰竭过程的研究分析框架中，产权理论是第一大理论支柱。他认为有效率的产权是制度变迁的实质。不同制度变革可能导致的不同经济成效，而保证经济增长的决定性因素就是对个人的有效激励制度，即产权制度。诺斯的第二个理论支柱——国家理论——一个悖论，即国家是经济增长的关键，但也是人为经济衰退的源头。一方面，合理的产权制度是国家理性设计的结果，但另一方面，国家界定产权规则后，就成了一个权力集团，而权力集团作为"经济人"同样会追寻利益最大化。国家在使收益最大化的同时，就可能会损害个人产权，伤害个人经济活动的创新积极性，整体社会经济的发展消极，导致人为的经济衰退。也就是说，我们既要依靠国家建立产权制度，又要避免国家因产权制度而损害个人产权；经济繁荣因国家建立的产权制度而生，同时经济衰退也因同样的产权制度所造成的国家"经济人"利益最大化、个人利益受损而来。总之，当制度安排有利可图时，制度变迁就会发生。这是一种建构主义的制度变迁观，也就是国家意识导致的制度变迁。所以，诺斯制度变迁理论同时认为，应该对国家行为进行必要的约束。①

2.2.3 哈耶克的演进主义理论

诺贝尔经济学奖获得者弗里德里希·奥古斯特·冯·哈耶克将人类社会的秩序分为

---

① 道·诺斯. 制度变迁理论纲要 [J]. 改革, 1995 (03): 52-56.
② 亢犁, 杨宇霞. 地方政府管理 [M]. 重庆: 西南师范大学出版社, 2015: 21.

两类：规则秩序和目标秩序，或称扩展（自生）秩序和建构秩序。规则秩序是这么一类秩序，类似于自然规律，它本身无目标、无方向（即不受制于人的目标、意向），它由一系列基本的、大而化之的原则、规则构成。这些大原则及其构成的人类基本秩序范式，不是人的理性设计、建构的结果，而是人通过体验、传授（教育）、适应逐步形成的，而非被发明创造和由人授予的。目标秩序是由人设定的目标，由人设计的规章所控制的机构或组织系统。它由人所设计、建立，并能够被人改造、重构、废弃（取缔）。被哈耶克首次命名的"理性建构主义"的基本观点是：我们既有能力又有义务沿着更为理性的路线重构人类社会的秩序（制度）。①

哈耶克将制度理解为自发的社会秩序，这一自发的社会秩序是人们在按照一般的行为规则追求各自目标的过程中自发型构出来的，而影响人们行为选择的一般行为规则是通过特定的习俗、传统和文化传承，在群体竞争的基础上逐渐演化出来的。演进理性主义明确指出了人类理性的局限：一方面，个人理性在理解它自身时存在着逻辑上的困难，它不能离开它自身去审视其自身的运作；另一方面，个体理性是深深扎根于它所在社会的传统和习俗之中的，必然会受到那个社会文化传统的影响，因而也无法纯粹理性地认识其所处的文化和社会。理性是文明的一部分，是社会演进的产物，社会经济秩序是所有经济主体互动演化的结果，而不是经由某个"理性"设计出来的。

为了建立其自发社会秩序的理论体系，哈耶克提出了知识分工的理论，创立了与理性知识相对立的"分立的个人知识"概念。"分立的个人知识"是指与特定的个体有关的知识，以及不同的个体所分散拥有的关于"特定时间和地点"的知识。建立合理经济秩序所需要的知识从未以集中的或完整的形式存在，而只是以不全面而且是时常矛盾的形式为各自独立的个人所掌握。他批评了新古典主流经济学的均衡概念所暗含的"知识是客观的给定数据"的假设，分立的知识并不客观，它是行为者主观拥有和主观解释的。哈耶克还将其自发秩序的概念同整个人类文明联系起来，在后期提出"人类合作的扩展秩序"范畴来说明人类文明的进化特征："我们的文明，不管就其起源还是就其保持而论，无不依赖人际合作的扩展秩序"。所谓"扩展秩序"，实质上也是一种人类生存的延续规则。它形成了人类文明的传统，人类行为的一般规则便从中产生。作为文明进化的扩展秩序，绝非起源于事先的设计，而是社会"自然进化"的结果，这正是竞争文明的特质。制度分析的演进理性主义在解释制度内涵的时候都对文化层面的社会价值观给予了极大

---

① 李永明. 规则秩序与建构主义浅议——对哈耶克的规则秩序的理解[J]. 经济视角，2013（09）：119-121.

的关注，强调了观念对于人的行为的引导作用，而观念的含义则是极其广泛的，它深受一个社会的文化和道德伦理规范的影响。制度是不能截然分开的，我们只有从人类整体文明演进的角度才能理解人类社会存在的制度事实，这也许是制度分析的演进理性要真正告诉我们的。①

2.2.4 奥尔森的利益集团理论

美国著名经济学家和社会学家曼瑟·奥尔森对制度经济学的诸多方面（私有财产、税收、公共物品、集体决议、合同权利等）也有很大的贡献。1990年，他在马里兰大学创立了体制改革与非正规部门研究中心（IRIS），专门对发展中国家和经济转型国家进行研究。奥尔森于1998年在办公室门口因心脏病突发去世。他去世两周后，《经济学家》杂志发表了讣告，把他称为"利益集团的鞭挞者"。这篇讣告指出，如果奥尔森没有去世，他的集体行动理论很可能会让他获得诺贝尔经济学奖。为了表彰奥尔森在经济和政治科学方面的诸多贡献，美国政治科学联合会引入奥尔森奖，专门用于表彰最佳政治经济学博士学术论文获得者。

奥尔森也是公共选择学派的奠基人物，较之哈耶克对于制度变迁主体是个人的论断不同，奥尔森认为，在现实经济生活中存在着经济利益上具有同盟性质的利益集团，个人通过利益集团的有组织的行动来实现个人的目标，而利益集团也将增进其成员的利益作为其首要目标。当新制度给利益集团带来的收益大于旧制度时，利益集团会联合起来推动制度的变迁。但是大多数情况下，不同利益集团的利益是不一致的，因此，利益集团之间的竞争和博弈，使制度变迁在不同阶段呈现出不同的特征。②

奥尔森的制度变迁理论和方法以集体行动的内在矛盾和固有逻辑为基础，以分析利益集团的影响及其作用为主线，认为制度变迁的根源取决于利益集团的形成和发展。利益集团，特别是大型利益集团，一般都不是依靠所提供的集体利益来取得其成员的支持，而是依靠"选择性刺激手段"的奖励和惩罚作用，根据其成员的贡献来决定是否向其提供集体利益。由于个人行为的理性特征和集体利益必须分配给集团所有成员的性质，这决定了有选择性刺激手段的集团比没有这种手段的集团更易于采取集体行动。由于利益集团的结盟性质和排他特征，要么为了获取高额垄断利润，阻碍技术进步、资源流动和

---

① 赵祥. 制度分析：建构理性和演进理性的比较 [J]. 天津社会科学，2005（02）：89-95.
② 黄鑫鼎. 制度变迁理论的回顾与展望 [J]. 科学决策，2009（09）：86-94.

合理配置；要么争取政府支持、扩大政府管制，利用法律、政治程序的复杂化获得集团报酬。这些行为都会增加社会经济活动的交易成本，降低社会经济效益。因而，利益集团的活动不能增加，只能减少社会总收入。利益集团的强大和发展会影响一个好的经济制度，利益集团的削弱和减少会有利于一个好的经济制度的出现。

奥尔森的制度变迁理论既不认为制度完全是理性设计的产物，因为不同利益集团的博弈，才是决定一个制度优劣的根本原因；也不认为制度完全是自然演进的，因为利益集团显然是一个具有明确利益目标的主体。①

2.3 区域发展理论

传统的区域发展理论来源于区位理论，所以一般也将该理论称为区位理论。简单地说，区位就是指人类行为活动的空间。具体而言，区位包括事物的空间位置，还包括自然界的各种地理要素以及人类经济社会活动间的相互联系和相互作用在空间位置上的反映。区位就是自然地理区位、经济地理区位和交通地理区位等在空间地域上有机结合的具体表现。区域发展理论是一个涉及多个学科，包括管理学、地理学、经济学、社会学等的综合性理论，发展至今流派亦甚多。

2.3.1 区位理论

区位理论被认为是传统的区域发展理论，其以理性经济人视角来分析经济活动的空间分布，研究人类经济行为的空间区位选择以及空间区内经济活动优化组合的理论。区位理论包括杜能的农业区位论、韦伯的工业区位论及克里斯塔勒和廖什的中心地理论。②

2.3.1.1 杜能的农业区位论

农业区位论产生于 19 世纪二三十年代，其标志是 1826 年德国农业经济学家杜能的

---

① 亢犁，杨宇霞. 地方政府管理 [M]. 重庆：西南师范大学出版社，2015：22-23.
② 亢犁，杨宇霞. 地方政府管理 [M]. 重庆：西南师范大学出版社，2015：28.

著作《孤立国同农业和规模经济的关系》的出版。在这部经典作品里，杜能主要探讨如何合理安排耕作业和畜牧业，如何提高土地资源的利用效率，并提出了著名的杜能圈理论。杜能认为以城市为中心，由内向外呈同心圆状分布的农业地带，因其与中心城市的距离不同而引起了生产基础和利润收入的地区差异：第一圈是自由农业带，是离市场最近的区域，其任务是生产城市需求量大、易变质以及产出率高的蔬菜、牛奶等。第二圈是林业带，其功能是为城市提供木材、保障居民取暖等。第三圈用以生产集约化程度高的农作物，如谷物粮食等。第四圈是农牧业混合地带，而其外一圈是生产各种经加工的畜产品和谷物产品。最外一圈是放牧区，以游牧形式为主。

2.3.1.2 韦伯的工业区位论

德国经济学家、政治学家、社会学家韦伯在他1909年出版的著作《工业区位论》中提出了关于工业企业空间位置选择的工业区位理论。该理论是区域规划和城市规划的理论基础，其理论核心是分析工业区位的选择原则，通过对运输费用、劳动力费用和集聚（包括分散）效应等因素相互作用的分析和计算，寻找工业产品的生产成本最低点，以此作为配置工业企业的理想区位，从而亦探讨工业区位的移动规律。

2.3.1.3 克里斯塔勒和廖什的中心地理论

中心地理论由德国城市地理学家克里斯塔勒和德国经济学家廖什在1933年和1940年分别提出。"中心地"，即中心点，就是能够向周围地域的居民提供各种货物和服务的城市或城市体系。克里斯塔勒认为，有三个条件或原则决定了中心地体系的形成，分别是市场原则、交通原则和行政原则。根据该理论，城市的基本功能是为周围的地区提供商品和服务。最重要的中心地不一定是人口最多的，但却是在交通网络上处于最关键位置的、能提供广泛的商品和服务的地区。

中心地理论是关于一定区域或国家内城市的职能、大小及空间结构的学说，即城市的"等级—规模说"，可形象地概括为区域内城市等级与规模关系的六边形模型。城市按照它的规模来分等级，一定区域或国家内数量最多的城市是低级城市，一国的首都一般是最高级规模的城市。

2.3.2 空间结构理论

区域空间结构是指各种经济活动在区域内的分布状态、组合形式、形成机制和演进规律。①空间结构理论是在古典区位理论的基础上发展而来的，它始于20世纪30至40年代的德国，50年代以后，这一理论在美国、瑞典等国家获得了长足发展。对古典区位理论发展为空间结构理论做出重要贡献的是美国学者达恩和德国学者奥托伦巴，他们都曾提出过空间结构的概念。对空间结构做系统分析和模型推导的是德国学者博芬特尔，他力图将杜能、韦伯、廖什的区位理论综合起来考虑，将区位论和发展理论相结合，分析论证社会经济各个阶段空间结构的一般特征。同时，他还指出空间结构理论实际是对空间分异的研究，而引起空间结构分异的主要因素是集聚、运费和经济对当地生产要素——土地的依赖性，而运费是投入—产出关系特点与生产要素空间流动的决定因素。②并从最佳土地利用和合理集聚的角度，在理论上论证了工农业的企业规模、城镇规模及城镇规模结构。不同于区位论的是，空间结构理论并非寻求单个经济个体的最佳区位，而是寻求各种经济主体在空间上的最优组合与分异的区域经济空间结构演化规律。③

一般认为，空间结构理论的基本内容包括以下五个方面④：

（1）以城镇居民点（市场）为中心的土地利用空间结构。这是对杜能理论模型和位置级差地租理论的发展。

（2）最佳的企业规模、居民点规模、城市规模和中心地等级体系。理论推导的基础有两点：一是农业区位论，二是集聚效果理论。

（3）社会经济发展各阶段上的空间结构特点及其演变。通过对一般作用机制的分析，揭示空间结构变化的动力及演变的一般趋势和类型。

（4）社会经济客体空间集中的合理度。在实践中表现为如何处理过疏和过密问题，对区域开发整治和区域规划有现实意义。

（5）空间相互作用。这包括地区间货物流、人流、财政流，各级中心城市的吸引范围，革新、信息、技术知识的扩散过程等，这些方面是空间结构特征的重要反映。

博芬特尔的空间结构理论对地方政府管理有重要的启示和指导意义。首先，它可以帮助地方政府认识到空间结构的形成和变化是一个动态的过程，受到多种因素的影响，需要根据不同的发展阶段和条件进行调整和优化。其次，它可以提供一些评价和规划空间

---

① 张金锁，康凯. 区域经济学［M］. 天津：天津大学出版社，2003：50.
② 尤振来. 基于产业集群的工业园区产业发展管理研究［M］. 北京：经济日报出版社，2009：8-9.
③ 徐万刚，赵如，任泰山，等. 多规合一机制协调与融合研究［M］. 成都：四川大学出版社，2021：24.
④ 李景平. 地方政府管理［M］. 西安：西安交通大学出版社，2008：117.

结构的方法和工具，如中心地范围、最佳城市规模、城市等级体系、城市网络等，使地方政府能够更科学地制定和实施相关的政策和措施。最后，它可以促进地方政府加强区域协调和合作，利用集聚效应和外部效应，提高区域竞争力和发展潜力。

2.3.3 梯度推移理论

梯度推移理论是区域经济学家克鲁默、海特等人在区域生命周期理论和产品生命周期理论的基础上提出来的。克鲁默等人认为，区域经济的盛衰主要取决于区域产业结构的优劣，后者又取决于区域主导部门在生命周期中所处的阶段。如果主导部门处于创新和发展阶段前期，则该区域为高梯度地区。高梯度地区是产业创新活动集中的区域。随着时间的推移和主导部门生命周期阶段的变化，区域主导部门逐步发生衰退并由高梯度地区向低梯度地区转移，而这种梯度转移过程主要是通过多层次的城市系统扩展开来的。梯度推移理论的主要观点如下[①]：

（1）产业结构的优劣是区域经济发展的核心。一个区域产业结构的优劣取决于地区经济部门（尤其是主导专门化部门）所处的发展阶段。若其处于创新或发展阶段，则该地区经济增速快、人均收入水平高，属于经济发展的高梯度地区；反之，若其处于衰退阶段，则该地区经济增速慢、人均收入水平低，属于经济发展停滞不前的低梯度地区。

（2）创新能力决定区域梯度层次。创新活动是推动经济发展的重要动力，也是形成区域间经济技术差异的主要原因。创新活动主要发生在高梯度区域，因为那里有更多的人才、资金、信息和市场机会。随着创新成果的扩散，高梯度区域的技术优势逐渐向低梯度区域转移。

（3）梯度推移主要是通过各级城市传递。城市是经济活动的集中地，也是创新活动的孵化器。城市之间存在着不同的规模、功能和等级，构成了多层次的城市系统。梯度推移有两种方式：一种是从高梯度区域向周边相邻的城市推移；另一种是从高梯度区域向距离较远的下一级城市推移，再向更低级的城市推移，依次类推。

（4）各区域所处的梯度是动态变化的。随着时间的推移和生命周期阶段的变化，某些产业从高梯度区域向低梯度区域转移，而某些产业则从低梯度区域向高梯度区域转移。

---

① 夏泽义，刘英姿. 广西北部湾经济区产业空间结构研究［M］. 成都：西南交通大学出版社，2017：47-48.

这样，各区域的产业结构和技术水平也会相应地调整和更新。因此，各区域所处的梯度并不是固定不变的，而是随着经济发展而变化。

梯度推移理论在我国的应用主要体现在沿海地区率先开放战略和西部大开发战略中。这些战略旨在利用区域之间的经济技术差异，实现不平衡发展和相对均衡发展相结合。具体来说，就是让有条件的高梯度地区即沿海地区引进和掌握先进技术，率先发展一步，然后逐步向处于二级、三级、四级梯度的地区推移，以期随着经济的发展、推移速度的加快，逐步达到缩小地区差距、实现经济布局和发展相对均衡之目的。在梯度推移理论指导下，一方面，地方政府要合理把握发展优先顺序和节奏，根据本地区所处的梯度层次和经济技术条件，确定适合本地区的发展目标和路径，避免盲目跟风或落后于时代。另一方面，地方政府要加强与上下级政府和同级政府之间的沟通协调，形成良好的府际关系，互相学习借鉴，共享资源和信息，协同解决问题，促进区域协调发展。

2.3.4 增长极理论

最早提出增长极理论的是法国经济学家弗朗瓦索·佩鲁。他在自己的著作《略论增长极和概念》中提道："增长并非同时出现在所有的地方，它以不同的强度首先出现于一些点或增长极上，然后通过不同的渠道向外扩散，并对整个经济产生不同的影响。"他的增长极概念由抽象的经济空间出发，关注增长极的结构特点，例如产业或企业的兴起、发展和衰退。

2.3.4.1 增长极理论涉及的主要概念

（1）主导产业。主导产业指具有地区比较优势的先进产业或新型产业，它既是在全国生产地域分工体系中占有相当地位的重点产业，又是在整个区域经济发展中起核心作用的关键产业。

（2）龙头企业。龙头企业是在主导产业中占统治地位、起领头作用的经济实体。

（3）极化现象。极化现象指主导产业部门的龙头企业迅速增长，造成聚集优势，促使主导产业不断壮大，从而引起其他经济活动向增长极核心靠拢的过程。

2.3.4.2 增长极理论的发展

（1）布德维尔的增长极理论。法国的雅克·布德维尔通过对地理空间的重视，将佩鲁的增长极概念进行了发展，指出经济空间是经济变量在地理空间之中或之上的运用，将增长极概念与城镇联系起来。①布德维尔认为,增长极使若干推进型企业在一定地点上聚集,由于各产业之间存在着相互依存的投入—产出关系,因此,推进型企业能带动区域内其他区域生产和销售一起扩大,促使区域经济成倍增长。他的政策主张是,在经济落后地区建立大型推进型企业,通过形成新的增长极带动整个区域加快发展。

(2)赫希曼的不平衡增长理论。德国学者赫希曼将发达地区或中心城市的经济增长对落后地区或腹地产生的有利影响称为"涓流效应",产生的不利影响则叫"极化效应"。他认为,从长远看,地理空间上的涓流效应会大于极化效应,不平衡的发展最终会导致趋于平衡的结果。欠发达地区的资本是有限的,政府发展主导产业和地区时要注意优化选择,要首先选择具有战略意义的产业部门投资,带动其他部门或周围地区发展;应优先选择社会成本低、外部经济好的投资项目;主动担负投资额度大、建设周期长、对私人资本缺乏吸引力的社会基础设施的投资;集中有限的资金来发展有较强产业关联度的部门。

2.3.5 核心—外围理论

1966年美国学者弗里德曼依据熊彼特的创新思想,认为发展可以看作一种由基本创新群最终汇成大规模创新系统的不连续积累过程,而创新往往是从具备有利于创新活动条件的大城市向外围地区进行扩散的。基于此,他提出了核心和外围的依赖关系的假设。该理论试图解释一个区域如何由互不关联、鼓励发展,变成彼此联系、发展不平衡,又由极不平衡发展变为相互关联的平衡发展的区域系统。这一理论由两部分组成,一是空间经济增长的阶段,二是不同区域类型的划分。弗里德曼认为,随着一国经济增长周期性地发生,经济空间转换随之出现,这样就产生了区域的不平衡,即产生了经济增长区域(核心区域)和经济增长缓慢或停滞衰退的区域(外围区域)。②发展源于"核心",即变革中心,变革中心虽然可能不止一个但总量不多,创新发展活动是通过这些中心来扩散到"外围"的。这里的"核心"区域一般是指城市或城市集水平较高,资本集中,人口密集,经济增长速度快,具有权威性、主动性和综合性的特征。而"外围"作为边缘区域,是国内经济较为落后的区域,其具有依附性、从动性和部门性的特征。

---

① 亢犁,杨宇霞.地方政府管理[M].重庆:西南师范大学出版社,2015:29.
② 张立,赵民.改革开放后中国社会的城市化转型:进程与趋势[M].上海:同济大学出版社,2020:21-22.

弗里德曼指出，以核心和外围为基本结构要素的区域经济空间结构是不断发展变化的，其主要可分为四个阶段。第一，前工业化阶段。该阶段生产力水平低下，农业在经济发展中占主导地位，城市等级规模体系尚未形成，经济空间组织处于原始的稳定状态。第二，工业化阶段。集聚效应和规模经济的影响推动外围区的资源以及资本、劳动力等要素向核心区流动，核心区和外围区出现了经济发展不平衡的现象。第三，工业化成熟阶段。区域经济发展的不平衡逐渐增大，核心城市受环境容量以及集聚成本、土地费用提高等的制约，经济活动开始向外围扩散，外围区出现小规模经济中心，区域经济空间组织由单纯的核心—外围结构向多核心结构发展。第四，空间经济一体化阶段。后工业化阶段，资源、技术、信息在区域内充分流动，区域经济发展差距消失，形成多中心、等级核心城市间功能互补的联系网络，区域空间结构呈均衡稳定状态。①

弗里德曼的核心—外围理论解释了区域之间是如何由孤立发展变为相互关联的区域系统的。该理论在解释经济发展和空间结构变化方面具有极高的价值，对研究发达国家与发展中国家的关系、发达地区与欠发达地区关系以及城市与乡村关系都有着一定的实际价值。②

2.4 资源依赖与交换理论

2.4.1 资源依赖理论

资源依赖理论（Resource Dependence Theory）起源于20世纪30年代。美国著名学者杰弗里·菲佛和杰勒尔德·R.萨兰基克是资源依赖理论的集大成者。作为研究组织行为和组织关系的重要理论基础，资源依赖理论认为组织之间存在着资源相互依赖的关系。

资源依赖理论的四个重要的核心假设：一是组织发展的基础是生存。为了生存，组织需要资源，而组织自身无法生产或满足生存所需要的全部资源。二是为了生存，组织

---

① 岑香军.促进山东半岛蓝色经济区发展的财政政策研究［M］.北京：经济日报出版社，2019：13-14.
② 亢犁，杨宇霞.地方政府管理［M］.重庆：西南师范大学出版社，2015：30.

必须与它所依赖的环境中的因素互动,而这些因素通常包含其他组织。三是组织依赖它的环境中的因素来获得资源,即组织为了生存,必须不断地与同处某一生存环境中的其他组织进行交换或者互动,从而获取自身生存所需要的资源。四是组织生存建立在其控制自身与其他组织关系的能力基础之上,即任何组织生存能力的核心都在于该组织如何改变、控制与其他组织之间的关系。组织能力影响着组织的生存和发展。①

菲佛和萨兰基克认为在决定一个组织对其他组织的依赖性时,有三个因素比较关键。一是资源的重要性,即组织运转和生存对其依赖的程度,也就是该项资源对组织生存所起到的作用。一个组织对组织外部环境的依赖程度在一定程度上取决于组织为了运转而依赖特定类型资源的程度。资源对组织的重要性可以随着环境的条件变化而发生改变。二是资源的控制权,即相关利益主体对资源的分配和使用的决定权,也就是组织所能够获取到该资源的可能性或者是能够使用该资源的程度。资源的控制权表现为组织决定资源分配和使用的能力,资源越是稀缺这种权力就越重要。三是资源的可替代性,即替代资源存在的情况,也就是该项资源是否存在可替代性,以及替代资源是否能够获取。可利用的替代品的相对数量和这些替代品的规模或者重要性,对组织行为受到限制的范围和程度产生影响。②

资源的重要性、对资源的控制权,以及资源的可替代性共同决定了一个组织对任何特定的其他群体或者组织的依赖程度。不管对某种资源的集中控制程度如何,对组织来说,不重要的资源是不能够导致依赖产生的。同样,不管这一资源有多么重要,除非被相对较少的组织所控制,否则一个组织一般也不会对其他组织产生依赖。依赖性可以衡量某一组织所处环境中的外部组织或者群体的力量的强弱。正是组织的这种资源依赖性质,导致了外部环境对组织行为的控制和限制无法避免,组织之间也不可避免地产生对资源的依赖和交换行为。③

2.4.2 资源交换理论

组织间的资源交换,是指组织在无法生产出自己需要的资源时,就需要通过外部其

---

① 马迎贤. 资源依赖理论的发展和贡献评析 [J]. 甘肃社会科学, 2005 (01): 116-119, 130.
② 杰弗里·菲佛, 杰勒尔德·R. 萨兰基克. 组织的外部控制: 对组织资源依赖的分析 [M]. 北京: 东方出版社, 2006: 51-57.
③ 雷晓康, 马子博. 社会治理概论 [M]. 北京: 北京大学出版社, 2021: 258-259.

他组织去获得所需资源,而这个组织就和提供其所需资源的组织有了资源上的交换关系。由于组织对资源的控制程度不同,资源的交换也会表现出不对等性,表现为一个组织对另一个组织较强的外部控制,或者一个组织对另一个组织所掌握资源的过度依赖,接受资源输入的一方则在实践中表现出组织行为缺乏独立性和自主性。

资源交换理论,可以追溯到以古典政治经济学家亚当·斯密为代表的功利主义学派,在他们看来,交换是人类一切历史阶段的一切社会中普遍存在的现象。交换理论(Exchange Theory)是二战后在西方社会学界逐渐兴盛的一种社会学理论。1958 年,霍曼斯在批判功能主义的基础上创立了现代社会交换理论。霍曼斯把经济学中"经济人"的概念引入交换论中,认为交换过程是为了获得最大利益,把追求报酬的交换看作人类生活中最基本的动机和社会得以形成的基础。另外一位著名的社会交换理论学家布劳认为,霍曼斯的交换理论主要是个人层面上的,没能认识到社会结构的整体性效应,只能解释非制度化的社会行为。布劳的交换理论的研究重点在于社会结构,考察基本交换过程对形成和发展社会结构的影响以及业已形成的社会结构对交换过程的制约。①布劳的社会交换理论为我们分析组织之间的资源交换关系提供了理论基础。

影响资源交换行为的因素和影响资源依赖行为的因素相似,也主要取决于资源重要程度、可替代性、迫使对方提供资源的能力以及拥有者偏好等方面。资源拥有者的偏好对资源的获得造成很大的影响,资源拥有者的意识和偏爱都会影响资源是否获取成功或获取的难易程度。②

2.4.3 资源依赖与交换关系模式分析

资源依赖和资源交换是两个密切相关的概念。没有资源交换的资源依赖关系是资源单向性流动的依附关系或者寄生性的依赖关系,并不能反映组织之间的现实互动关系。在实践中组织之间的资源依赖关系应该是以资源交换为前提的资源依赖关系,只不过由于组织的独立性不同,表现出的资源依赖关系程度有所差异。因此,组织的资源依赖与资源交换是两个在内涵和外延上均相互重叠交叉的概念:资源交换是实现资源依赖的重要路径,也是资源依赖关系形成的基础;资源依赖则是资源交换的动力机制。

一个组织相对于另一个组织的依赖程度主要取决于组织双方拥有资源的差异性,特

---

① 戴丹. 从功利主义到现代交换理论[J]. 兰州学刊,2005(02):197-199,114.
② 雷晓康,马子博. 社会治理概论[M]. 北京:北京大学出版社,2021:258-259.

别是组织双方在对方所需的关键性资源的拥有上的差异性,这种资源拥有的差异性是实现组织间资源交换的必要条件,但也有可能造成组织间资源依赖关系的不对称。在组织间掌握的资源不对称的情况下,当组织为了满足自身的生存和发展的需要时,就得通过资源交换行为从其他组织获取相关的资源,这个时候组织间的资源依赖和交换关系就形成了。但是在相互依赖与交换关系中,一个组织随着自身资源的扩张而形成对另一个组织的资源优势,并且会趋向于进一步扩大这一优势,进而使得组织之间的相互依赖关系更多地呈现出一种非对称的资源依赖关系。在资源交换过程中,组织通过对外部资源的获取而产生了相互依赖关系,而拥有资源的外部组织则会对需要获取资源的组织提出符合它们自身利益的要求,因此拥有资源的组织对获取资源的组织产生了外部控制,组织间的权力将会呈现出不平等状态。

在实际活动中,一个组织完全"单向依赖"于另一个组织的现象比较少,这种现象类似于一方完全依附于另一方的寄生性关系。杰弗里·菲佛和杰勒尔德·R.萨兰基克提出了组织间竞争性和共生性两种关系模式。但无论是竞争性关系,还是共生性关系,都不必然是对称性的和均衡性的,非对称性应该是资源依赖与交换关系的一种常态形式。正是非对称性的存在,才使得组织间在资源交换过程中表现出对资源依赖性的强弱差异。资源的重要性、可替代性以及对资源的控制力这三个因素决定了一个组织依赖另一个组织的程度,也决定了一个组织在资源交换过程中相对于另一个组织的权力对等关系状态。根据组织间资源相互依赖程度和权力对等关系,可以将组织资源依赖与交换关系大致划分为两种模式:一是非对称性资源依赖与交换关系模式,二是对称性资源依赖与交换关系模式。①

共生理论同样适用于进一步分析组织间的资源依赖与交换关系。根据美国著名学者杰弗里·菲佛和杰勒尔德·R.萨兰基克关于组织间资源依赖关系形成的三要素论,资源的重要性、不可替代性和对资源的控制权决定了组织间对彼此所掌握的稀缺资源的依赖程度,因此对彼此资源的依赖程度可以构成衡量组织间共生关系的一个维度。同时,从资源交换的过程来看,组织的自主性程度决定了该组织在资源交换中的地位对等程度,实际上决定了资源的流向是单向流动还是双向流动。在现实中,组织间的资源流向不存在绝对的单向。如果这种绝对的单向流动存在,那么组织间已经形成了绝对依附关系。如果资源是双向流动,则说明组织的自主性较强,均掌握了各自所需要的稀缺资源。资源越稀缺,则组织间的资源依赖性就越强。基于以上分析,可以认为组织的自主性构成了衡量组织间共

---

① 雷晓康,马子博. 社会治理概论[M]. 北京:北京大学出版社,2021:260-261.

生关系的另一个维度。①据此，基于共生理论和组织间共生关系的维度分析，可以构建组织间资源依赖与交换关系的"资源依赖性—组织自主性"分析框架（图 2.1）。

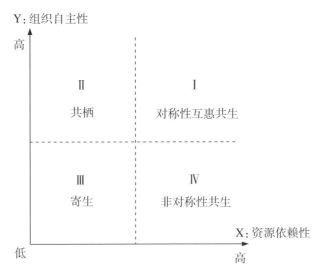

图 2.1 "资源依赖性—组织自主性"分析框架

根据"资源依赖性—组织自主性"分析框架，可以将组织间的资源依赖与交换关系划分为寄生、共栖、非对称性共生和对称性互惠共生四种共生关系模式。②一是寄生。寄生关系模式下，组织的自主性和资源依赖性均很低，是非对称性共生关系的极端形式。在这种模式下，资源的流动是从一个组织向另一个组织的单向度流动，一个组织的生存与发展是建立在对另一个组织的索取基础之上的。二是共栖。具有共栖关系的组织之间的相互依赖程度较低，组织之间具有较高的独立性和自主性，进行资源交换的必要性和动力不足。共栖关系模式下的组织虽然各自掌握资源，也可能是稀缺资源，但并不是对方所需要的关键性资源，二者在资源交换关系中存在可替代性，因此资源交换的必要性不强。三是非对称性共生。组织间存在双向的资源交换，形成相互依存程度较高的依赖关系，但这种资源依赖关系并不是完全对等的关系，而是存在依赖程度的差异。在组织间非对称性共生关系中，如果一个组织相对于另一组织的资源依赖性较强，则依赖性较强的组织在资源交换中的自主性必然受到依赖性弱的组织的限制，也就是说资源依赖性弱

---

① 刘志辉.政府与社会组织对称性互惠共生关系构建——基于国家治理能力现代化视角的分析［J］.天津行政学院学报，2017（03）：16-23.

② 刘志辉.政府与社会组织对称性互惠共生关系构建——基于国家治理能力现代化视角的分析［J］.天津行政学院学报，2017（03）：16-23.

的组织对资源依赖性强的组织将表现出控制倾向。四是对称性互惠共生。对称性互惠共生是一种共生主体之间以彼此的生存和发展互为前提和基础的共生关系模式。该模式具有如下特点：一是共生主体的自主性；二是资源依赖的依存性；三是共生主体功能发挥的充分性。对称性互惠共生是组织间共生关系演化的高级形态，也是组织间关系的理想关系状态。应用资源依赖与交换关系理论可以很好地分析解释地方政府管理过程中多主体之间的关系。①

2.5 治理理论

面对全球化的冲击和信息技术的浪潮，传统应对公共问题的机制受到巨大挑战，当政府和市场不再是解决公共问题的"灵丹妙药"，以非政府的和非正式的第三方力量参与探讨解决公共问题之道的治理理论应运而生。②治理理论的兴起源于时代发展的需要。治理理论在变迁过程中不断的继承、创新和发展，大致形成了包括网络化治理理论、整体性治理理论、数字治理理论、公共价值管理理论、协同治理理论、多中心治理理论等在内的理论谱系。分析治理理论谱系中各个理论流派的缘起、发展，归纳其核心观点和主张，对当前地方政府管理面临的复杂公共问题的解决具有重要参考价值。

2.5.1 整体性治理理论

整体性治理（Holistic Governance）理论是在反思和弥补新公共管理导致的部门化、碎片化的基础上逐渐形成的一种全新治理理论，该理论最初是由安德鲁·邓西尔提出，他在 1990 年发表的《整体性治理》一文中初步阐述了整体性治理的思想，但尚未形成系统的认识。1997 年，英国学者佩里·希克斯在其所著的《整体性政府》一书中正式提出"整体性治理理论"。希克斯认为整体性治理重视公民需求，强调政府责任，并以信息技术为治理手段，通过多元主体的协调合作，进行治理层级、治理功能和公私部门之间的整合，

---

① 雷晓康，马子博. 社会治理概论［M］. 北京：北京大学出版社，2021：267-268.
② 史亚东. 全球视野下环境治理的机制评价与模式创新［M］. 北京：知识产权出版社，2020：30.

从而为公民提供无缝隙而非分离的整体性服务。①

整体性治理理论提出的出发点就是运用现代信息技术拆除部门之间的藩篱，通过整合公共服务的供给部门，实现对新公共管理"碎片化"治理的战略性回应。协调与整合是整体性治理的两个核心概念，也是整体性治理的最基本内容。希克斯在 2004 年将整体性治理中"协调"与"整合"两个阶段内容发展为"协调""整合""逐渐紧密与相互涉入"三个阶段，并认为较整合而言，"逐渐紧密与相互涉入"是更为深层次的阶段。整体性治理仍以官僚制（科层制）为基础，以期通过发达的信息技术改造现有的官僚制结构，打破政府部门间条块分割的现状，从而实现各部门间的紧密合作。②

自 20 世纪 90 年代整体性治理理论兴起以来，英国、新西兰、澳大利亚等国家相继在政府改革中实践整体性治理理论，建立健全"整体政府"已成为不少西方发达国家公共服务改革的普遍性诉求。21 世纪以来，我国也在整体性治理理念下开展了以推行"大部制"为核心的政府部门整合性改革。整体性治理理论对于分析地方政府管理过程中面临的跨区域、跨部门管理和公共服务问题具有较强的解释力。

2.5.2 数字治理理论

20 世纪 90 年代，信息技术的发展，使政府管理走上了与信息技术相结合的道路，政府管理日益数字化，对政府组织结构、政府任务、公共管理改革和政策变革均产生了重大影响。③随着信息技术和数字技术在政府中的普遍运用，西方国家出现了与信息时代相适应的新的治理理论，即数字治理理论。数字治理理论的代表人物是英国学者帕却克·邓利维（Patrick Dunleavy），在其 2006 年出版的著作《数字时代的治理》（*Digital Era Governance*）中对数字治理理论的理论框架进行了系统解析，指出数字治理理论的核心理念包含三大主题：重新整合、以需求为基础的整体主义和数字化变革。④

在对"数字治理"概念的理解上，不同学科视角的侧重点有所不同。公共管理和政治学视角下的研究则更多聚焦于数字政府、电子政务等，即政府部门如何使用数字化技术简化行政流程、推动政务公开，促进信息共享、集成、互操作性和促进公民参

---

① 董树军. 城市群府际博弈的整体性治理研究［M］. 北京：中央编译出版社，2019：81.
② 史云贵，周荃. 整体性治理：梳理、反思与趋势［J］. 天津行政学院学报，2014（05）：3-8.
③ PATRICK DUNLEAVY. Digital era governance: it corporations, the state, and E-government［M］. Oxford: Oxford University Press, 2006: 17-57.
④ 韩兆柱，马文娟. 数字治理理论研究综述［J］. 甘肃行政学院学报，2016（01）：23-35.

与等。① 一般而言，对数字治理的理解，有广义和狭义之分。从广义上讲，数字治理不是信息通信技术（ICT）在公共事务领域的简单应用，而是一种与政治权力和社会权力的组织与利用方式相关联的"社会—政治"组织及其活动的形式，它包括对经济和社会资源的综合治理。从狭义上讲，数字治理是指在政府与社会、政府与以企业为代表的经济社会的互动和政府内部的运行中运用信息技术，易化政府行政，简化公共事务的处理程序，并提高其民主化程度的治理模式。② 近年来，数字治理被看作是一种以信息通信技术（ICT）和大数据为基础的多元治理模式。它通过整合政府运营和公共管理过程中的复杂数据分析、数据建模、数据优化和数据可视化，对管理决策和政策加以优化。③

数字治理理论主张信息技术和信息系统在公共部门改革中的重要作用，从而构建公共部门扁平化的管理机制，促进权力运行的共享，逐步实现还权于社会、还权于民的善治过程。④ 数字治理正在成为全球浪潮，数字技术引发的问题以及数字社会背景下的治理挑战，已经成为地方政府治理现代化的最大考验。

2.5.3 网络化治理理论

网络化治理（Governing by Network）是治理理论兴起至今的重要理论分支，主要是由美国学者斯蒂芬·戈德史密斯和威廉·埃格斯在《网络治理：公共部门的新形态》一书中提出，⑤ 他们将网络治理定义为一种全新的通过公私部门合作，非营利组织、营利组织等多主体广泛参与提供公共服务的治理模式。⑥ 在这种新的模式下，政府的工作不太依赖传统意义上的公共雇员，而是更多地依赖各种伙伴关系、协议和同盟所组成的网络来从事并完成公共事业。⑦ 在全球化、网络化和信息化潮流的推动下，国家和私人部门相互

---

① 冯贺霞，李弢，李赟. 转型与变革：数字治理理论前沿与实践进展［J］. 社会治理，2023（01）：30-40.
② 徐晓林，刘勇. 数字治理对城市政府善治的影响研究［J］. 公共管理学报，2006（01）：13-20，107-108.
③ 钟祥铭，方兴东. 数字治理的概念辨析与内涵演进［J］. 未来传播，2021（05）：10-20，128.
④ 韩兆柱，马文娟. 数字治理理论研究综述［J］. 甘肃行政学院学报，2016（01）：23-35.
⑤ 刘波，王力立，姚引良. 整体性治理与网络治理的比较研究［J］. 经济社会体制比较，2011（05）：134-140.
⑥ 许才明，李坦英，赵静. 公共管理学［M］. 10版. 北京：中国中医药出版社，2017：165.
⑦ 斯蒂芬·戈德史密斯，威廉·D. 埃格斯. 网络化治理：公共部门的新形态［M］. 孙迎春，译. 北京：北京大学出版社，2008：17.

依赖程度不断加深，科层治理模式和市场治理模式都难以有效满足治理体系的动态需要，因此有必要催生一种新的公共治理形式，网络化治理理论应运而生。

网络化治理强调多中心的公共行动者通过制度化的合作机制，相互调试目标，共同解决冲突，增进彼此的利益。它承认负责、高效、法治的政府对有效治理的重要意义，但人们对政府的关注焦点不再局限于政府有多重要的问题，而更多地关注政府通过何种途径治理的问题。在网络化治理模式下，传统的实质性治理工具，包括组织和建立管制机构以及其他政治行政机构和企业、传统的利益诱导，以及由行政机构所使用的"命令—控制方法"等，已经行不通了，政府更多地采用控制制度或过程间接影响结果的治理工具，即程序性工具。程序性工具的关键就在于通过制度规则和规范实现对治理网络的控制，对那些进入到治理网络中的标的群施加影响，增加政府本身的合法性，提高治理行动的能力。[①]

与科层治理模式和市场治理模式比较，网络为行动者提供了经常性互动的平台，使公共和私人的集体行动者能够以一种非科层的形式连接起来，利益共享和彼此信任，从而形成一种解决问题的能力。当前，地方政府管理的复杂性已经超出单个政府的治理能力，这给政府管理工作带来了严峻挑战，因而需要最大限度地吸纳多元治理主体形成决策网络系统。

2.5.4 公共价值管理理论

公共价值管理（Public Value Management）理论兴起于新公共管理理论式微与新公共服务理论发展之际，是工具理性和价值理性融合的产物。20世纪90年代，马克·H. 穆尔（Mark H. Moore）首次提出"创造公共价值"，其在《创造公共价值：政府战略管理》一书中提出了公共价值这一概念，穆尔认为政府的首要任务不是确保政府组织的延续，而是作为创造者，根据环境的变化和他们对公共价值的理解，改变组织职能和行为创造新的价值。政府管理的最终目的就是要为社会创造公共价值。[②]之后，公共价值概念开始在公共行政学中被广泛应用与拓展。从理论来源上来看，公共价值理论是治理理论的进一步拓展。但是公共价值理论在得到众多学者持续关注之后，已经越来越呈现出新的内涵和新的特征，并演变为公共价值管理范式。其后，穆尔分别出版了《公共价值：理论与

---

① 朱立言，刘兰华. 网络化治理及其政府治理工具创新 [J]. 江西社会科学，2010（05）：7-13.
② 何艳玲. "公共价值管理"：一个新的公共行政学范式 [J]. 政治学研究，2009（06）：62-68.

实践》（2011）和《认知公共价值》（2013），三本书的出版标志着公共价值管理理论从创立到完善。①

公共价值理论将公共事务看作一个系统，公共系统涉及的所有人员是这个系统的"股东"，共同思考如何提升公共服务质量和创造公共价值。该理论主张公共组织应当由原来按部就班维护好组织运行，转变为根据内外环境变化创造公共价值。可见，公共价值管理理论为治理理论体系确立了治理的使命和目标，即创造公共价值。公共价值并不是一个公共服务的生产者或使用者的个体偏好的简单叠加，它是一个包括政府官员和相关利益相关者的商议的结果。从公共价值管理角度来看，公众偏好是公共价值的中心，在民主国家中，唯有公众才能决定对他们来说什么是真正具有价值的。②

公共价值管理理论作为反思超越传统公共行政和新公共管理理论的新型治理范式，能够将政治价值、经济价值、社会价值、生态价值统摄到公共价值统一体系，为解决日益复杂的地方政府管理问题提供一个崭新的战略性分析框架。

2.5.5 协同治理理论

协同治理理论是协同学和治理理论相结合的产物，在本质上是一种交叉理论。协同学由德国物理学家赫尔曼·哈肯提出，他将协同学界定为，通过系统各个部分的相互协作，以形成新的结构和特征。作为一门横跨自然科学和社会科学的综合性学科，协同学旨在研究由诸多子系统构成的系统如何从混沌无序向协同有序转变。协同治理理论所提出的各治理主体之间加强协作、促进各主体之间的行为从无序向有序转变、发挥"1+1＞2"的协同效应等观点便是有效吸收了协同学的重要思想。关于协同治理的内涵，比较有代表性的是联合国全球治理委员会所提出的定义，认为协同治理是调和利益冲突和开展合作的连续过程。治理目标的公共性、治理主体的多元性、治理行为的协调性以及治理过程的规范性是协同治理的重要特征。

作为治理理论和实践发展的产物，协同治理是新兴的公共事务治理模式，旨在解决跨区域、超越单一主体能力范围的公共问题。③如地方政府面临的生态环境治理问题作为

---

① 韩兆柱，翟文康. 西方公共治理前沿理论的比较研究［J］. 教学与研究，2018（02）：86-96.
② 尹文嘉. 公共价值管理理论及其民主意蕴［J］. 学术论坛，2009（10）：65-68.
③ 田玉麒，陈果. 跨域生态环境协同治理：何以可能与何以可为［J］. 上海行政学院学报，2020（02）：95-102.

典型的公共问题，其本身所具有的公共性、不确定性、外溢性以及行政区划利益分割所带来的行政壁垒，使得生态环境的跨行政区治理成为一项十分棘手的问题，势必需要有效的治理方式加以调试。生态环境的内在属性以及治理需求，客观上要求生态环境实行协同治理。可以说，协同治理适应了生态环境不可分割的特性，有效地回应了跨行政区生态环境治理的根本诉求，打破了传统单一治理主体的局限，强调多元主体的共同参与和良性互动，能够有效应对环境污染的外溢性与扩散性，已经成为地方政府实施环境治理的重要理论工具。①

2.5.6 多中心治理理论

"多中心"这一概念最初是由迈克尔·博兰尼（Michael Bollany）提出的，他在《自由的逻辑》一书中对"多中心"进行了深入的探讨。随着社会科学的不断深入和发展，"多中心"研究视角得到了越来越多专家学者的关注和认同。其中，美国学者奥斯特罗姆夫妇对"多中心"概念做出突破性发展，在综合分析博兰尼观点的基础上，最终提出了多中心治理（Poly-centric Governance）理论。奥斯特罗姆的多中心治理模式打破了传统以政府为中心的单中心治理格局，能有效规避单一主体处理公共事务的不足。但这种模式有效性的实现须解决三个关键问题，即公共物品的制度供给问题、可信承诺问题以及相互监督问题，否则将会陷入"无中心负责"的困境。②

随着研究的深入和发展，多中心治理理论内容不断丰富，结构趋于完善。它倡导发挥除政府之外的社会力量，鼓励社会组织、市场和公民个人作为"多中心"，发挥各自的优势来共同管理公共事务。多中心治理理论尽管还不成熟，但在实践和各种理论的综合中，其大体框架已经构成。其主要观点可以概括为：第一，多中心治理的主体是复合主体，包括政府、企业、非营利组织、公民社会、国际组织、社会组织等。第二，多中心治理的结构是网络型的。第三，多中心治理的目标是实现公民利益最大化和公民多样化的需求。第四，多中心治理的方式是"合作—竞争—合作"。③

---

① 司林波，李亚鹏. 环境管理学新论［M］. 秦皇岛：燕山大学出版社，2023：52-53.
② 刘俊英. 区块链技术之于社会治理创新的影响分析——基于多中心治理理论的视角［J］. 社会科学战线，2021（06）：209-216.
③ 王志刚. 多中心治理理论的起源、发展与演变［J］. 东南大学学报（哲学社会科学版），2009（S2）：35-37.

2.6 公共政策理论

地方政府的管理活动与公共政策紧密相关，因为地方政府的任何经济社会目标都需要借助一定的公共政策来实现。制定切实可行的公共政策，甚至以法律的形式予以制定和落实，对于解决地方政府面临的复杂管理问题至关重要。公共政策作为政府行为的重要表现，是一种有目的的活动过程，而这种目的旨在处理和解决正在发生的各种社会公共问题，公共政策是地方政府管理的主要工具。公共政策学是一个跨学科和综合性的研究领域，人们从不同的立场和角度出发，必然会在有关公共政策的理论上形成不同的观点和学派。[1]在西方公共政策理论的发展中，形成了几种比较有影响力的理论，主要包括制度分析与发展框架、倡导联盟理论、多源流理论、政策扩散理论和政策网络理论等。

2.6.1 制度分析与发展框架

制度分析与发展框架（Institutional Analysis and Development，IAD）最早由奥斯特罗姆夫妇 1982 年提出，是探究包括应用规则在内的外生变量如何影响行动情境的结构以及结果产出的分析框架。[2]2005 年，埃莉诺·奥斯特罗姆出版了《理解制度多样性》一书，首次全面系统地介绍了 IAD 框架，这本书的出版标志着 IAD 框架成熟化、理论化和系统化。[3]IAD 起初被广泛应用于公共池塘资源自主治理中，作为一个从上千个公共池塘资源治理的案例中整理并逐步发展的理论框架，[4]目的在于为资源使用者提供一套能够增强信任与合作的制度设计方案及标准，并且用来评估和改善现行的制度安排。此后不断发展并被广泛应用于不同实际情境的分析。这是从制度视角理解和研究公共政策的重要政策过程理论之一。

---

[1] 蒋云根. 公共管理与公共政策 [M]. 上海：东华大学出版社，2005：141.
[2] 王亚华. 对制度分析与发展（IAD）框架的再评估 [J]. 公共管理评论，2017（01）：3-21.
[3] 李文钊. 制度分析与发展框架：传统、演进与展望 [J]. 甘肃行政学院学报，2016（06）：4-18，125.
[4] 袁方成，靳永广. 封闭性公共池塘资源的多层级治理——一个情景化拓展的 IAD 框架 [J]. 公共行政评论，2020（01）：116-139，198-199.

作为一个理论分析框架，制度分析和发展框架由外部变量、行动舞台、相互作用和评估结果等部分构成（图 2.2）[①]，可以用于分析在给定的外部变量的影响下，行动舞台中的行动者如何在行动情境的约束下相互作用，建立互动模式，并对在此模式下产生的结果进行评估，而评估结果又通过直接或间接的方式反过来作用于行动舞台和外部变量。

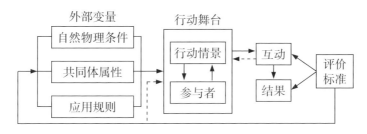

图 2.2　制度分析与发展（IAD）框架

奥斯特罗姆提出的制度分析与发展框架是一个带有一般性和普遍性的框架，具有极强的适用性和解释力，可以帮助我们进一步明确在制度分析的过程中应该将哪些因素考虑在内，以及这些因素之间是何种关系。制度分析与发展框架可以有效地用于研究诸如生态环境治理等地方政府公共服务和管理问题。

2.6.2 倡导联盟理论

倡导联盟理论（Advocacy Coalition Framework）是由美国政策学家萨巴蒂尔和简金斯于 20 世纪 80 年代提出的，该理论最初主要用于解释和分析能源环境政策，如大气污染政策、水政策等，随后逐渐向经济、社会、健康等公共政策领域迈进，成为一种分析公共政策过程的重要理论工具。所谓倡导联盟是指具有某种共同信念体系的政策行动者群体或政策共同体。他们由于共享一套基本价值观、因果假设以及由此形成的对问题的认知体系，因而能进行长期的深度协调与合作。因此，倡导联盟最重要的整合力量不是相同的利益而是相同的信念体系。[②]

信念体系是倡导联盟体系中的核心内容，由深层核心信念、政策核心信念和次要信念三个层面构成，信念的转变决定着一个倡导联盟在政策上的学习方向，进而影响政策的发展。和其他政策分析理论相比，倡导联盟框架的特别之处在于，将政策众多活跃者

[①] 李文钊. 制度分析与发展框架：传统、演进与展望[J]. 甘肃行政学院学报，2016（06）：4-18，125.
[②] 余章宝. 政策理论中的倡导联盟框架及其应用[J]. 厦门大学学报（哲学社会科学版），2009（01）：26-31.

聚集在联盟之中，把政策学习作为政策变迁的途径之一，由此构建一种新的理解政策过程的逻辑。[1]倡导联盟理论认为，政策变迁可以分为重大政策变迁和小幅政策变迁。其中重大政策变迁是政策内核的变化，政策内核的变化会引起核心政策观念的变化。小幅政策变迁主要表现为政策工具的变化，小幅政策变迁对应着次级政策观念的变化，次级政策观念的变化并不需要以处于主导地位的倡导联盟的更替为前提条件。

倡导联盟理论在一系列核心概念之间构建起了内在的逻辑联系，分别对重大政策变迁和小幅政策变迁做出了解释重大政策变迁的解释逻辑：外部事件的发生（必要条件）→居于主导地位的倡导联盟的更替→核心政策观念的变化→重大政策变迁的发生。小幅政策变迁的解释逻辑：倡导联盟之间的互动或政策效果的反馈→政策学习的发生→次级政策观念的变化→小幅政策变迁的发生。[2]

2.6.3 多源流理论

多源流理论（Multiple Streams Theory）是由美国政策科学家约翰·W. 金登（John W. Kingdon）于 20 世纪 80 年代在垃圾桶模型的基础上提出的，以此来解释政策是如何制定的。该理论最早出现于 1984 年金登出版的《议程、备选方案与公共政策》（*Agendas, Alternatives, and Public Policies*）一书中。金登认为："一个项目被提上议程是在特定时刻汇合在一起的多种因素共同作用的结果，而并非它们中的一种或另一种因素单独作用的结果。"[3]这种共同作用也就是多源流理论所提出的在政策制定过程中存在的问题源流（Problem Stream）、政策源流（Policy Stream）和政治源流（Political Stream）三者的连接与交汇。其中，问题源流是指问题需要通过指标、焦点事件、危机与符号等来推动和彰显，从而引起政策制定者的注意。政策源流阐述的是由政策共同体中的专家提出的政策建议和政策方案的产生、讨论、重新设计以及受到重视的过程。政治源流指的是影响政策问题上升为政策议程的政治活动或事件，包括国民情绪的变化、压力集团的行动、行

---

[1] 吴颖冰，戴羽. 改革开放以来我国体育公共服务政策变迁——基于倡导联盟框架理论[J]. 体育教育学刊，2022（06）：65-69.

[2] 柏必成. 倡导联盟理论的核心概念、解释逻辑与应用限度[J]. 郑州轻工业学院学报（社会科学版），2014（04）：12-17.

[3] 约翰·W. 金登. 议程、备选方案与公共政策[M]. 2版. 丁煌，方兴，译. 北京：中国人民大学出版社，2004：225.

政或立法机构的换届以及执政党执政理念等。①三种源流沿着不同的路径分别流动，并在某一关键时间点汇合到一起，这个关键的时间点就是政策之窗。政策之窗是根据给定的动议而采取行动的机会，它们呈现并且只开启很短暂的时间。②当政策之窗被打开的时候，政策企业家必须迅速抓住机会开始行动，从而使得社会问题被提上政策议程。

多源流理论通过问题、政治、政策、政策之窗与政策企业家等结构要素，刻画了在政治与行政分离的制度环境下，面临着模糊的条件、复杂无序的情境以及显著的时间约束，国家政府层面如何进行政策议程设置。③由于多源流理论对于不同领域的政策制定和议程设置均具有较强的解释力和适用性，作为重要的政策分析工具，多源流理论被广泛应用于对教育、住房、医疗卫生、环境与公共财政等领域内政策的分析。

2.6.4 政策扩散理论

政策扩散理论（Policy Diffusion Theory）兴起于20世纪60年代末的美国，1969年美国学者沃克（Walker）在《美国政治学评论》上发表《美国各州的创新扩散》一文，被公认为政策扩散理论研究兴起的标志。④经过罗杰斯、格雷、贝瑞夫妇等人的深入研究，政策扩散理论在概念体系、理论基础以及研究方法等方面都得到不断的丰富和发展，成为研究公共政策变迁的重要理论之一。⑤国际政策科学界通常将政策扩散定义为一项创新通过某种渠道随着时间流逝在一个社会系统的成员之间被沟通的过程。⑥我国学者王浦劬认为公共政策扩散是指一种政策活动从一个地区或部门扩散到另一地区或部门，被新的公共政策主体采纳并推行的过程。⑦

---

① 姜艳华，李兆友. 多源流理论在我国公共政策研究中的应用述论［J］. 江苏社会科学，2019（01）：114-121.

② 约翰·W. 金登. 议程、备选方案与公共政策［M］. 2版. 丁煌，方兴，译. 北京：中国人民大学出版社，2004：209.

③ 陈贵梧，林晓虹. 网络舆论是如何形塑公共政策的？一个"两阶段多源流"理论框架——以顺风车安全管理政策为例［J］. 公共管理学报，2021（02）：58-69，168.

④ 鲍伟慧. 政策扩散理论国外研究述评：态势、关注与展望［J］. 内蒙古大学学报（哲学社会科学版），2021（04）：82-89.

⑤ 陈芳. 政策扩散理论的演化［J］. 中国行政管理，2014（06）：99-104.

⑥ 吴光芸. 公共政策学［M］. 天津：天津人民出版社，2015：422.

⑦ 王浦劬，赖先进. 中国公共政策扩散的模式与机制分析［J］. 北京大学学报（哲学社会科学版），2013（06）：14-23.

政策是如何实现扩散的呢？是何种因素或者动力使得一个主体采取另一个主体的政策呢？主要有以下几种路径：一是学习。某个主体看到了其他主体某项政策的优势而主动学习实现政策扩散，是一个政策主体有选择地向其他政策主体学习政策经验的过程。二是模仿。某个主体可能会模仿另一个"相似主体"的政策，以期获得一种外在的认同或认可，这是一个政策主体直接套用、复制其他地区政府或部门政策的"政策克隆"过程。三是强权。某个主体在外部压力之下被迫接受政策扩散，这一外部压力既可以来自纵向权力主体，也可以来自横向强势主体。四是合法化。出于某种法律上或制度上的义务实现政策扩散，如地方政府对中央政府政策的积极响应。此外，地方政府间的竞争也是政策扩散的重要动力。

当前，我国政府与社会治理领域出现了广泛的政策扩散现象，一些治理领域获得成功的做法容易被作为"示范样本"推广到其他治理领域，政策扩散理论可以有效地解释这一现象。

2.6.5 政策网络理论

政策网络（Policy Network）理论兴起于20世纪70年代的美国，已成为公共政策研究的一种重要范式。由于各国的政治制度、文化差异和学术传统的不同，学者们对政策网络的理解也存在差异，从而呈现出流派林立、观点各异的局面。尽管各国学者对政策网络的解读不同，但从本质上说，政策网络是对多元主义、法团主义的有效纠正和超越，是一种不同于市场、科层的社会协调机制，其本质是一种新型的集体行动。[1]

政策网络理论的核心观点主要包括以下几个方面：一是在方法论上追求宏观研究和微观研究的结合；二是在参与主体上，呈现出主体多元化和关系网络化的特征；三是在主体间关系特征上，强调多元主体之间保持平等、对话和协商的关系。[2]在政策网络中，多元主体之间存在着错综复杂的竞争和合作关系，政策网络运行的关键就是要维护和增强合作关系，协调和引导竞争关系，减少冲突，以实现政策网络的集体行动。政策网络理论研究主要分为三种研究路径：基于资源依赖的政策网络、基于共同价值的政策网络和基于共享话语的政策网络。[3]

---

[1] 侯云. 政策网络理论的回顾与反思［J］. 河南社会科学，2012（02）：75–78，107.
[2] 陶希东. 中国跨界区域管理：理论与实践探索［M］. 上海：上海社会科学院出版社，2010：63.
[3] 范世炜. 试析西方政策网络理论的三种研究视角［J］. 政治学研究，2013（04）：87–100.

随着政策网络理论研究的深入探索，把政策网络作为一种治理模式或者管理工具来研究，正在逐渐成为政策网络研究的新趋势。当前，我国地方政府面临的经济、社会、环境等公共问题日趋复杂，这种复杂性使得单纯依靠地方政府一己之力来完成社会管理，以及单纯依靠政府机构自上而下的政策制定这一传统模式已经明显不符合现实，需要引入多元主体参与到治理过程。因此，建构一个多元主体共同参与、协同互动的政策网络，对于解决地方政府面临的复杂管理问题至关重要。

本章案例解读

01 京津冀大气污染防治区域的政府间合作

[案例阅读材料]

京津冀大气污染防治区域政府间合作始于2008年北京奥运会空气质量保障工作的推动。中央的政治驱动为区域政府间合作提供了强大的动力与约束力。其中一个表现是，为保证重大国际活动的空气质量，中央会使用政治动员方式开展运动式治理：一方面，将大气污染防治上升为"中心任务"，对层级政府构建任务考核压力，通过会议动员等形式强化区域政府间合作的意愿和完成任务的决心；另一方面，通过非常规手段的运用，如"一票否决"考核、签订大气污染防治目标责任书、环保约谈等方式，加大任务执行的政治势能，强化地方政府对大气污染防治工作的执行力度，以确保任务目标实现。

随着中国大气污染防治意识的不断提升，大气污染防治工作由环保部门的单打独斗转变为各级地方党委和政府的中心工作，京津冀区域大气污染防治组织机构逐步建立并完善，区域政府间合作机制建设也基本实现了从应急动员机制到常态化合作机制的转变。为落实2013年国务院印发的《大气污染防治行动计划》（以下简称"大气十条"）任务指标，原环保部等六部门联合印发《京津冀及周边地区落实大气污染防治行动计划实施细则》，京津冀三地的政府工作报告均将降低PM2.5指标作为年度中心任务，并随后成立由七省市八部门组成的京津冀及周边地区大气污染防治协作小组，由国务院副总理负责督导，北京市委书记任组长，并在北京市原环保局大气污染综合协调处设置小组办公室，正式启动京津冀区域大气污染联防联控。小组通过多次召开区域大气污染防治部际协调会议，明确各级政府及职能部门的责任与任务，形成区域多部门联动的大气污染联防联控工作局面。2015年，环保督察组升级为中央环保督察组，组长由中央选派省部级领导担任，督察结果报告直送中央领导人批阅。环保管制由"督企"转为"督政"，借助中央政治权威对地方大气污染治理施加政治压力。中央环保督察通过环保约谈和督察"回头看"的方式，对大气污染整改不力的地方负责人以"党政同责""一岗双责"的方式实施严厉问责，以此解决区域大气污染防治合作中的有效监督问题。针对中央环保督察组反馈意见，京津冀区域政府分别成立整改工作领导小组进行整改任务落实。

制度的约束和激励亦是京津冀大气污染防治政府间合作的助推器。京津冀大气污染防治区域政府间的合作通过签署合作协议等方式解决制度供给问题，如2015年京津冀签署《京津冀区域环境保护率先突破合作框架协议》《北京市天津市河北省环境执法联动工作机制合作协议》。为进一步强化大气污染防治协同管理，2016年，原环保部设立大气环境管理司，负责组织实施区域大气污染防治联动机制。2017年中央印发实施《京津冀及周边地区2017—2018年秋冬季大气污染综合治理攻坚行动方案》（以下简称"行动方案"）及六个配套方案，京津冀晋豫鲁联防联控共同实施秋冬季大气污染攻坚行动，这些措施使空气质量改善阶段性目标得以实现。同年，中央全面深化改革领导小组第三十五次会议审议通过《跨地区环保机构试点方案》，决定成立跨区域行政机构——京津冀大气环境保护局。2018年，国家机构改革启动后，生态环境部大气环境司同时挂京津冀及周边地区大气环境管理局牌子，主要负责京津冀区域大气污染联防联控。同年7月，《打赢蓝天保卫战三年行动计划》实施，京津冀及周边地区大气污染防治协作小组调整为京津冀及周边地区大气污染防治领导小组，由国务院副总理担任组长，成员包括七省市十部门，小组办公室设在生态环境部。京津冀年度秋冬季大气污染攻坚行动方案在具体指标实施考核上更加强调依法依规、科学施策。将大气污染防治工作纳入官员考核绩效，作为官员提拔的重要参考指标，对绩效突出的合作方以"以奖代补"的方式给予大气污染防治专项资金，解决合作可信承诺问题，激励合作方遵守合作契约。

2021年2月25日，生态环境部举行例行新闻发布，生态环境部大气环境司司长宣布"打赢蓝天保卫战三年行动计划"圆满收官。从2013年到2021年间，中国各地坚持减污降碳协同推进，实施区域联防联控措施，空气质量改善显著。以大气污染较重的京津冀区域实现了区域范围内各项污染物排放的同步下降，其中北京各项污染物减排幅度在区域中均最大，PM2.5年均浓度下降了56%，重污染天数下降了91%，被联合国环境规划署誉为"北京奇迹"。

（资料来源：参见王丽，毛寿龙：《大气污染防治区域政府间合作的制度逻辑——以京津冀为例》，载《治理现代化研究》2023年第4期；《看！你关心的大气污染防治最新情况在这里》，载新华网，2021年2月25日。引用时有删改。）

[思考题]

请结合本案例进行回答，在推动构建社会治理共同体的过程中，应如何认识和处理府际关系？

[案例解读]

扫描二维码查看案例解读

02 丝绸产业转移背景下的区域发展新格局

[案例阅读材料]

栽桑养蚕、缫丝织绸，茧丝绸业是我国传统民族产业、重要民生产业和国际竞争优势产业。随着产业发展需要，从"东桑西移"到"东丝西移"再到"东绸西移"，一场横跨东西的产业转移正在这个古老又现代的产业里进行着。中西部主产区如何提升精深加工集聚能力？东部地区怎样加快形成具有国际竞争力的先进制造业集群？怎样因地制宜统筹推进"东绸西移"工程？这一场梯度转移，不只是空间转换，更是一次产业格局重塑。

"东桑西移"提质增效

来自浙江海宁的陈国民，祖上五代都靠种桑养蚕为生。10多年前，随着蚕茧产区从东部向西部转移，陈国民子承父业来到广西，在南宁市邕宁区创立现代化桑蚕种养基地。蚕桑业的布局与自然地理条件和社会经济发展紧密相关，陈国民的桑蚕基地转移不是个例。21世纪初，随着我国传统桑蚕产区——长江中下游和珠江三角洲的土地成本上升，需要大量土地和劳动力的桑蚕业在当地已经不再有比较优势，产业很快萎缩。为扭转局面，我国启动"东桑西移"工程——将长三角和珠三角的蚕桑业转移至西南地区，既给东部释放出宝贵的土地资源，又带动了西部地区经济发展。

这场产业大转移中，广西是先行者也是获益者。目前，蚕桑产业已经成为广西重要的优势特色产业，广西蚕茧产量约占全国的55%，有力促进了当地农业增效和乡村振兴。除了自然条件因素，广西的养蚕技术也在不断迭代。在物联网、大数据及云计算等技术加持下，智能化、数字化有效助力当地传统养蚕模式转型升级，实现对桑园种植以及蚕养殖培育的智能远程监管与精准调控，推进产业规范化与标准化。通过品种、技术和生产模式集成创新，广西探索形成"亚热带蚕桑高产高质高效种养配套技术"，让蚕桑产业向规模化、专业化发展。

给传统养蚕业插上科技翅膀，东部省份浙江探索得更远。"东桑西移"以来，桑蚕大省浙江现在很少能见到大规模桑蚕基地了。然而在浙江嵊州经济开发区，一座外形类似巨大孵化器的养蚕厂房却拔地而起。这座基地由传统领带生产企业巴贝集团投资建设，总投资28亿元、建筑面积44万平方米，未来可实现年产4万吨鲜茧。令人惊奇的是，这儿的蚕不吃桑叶吃"饼干"。一边是恒温恒湿无菌的养殖车间，不同生长阶段的蚕被机械臂置于饲养盘中，盘底铺有玉米粉、桑叶粉、复合维生素等合成的饼干状人工饲料；另一边是生产车间，蚕茧像瀑布一样从传输带上倾泻而下。新型工厂化养蚕使效率大大提升，以年产蚕茧1万吨为例，传统养殖需要10万名左右养殖户参与，通过工厂化养殖，不到300名生产线工人就能完成。相较于传统养殖，工厂化养殖产出的蚕丝品质更稳定，色彩、强度、抗菌等性能还可根据需求做出改变与提升。

全天候工厂化养蚕项目的成功，使蚕茧从农产品转变为工业品，对整个行业有着颠覆性意义。这种高效率、低成本、一体化的现代茧丝生产新技术体系，开创出一套标准化、集约化、规模化、常年化、可复制的现代化养蚕新模式。中国丝绸协会会长唐琳认为，随着科技水平不断提高，蚕茧基地可能部分回流东部，不排除"西蚕东移"现象，蚕茧生产或将呈现多地域分布态势。

"东丝西移"瓶颈待破

缫丝业是我国传统产业，在2000年以前缫丝工业主要集中在浙江、江苏、四川、山东等地，合计产能占全国70%以上。随着"东桑西移"推进，出于就近获取蚕茧原料、降低运输和劳动力成本考虑，缫丝企业逐渐由东向西转移。仅广西河池一市就有规模以上茧丝绸企业27家，规上企业生丝产量达6343吨，占全国15%以上，连续13年保持全国第一。"东丝西移"持续进行，西部缫丝产能不断增加，而东部缫丝生产能力依然存在，导致全国生丝加工扩张与过剩并存。

立足于蚕桑基础规模和茧丝加工能力优势，西部在丝绸全产业链上加快布局。2021年3月，河池市主要领导率队赴江浙开展专项招商引资，与相关企业签约了8个茧丝绸投资合作项目，弥补茧丝绸下游产业链不足。

目前河池市缫丝企业基本以原料初级加工为主，缺少丝绸加工产业链的后道整理、炼白、印染、服装、家纺等深加工环节。多数产品处于价值链中低端，主要为生丝、坯绸等初级产品，高品质生丝仅占30%。此外，蚕茧原料供应、缫丝生产和坯绸加工产能也不相匹配。规模偏小、技术设备相对落后，河池丝绸加工企业还难以在市场上形成有竞争力和影响力的品牌。与初级原料生产不同，茧丝绸下游产业技术含量高，需要专业科技人员和较多训练有素的技术工人。河池市桑蚕产业从"东桑西移"以来经历20多年发展，但人力资源培养主要在种桑养蚕阶段，加上对年轻人吸引力不够，产业发展亟待突破瓶颈。

围绕高效率补链、高水平延链、高标准强链目标，河池市正进一步整合产业链，解决产业精深加工问题，多措并举招商引资，扩大产能规模，形成轻纺产业等第三产业集聚优势。此外，河池市与苏州大学共商建设亚热带蚕桑茧丝绸研究机构，开展先进技术研发和服务。同时，打造国家级茧丝绸质量检测综合服务平台，提升产业配套服务能力。

"东绸西移"协作并行

伴随桑丝产业转移，绸缎加工也呈现出从东部向西部缓慢梯度转移趋势，但不论转移速度还是转移程度，均明显小于蚕茧和生丝。从"东桑西移"到"东丝西移"再到"东绸西移"，丝绸产业形成了西部茧丝原料生产、绸缎加工和东部精加工、终端产品设计制造的空间格局。广西、四川、云南等西部省份已成为茧丝原料生产和绸缎加工基地，但丝绸终端产品制造及进出口依然集中在浙江、江苏、广东、上海等东部沿海地区。

"茧丝绸产业特征及转移规律决定了其空间演进方向。"国际丝绸联盟秘书长、《丝绸》杂志社社长李启正分析，促使蚕桑生产、缫丝加工由东向西转移，主要是劳动力、土地等投入要素和运输成本的价格变化；而绸缎及制成品生产更依赖设计人才和技术创新，还要紧邻东部消费市场，时刻把握消费需求、潮流动向，因此丝绸终端产品和创意设计均集聚在东部。

在"东绸西移"大趋势中，移不移？各企业选择不尽相同。有企业选择继续坚守东部做技术和价值提升的文章，不少东部老牌丝绸企业开始发力高端制造，同样带来很高的附加值，利润不输研发、销售。也有企业积极响应并已先行一步到西部地区布局。相关企业负责人表示，政府给予"东绸西移"很大支持，把生产基地搬迁过来有利于公司未来发展。

李启正认为，东西部地区蚕桑产业之间的分工与合作，促使产业链各环节向优势区域、优势企业集聚，要在全球范围内进行产业链整合和资源优化配置，推动形成一、二、三产业在东西部各区域间优势互补、良性互动、协调发展的新格局，合力推进我国茧丝绸产业提质升级。

（资料来源：参见《丝绸产业西移有哪些进展——来自广西、浙江的调查》，载《经济日报》，2023年7月25日。引用时有删改。）

[思考题]

结合案例并运用梯度推移理论，分析"东桑西移""东丝西移"和"东绸西移"的合理性，探讨其对于东西部区域经济平衡发展的重要意义。

[案例解读]

扫描二维码查看案例解读

本章教学案例设计

[案例分析材料]

01 闽宁模式：东西部区域协作的生动实践

2021年年初，一部扶贫热播剧《山海情》在多个卫视频道黄金档播出。《山海情》以展现东西部协作扶贫下的"闽宁模式"为创作命题，讲述了20世纪90年代以来在国家扶贫政策的引导下，在福建的对口帮扶下，西海固人民群众移民搬迁，不断克服各种困难，探索脱贫发展办法，将飞沙走石的"干沙滩"建设成寸土寸金的"金沙滩"的脱贫事迹。

故事源于一场山与海的"携手"。1996年，根据中央政府东西扶贫协作的决策部署，位于东海之滨的福建省与地处西北之塬的宁夏回族自治区建立起对口协作关系，中国东西部扶贫协作的"闽宁模式"由此打开。近10年来，闽宁两省区不断拓展协作深度，创新协作方式，优化协作机制，创造了中国特色反贫困治理的生动实践。如今，在推进全面脱贫与乡村振兴有效衔接中，这场跨越时空的山海情缘正不断续写新篇章。

出山遇见海

宁夏西海固地区山大沟深、十年九旱、生态脆弱。20世纪80年代末，当地人还过着土里刨食的苦日子。1997年7月15日，福建和宁夏共建的"闽宁村"在银川市一处戈壁滩上破土开工。西海固移民离开了世代居住的村庄，跨越400多公里，搬离大山开始建设新家园。

来自福建的各类资源开始向闽宁镇倾斜。26年来，闽宁镇使用东西协作资金累计达2.46亿元，共安排实施项目57个，累计引进闽籍企业13家，涵盖养殖、种植、制造加工、电子商务、高新技术等领域。在闽宁协作支撑下，闽宁镇结合自身禀赋，培育出酿酒葡萄和红树莓种植、肉牛养殖、设施温棚等特色产业，全年人均纯收入从刚开始移民开发时的500元左右，增长到去年的约1.6万元。

截至2020年年底，福建省、福建对口帮扶市县（区）及社会各界累计投入帮扶资金33.69亿元，其中60%以上用于宁夏深度贫困地区，援建项目4000多个。2020年11月，宁夏最后一个贫困县——西吉县如期脱贫。

幸福拼出来

爱拼才会赢！这句福建人的口头禅，如今张秋丽也常挂在嘴边。从一位普通的西海固农村妇女，成长为身兼工人管理、工序排线、产品把控等数职的车间组长，她花了三年时间。

张秋丽的转型，得益于福建企业家来宁夏投资建厂带来的广阔天地。34岁的张秋丽家住西海固腹地的泾源县香水镇思源村，为了贴补家用，她种过地、打过零工，但收入始终不稳定。2019年，闽商黄水海在泾源县投资的户外用品生产车间招工，张秋丽成为一名产业工人。

农村务工人员是脱贫增收的一大主力。近年来，闽宁协作聚焦农村人口就业增收，通过吸引闽商来宁投资建厂、输送务工人员赴闽等方式，不断加强劳务协作。据统计，已有6700多家福建企业入驻宁夏，每年有5万多宁夏人在福建务工。

2021年，福建累计帮助3.56万宁夏农村劳动力实现稳定就业，其中脱贫劳动力1.96万人。福建省第十二批援宁干部、泾源县政府办副主任王健说，当地群众已经实现从"要我脱贫"到"我要致富"的观念转变，现阶段的闽宁协作就是要为愿意奋斗的人打好产业基础、创造就业机会。

续写新篇章

脱贫摘帽不是终点。如今，闽宁协作已踏上乡村振兴的新征程，跨越几千公里的山海情谊也开启了新章节。

2021年5月，福建和宁夏召开了闽宁协作第25次联席会议，签订合作项目49个，共同编制了《"十四五"闽宁协作规划》，推动闽宁协作进一步走深走实。

明确闽宁镇打造东西部协作示范镇、移民致富提升示范镇、乡村振兴示范镇，推进10个闽宁产业园转型升级、提质增效，全面巩固提升100个左右闽宁示范村，"十四五"末在宁闽籍企业（商户）达到1万家左右……如果说闽宁协作在脱贫攻坚时期，需要更多考虑授人以鱼的直接需求，现阶段则更侧重在培育产业授人以渔。

闽宁协作一直在路上。26年来，闽宁两地坚持互派干部挂职。福建已累计派出12批200多名援宁干部到宁夏挂职，更有数千名教师、医生和科技人员接力帮扶。福建对口帮扶的宁夏9个县区，每个县区至少有50名福建专业技术人员在各行各业服务，为当地发展提供技术支撑。

福建省第十一批援宁干部赖大庆尽管已经结束了为期两年的在宁挂职任期，但他始终心系宁夏。返回福建的一年里，赖大庆在厦门又帮助开设了几个宁夏消费扶贫特产馆，销售范围从土蜂蜜、牛肉等泾源特产扩大到红酒、枸杞等宁夏特产。现任职厦门市海沧区东孚街道党工委书记的他，最近还谋划与泾源县黄花乡结对合作。

站在新的历史起点上，福建、宁夏两省区共同担负起开创新时代闽宁协作的历史使命。2022年9月4日，闽宁协作第二十六次联席会议在银川召开。福建和宁夏再次相约，不断加强产业合作、资源互补、劳务对接、人才交流。闽宁协作，这份跨越千山万水的山海情谊，正在新征程上描绘乡村振兴新画卷。

（资料来源：参见《东西部协作"闽宁模式"续写新篇章》，载《银川日报》，2022年9月2日。引用时有删改。）

02 政府权责清单制度的历史变迁

《中共中央关于全面深化改革若干重大问题的决定》（以下简称《决定》）提

出:"全面深化改革的总目标是完善和发展中国特色社会主义制度,推进国家治理体系和治理能力现代化。"制度现代化是实现国家治理体系和治理能力现代化的题中之义,而要实现制度现代化,就要在探求制度形成规律的基础上实现制度定型。作为行政权力的两个基本维度,权力清单明确法无授权不可为的原则,责任清单则要求政府做到法定职责必须为。权责清单通过依法梳理、明列、公开政府及其部门的职权和职责,规范政府权力行使,划定政府权力边界。这是解决政府权责不明晰、不公开、不对称问题,厘清政府、市场和社会边界的一次制度化尝试,是建构现代政府的一项重要方案。

制度的产生必然受历史因素的影响,最初的制度设计会形塑后期改革的可能性和内容。尽管权责清单制度正式落地只有几年时间,但是作为一项制度,它有着深厚的历史根源与制度基础。目前学术界将重心放在权力清单制度本身的构成要素上,而对权责清单制度的发展沿革鲜有探讨。故此,下文在综合制度实践和学术界研究基础上对权责清单制度的变迁历程进行系统梳理和介绍。

1. 法规建设助推权责清单萌芽阶段(1982—2003年)

权责清单制度的发展本质上是一部规范和监督行政权力的发展史。20世纪80年代初,国家逐渐重视对政府权力的监督和制约。一方面,法律法规的制定和逐步完善为权责清单制度的产生提供了法理依据。1982年《宪法》明确了公民对政府机关及工作人员的批评、建议权和对其违法失职行为的申诉、控告和检举权。随后,《行政诉讼法》《行政处罚法》《行政监察法》《立法法》《行政强制法》等法律的施行,在规范政府权力行使、监督政府行为、维护行政纪律、促进政府廉政建设等方面发挥了重要作用,这为权责清单制度规范政府行政活动的实践奠定了法理基础。另一方面,政府信息公开制度的建立健全推动了权责清单制度的建立。从1988年党的十三届二中全会要求试行办事制度公开,到1997年党的十五大报告明确要求"政务公开",显示出政府信息公开制度建设日益完善。政府信息公开制度建设消除了权责清单制度推行的突兀感,使得该项制度创新准备充分、衔接自然。此外,法治政府建设、行政执法责任制的探索、权力监察机关的设置等,筑牢了规范行政权力的制度之笼,助推了权责清单制度建设。

2. 权力清单先试点后扩散阶段(2004—2014年)

从政府权责清单制度建设的中央政策导向和地方实践探索来看,权力清单的制度建设先于责任清单提上日程。2004年河北省有关政府工作人员滥用职权,贪污金额巨大，暴露出政府行政权力异化严重的问题，引发各界关注。为此，2005年河北省在邯郸市试点开展权力清理审核工作，并出台我国首份市长权力清单。权力清单制度建设序幕初开，并在此后刮起了一阵清单旋风：2006年安徽省45个部门开列了"权力清单"；同年6月四川省对行政执法主体、职权、依据等进行清理，开列了"行政执法权力清单"；同年7月《贵州省人民政府公告》公布了该省18个执法部门的"权力清单"。2009年中央将河北成安、江苏睢宁、四川武侯三地列为县委权力公开运行试点地区。尽管这一时期多地竞相展开权力清查，制定权力清单，但由于缺乏中央层面的统一规范标准，权力清单制度建设各具特色且类别冗杂。随着2013年党的十八届三中全会召开，"权力清单"首次以制度的形式出现在《决定》中，推动权力清单扩散至全国各地。2014年，中国机构编制网首次公开了国务院各部门的权力清单。地方层面，多个省市相继制定并公布权力清单：2014年，武汉市公布市级权力清单，全国首份县级权力清单则出现在浙江富阳。广东省也在同年发布行政审批事项通用目录，成为我国首张囊括省、市、县三级政府行政审批事项的权力清单。这一时期，随着中央政府的示范性效应，政府权力清单制度建设在各省份深入走实，建设的规范性和系统性也随之提高。

3. 权责清单的逐渐成形阶段（2015年至今）

随着清单式治理在公共治理领域逐渐兴起，责任清单、负面清单连同权力清单成为政府治理的"三张清单"。然而，在中央正式推出权责清单制度之前，责任清单更多是作为权力清单的附属出现。这一时期责任清单的地位较为尴尬，既没有权力清单在地方政府行政管理中推行多年的实践积淀，又没有负面清单作为一种投资准入制度的针对性与指向性。直到2014年，责任清单才被重视，该年李克强总理在夏季达沃斯论坛开幕式中指出政府除建设权力清单制度外，还要理出"责任清单"，并以"法定职责必须为"的理念对责任清单进行定位。2015年，李克强总理在中央政府工作报告中再次强调要公布省级政府责任清单，切实做到法定职责必须为。2015年3月，《关于推行地方各级政府工作部门权力清单制度的指导意见》出台，指出在建立权力清单的同时，要按照权责一致的原则推进责任清单的制度建设工作。该文件的发布标志着权责清单制度实践在全国范围内展开。此后国务院办公厅发布《关于印发国务院部门权力和责任清单编制试点方案的通知》，指出要开展权力清单和责任清单的编制试点工作，为全面推进清单编制探索有效经验。地方实践层面，安徽省在全国率先将权力和责任两大清单结合，使之协同发挥作用，并实现省、市、县、乡四级政府权责清单全覆盖；2015年广西公布政府部门权责清单，同年广东公布首批11个省直部门权责清单。此外，甘肃省市州政府也将部门权责清单全部"晒"上网，随后云南、陕西、青海、江西等省份也纷纷建起权责清单。2019年福建制定全国首个政府部门权责清单省级地方标准。总体上，在2017年及以后相关的中央文件中，权力清单和责任清单基本不再分开表述，统称为权责清单。至此，完整的权责清单制度正式落地并在地方实践中逐渐成形。

（资料来源：参见王辉：《政府权责清单制度的历史变迁与完善策略》，载《改革》，2022年第1期。引用时有删改。）

03 党建引领打通基层治理的"神经末梢"

基层党组织助力多方协作解决矛盾、综治中心推动调解各环节衔接、"三张清单"提高基层工作效能……近年来，宁夏固原市探索建立以"基层党组织牵头引领，综治中心协调推进，问题、责任、考核三张清单督促落实"为主要内容的"1+1+3"工作机制，不断深化基层社会治理。

矛盾纠纷化解是基层治理的"牛鼻子"，也是为老百姓办实事的具体抓手。近些年乡村快速发展，也带来了很多难以避免的问题，很多情况并非某一个部门有能力独自解决，以乡镇党委组织引领、牵头协调基层公安、司法所、法庭、综合执法办、妇联等部门力量，积极发挥驻乡镇律师、社会组织、人民调解员、基层自治组织等各方作用，开展联合办公等"一站式"解决群众诉求，统筹推进辖区社会治安防控体系建设、矛盾纠纷排查化解、网格化管理工作落实，充分发挥基层治理中党建的引领作用。

原州区落实"1+1+3"基层治理工作机制，按照统一信息、统一受理、统一研判、统一答复"四统一"原则，统筹推进解决基层治理政策落实、矛盾纠纷排查化解、突出问题整治、不稳定因素稳控、信访积案化解、诉源治理和平安建设等方面的突出问题，实现矛盾纠纷调处"一站式"服务，打通服务群众的"最后一公里"。夏某和杜某是房前屋后的邻居，因村级道路铺设和树荫遮挡屋内采光问题多次发生矛盾。当日，夏某拿锯子将杜某家周围的松树枝权锯坏，冲突随时可能升级。城镇政府启动"1+1+3"多元矛盾纠纷排查化解机制，联合法庭、司法所、综治中心和泉村村委会到现场进行调解。经过一个多小时的以案释法、耐心劝说,双方当事人情绪平稳下来。最终,两家重新划分了地界及栽种植物权属,双方握手言和。

自2022年5月开展"1+1+3"工作机制以来,固原市加大人、财、物保障力度,建设市、县、乡三级综治中心,推动人民调解、司法调解协调联动,促进调解、仲裁、行政裁决、行政复议、司法确认等环节有效衔接。固原市在线上线下同步推进,应用公共安全视频监控网,打造集信息采集、事件处置、指挥调度、绩效考核等功能于一体的基层治理信息指挥平台,为分析研判处置基层治理问题提供数据支持。以前网格员发现问题,需要经过组里、村里,再到乡镇上,层层上报,如今直接报告给乡镇上的综治中心统一研判情况后协调解决,大大提高了基层工作的效率。

为进一步明确工作目标、规范办理流程、落实结果运用,固原市还建立了"三张清单",即问题清单、责任清单、考核清单制度,力争实现"小事不出村、大事不出乡、矛盾不上交"。对群众反映、信访转办、警情推送、网格员摸排或其他渠道收集的矛盾纠纷和问题隐患事项进行分类登记、建立台账,形成"问题清单",指定专人负责,统一受理、精准化解。"责任清单"的主要作用是加强分流转办。各乡镇定期召开会议,对照"问题清单"逐件梳理核实,深入分析研判案情,找准问题症结,因人因事制宜,制定针对性、实效性强的调处方案,明确牵头单位、责任人、办结时限,建立基本台账,形成"责任清单"。建立"考核清单"则是为了提高工作效能。固原市赋予乡镇(街道)对"两所一庭"等派出机构工作人员的考核监督权,将矛盾纠纷排查、风险隐患的调处质效作为效能目标管理考核和平安建设考核的重要内容,与干部评先选优、提拔任用、奖励惩戒挂钩。

固原市党建引领基层社会治理"1+1+3"工作机制的探索运行,打通了基层社会治理的"神经末梢"。该机制运行以来,固原市累计排查化解各类矛盾纠纷17400余件,化解成功率、一线化解率均有效提升。

(资料来源:参见《宁夏固原构建社会治理"1+1+3"工作机制 打通基层治理的"神经末梢"》,载《人民日报》,2023年8月29日。引用时有删改。)

04 如何破解居家养老社工机构发展的困境

Y居家养老服务社工机构是T市首家注册的该类机构,在该市知名度较高,规模较大。Y机构的成立依托T市民政局,在政府支持下发展的该机构有着较高的公信力,获得较多社会支持和认可。在该机构进入社区时,社区居民委员会给予相当的支持,使其在推广时更加便利,对政府和居委会比较信赖的老人对其接受度较高。该机构的资金来源主要有政府支持及政府购买服务、社会个人及团体捐赠、企业赞助和部分项目服务收费。政府购买服务和政策性资金是维持Y机构运行和发展最重要的资金来源。该机构的部分服务也收取一定的费用,但整体来看,社会资助、公益筹款、企业捐赠、有偿服务都不过是对政府资金的补充,起到的作用微乎其微。

该机构的服务对象主要是T市几个社区内缺乏自理能力或者子女难以照料的老年人。机构依托社区开展服务,经社区居委会获得社区内老人的基本信息,通过筛选为相应老人提供无偿或低价服务,如政府支持的"让老人不再跌倒"居家改造项目;同时,在社区内开展有针对性的宣传,使社区内其他有需求的老人获知机构的服务。但整体来看,主动求助的老人较少,信息资源的获取极大地依赖社区居委会和政府的支持,获取渠道过于狭窄。

该机构现有工作人员6名,在两个固定工作站开展工作,同时承担机构的财务、人事等职责工作人员中,有社工专业毕业人员1人。除去固定的工作人员,该机构人员力量的另一个主要支撑是社会志愿者、义工。该机构和政府公开向社会招募志愿者,搭建志愿者线上线下互动平台,在对志愿者进行必要的培训后,将其有效地、合理地分配到需要的项目或活动中。同时,Y机构与高校合作签订实习和实践基地,每年吸收高校相关专业学生进机构服务。但是不论专职社工、志愿者还是实习学生都面临着数量偏少、稳定性较差、服务水平难以保证的问题。

(资料来源:参见韩廷梁:《资源依赖视角下居家养老社工机构发展现状——以唐山Y社区居家养老社工机构为例》,载《现代营销(信息版)》,2019年第4期。引用时有删改。)

05 黄河流域环境生态治理的"数据鸿沟"现象

随着新一代信息技术的发展,信息化和数字化成为社会发展的必然趋势。习近平在多个场合强调,"要运用大数据提升国家治理现代化水平"。黄河流域生态保护和高质量发展作为国家重大发展战略,在全国生态安全和经济发展中具有举足轻重的地位,实施环境数据共享是沿黄各省区适应流域治理新形势的客观要求。早在生态环境部审议通过的《2018—2020年生态环境信息化建设方案》中就提出，要建设生态环境大数据、大平台、大系统，形成生态环境信息"一张图"。2021年10月，中共中央、国务院印发《黄河流域生态保护和高质量发展规划纲要》，明确提出要"强化黄河流域数据中心节点和网络化布局建设""加强数据资源的流通和应用"。实施环境数据共享是进一步强化数字赋能深度、实现黄河流域整体统筹的必然要求。在党的坚强领导和沿黄各省区的通力合作下，黄河流域环境数据共享已取得初步成效，但依旧存在跨域共享的多重困境。

"数据鸿沟"是指不同群体、组织、区域在数据思维、数据利用能力、数据基础设施、数据环境等方面的差异，其实质是一种数据不均衡现象。黄河流域涉及主体多、地理跨度大，流域内经济发展水平、人居特点、环境问题等差异显著，环境数据难以在全流域进行整合和流通，"数据鸿沟"问题十分显著。

1. 数据权力思维盛行，认知鸿沟明显

信息技术与生态环境治理业务的融合，使数据成为生态环境治理的基础性资源，数据的拥有和使用也被视为一种权力的象征。这种数据权力思维会使治理主体将数据共享视为一种权力的流失和特权的弱化，从而催生"数据保护主义"。目前，黄河流域省际环境数据共享强度远低于省内共享强度，具体表现为沿黄各省区的省级环境数据共享平台均已基本建成，但只有四川、山东和甘肃三省的数据平台与省内已启动市级平台进行了有效连接，其他六省区的数据平台仍然比较分散，省级数据平台的联通和整合更是寥寥无几。这表明黄河流域数据权力思维普遍存在，"数据保护主义"问题突出，各主体的共享共识还未达成一致，存在不愿意共享的问题。

2. 大数据发展水平分级明显，能力鸿沟有待拉平

谁掌握了数据的控制权，谁就掌握了共享的主动权，大数据的发展水平直接决定环境数据的获取和利用能力。现阶段，沿黄各省区大数据发展水平分级明显，其中，四川、山东两省属于第一梯队，陕西、河南两省属于第二梯队，青海、宁夏、甘肃、内蒙古、山西五省区属于第三梯队。不均衡、多层次的大数据发展现状，会进一步拉大沿黄各省区在环境数据挖掘、存储、使用、聚合、预测等方面的差距，加剧各主体之间的异质性和数据分布的不均衡性，从而造成环境数据相互割裂、数据平台彼此孤立、数据应用难等数据堵塞问题，最终导致环境共享的复杂性和难度大大增加。

3. 生态环境大数据建设进程不一，执行鸿沟凸显

目前，沿黄各省区公开的环境数据尚不全面，但黄河流域地方政府数据开放的总体情况可在一定程度上反映流域内各地生态环境大数据的建设情况。《中国大数据区域发展水平评估白皮书（2021年）》显示，在大数据管理机构建设方面，河南、四川、陕西位列全国前五，远超黄河流域其他省份；在信息基础设施方面，山东、河南、四川三省遥遥领先于黄河流域其他六省区；在智力保障方面，四川、山东、河南三省进入全国前十，陕西省紧随其后。生态环境大数据建设的不均衡，将会使黄河流域环境数据共享所依赖的基础性条件存在巨大差距，这可能会造成不同主体在数据需求、数据标准、数据管理等方面存在差异，从而进一步强化环境数据的专用性和地区属性，在客观上造成无法进行环境数据共享的问题。

4. 数据环境不稳定，协同鸿沟显著

数据环境主要包括制度环境和技术环境两方面。制度环境主要指政策环境。具体而言，山西、山东、河南政策优势明显，内蒙古、四川政策环境建设势头强劲，甘肃、陕西、宁夏、青海四省区政策供给存在明显不足。这表明，黄河流域各省区的政策连续性较低，政策碎片化问题普遍存在。技术环境主要指的是数据标准和数据安全环境。沿黄各省区环境数据系统相互独立，数据平台建设各有特色，数据采集、存储、管理、传输、共享等标准尚未统一。此外，沿黄各省区的环境大数据管理机构仍处于初步建设阶段，数据共享权责不明，有关环境数据的统一运维管理技术体系尚不完善。这导致数据安全难以保证，进而产生不敢进行数据共享的问题。

（资料来源：参见司林波，张盼：《黄河流域生态环境治理如何跨越"数据鸿沟"——基于整体性治理理论的分析框架》，载《学习论坛》，2022年第6期。引用时有删改。）

06 "禁售辣条"政策出台的前因后果

2019年3月15日，由中央广播电视总台联合政府部门现场直播的"打假晚会"曝光了多起侵犯消费者权益的违法违规行为，结果令人触目惊心。其中，深受学生喜爱的辣条，由于其高油、高盐、高添加的加工方式，而且大多是由生产环境脏乱差的黑作坊制作，食品安全没有任何保障，严重危害了学生的身体健康。"问题辣条"一经曝光，便得到了社会公众高度的关注，并引发了激烈的

争论。3月16日,甘肃省市场监督管理局迅速出台了《全省所有校园及周边200米范围内禁止销售辣条》政策,青海省、福建漳州市和湖北阳新县也紧随其后,出台了相似政策。虽然政策的出发点是维护广大学生群体的合法权益,得到了许多家长的理解与支持,但是政策本身也引起了广泛的争议。争议的焦点主要集中在为什么禁售范围是200米? 200米之外的小卖部和摊贩售卖如何处理?单纯的禁售是否过于简单处理?等等。

下面基于多源流框架,整合问题流、政策流和政治流三个分析要素,以多省市出台的"校园200米范围内禁售辣条"政策为例,为大家呈现该项政策出台的前因后果。

1. 问题流凸显:长期存在和突然曝光

根据多源流分析框架,指标异常、焦点事件和突发情况中的任一个或多个融合都可能推动社会问题进入政策主体的视野,进而得到纳入政府议程的机会。首先,近年来频发的食品安全问题已经成为新闻媒体持续关注的焦点事件,再加上新闻媒体宣传曝光力度的加大,在很大程度上提升了社会公众对食品安全的敏感度和关注度。聚焦到"问题辣条",早在2000年就有多家新闻媒体曝光了"五毛辣条"的食品安全隐患,只不过由于缺少足够的外在推力与整合的问题反馈,未能引起公共决策者的足够重视。"打假晚会"的深入追踪调查和现场实时直播为其贴上了"突发焦点事件"的标签,让原本在问题流中时隐时现的辣条安全问题直接暴露在政策制定者面前,迫使政策主体快速关注,将其纳入政策议程。在辣条安全问题长期存在和"打假晚会"突然曝光的双重压力下,推动此类问题再次进入问题流,进而被列入正式议程。而且,由于问题的凸显、标签的粘贴以及政治的压力,最终导致之前的微妙平衡被打破,必须出台相应的政策帮助其过渡到下一个平衡状态,于是多省市迅速出台了"校园200米范围内禁售辣条"等政策,希望快速解决问题,回应社会公众质疑,维护社会秩序稳定。

2. 政策流交锋:统筹规划还是各自为战?

回顾该项政策的制定过程,大致可以划分为两个阶段。

第一个阶段:在辣条行业快速发展的21世纪初,辣条的诸多问题也开始集中爆发。由于市场监管体制不完善,大量不符合食品安全标准的辣条进入市场。2015年5月27日,国家食品药品监督管理总局出台了《关于严格加强调味面制品等休闲食品监管工作的通知》,明确了统一辣条全国标准的时间,即1到2年的过渡期后,在许可期满后予以调整。第一阶段的政策制定主体彼此之间积极沟通合作，最后由国家食药监总局统筹规划，制定了较为统一的国家层面公共政策。

第二个阶段：国家食品药品监督管理总局在过渡期之后没有及时跟进，未能调整之前的政策或者出台新的政策，以适应新时代下管理的需要。国家层面政策制定者的缺位，迫使地方政府在不违背上级文件精神的前提下，结合地方实际情况，出台了许多类似于"校园200米范围内禁售辣条"的地方政策，由此进入了地方层面各自为战时期。

3. 政治流呼吁：重视食品安全的文化传统与满足人民美好生活需要的政治目标

饮食文化作为中国传统文化的重要组成部分，对社会公众的价值判断和情感诉求有着显著的影响。我国历朝历代都十分重视食品安全问题，并制定了详细的法律条文。"问题辣条"等食品安全事件严重刺激了社会公众的神经，导致政府公信力下降，加剧了社会公众的不安全感，这些负面情绪经过主流媒体的强势推动和公众人物的多渠道声援，将公众注意力再次吸引到食品安全问题上来，要求解决辣条等食品安全问题的呼声日益高涨。不同国家的政治体制和政治文化千差万别，导致政治流在不同政治单元内有着不同的表现和内涵。中国共产党作为中国特色社会主义建设的领导核心，党的意识形态和政治主张对政策议程与政策制定具有深远、显著的影响，不仅通过营造政策环境影响政策主体和政策客体的价值判断和行为选择，也通过夯实政治基础提供政策合法化的基本前提与必要条件。食品安全一直是党和国家高度重视的关键领域，与人民群众生活质量密切相关。政府切实做好食品安全工作，不仅是提升人民群众的满足感、获得感和幸福感的重要基础，也是新时代我国全面建成小康社会的必然要求。值得注意的是，2019年3月国务院常务会议通过了修订的《中华人民共和国食品安全法实施条例（草案）》。这意味着我国中央政府已经敏锐察觉到了食品安全问题引起的国民情绪，将食品安全问题纳入法治快车道，推动了政策决策议程的加速开启，进一步壮大了政治流的力量。

4. 政策之窗开启：多省市出台"校园200米范围内禁售辣条"政策

辣条安全问题长期存在与突然曝光（问题流），辣条安全标准的统筹规划或各自为战的演变（政策流），以及重视食品安全的历史文化传统与满足人民美好生活需要的政治目标（政治流），都预示着出台辣条食品管理政策势在必行。不同于过去地方分散的问题曝光形式，这次由中央主流新闻媒体追踪曝光的"问题辣条"在广度和深度上都不可同日而语,极大地激发了广大社会公众的不安全感与危机感,为"校园200米范围内禁售辣条"政策的出台营造了有利的政策氛围。地方政府为了维护政府形象,缓和社会矛盾,解决社会问题,迅速打开了政策之窗。

(资料来源:参见毕鸿昌:《多源流框架下公共政策制定过程研究——以多省市"校园200米范围内禁售辣条"政策为例》,载《领导科学》,2020年第2期。引用时有删改。)

[思考与讨论]

1. 结合案例并运用所学知识,分析《山海情》中闽宁协作的动因,探讨闽宁协作对于福建和宁夏两地经济社会发展的重要作用。并思考中央纵向干预对推动地方政府协作治理的现实意义。

2. 分析哪些因素推动了我国政府权责清单制度的变迁?地方政府在政府权责清单制度变迁过程中有哪些重要作用?

3. 固原市构建的"1+1+3"工作机制体现了治理理论的哪些特征?结合我国当前治理情境,思考地方政府应当如何通过党建引领实现基层治理现代化。

4. 结合案例并运用所学知识,分析T市Y社工机构发展面临的问题。该市Y社工机构发展属于何种类型的资源依赖与交换关系模式?为什么?对于该市Y社工机构的发展,你有什么对策建议?

5. 黄河流域生态环境治理中"数据鸿沟"现象产生的原因有哪些?地方政府在破解"数据鸿沟"现象中可以发挥哪些作用?对此,你有哪些政策建议?

6. 结合"校园200米范围内禁售辣条"政策的出台过程,分析其在问题流、政策流、政治流和政策之窗方面存在哪些不足?运用所学理论,对"校园200米范围内禁售辣条"政策进行评价分析。思考该政策的出台过程对于我国地方政府制定公共政策有哪些启示。

延伸阅读

新公共管理运动

20世纪70年代末和80年代初,西方国家兴起了一场公共行政改革运动,这场运动以 1979 年英国首相玛格丽特·希尔达·撒切尔上台为标志。在整个 20 世纪 80 年代，英国采取一系列改革措施：发起了反对浪费和低效益的运动，成立一个效率工作组，对政府的有关项目计划和工作进行效率审计；大力改革公共部门的工会；实行大规模的私有化，将包括英国石油、英国电信、英国钢铁、英国航空等著名公司在内的 40 多家主要国有企业卖给私人；对地方政府的预算开支实行总量控制；要求所有的地方建筑和公路建设项目实行公共部门与私营部门公开竞标。更为引人注目的是，根据效率小组 1988 年提出的报告《改善政府管理：下一步行动》，英国政府开始将提供公共服务的职能从政府各部门分离出来，成立专门的半自治性的"执行局"来承担这种职能。部长同执行局在谈判的基础上就该局要完成的任务及其在具体运行方面的灵活度达成协议，也就是绩效合同。这样，部长们主要只关注预算总额和最终的结果，而各局在预算支出、人事及其他具体事务的管理上享有很大的自主权。特别是，执行局的局长是在公共和私人部门的人员的竞争中产生。他们不是终身制的，每三年必须重新申请一次。到 1996 年，英国成立了 126 个这样的执行局，将近 75% 的公共服务由这些执行局承担。

继英国之后，在澳大利亚和新西兰，随着两国工党分别于 1983 年和 1984 年上台执政，也开始了大刀阔斧的公共行政改革。其中，新西兰的改革因其力度大、富于系统性而受到举世瞩目，以至于被学术界称为"新西兰模式"，新西兰财政部于 1987 年末出版的《政府管理》一书被誉为新公共管理的宣言。新西兰几乎废弃了所有的公务条例，对核心公共部门进行重组，建立了数十个按绩效预算运行的小型部门，将价值 50 亿美元的公有工业私有化，将其他公共行业变为完全自主经营的国有企业。与此同时，在美国，克林顿政府要求把建立一个"工作得更好而花费得更少"的政府作为其优先目标之一，并于 1993 年提出了国家绩效检评（National Performance Review），各种行政改革措施在州、市、县各级地方政府大范围内悄然展开。到 20 世纪 90 年代中期，有 39 个州实施了公共服务质量计划，29 个州开展了政府部门绩效测评，30 多个州简化了人事制度，28 个州就公共服务向作为"顾客"的公众征求反馈意见。加拿大、荷兰、法国等经合组织的其他成员国也都采取了类似的改革措施。进入 20 世纪 90 年代之后，一些新兴工业化国家和发展中国家，如韩国、菲律宾等国也开始加入这一公共行政改革的大潮。

新公共管理运动的指导思想就是新公共管理理论，它以现代经济理论和私营部门管理理论为基础，对政府的职能范围和运作机制进行了全面改进。1992 年，戴维·奥斯本与特德·盖布勒的合著《改革政府：企业家精神如何改革着公共部门》的出版引起了行政学研究的范式革命，提出了"重塑政府理论"，也称"企业家政府理论"，在行政学理论界和实践界刮起了一阵旋风。新公共管理理论的标准范本就是奥斯本和盖布勒提出的"企业家政府"理论。美国前总统比尔克林顿特别推荐:"每一位当选官员都应该阅读本书。我们要使政府充满新的活力,就必须对政府进行改革。本书给我们提供了改革的蓝图。"

《改革政府》提出建立"具有企业家精神的政府"的十大原则,揭示了现代政府的基本特征,为美国政府管理新模式的创立提供了蓝图。十大原则分别是:起催化作用的政府:掌舵而不是划桨;社区拥有的政府:授权而不是服务;竞争性政府:把竞争机制注入提供服务中;卓有使命感的政府:改变照章办事的组织;讲究效果的政府:按效果而不是按投入拨款;受顾客驱使的政府:满足顾客的需要,不是官僚政治的需要;有事业心的政府:有收益而不是浪费;有预见的政府:预防而不是治疗;分权的政府:从等级制到参与和协作;以市场为导向的政府:通过市场力量进行变革。

(资料来源:参见张康之:《论政府的非管理化——关于"新公共管理"的趋势预测》,载《教学与研究》,2000年第7期;戴维·奥斯本,特德·盖布勒:《改革政府:企业家精神如何改革着公共部门》,上海译文出版社,2006年版。引用时有删改。)

第3章 中国地方政府管理的历史沿革

学习要求：通过本章的学习，系统了解我国地方政府管理由古至今的历史演变和发展趋势，准确认识不同时期我国地方政府管理的角色定位和体制特点，同时能够用历史发展的眼光对相关案例进行解读和分析。

中国地方政府的历史悠久，在漫漫五千年中产生和发展的历程复杂，从早期国家的地域性政府管理，到千年封建帝制时期的地方政府管理，再到政体混乱的民国时期的地方政府管理，直至新中国成立后确立当代中国地方政府管理，地方政府管理的演变带有典型的中国特色。

3.1 古代地方政府管理

在远古的中华大地曾经先后长期持续存在过伏羲、炎帝、黄帝领导下的三个庞大的人口众多的部落联盟。这种洪荒时代的社会结构并非政治实体。从严格意义上来讲，直到秦汉两朝中国历史上才正式出现了统一的中央政府，才对应产生了地方层面的政治实体。之后，中国古代地方政府管理经历了漫长的历史变迁，直至辛亥革命推翻清政府的统治。

3.1.1 早期国家的地域性政府管理

旧石器时代存在的原始部落与现代意义上的政府概念相差甚远，彼时亦不存在国家这种政治形式。我国历史上第一个奴隶制王朝——夏朝建立后，中原逐步形成了统一的部落共同体，并演变为国家形态。一些学者认为，夏商时期出现的"方国"就可被看作是一个地方区域的政权，相当于地方政府。还有学者认为夏王朝的地位是当时各部落的盟主，以"封诸侯、建藩位"进行统治。①

夏之后的商朝已开始推行分封制度，及至西周开始盛行。商王朝将战争获得的土地和人口封赐给有血亲关系的贵族和战功显赫的高级将领，建立新的地域性政治实体——封国。封国国君世代沿袭，在臣服共主、定期朝贡等条件下，享有自主的统治权力。②周武王灭商建立西周之后，西周中央王朝对其直接控制区之外的广大土地进行层层采邑，并将其与宗法制融合起来确立分封制，从某种程度上强化中央与地方的统属关系。但方、封国的国君以及封国内的采邑主在自己的管辖领地内实际上拥有最后决定权，并不完全受统一王国国君的干预。③这些地域性政府与中央的从属关系在客观上扩大了国家各民族和各地区的融合。

到了春秋战国时期，方国、封国之间的关系愈加牵制，各国通过不断的战争及兼并拉开了彼此的实力差距。实力较为强劲的封国管控疆域进一步扩大，为便于统一调动扩大的疆域内的人财军队等资源，其国君一改之前以封赐采邑为奖赏战功的做法，换用战争所获财物作为奖励加以封赏，而新获的土地和居民却由自己派出的官员加以管理，并以地域性行政区划取代分封采邑，从而逐渐形成了一种新的被命名为"县"的地域性政治实体。

县作为一种新的地域性政治实体，具有与封地采邑迥然不同的特点：行政区划由国君设置，其长官也由国君任命派出并代表国君对该地进行治理，国君亦可随时将其撤换罢免。县的长官完全听命于国君并按国君的意愿和利益行事。此时，县与封国的关系已由原先纯粹的部分与整体的关系，升级成为服从与指挥的层级命令关系，即行政隶属关系。县的出现标志着中国地方政府的正式产生。④

县出现之后，随着各封国数量日减、兼并加剧，强大封国的领土进一步扩张，同时，国与国之间的战争规模与频率也随之提高，从而使边防任务凸显出来。于是在各国边地出现了另一种新的地域组织——郡——与县存在功能性的差异，即具有军事防御的作用。

---

① 陈瑞莲，张紧跟. 地方政府管理［M］. 2版. 北京：中国人民大学出版社，2016：31.
② 亢犁，杨宇霞. 地方政府管理［M］. 重庆：西南师范大学出版社，2015：8.
③ 方雷. 地方政府学概论［M］. 2版. 北京：中国人民大学出版社，2015：14.
④ 方雷. 地方政府学概论［M］. 2版. 北京：中国人民大学出版社，2015：15.

郡、县之间并不存在联系，它们的区别仅限于地理位置和功能的不同。直至战国初期，郡县之间形成正式隶属关系。一些封国早期在边地所设的郡经过多年的开发和人口增殖，该郡的长官，即郡守，无力直接治理地域广阔的全郡事务，于是将其郡划分为若干小的区域，再派官员分别负责管理这些小区域的一般民政事务。这些小的地域组织由于其地域规模和功能与内地的县相当，于是也沿用了县这个名称。另一些封国为便于管理，将本国数量不断增加的县进行合并而设置郡，从而将郡与县纳入了一个行政体系。逐渐地，至战国后期，郡统县这种地方管理行政制度成为一种行政体制得到普遍推行。①

3.1.2 封建帝制时期的地方政府管理

公元前 221 年，秦始皇统一六国，建立中央集权制政府，中国开始进入悠长的封建帝制时期。与中央集权政府相对应，中国地方政府体制亦同步发展起来，并在不同的朝代中经历了相应的变化。然而，值得一提的是，作为中国地方政府体制中最基本的单元，也是最古老的地方政府单位，县的行政地位却一直未有大的改变。同时，以县为基点，封建帝制时期的地方政府行政层级体制总体呈现出二级制与三级制重复循环的演变过程。②

3.1.2.1 以秦汉时期为代表的二级制

郡县制度在春秋战国时期便可见端倪。秦孝公商鞅变法就是变封建为郡县，③即为地方行政二级体制的雏形。进入到封建帝制时期的秦代则实现了由郡统县的二级地方政府体制，从而结束了贵族世袭的封国体制。④秦朝在统一的帝国范围内设置了由中央政府直接管辖的三十六郡，每郡设置主管一人（即郡守），副郡守一人（即郡尉）。⑤郡之下设县，每县置县令（万户以上的县）或县长（不满万户的县）一人，其副手为县丞、县尉，各一人。县令、县长、县丞主管行政，县尉掌管军事。县以下有乡，乡设非正式官僚体系的乡级官吏三老、有秩、啬夫、游徼。⑥三老掌教化，较大的乡设有秩、较小的乡设啬

---

① 李四林，曾伟. 地方政府管理学［M］. 2版. 北京：北京大学出版社，2018：34-35.
② 宋学文. 中国地方行政层级体制的历史嬗变规律辨析［J］. 理论与改革，2015（03）：123-126.
③ 翦伯赞. 秦汉史［M］. 2版. 北京：北京大学出版社，1999：6.
④ 方雷. 地方政府学概论［M］. 2版. 北京：中国人民大学出版社，2015：15.
⑤ 翦伯赞. 秦汉史［M］. 2版. 北京：北京大学出版社，1999：52.
⑥ 翦伯赞. 秦汉史［M］. 2版. 北京：北京大学出版社，1999：52.

夫，负责听诉和收缴赋税。游徼负责抓盗贼，各司所职。如此严密的金字塔式行政层级结构将地方之政归于中央，不断强化了秦朝的中央集权。同时，在这样的层级制中又设职能制，从而形成了纵横交错的地方政府行政体制。郡县两级地方政府均有下属办事机构与职能部门：①办事机构称门下，置门下主簿，下设文书档案、侍从警卫、财务出纳和谋议等机构。职能部门称列曹，包括掌民政的户曹、田曹，理财政的仓曹、金曹，主兵政的兵曹、尉曹，管司法的贼曹、决曹。县还设负责营造交通的司空、将作、桥津、传舍等部门。

西汉的地方行政机构沿袭秦制，采取郡县二级制度。不过，随着疆域领土的扩大，一级郡、县区划的缩小，西汉郡、县的数量相较于秦朝已大为增多。西汉时郡置郡守，后称太守，负责所辖郡内的一切地方行政事务。郡守之下置郡丞或长史作为其副手。与秦一致，县依然置县令或县长，其下置县丞、县尉。县尉负责缉捕盗匪，县丞主理刑狱囚徒。县之下设置同秦。此外，西汉还有一种临时由中央派遣视察地方行政的官吏。视察京畿所属地方的，称为司隶校尉；视察其他地方的，称为刺史，或称牧。②

东汉的地方政府，最初沿袭西汉，同为郡县二级制。③每郡设太守一人。首都所在的河南郡则不称太守而称为尹，边郡往往置都尉和属国都尉。郡以下为县、邑或道。到东汉末年，原本作为监察区划的州，升格为郡之上的一级行政单位，变成三级制。④

魏晋南北朝时期，从行政区划上看，基本沿用东汉末年这一时期的州郡县三级制地方政府层级体制，只是在后来，由于州郡的数量大增，政府的管理层级和管理幅度达到极度不协调的地步，三级制才逐渐丧失了其存在的意义。⑤

隋文帝统一全国后，鉴于南北朝时期由于州的滥设而造成中央对地方失控的教训，于开皇三年改制，"废诸郡五百余，扫六百余年州郡县三级之制，以州刺史治民，名则因循，事同郡守"⑥，即废郡而由州直辖县。隋炀帝时期开始推行合州并县，改州为郡，以郡统县，地方政府层级回归至郡县二级制。⑦

自秦汉至三国两晋南北朝到隋，这一阶段是中国地方政府体制确立成形的重要时

---

① 陈瑞莲，张紧跟. 地方政府管理 [M]. 2版. 北京：中国人民大学出版社，2016：32.
② 翦伯赞. 秦汉史 [M]. 2版. 北京：北京大学出版社，1999：283-285.
③ 翦伯赞. 秦汉史 [M]. 2版. 北京：北京大学出版社，1999：462-463.
④ 陈瑞莲，张紧跟. 地方政府管理 [M]. 2版. 北京：中国人民大学出版社，2016：33.
⑤ 宋学文. 中国地方行政层级体制的历史嬗变规律辨析 [J]. 理论与改革，2015（03）：123-126.
⑥ 岑仲勉. 隋唐史 [M]. 北京：商务印书馆，2015：7.
⑦ 柯学民. 中国地方政府层级体制的历史变迁与启示 [J]. 农村经济与科技. 2021：298-299.

期，虽存在几次早期封国制的反复，但建立在郡县制基础上的官僚制成为国家治理的主要形式。①

3.1.2.2 以唐宋时期为代表的三级制

唐初依隋旧制，地方设郡县二级。唐初贞观元年，唐太宗分全国为关内道、河南道、河东道、河北道、山南道、陇右道、淮南道、江南道、剑南道、岭南道十道；景云二年，分山南为东、西二道，析陇右道之黄河以西为河西道；盛唐开元廿一年，分为十五道（分江南为江南东、江南西及黔中，另设京畿、都畿），每道置采访史，负责地方监察。②道下设州，州数在不同年号间略有不同，总体维持在三百个左右。县依旧是最基层的行政建制。值得一提的是，唐朝在正式地方行政体制之外，以百户为里、五里为乡，州县的城内设坊、城外为村，里坊村皆设管理者，为正。里正掌管按比、课植农桑、检察非法、催驱赋役。坊正掌坊门管钥，督察奸非。又四家为邻，五邻为保，互相监督。③

由于常驻地方的监察采访使的权力日益膨胀，便逐渐构成了一级行政构架的雏形。唐睿宗时为强化边防需要，始设带有军事色彩的边防节度使。开元年间，边境设置安西、北庭、河西、朔方、河东、范阳、平卢、陇右、剑南九个节度使，总管一方的军、政、人、财以及监察全权。"安史之乱"平定后，为巩固政权，全国各地的道均设节度使，掌握了一道全权。至此，道正式成为凌驾于州之上的一级地方行政实体，人称"藩镇"。唐朝的行政架构由此从二级变成三级。④

五代十国期间的地方行政层级体制仍是三级制⑤，至宋朝，其三级制与唐相比稍有不同，其建制为"路—府州军监—县"虚三级、实二级或二级半的地方行政层级体制。宋初汲取唐朝教训，取消藩镇，避免地方一人独大，便在州之上设"路"替代唐朝的"道"，但严格来说，地方行政机构"路"并非一个统一的政府，可看作是大监察区，只设置水陆转运司辖一路民政与常赋、经略安抚司辖一路军政、提点刑狱司辖一路司法、提举常平司辖一路财税（常赋之外），四司互不统属，平行运转，分路而治州、县。

宋朝的州郡一级政府，含府、州（本级最常见的行政单位）、军、监，既要统辖县政，又要临事亲民，公务繁剧，因此配置的政府部门最为发达。宋王朝的地方政治重心，也

---

① 方雷. 地方政府学概论［M］. 2版. 北京：中国人民大学出版社，2015：15.
② 岑仲勉. 隋唐史［M］. 北京：商务印书馆，2015：487-489.
③ 岑仲勉. 隋唐史［M］. 北京：商务印书馆，2015：488-490.
④ 陈瑞莲，张紧跟. 地方政府管理［M］. 2版. 北京：中国人民大学出版社，2016：35.
⑤ 宋学文. 中国地方行政层级体制的历史嬗变规律辨析［J］. 理论与改革，2015（03）：123-126.

是放在州郡上。①州郡的行政长官，即刺史，一般称为知府（知州、知军、知监）。县是宋朝的基层地方政府，以知县为行政长官，县丞为副长官，又置主簿分掌一县的民政与财税，县尉分掌一县的社会治安，此外又设掌管茶、盐、酒税专卖事务、商税征收以及仓库管理等事务的"监当官"。总的来说，由于县范围较小，事务较简，县一级政府部门的设置也相对简单。

宋朝时期，中央政府与地方政府之间"内重外轻"与"外重内轻"的博弈持续不断，地方政府职责的主要变化也由管理地方事务转向承担中央委派的各种任务，②从而对后世的央地关系处理产生了较大程度的影响。

3.1.2.3 元明清时期四级制的出现

将省设为地方最高行政机构、一级行政区始于元朝"行中书省"（通称"省"）的创新。所谓行省，就是行中书省，属于中央政府中书省在地方的派出机构。自从行省成为一级地方行政区划之后，省的概念就由原来的中央属性，变为具有地方意义的单位。我国地方政府从此进入划省而治的阶段，而元朝以行省为地方高层政区，以路、府、州为统县政区，以县为基层政区的行政区划体制亦开创了中国行政区划的新纪元。

元朝沿袭了各个被征服政权的现成制度，政府行政体制形成了两个基本特点：其一，行政层级较多。元朝行政体制普遍施行三级制和四级制，但在某些地区最复杂的层级可达五级之多，即省—路—府—州—县，而与此同时，最简单的却只有二级，如省领路或省领府、领州。其二，政府层级之间存在复式的统辖关系，形成一套复杂烦琐的地方行政区划体系。元朝地方行政体制除了路—府—州—县的层级顺序外，还有以路辖州或辖州再辖县，或以路辖县、以府辖县等形式。③元朝相对混乱的地方行政体制可见一斑。

明朝的地方行政体制在整齐度上则明显优于元朝，其行政区划总体上是省—府/州—县三级制，但也存在一定数量的省—府—州—县四级制。明对元的行省制有所改革：第一，将行中书省改为承宣布政使司。布政使司虽在省级地域管辖范围上有所扩大但却在工作职权上予以缩小，仅在例行公事的前提下负责地方民政和财政。其派出机构"道"，虽不算一级地方政府，但却有实权。第二，地方设布政使司、都指挥使司、按察使司三

---

① 方雷. 地方政府学概论［M］. 2版. 北京：中国人民大学出版社，2015：16.
② 方雷. 地方政府学概论［M］. 2版. 北京：中国人民大学出版社，2015：16.
③ 任丰金，胡汉伟，王飞. 我国地方政府管理层级历史沿革及启示［J］. 行政科学论坛，2014（06）：59-62.

机构，实行分权、相互牵制。布政使司掌管民政、财政，都指挥使司主兵政，按察使司主刑狱，三司互不统属，日常各自执政，只在遇重大政事时共同探讨。①

清承明制，略有变化。清朝改变了明朝时复式三级制或四级制，采用三级制，即省—府—县，但却在省、府之间设立一级派出机构，即巡道与守道，从而使地方行政层级体制变为虚四级制、实三级制。②所有地方行政单位均由中央政府设计和创建，并由中央政府供给经费、任命官员、指导和监督。所有地方官员没有真正的权柄，③成为中央高度集权的代表。同时，地方政府行政亦高度集权：县长（知县）在府长官（知府）或直隶州长（直隶州知州）或管理一个直隶厅的副长官（直隶厅同知或通判）的管辖之下；普通州长（知州）受知府或管理一个直隶厅的同知（通判）监督。知府、直隶州知州、直隶厅同知（通判）都受巡回监督官（道）的监督；道的长官（道员）可能为常驻官（分守道），也可能仅是巡察官（分巡道），或是被委以一个或更多特别职责的监督官（如河道、督粮道、盐法道等）。道员之上是省级民政长官（布政使）或副省长（承宣布政使）、省级司法长官（提刑按察使）和省级盐务官（盐运使）。每省都有一位省长，除直隶、甘肃和四川三省其被总督充任外，其余省份这一职位均由巡抚承充。总督统辖一省、两省甚至三省，作为省级最高文官的巡抚，以及全体文官和武官，均受总督节制。④

3.1.3 清末时期地方政府管理

为延续封建帝国统治，清朝末年、庚子年间，由中央政府发起了一场经济和政治体制改革运动，即清末新政。在此时期，对一些地方官制相应做出调整的同时，增设类似于省级的分别负责地方警务的巡警以及负责促进地方工商业发展的劝业两道，而除此两道之外，撤除原有其余的分巡道，使得之前已成为一级地方行政架构的道在历史舞台上几近落幕。⑤

至清末光绪年间的立宪时期，晚清立宪派意在推动晚清政府的君主立宪制改革，便在中央设立了类似议会的准备机构，即资政院，与此对应，地方各省则相继设立谘议局。地方谘议局的出现，在一定程度上限制了督抚的权力。

---

① 陈瑞莲，张紧跟. 地方政府管理 [M]. 2版. 北京：中国人民大学出版社，2016：38.
② 宋学文. 中国地方行政层级体制的历史嬗变规律辨析 [J]. 理论与改革，2015（03）：123-126.
③ 钱穆. 中国历代政治得失 [M]. 北京：生活·读书·新知三联书店，2012：158.
④ 瞿同祖. 清代地方政府 [M]. 修订译本. 范忠信，何鹏，晏锋，译. 北京：法律出版社，2011：11-13.
⑤ 陈瑞莲，张紧跟. 地方政府管理 [M]. 2版. 北京：中国人民大学出版社，2016：41.

3.2 民国时期地方政府管理

辛亥革命结束了在我国延续了两千多年的封建帝制。中华民国建立后，中央政府与地方的关系较之晚清发生了很大的变化，形成了一种特殊的形态。自古以来，中国历代封建王朝都推行中央集权制，皇权是至高无上的，地方政权完全听命于皇帝。中央王朝越强大，其对于地方的控制越有力。进入民国后，传统的中央集权制由于内外诸多因素的影响而面临了严峻的挑战。

中华民国成立后，对外代表国家、对内统治全国的中央政府始终存在。中华民族数千年形成的民族凝聚力，保证了国家的统一和完整，避免了有些国家在革命或战乱中出现四分五裂的局面；然而，在实际上，中央政府对于地方的控制力却在各个时期有了不同程度的削弱，各种形式、各种名义的地方分治或割据政权始终存在，它们或独立于中央政府控制之外，或与中央政府若即若离，出现了统一与分裂、集权与分治并存的局面。历代政府虽然都为加强中央政府的权威和对于地方的控制做了多方面的努力，也取得过若干成效，但终民国时期都未能从根本上改变这种特殊形态。

3.2.1 北洋政府时期

武昌起义后，多数省份先后宣告脱离与清政府的隶属关系而独立。各省独立产生了浓厚的分离意识，大多数省政府提出要在官员任免、财政、立法甚至军事上实行自治。但各省又有联合和统一的要求，它们自然倾向于以地方分权的原则组织新的国家机构。因此，联邦建国的主张一度盛行。南京临时政府便是联邦制精神下的产物。1911年11月30日，独立各省派代表云集武汉讨论通过的《中华民国临时政府组织大纲》规定："临时大总统、副总统由各省代表选举之"，每省一票，以得票满投票总数三分之二以上者为当选。各省不论大小，一律平等看待，以省为单位。但是，地方分权、各自为政，造成财政分割，中央政府财政困难。"革命之后，县款不解于省，省款不解于中央。" 1913年各省承担解给中央的款项是3250万元。但据财政部的报告，从民国元年到二年（1911—1912）12月，各省实解260万元。而军政费用，新旧内外债的偿还，均需大量款项，中央只得靠借钱度日。同时由于俄国和英国的操纵,在内蒙古、新疆和西藏,出现了分离倾向的现实危机。①

北洋时期,形成封建性的地方军阀集团,如控制一省军政大权的督军、将军(被授将军人数先后达 454 人次),控制两省或数省的巡阅使(如两广、两湖、直鲁豫、苏皖赣、东三省巡阅使等),临时设置或管辖省内一地的护军使(如淞沪、黑龙江、贵州护军使等),还有驻守某些要地的镇守使等,他们一般都雄踞一方,自成一体,根据自己的实际利益来决定与中央政府的亲疏程度,或听命于中央,或与中央分庭抗礼,甚至宣布独立。②

3.2.2 国民政府时期

国民政府时期,军人干政的形式虽已有所更动,但实质并无变化。国民政府曾经规定,现任军职者不得兼任省主席或委员,但实际上从 1927 年至 1949 年国民政府共任命了 253 人次的省主席,其中 75% 为军人,广西、云南、湖南、河南、西康、热河诸省始终由军人担任省主席,四川、贵州、江西、福建、甘肃、陕西、宁夏、山东、山西、河北、绥远、察哈尔诸省的省主席 80% 以上为军人。对于这些军人省主席的任命,其中既有中央政府利用嫡系军人控制地方政府之举,在很大程度上又是中央政府对地方分治势力的迁就和默认。这些军人省长一般都总揽地方的军务、政务和党务,对重大迫切的问题有便宜处置之权,成为事实上由军人控制的地方军政机构,其中有相当数量的机构由于各种原因与中央政府的关系是若即若离的。③

1928 年,北伐战争结束以后,中国初步实现了统一。南京国民政府遵照孙中山"军政、训政、先政"的设想,规定在军政时期的地方政权由国民党设立,接受国民党中央和地方党组织的指导;训政时期省、县为地方自治单位,只设作为行政机关的政府管理地方行政事务,但也要接受国民党的指导。在省级层面,民国继承清朝省制,设政府委员会,其行政长官为省主席。抗日战争开始后,南京政府迫于各方压力在各省成立临时

---

① 曹学恩. 民国时期中央与地方关系探析[J]. 西安外国语学院学报,2000(02):113-118.
② 石源华. 民国时期中央与地方关系的特殊形态论纲[J]. 复旦学报(社会科学版),1999(05):95-99,109.
③ 石源华. 民国时期中央与地方关系的特殊形态论纲[J]. 复旦学报(社会科学版),1999(05):95-99,109.

参议会作为咨议机关。1945年召开国民大会，颁布《中华民国宪法》，民选产生的参议会为立法议决机关。同时设省高等法院，原来的高等检察厅被撤销，其职责并入省高等法院。在县级层面，通过1928年颁布的《县组织法》和1939年颁布的《县各级组织纲要》，推行"新县制"：县的行政长官称为县长，下设科室等行政机关，县的咨议机关为参议会，县的司法机关称为地方法院，未设地方法院的县由县政府兼理司法事务，后来有的地方设司法所负责审理案件。

民国时期地方政府设置的变化还表现在其他几个方面：一是乡镇基层政权的建设，城乡分治初步形成。国民党统治初期规定有区、村里、闾邻三级组织，并设置管理机关。20世纪30年代以后，村里改为乡镇，区公所演变为县级政府的派出机关（40年代裁撤），闾邻演变为保甲，设保甲大会负责基层政府委派的事务。二是市和镇的出现，特别是把市作为行政区划单位，比如1921年广州建市，以后各地陆续设市。市分为两种，即直属行政院的院辖市和隶属省政府的普通市，县所辖地区的城镇不设市而设镇。三是1932年在省县之间设专区，1936年《行政督察专员公署组织暂行条例》规定，各省一律划分若干"行政督察区"，设"行政督察专员公署"。专区不是一级政府，而是作为省派出的行政分治机关，代表省监管区内各县。①

3.2.3 苏维埃政权时期

20世纪三四十年代的中国，两个政权并存的局面持续了20多年。在中国共产党领导下的革命根据地，1931年11月，由中华苏维埃共和国中央执行委员会第一次全体会议通过的《中华苏维埃共和国划分行政区域暂行条例》第一条规定："苏维埃共和国的各级行政区域，必须重新划分，其理由如下：（甲）中国旧有行政区域，过于广大，适合于封建统治，不适合于苏维埃的民主集中制。（乙）因斗争发展的不平衡，战争与地势的特殊条件，苏区的发展在多地方，有的只取得全省、全县或全区之一部，有的介于数省、数县或数区之间，不利于斗争的领导。（丙）过去各地各级苏维埃区域，特别是区、乡两级，划得太大，管理不来，许多地方还有村级组织，级数太多，指挥不便。"因此，该条例第二条按照缩小范围，减少级数的原则，区别山地和平地的不同需要，对各级苏维埃政权分别规定了管辖的人口、面积和行政单位的数量。还规定每区须有一个经济中心——市镇或圩场，作为行政中心。县苏维埃"必须设在比较适中之大市镇上"。毛泽东同志1934

---

① 方雷. 地方政府学概论［M］. 2版. 北京：中国人民大学出版社，2015：17.

年在《对第二次全国苏维埃代表大会的报告》中，总结了行政区划分的经验，指出"苏维埃取消旧官僚主义的、大而无当的行政区域，把从省至乡各级苏维埃的管辖境界都改小了。这有什么意义？这是使苏维埃密切接近于民众，使苏维埃因管辖地方不大，得以周知民众的要求，使民众意见迅速反映到苏维埃来，迅速得到讨论与解决，使动员民众为了战争，为了苏维埃建设成为十分的便利"①。

以后多年在全国各地逐步发展起来的各革命根据地，基本上都是按照以上原则和精神划分行政区域的。抗日战争时期陕甘宁边区的行政区域和行政建制，包括陕西省北部、甘肃省东部和宁夏回族自治区东部的20多个县，实行边区、县、区、乡四级制。分区专署是边区政府的代表机关。晋冀鲁豫边区的行政区域，包括山西省东部、河北省南部、山东省西部和河南省北部，共辖23个专员公署和154个县，实行边区、专署、县、村四级制。为了打破敌人的交通封锁，便于战时推行政务，还在县以上设立若干行政公署，代表边区政府领导辖区的工作。这些行政区域，都随着革命战争和根据地的发展而及时调整，对于实行精兵简政，组织动员人力、物力、财力，巩固根据地建设，支援革命战争的胜利，发挥了重要的历史作用。

3.3 当代中国地方政府管理

当代中国政府与当代中国政府制度概念不同。前者建于1949年10月1日，后者确立于1954年制定的《中华人民共和国宪法》（以下简称1954年宪法）。1954年宪法确立的当代政制的基本原则延续至今。②

3.3.1 1949—1954年过渡时期

这个时期，《中国人民政治协商会议共同纲领》未对地方层级做统一规定。但是，从当时中央人民政府发布的有关各级地方"各界人民代表会议"和人民政府法令看，主要

---

① 任宗哲. 中国地方政府研究［M］. 西安：西北大学出版社，1999：75-76.
② 李格. 当代中国地方政府制度的沿革和确立［J］. 当代中国史研究，2007（04）：45-52.

划分为大行政区、省、市、县、乡（行政村）和大城市的区。此外划有苏北、苏南、皖北、皖南、川东、川西、川南、川北八个行政区，地位相当于省，分设"人民行政公署"。1952年11月以后，全国地方层级统一变为"三实三虚"，即省、县、乡三个实级；大行政区、专区、区三个虚级。所谓"实级"，该区域通过召开人民代表大会产生人民政府；"虚级"则是上级政府的派出单位，直接委任组成。

1952年前，省、市、县各级地方政府除数量和辖区有所变动外，体制上变化不大，只是将民国时的"省政府""市政府""县政府"改称"省人民政府""市人民政府""县人民政府"，均加"人民"两字以示政权性质区别。省仍采取委员制，置主席，市、县仍采市长、县长制，一律由上级委任。"行政督察专员公署"改称"专员公署"，"区公署"改称"区公所"。1950年后，虽开始在一些少数民族聚居地方实行民族区域自治，但尚处于推行和总结经验阶段。1952年后，开始将以前实行自治的乡、镇改为地方一级基层政权，但原先的"乡公所""镇公所"大多保留和沿用。

过渡时期地方政制的最大变化是大行政区一级政权的建立。大行政区制度，即将全国划分为若干行政区域，代表中央，领导数省。该政权模式源于清代，但大行政区远比清代总督的辖区大。新中国成立后，初设东北、华东、中南、西北、西南五大行政区，至1952年11月，中央人民政府增设"华北行政委员会"，正式划华北为第六大行政区。

大行政区制度的设立，是中共根据当时客观情况做出的重要决策。在1949年3月七届二中全会上，周恩来首次提出中央向地方分权的问题，即：由分散到统一，不是几个月而是要几年才能完成的。这么大的中国，如果过分强调集中，会办不好事。所以在组织形式上不能一下子都集权，一定要授权地方，才能发挥积极性。但中央必须成为掌握政策的司令部。中共中央随后发出文件，正式提出"中央领导之下的区域制"，指出由于中国地方广大、经济落后，又由于革命发展不平衡，战区与非战区、新区与老区、解放区与国统区有很大的区别。因此，在中央领导下的区域制，在相当长时期内仍然必要。由此确定将全国划分不同行政区域的方针。

大行政区政权机关是"人民政府"或"军政委员会"，分别为各该区所辖省（市）高一级的地方政权机关，并为政务院领导地方政府的代表机关。大区人民政府和军政委员会并不完全相同。大区"人民政府"须经民主程序选举产生；"军政委员会"则是在此之前代行人民政府职权的过渡机构。

大行政区人民政府仅建于东北。华北曾于1948年9月建立华北人民政府，不久于1949年11月撤销，所辖五省两市归中央直属。大行政区制度建立后，次年9月，中央人民政府增设"政务院华北事务部"，负责联系并指导华北五省及京、津两市工作。1952年

4月，撤销华北事务部，成立"政务院华北行政委员会"。11月，各大区人民政府或军政委员会一律改为"中央人民政府行政委员会"，华北与其他大区行政委员会一样，归中央人民政府直属。因此，在大行政区时期，华北一直未曾设立大区政府一类的政权机关。

大行政区军政委员会建于西北、华东、中南和西南四个新解放区。军政委员会最初在1949年6月建立，旨在和平解决湖南问题。后来毛泽东进一步提出，整个西北，地区甚广，民族甚复杂，欲求彻底、健全而又迅速地解决，必须在采用战斗方式的同时辅以政治方式。其办法即为组织"军政委员会"，以为临时过渡机构。军政委员会从此成为新解放区最高政权机关。至1950年7月底，四大行政区军政委员会相继正式成立。

军政委员会作为过渡性机构，不经各该地区人民代表会议选举，由中央人民政府任命产生。由主席一人，副主席若干人，委员若干人组成，一般设民政、公安、财政、商业、工业、农业、水利、交通、邮电、劳动、人事、文教、卫生、司法等部，体育运动、民族事务、人民监察等委员会等。

中央人民政府正式宣布撤销大行政区，是在1954年第一届全国人民代表大会召开前夕。但在此一年多以前，大行政区性质已发生变化。1952年年底，中央人民政府将各大区人民政府或军政委员会一律改为中央人民政府行政委员会，为"代表中央人民政府在各该地区进行领导与监督地方政府的机关"。大行政区从此不再是地方最高一级政权机构，只作为中央人民政府的派出机关，对地方行使督导之责。新设大行政区的政权机关也由实级变为虚级。1954年6月，中央人民政府正式撤销各行政委员会，大行政区制度结束。

大行政区时期，全国省级行政区划变化很大。最初划有辽东、辽西、吉林、松江、黑龙江、热河、陕西、甘肃、宁夏、青海、新疆、山东、江苏、安徽、浙江、福建、台湾、河南、湖北、湖南、江西、广东、广西、云南、贵州、西康、河北、察哈尔、绥远、山西、平原，以及内蒙古自治区，川东、川西、川南、川北行政区，重庆和西藏地方。1952年撤销平原省和察哈尔省；1954年撤销绥远省；东北合并为辽宁、吉林、黑龙江三省，此外，将川东、川南、川西、川北、皖北、皖南、苏北、苏南行政区，合并为四川、安徽、江苏三省。

市的变化也很大。除有直属中央人民政府的直辖市外，还有隶属省人民政府的市、隶属专区的市。最初，直辖市设有北京、天津、上海、南京、武汉、广州、重庆、西安、沈阳、长春、哈尔滨、旅大、鞍山、抚顺、本溪。但当时除北京、天津因华北未设大行政区政府由中央直接领导，其他上海、南京等市实际都隶属各大行政区。1953年年初随着江苏设省，南京改为省辖市。以后，中央人民政府在撤销大行政区的同时，将沈阳、旅大、鞍山、抚顺、本溪、长春、哈尔滨、武汉、广州、重庆、西安11个市也改为省辖市，直辖市只保留北京、天津、上海三市。

撤销大行政区和省、市区划的变化，为1954年宪法确立当代中国地方政制打下了基础。

3.3.2 1954年宪法确立的当代中国地方政制

1954年宪法首次对地方政府制度做出法律规定，确立了当代中国地方政府制度。

3.3.2.1 1954年宪法对地方政权组织做了明确规定

人民代表大会制度是中华人民共和国的根本政治制度。此前，由于尚未召开各级人民代表大会，各级国家政权均采用"议行合一"，即中央人民政府不但是最高行政机关，也是最高权力机关。地方各级人民政府一律由上级任命组成，既是地方行政机关，又是地方权力机关。

1954年宪法改变了这种政权体制，将国家机构中的立法权与行政权分离，规定全国人民代表大会是最高权力机关，是国家立法的唯一机关；全国人民代表大会产生的国务院，即中央人民政府，为国家最高行政机关。对于行政权与立法权的关系，宪法中规定：国务院必须向全国人民代表大会及其常务委员会负责，并报告工作。地方政权同样由地方各级人民代表大会和同级人民政府组成。地方各级人民代表大会是各级地方国家权力机关，产生的各级人民政府是各级地方国家行政机关。地方人民政府必须向同级人民代表大会负责，并报告工作。

地方各级人民代表大会的职权是：在本行政区域内，保证法律、法令的遵守和执行；规划地方的经济建设、文化建设和公共事业；审查和批准地方的预算和决算；保护公共财产；维护公共秩序；保障公民权利；保障少数民族的平等权利。

县以上人民政府的职权是：在本行政区内根据法律、法令、规定行政措施，发布决议和命令；主持本级人民代表大会的选举；召集本级人民代表大会会议，向本级人民代表提出议案；领导所属各工作部门和下级人民政府的工作；执行经济计划，执行预算；管理市场和地方国营工商业；领导农业、手工业和互助合作事业；管理税收、交通和公共事业；管理文化、教育、卫生、优抚、救济和社会福利工作；管理兵役；保护公共财产、维护公共秩序、保障公民权利；保障少数民族的平等权利；办理上级国家行政机关交办的其他事项等。

1954 年后,中央人民政府称国务院,地方各级人民政府一律称"人民委员会",即省人民委员会、市人民委员会、县人民委员会、乡(镇)人民委员会。地方各级人民委员会即人民政府,都是国家行政机关,一律服从国务院。

3.3.2.2 1954 年宪法确立了民族区域自治制度

中华人民共和国成立时,《中国人民政治协商会议共同纲领》规定,在各少数民族聚居地区,应实行民族的区域自治。1952 年,中央人民政府根据推行民族区域自治工作中出现的问题和取得的经验,公布《中华人民共和国民族区域自治实施纲要》(以下简称《纲要》),规定了实行民族区域自治的基本原则,即:各民族自治区统为中华人民共和国领土的不可分离的一部分。各民族自治区的自治机关统为中央人民政府统一领导下的一级地方政权,并受上级人民政府的领导。《纲要》还对各级自治区、自治机关、自治权力、自治区内民族关系、自治区上级人民政府的领导原则做了统一规定。1950 年后,全国民族区域自治工作已全面展开,至 1953 年 6 月,全国已建立各级民族自治区 130 个,所辖少数民族人口约 450 万人。其中,相当于县和县级以上的民族自治区 47 个。从 1950 年起,中央人民政府组织了对全国各少数民族的民族识别工作,至 1953 年确认了 38 个少数民族,为民族区域自治制度载入 1954 年宪法打下基础。

1954 年宪法在民族区域自治工作经验的基础上,强调自治区、自治州、自治县的自治机关依照宪法和法律规定行使自治权,并对原《纲要》的某些条款做了调整,如撤销了关于各民族自治区内部改革、培养民族干部等条款;将组织本自治区的公安部队和民兵,改为组织本地方的公安部队;将制定本自治区单行法规,层报上两级人民政府校准,并报政务院备案,改为制定自治条例和单行条例,报请全国人大常委会批准,等等。1954 年宪法还明确规定,民族区域自治制度的最基本原则是:"中华人民共和国是统一的多民族的国家。各民族一律平等。""各少数民族聚居的地方实行区域自治。各民族自治地方都是中华人民共和国不可分离的部分。"

此前,各民族自治地方不分大小统称"民族自治区"。1954 年宪法明确规定:全国各民族自治地方分为自治区、自治州、自治县。

民族自治地方设立自治机关,即该民族自治地方的人民代表大会和人民政府。一方面,各自治机关同为国务院统一领导下的国家行政机关,服从国务院;其组织根据宪法规定的关于国家地方国家机关的基本原则;行使宪法规定的地方国家机关职权;形式可依照实行区域自治的民族大多数人民的意愿规定。另一方面,各自治机关,依照宪法和法律规定的权限行使自治权,主要包括:依照法律规定的权限管理本地方财政;依照国家的军事制度组织本地方公安部队；依照当地民族的政治、经济和文化的特点，制定自治条例和单行条例，报请全国人民代表大会常务委员会批准。自治机关在执行任务时，使用当地民族通用的一种或者几种语言文字。

少数民族聚居的乡，定为民族乡，不是民族自治地方，为相当于乡、镇一级的基层单位。民族乡设立人民代表大会，代表由选民直接选举，每届任期两年。其人民代表大会可依照法律规定的权限采取适合民族特点的具体措施。民族乡依照法律和有关规定，可结合本地区的具体情况和民族特点，因地制宜发展经济、文化、教育和卫生等事业。

3.3.2.3 1954年宪法对地方政权的层级做了明确规定

全国行政区正式划分为省（自治区、直辖市）、县（自治州、自治县、市）、乡（民族乡、镇）三级地方政权。

全国分为省、自治区、直辖市。当时，全国省级行政区经过进一步调整，共有北京、天津、上海三个直辖市，河北、山西、辽宁、吉林、黑龙江、热河、陕西、甘肃、青海、新疆、山东、江苏、安徽、浙江、福建、台湾、河南、湖北、湖南、江西、广东、广西、四川、贵州、云南、西康26省和内蒙古自治区、西藏地方、昌都地区。①

省是地方最高一级政权，由省人民代表大会和省人民政府组成。省人民政府向省人民代表大会和上一级国家行政机关负责，并报告工作。省人民代表大会有权罢免省人民政府组成人员。省人民政府置省长一人、副省长若干人及政府委员若干人。下设厅、局、委员会、处，一般均设民政、公安、财政、粮食、商业、工业、交通、农业、水利、教育、卫生等厅；对外贸易、建筑工程、劳动、统计、手工业管理、机要交通等局；计划、体育运动、民族事务等委员会，以及办公厅、宗教事务处等。另外，中华人民共和国成立之初，各省原设的人民监察委员会一律改为监察厅，人事厅改为人事局，文化事业管理局改为文化局。并撤销各省原来的政法、财经、文教三个委员会，一律改设政法、文教、工业、财贸、农林五个办公室。省人民政府经国务院批准，得设若干"专员公署"为派出机关。

省、自治区分为自治州、县、自治县、市。1954年全国县级政权共有2116个，分别由县人民代表大会和县人民政府组成。县人民政府向县人民代表大会负责，并报告工作。县人民代表大会有权罢免县人民政府组成人员。县人民政府置县长一人、副县长若干人，下设民政、公安、财政、粮食、税务、工商、农林、交通、文化教育、卫生等科或股，得

---

① 陈瑞莲，张紧跟. 地方政府管理 [M]. 2版. 北京：中国人民大学出版社，2016：52.

设办公室。经省人民政府批准，得设若干"区公所"，为县派出机关。

县、自治县分为乡、民族乡、镇。乡、镇是中华人民共和国创建的一级地方政府。中国历代以县作为国家基层单位，县以下虽设工作机构，但都作为县政府的派出机关，不是一级地方政权组织。1950年12月，国家先后公布《乡（行政村）人民代表会议组织通则》和《乡（行政村）人民政府组织通则》，开始在全国普遍建立乡级政权。宪法正式把基层政权确定在乡、镇一级，是中国历史地方政制的一大变革。

乡人民代表大会是基层国家权力机关，由选民直接选举人民代表组成。乡人民代表大会选举产生的乡人民政府，是基层国家行政机关。乡人民政府向乡人民代表大会和上一级国家行政机关负责，并报告工作。乡人民代表大会有权罢免乡人民政府组成人员。乡人民代表大会与省、县各级人民代表大会拥有同样职权。乡人民政府置乡长一人、副乡长若干人，下设民政、治安、武装、生产合作、财粮、文化、教育、调解等工作委员会。

在农村集市、商业地区设镇。镇与乡为同级政权，镇人民代表大会也由选民直选产生，由镇人民代表大会选举产生镇人民政府。

最后，除省（自治区、直辖市）县（自治州、自治县、市）乡（民族乡、镇）三级地方政府外，仍设市。市有多种，分为直辖市，地位相当于省；省辖市，地位相当于专区；隶属专区的市，地位相当于县，以及设区的市和不设区的市。直辖市和省辖市划分区，并有辖县。此外，还设有三个虚级，即作为省人民政府派出机关的"专员公署"（专区）、作为县人民政府派出机关的"区公所"、作为市辖区和不设区的市人民政府的派出机关"街道办事处"。

3.3.3 1982年宪法确立的当代中国地方政制

1979年7月1日，第五届全国人民代表大会第二次会议通过《地方各级人民代表大会和地方各级人民政府组织法》，该法自1980年1月1日起施行，地方各级革命委员会相继改为人民政府。1982年修订的宪法对地方政府组织结构及体制做出了重大改变，确立了当代中国的地方政制：①

从体制上看，地方各级人民政府是我国地方各级权力机关的执行机关，也是地方各级国家行政机关，由本级人民代表大会选举产生，对它负责，受它监督；同时，作为国

---

① 方雷. 地方政府学概论[M]. 2版. 北京：中国人民大学出版社，2015：19-20.

家行政机关，下级人民政府需要接受上级人民政府的领导和监督。上下级人民政府的各职能部门（除垂直管理部门实行双重领导外）只存在工作上的指导关系，不存在行政领导关系。全国实行省、县、乡三级行政建制，还规定"国家在必要时得设立特别行政区"。1983年，在经济发达地区推行"市管县"体制，除少数地区外，全国基本完成省、市、县、乡四级体制演变。

从组织结构上看，首先，建立县以上地方各级人民代表大会的常设机构常务委员会。县以上人大常委会由人民代表大会选举产生，定期召开工作会议。人大常委会不仅是人民代表大会闭会期间的常设机关，也是它的工作机关，行使地方组织法规定的各项职能。人大常委会的建立，不仅加强了权力机关作为议决（立法）机关的职能，而且将议决权与执行权分别交由两个机关承担。其次，行政机关实行行政首长负责制，而非委员会制。人民政府作为权力机关的执行机关，其正副首长由权力机关选举产生；人民政府的组成部门由上级人民政府决定；人民政府各部门首长人选由本级行政首长提名，本级人大常委会任命；地方行政首长及各部门首长产生后，无须再经上级政府批准；人民政府作为地方国家行政机关，也是上级人民政府的下级机关。最后，地方各级政府恢复了法律监督机关人民检察院。地方各级法院和人民检察院由同级人大产生，但各级检察院的检察长需经上一级人大常委会批准任命。

本章案例解读

01 中国基层治理模式的变迁

[案例阅读材料]

我国基层治理的模式经历了几千年的演变，孕育着法治、德治、自治、共治等元素，其变迁过程表明我国基层治理始终保持政府治理与社会自治相结合、德法兼用的特征。

1. 从乡官礼治到乡教里治：儒家德治与法家管控设计在基层的融合

周朝强调礼乐对不同阶层人群的社会规范与引导作用，基于一定户数、依托乡官、采取礼治的基层管理模式，注重教化与仁爱互助，治理具有政治与教化合一的特征。周礼"五家为比，使之相保"的设计是什伍互保制度的理论来源，其初衷是让邻里间出入相友、守望相助、病困相扶，体现的是儒家的仁爱之心与教化思想。

到秦汉时期，儒家德治教化与法家严明刑法的思想开始并用，基层以空间为单位设有乡亭里组织，在乡实行德化中心的治理，在里编民为什伍、以相监察，体现出乡教里治特征。在乡亭层面，"大率十里一亭，亭有长。十亭一乡，乡有三老、有秩、啬夫、游徼。三老掌教化"。从身份来看，乡官是来自本地居民推举、不受政府委派的基层领袖，有官秩和地位，受人敬重。从功能来看，三老是德高望重的年长人士，掌教化，是基层的最高领袖，这一设置具有很强的道德教化与自治色彩。秦汉时期根据法家思想推行的邻里连坐之法，组织上吸纳了周礼邻保设计，但功能重在让民众相互监督、互相担责。

2. 从乡里转向保甲：自治的弱化与政府管制的强化

隋唐时期，人口与乡里规模大幅增加使国家财政压力加重，乡的功能开始弱化，乡官开始职役化，基层实行百户为里、五里为乡的乡里制度，设乡正和里（坊、村）正，里正掌管基层政治经济一切事务、成为基层的真正领导，形成乡辅里主的治理架构。乡里之下，隋唐也有邻保编排。在乡里之外，隋朝还出现了应对灾荒的社仓，其扶贫救弱的理念可追溯到儒家的仁政思想，反映了基层共济互助的诉求。

长期战乱使乡的数量在宋朝初期大幅减少，形成了事实上一乡一里、乡里合一的格局。在这种背景下，里正与按乡配置的"乡书手"共同负责赋税事务，乡职逐渐消失，里正依然是乡村的主要领袖。王安石变法后，县以下的保甲开始成为皇权的组织载体，国家对基层社会的控制增强。随着变法失败，保甲自卫与治安功能弱化，但并未废止，主要工作变成催赋，负责人也变成差役。乡级行政权力的弱化、行政人员地位与声望的下降，也为士绅和宗族势力参与治理提供了空间，基层自治精神有了大的发展。在乡约方面，北宋吕大钧在汲郡蓝田推行"吕氏乡约"，体现了儒家教化与互助的思想。与乡约类似，社学的发展进程也是政府加强控制的过程，其社会教化功能强于人才培养功能。在社仓方面，北宋范仲淹"置义庄里中，以赡族人"，成为几千年家族互助互济应对风险的典范，南方很多宗族祠堂均具有类似的互助功能。

治理思想上，儒学在宋朝再度独尊，并分化出理学与功利两大派。理学派注重教化和养生，认为修家谱、设宗庙、立宗法、开族会是通亲情、聚人心、淳民风乃至平天下的基础，并对乡约、社仓、社学进行了大力提倡，使基层治理体系更加完善。功利学派追求富国养民，致力于抑制豪强、减轻农民负担、增加财政收入、发展生产，实现不加税而国用足。

3. 从里保甲并行转向基层自治：政府管控走向极致与自治理想的尝试

明代在前期创设了里甲制度，中后期开始重视保甲。为解决征税难特别是豪门大户逃避田租的积弊，也防止贪官污吏侵蚀，朱元璋下诏编赋役黄册和鱼鳞册，实行里甲制。随着人口迁移与土地占有关系的变动，以户籍编排为核心的里甲制开始失效。到张居正推行一条鞭法，按亩折算缴纳税赋，人丁开始不再被看重，里甲作用进一步下降。到明朝中期，王阳明在南赣提倡保甲法，期望通过建立共同责任制，达到侦查犯罪、维持社会治安的目的。随着君主专制制度的完善，明朝政府管控进一步向基层自治组织渗透。

清朝沿袭了明朝的基层治理体系，并行里甲与保甲，但以保甲为主。清朝保甲制度的首要职能是对各街坊和各村的户丁及其行踪进行登记、清查和编审，中心职能是侦查和汇报犯罪行为，事实上承担人口管理、赋役、治安、救灾等一切地方公务，对乡里的控制更加严密。政府希望借助宗族等基层自治组织，实现依靠当地民众进行自我管理、自我监督和自我教育。保甲被引入宗族机制中，出现了族保系统。清朝在雍乾年间曾大力推行社仓，但因劝捐难、借还难、任人难等问题，社仓走向废弛，更多由士绅群体自愿捐助和管理、以无偿赈灾为主的义仓开始兴起，反映了民间力量的成长。

清王朝被推翻后，国民政府努力推行地方自治。北京政府于1919年颁布《县自治法》《市自治法》《乡自治法》，南京政府于1928年颁布《县组织法》，明确县为国家基层行政机关，下设区、村（里）、闾、邻四级自治组织。1929年，国民政府修改《县组织法》，并颁布《县自治法》《区自治实行法》《乡镇自治实行法》，将村改为乡、里改为镇。1930年，国民政府颁布《市组织法》，在市下设区、坊、闾、邻自治组织。到此，国民政府在市/县以下确立了"区—乡镇/坊—闾—邻"的自治架构。从成效看，虽然不少省份划定了自治区，但因内忧外患、层级过多、机构庞大、人力财力不足、民众未经训练等，地方自治成为空头支票。

与此同时，中国共产党带领人民群众组建了一系列的自治组织。比如，建立农会、工会组织，组织消费或者生产合作社。在边区建设时期，边区政府发布命令，号召边区普遍建立义仓，救济饥荒。

4. 从政社合一到三治结合：治理方式的多元化与治理主体的壮大

中华人民共和国成立之初，针对各种社会矛盾，国家开展了一系列专题治理行动，积累了一些基层治理思路。比如，针对征粮、收税过重及干部强迫命令式催缴作风,中央提出要及时整顿,避免脱离群众。随着三大改造完成,国家基于单位制与人民公社建立起了高度政社合一的基层治理体制。在城市,国家建立起了单位制,由单位负责组织生产、社会福利供给、社会管理、发展民生事业等生产生活的几乎所有事务。在农村,政府逐渐建立起人民公社—生产大队—生产队的三级管理体制。逐步把工、农、商、学、兵组成一个大公社,把人民组织起来,是我国政社合一基层治理体制的思想来源。

1954年,全国人民代表大会通过《城市居民委员会组织条例》,明确居民委员会是群众自治性居民组织。在农村,家庭联产承包责任制改革弱化了人民公社的作用,提高了农民生产积极性。1982年,全国人大常委会把村民委员会和居民委员会一并写进宪法,以根本法的形式明确了村(居)民委员会的基层群众自治组织性质。1983年,中共中央、国务院发出《关于实行政社分开、建立乡政府的通知》,建立乡、镇政府的工作在全国展开,人民公社体制逐渐废除。1987年《中华人民共和国村民委员会组织法(试行)》通过,村民自治制度正式进入运行阶段,乡政村治的体制基本确立。1989年,全国人大通过《城市居民委员会组织法》。1998年,全国人大通过《村民委员会组织法》。2007年,党的十七大首次将"基层群众自治制度"写入党代会报告,基层群众自治制度与人民代表大会制度、中国共产党领导的多党合作和政治协商制度、民族区域自治制度一起纳入中国特色政治制度范畴。党的十九届四中全会,党中央进一步提出健全党组织领导的自治、法治、德治相结合的城乡基层治理体系,充分反映了我国基层治理的历史传统、时代精神与社会需求,基层治理迈入新阶段。

[资料来源:参见王伟进,李兰:《我国基层治理模式的变迁及其启示》,载《南昌大学学报(人文社会科学版)》,2021年第12期。引用时有删改。]

[思考题]

我国基层治理模式的历史变迁有何特点?为当前推进基层治理现代化带来怎样的启示?

[案例解读]

扫描二维码查看案例解读

02 明清江南市镇的主要管理实态

[案例阅读材料]

明清时期,江南地区的绝大多数市镇仍依传统的行政管理模式,接受州县级行政机构的直接管理。在此基础上,又有一些不同层次、不同类型的管理模式。

1. 巡检司管理

在明清江南,市镇作为基层社会的一部分,被置于"文"与"武"两个系统的管辖之下。进驻市镇的"武"机构主要有:守御千户所、递运所、分防千把总所,清后期又有厘金局、团防局、水师协镇署、水师统带所等,显示出政府力图控制基层社会的努力。

在各类军政机构中,巡检司是进驻市镇的主要官方机构,也是政府对县以下市镇的常规管理机构。在制度设计上,巡检司是县级政府的下属机关,相当于地方政府的治安机构,是明清政府对基层管理权力下延的重要机构。江南地区诸多地方巡检司的设置一直延续到清末,是政府维护江南市镇治安稳定的主要力量。

巡检司作为县级以下基层的管理机构,虽然在市镇管理的层面上起到了稽查人口、维持治安的作用,但巡检司毕竟只设从九品的末等官员,司下额定编制仅吏员一名,不得随意增设,其下招募来的弓兵十余名,其职务又往往局限于擒捕盗贼,难以承担管理市镇的繁杂任务。尤其随着江南经济的日益繁荣,市镇规模不断扩大,市镇人口日渐增多,不仅令市镇的社会治安隐患越来越多,日益繁盛的市镇经济也对市镇管理者之职能提出更高的要求,特别是一些界跨两县或两府的大镇,面临的问题更为繁杂。而这些已远非巡检司所能胜任。因此,明中后期开始,政府不得不打破原有传统行政层级模式,在一些较大的市镇直接委派府、县级别的官员驻镇管理。

2. 委员管理

在民政系统的管理方面,明清时期江南一些规模较大的市镇中多有政府直接委派的县丞、主簿等佐贰官坐镇管理。驻镇县丞的职责,主要以维护治安为主,弥合巡检司制度已经难以承担的日渐繁重的管理责任。从明清时期江南市镇佐贰官员的理政实践看,驻镇县官的职责范围比较广,涉及治安管理、教化民众、奖劝善事、督催赋役,还要关注主持兴修水利,加强保甲户籍等事务。

史料所载的诸多留有佳绩的县丞政绩表明，县丞的移驻对维护市镇的治安稳定、淳朴教化民风、促进经济发展均起到了很好的作用。这种县官驻镇的管理模式，弥补了市镇中缺乏政府行政管理机构的不足，强化了政府对市镇的行政管理。

现已整理出来的大量明清时期江南碑刻资料中，多有市镇治安恶化、脚夫无赖欺市霸行、扰累商户等记载，对此，明清政府处理的基本程序是：首先由镇民或商人连名呈词到县、府，阐述被扰累之详委，经更上一级（道或抚或督，甚至道、抚、督联合）层层批示，令下属查勘属实之后，由府（或县）"勒石永禁"。很多情况下，则由知县连同县丞、主簿一起直接出面颁布告示。正是通过这种上下互通的管理形式，政府得以维持市镇正常的社会秩序，保证了市镇的稳定和发展。

3. 设官驻镇管理

对于一些特别重要的市镇，明清政府增设专官，派遣府厅级官员驻镇进行管理。以地跨嘉兴、湖州两府的乌青镇为例。明代前期，乌青镇的管理总体上沿袭"市镇统于州、县，例无设官"的传统管理模式，承袭元朝的巡检司制度，接受州县的直接管理。但随着市镇的日益发展，人口日渐增多，原有的巡检司制度已经难以承担其日益严峻的治安管理责任。明嘉靖十九年，朝廷添设通判一员坐镇。通判是正六品的府级官员，地位在知县之上，由其直接管理一个镇，可见政府对市镇管理问题的重视。到了清代，乌镇规模继续扩大。康熙元年，移驻湖府督捕同知。派驻乌镇的湖州府同知，执事权限涉及治安、诉讼、民情、水利、盐法等层面，并可超越府县一般的常规约束。作为府级的特派官员，督捕同知配备的主要人员涉及经制典吏、经制书办、额设清书、额设招书、门子、快手、帮役、皂役、民壮、捕役、水手、轿夫名、军健等共 104 名。从人员结构上看，这是一支庞大的治安管理队伍。在行政建制上，乌青镇以一个县级以下的市镇而获驻高于知县品秩的同知，并且配备了人数庞大的管理队伍，实已超出了政府对县级以下基层单位的常规管理模式，这是明清政府对县以下基层行政管理形式上的重大改革——它并没有拘泥于传统科层式官僚机构的局限，反映了其行政管理体系的灵活性。

从驻镇官员们的理政实践看，同知驻镇客观上加强了对市镇的治安管理，有效地分担了县级政府的行政责任。以传统为官标准而言，这些官员基本上履行了其"平盗贼、整吏蠹、兴水利、隆教化"的职责，他们秉承传统文化道德及为官之道的熏陶，承担着融合国家行政体系与地方基层发展的重要职责，行使了县级行政体系的部分行政职能，体现了在传统国家行政框架之下，政府行政机构对基层社会的有效治理。

4. 公益、文教事业"民办官助"的管理

江南地区的民间公益、文教事业在明清时期有了长足的发展，但是这些民间文教公益事业，往往是采取"民办公助"的方式。

以文教事业而言，明清时期江南市镇多有书院，并成为江南市镇重要的文化景观之一。书院是明清政府教化民众、加强意识形态控制的重要途径，各级官员（特别是府县级地方官吏）上任之初，无不显示其对地方文教事业的重视，兴学校、建书院便是其重要内容之一，这也体现了政府对书院的管理。

除教化民众的镇学、书院之外，明清时期江南市镇多有赈济孤贫的留婴堂、师善堂、义仓及各类义学，这诸多公益事业有的是官员出面捐俸、劝捐而建，更多的则是鼓励借助民间力量而兴办。明清政府还时常以诏谕的形式发布文告，要求各地施行社会救济。从这些律令诏谕也可以看出，明清政府所强调的养济院，主要是由官方出资，收养孤苦无依者的福祉机构。但面对大量的孤贫人数，仅靠官方的力量是远远不够的，于是政府便鼓励借助民间力量来辅助，这一政策到清代更是付诸实施，也正因为此，江南地区善堂数量之多、慈善活动的盛行是其他地区难以比拟的。

明清时期江南市镇多有善堂、义学、义仓等公益建置的现象值得关注，它从另一个角度体现了明清政府对地方基层的治理理念：在加强政府军事、政治控制的同时，不断强化官方意识形态教化民众，并借助民间社会的力量，发展、完备地方的公益建置，通过尽可能地救助孤寡赤贫人群，以期有效协调社会矛盾。

除此以外，明清时期的镇和村都没有法律地位。明清时期江南市镇有许多是在经济活动中或适应经济活动需要而形成的，并不是法定社区的行政区划组织，政府并没有把市镇当成一个行政实体来看待，有的市镇也不存在镇长一职。这类市镇，政府多是通过保甲、乡约等职役角色，通过他们所带有的官方色彩的民间身份，来沟通、协调官府与民众的关系。保甲、乡约无论在数量上或与基层社会的接触面上，都较州县衙门的佐贰为多，他们甚至被视为州县政府在地方上的代理人。特别是清代以后，保甲制发生了新的变化：保甲长由州县官任命和撤换，清廷可以直接控制乡保这一基层组织，进一步巩固从中央到地方的统一局面，维持对地方基层社会的有效治理。

［资料来源：参见张海英：《"国权"："下县"与"不下县"之间——析明清政府对江南市镇的管理》，载《清华大学学报（哲学社会科学版）》，2017年第1期；杜力：《"超行政治理"：党建引领的基层治理逻辑与工作路径》，载《理论与改革》，2022年第1期；方华颖：《新时代基层网格化治理的运行逻辑与优化路径》，载《重庆邮电大学学报（社会科学版）》，2021年第11期。引用时有删改。］

[思考题]

明清政府对江南市镇基层治理的特点是什么？对我国当前县以下基层政府治理有何借鉴意义？

[案例解读]

扫描二维码查看案例解读

本章教学案例设计

[案例分析材料]

01 秦汉以来我国央地财政分权的历史渊源

从历史的视角出发，财政分权并非当代现象。虽然我国自秦汉开始建立了世界上最早的中央集权政治制度，但具体到中央与地方的财政关系，财政分权却在很多历史时期出现过。

1. **秦汉时期的中央与地方财政关系**

秦代建立了我国最早的中央集权政治制度，中央集权的财政体制是这一制度的组成部分，具体的表现是郡县制，郡县官吏全部由享受国家俸禄的职业官僚担任，其任免权集中于中央。郡县制下，财权高度集中于中央，中央政府设置了统一的财政管理机构，制定有关税收征管的制度，政策在全国范围内实施。从政策的制定、法律的颁布到税收的征集和减免，都由中央决定，在全国范围内统收统支。郡县仅限于在规定的范围内开支，其余收入均上交中央，储存在郡县的钱粮，只是代替中央政府保管，必须由中央统一支配。地方赋税的征收及支出也由中央设置的监御史进行监察。

汉承秦制，在中央设"治粟内史"主管田租和各种钱物的收支，中央政府掌握收入征收权、收支管理及监督权、收入使用分配权、赋税的减免权。在每一郡县，均由郡守县令总管该地区的财政，负责赋税的征收事宜。收入除了中央规定的地方留用和调拨给其他郡县之外，其余均上交中央，由中央统一支配。支出管理上，中央政府规定相应的支出范围与支出标准，并根据各地收支情况在全国范围实行调剂。与秦代相似，中央政府要求各郡县每年对所辖的民政财政进行审计，通过上计制度和财政监察制度加强对地方的监管。

2. 唐代的中央与地方财政关系

唐前期实行以统收统支为特征的中央集权的财政管理体制，这种体制是建立在租庸调制基础上的。租庸调下，财政权力完全由中央掌握，户部、司农寺、太府寺分管全国财赋事宜。中央与地方在财政责任划分上实行中央高度集权的管理体制，这个体制由中央、州、县三级构成。国家税收由中央统收统支，地方政府只有依法征税、纳税与输税的义务，没有制税的权力和支用国家税收的权力，地方不能擅自增加、法外征收。在收入及支出管理方面，州政府和县政府负责税收的征收、转运、送纳等，保障财税收入按期上缴到国库。地方政府在财政支出上没有自主权限，其财权由中央的户部度支司统一管理，由户部规定支出标准，并由比部进行核查。留在地方仓储的钱粮，地方没有任意支用的权力。

唐中期后，由于安史之乱爆发，迫使朝廷将原属中央的一些财政权力下放到地方藩镇和州府，借助地方力量平定叛乱。藩镇取代州，成为地方财政管理的主体，不再遵守中央政府对税收统收统支之体制，并侵夺中央的财权。针对地方分权的倾向，中央政府不得不进行政策调整，如提高税率、增加新税源等，借此扩大中央的财税收入，以减少对地方的依赖。另一方面，以租庸调为中心的财政体系崩溃，租庸调收入在国家预算收入中的地位急剧下降。前期统收统支的财政制度被唐后期中央地方政府的分税制代替，工商税和青苗钱由中央直接征收，两税则由中央和地方分享。公元780年，赋予地方政府更多财政权力的两税法施行，两税分成上供、留使、留州三部分，央地财政收入的分成为：中央财政每年占总收入的三分之一，地方财政占三分之二，法律之外的部分，基本被地方政府掌握，地方存在大量额外的财政收支状况。

3. 宋代的中央与地方财政关系

宋建国之初，与唐相似，按留州、送使、上供将财赋在中央与地方诸路之间分配，但中央政府对地方藩镇采取"制其钱谷"的方式。地方除中央规定的各种额定支出外，所有钱物都送至朝廷，不准留用，打破了自唐以来留州、送使、上供的三分制。三司作为中央财政管理机构，负责全国财政事务，制定各项财政政策，协调各地财政收支。宋代中央政府在全国各路设置转运使，负责征收财赋，转运司作为中央的派出机构加强对地方财政的管理，总管一路的财赋事宜，包括满足中央财政支出的需要，保证中央所需财政收入的足额征收，监督地方财政活动，以及协调所辖各州县财政收支余额及不足。地方上，州军作为具体经办地方财政的中心，负责收取赋税，输送朝廷，在中央规定的支出范围内进行支付。

央地的税权分隶主要形式有三种：一是划分中央和地方窠名（税种名称）；二是窠名分成共享，主要是比例分成；三是定额分配，上供定额外归属地方。总体表现为中央税权不断扩大，地方税权不断被收夺的趋势，这一趋势在熙丰以后不断加剧。

4. 元代的中央与地方财政关系

元代是我国历史上中央财政集权程度最高的朝代之一，财政体制属于中央政府统收统支，收入分成中央占绝对主导地位。税的征收采取以路府州县为单位，逐级征收的方式，税粮科差及部分课程，由中央政府规定数额，强制完成。除定额之外，地方政府不得再随意征税。

中央与地方的财赋分配在朝廷与行省之间进行，地方留用财赋的支配权，主要由行省掌握。行省除了执行上供中央与地方留用七三分成的比例和严格控制路府州县的财赋支用，还有义务遵照中央的命令额外提供钱谷，以弥补中央财政支出的不足。在收入方面，元代中央与地方财赋分配的关键在于，行省代表中央集中各路州的财赋于行省治所。财赋聚集于行省，就意味着由中央政府掌握。在路府州县财政支出上，沿用与宋代类似的政策，对路府州县经费支出进行严格管制，国家仓库钱粮不得擅自动用。

5. 明代的中央与地方财政关系

明代中央与地方财政关系很多方面继承元代中央集权的做法，但相对地，地方政府财政权力要大一些。中央设置户部掌管全国财政，下设十三清吏司，管理各省财政。中央财政权限包括确定税源与税基，制定各种赋税制度，确定税率，确定各项支出的标准及范围。地方上，设置十三承宣布政司，掌管各地财政，布政使负责各省的户口、土地、宗室支出、军费支出及赈灾等。布政司作为一个联结州县与中央的重要地方层级，除了对税收进行征解外，还对所辖州县进行财政监督，对所属府县赋税做小规模调整，均平全省各地徭役。

中央与地方政府的财政收入分配主要以起运存留的方式进行。起运指各省按照中央要求将税收运送到京师或者边镇，存留指的是各地税收小部分留在本地，用作地方常规支出的一部分钱粮。在地方存留中，除了支付地方经费开支外，还承担部分应由中央政府负责的开支。地方的常规性支出依赖于存留，也要在中央的严格监督下使用。非常规支出，如赈灾、兴修水利工程，也由中央控制。与其他朝代一样，中央政府除了制定赋税征收政策外，还对地方赋税收支情况进行检查，对地方官吏进行考成。

6. 清代的中央与地方财政关系

鸦片战争前，清代中央政府在财政关系中占据主导地位，集财权、事权于一身，国家财政的监督和控制达到了历史上的一个新高度。中央集权的财政体制体现在起运存留制度、奏销制度和财政机构的设置上：起运存留比例入关后不久确立为各半，但随着军费开支的增长和中央财政的匮乏，地方存留比例逐渐降低。奏销制度即预决算核销制度，是自基层州县至中央户部，逐级造送收支清册，户部于年底分省汇总奏报皇帝，中央政府建立逐级盘查制。财政机构设置也是高度中央集权的，中央设户部，户部银库为天下财赋总汇，各省设布政使司，主管地方财政事务，布政使司是户部的地方分支机构，而不是隶属于地方政府的财政机构，地方银库也不归地方政府管理，而是户部银库的地方分库。财政管理制度上，中央政府设立了解协饷、考成和交代等制度加强中央对地方的财政控制。从收入来源看，田赋是国家财政最重要的收入，田赋之外，盐课、关税、杂赋等经常性收入所占比重不大，且来源稳定，中央容易控制。财政支出上多数须由户部定额与核销。各项财政收支均归中央支配，地方政府只是扮演"代办"角色。

这种中央集权型财政体制至咸丰初年发生变化。为镇压各地农民起义，清政府军费开支急剧膨胀，中央财政难以应付，户部只得将部分财权下放各省，导致地方政府财权的扩张。清后期财政收支更加地方化，各省在原有税目之外实行加征，并将收入归于地方开支。新增的税种厘金、海关税基本为地方税。清末最后几年，地方财政的独立性日趋明显，地方将大部分财政收入截留，只向户部上缴一小部分。财政支出地方化同样明显，地方税收用于地方支出，中央已无力控制。

7. 民国时期的中央与地方财政关系

北洋政府成立之初，面临财政极度困难的局面，亟须统一财权，增加中央财政收入。为了编制国家预算和地方预算，北洋政府决定实行国地财政的划分。1913年的分税制方案将田赋、盐课等大宗税收划分为中央税，地方税基本为杂税，使中央和地方的税收收入非常不平衡，财力与事权极其不匹配。这种偏向于中央的划分制度遭到地方割据势力的反对，最终未能实行。此外，对于地方税的划分只涉及省，没有具体提出省与县的税收划分，使地方的税制紊乱。但是，这一方案是中国历史上第一次正式提出划分中央税和地方税，对以后合理处理中央和地方的财权、事权关系起到了重要的影响。

南京国民政府成立后，中央与地方财政收支划分问题再次被提上日程，成为国民政府整合中央与地方关系及建立现代财政体制的重要举措。1935年国民政府再次公布了《财政收支系统法》，对原有中央地方财政收支划分标准做了较大调整。这次调整使得原来中央与省的二级财政变为中央、省、县三级财政，省级财政受到削弱。

（资料来源：参见管汉晖：《秦汉以来我国中央与地方的财政关系——财政分权的历史渊源回溯》，载《经济科学》，2017年第4期。引用时有删改。）

02 明清"官吏分途"官僚体制

早在西周，中国已存在明晰可辨的官僚制度。秦统一天下，建立了以郡县制为基础的帝国官僚体制，至西汉，文书行政的官僚体制已臻成熟。随后，中国的官僚体制经历了漫长的演变过程，其中最引人注目的是始于魏晋南北朝的人事制度变迁——"官吏分途"。这一历史现象的演变大致分为三阶段论：第一阶段，从秦至汉，其基本特点为官吏相通（或儒吏合流）。秦统一六国后，弃儒崇吏，以吏为师，依赖吏属佐治，吏的地位大为增强。尔后西汉建立了完整的官制，吏儒并用，官吏相通。第二阶段，从魏晋南北朝至隋唐，突出表现为儒吏殊途。随着魏晋时期九品官人法的建立，官于秩次之外区分儒吏流品，加之权在中央，重内轻外，"下品无高门，上品无贱族"的官品分化趋势明朗，胥吏日趋卑下。第三阶段，从隋唐至明清，吏役合流成为一大趋势。随后的元明清时期虽有流变，但官吏分途制度持续发展，胥吏一体，自成体系。

在一般意义上，通常所谓胥吏，由在官府中专门经办各类文书的人员、处理具体事务和技术性工作人员、从事其他杂务厮役的人员等共同构成。"吏"这一称谓在不同历史时期有着不同意义,即使官吏分途之后,"吏"作为一个群体,其内部也有极大的异质性。上至中央六部的书员,下至县衙的书吏都属于"吏"这个群体。在基层政府的州县衙门,书吏与差役常常合为一体,文献中通常用"胥吏"一词概而论之。中华帝国的基层治理表面虽以"一人政府"为特征,实则有着庞大的胥吏队伍配合,基层政府如州县衙门事务方能完成。以乾隆年间吴江县为例,知县之下仅11名佐杂官,但各类吏役多达三四百人。到清朝晚期,各县胥吏一般也在百人以上。

从当代组织分析视角来看,"官吏分途"是中华帝国官僚体制的一个突出特征:官与吏在同一官僚机构并存共生,有着上下级关系,但同时又是互为隔绝的群体,从录用、流动、晋升到监察、俸禄诸多方面,两者有着截然不同的职业生涯,体现在一系列的制度安排之上。以明清时期为例勾画其主要特征:

首先,官与吏从录用到流动有着严格区分,形成了两个截然不同的群体。官员来自全国各地,沿科举之途通经入仕,然后由吏部遣派各地。而明朝地方胥吏或从"清白无过"的平民中挑选而来,或来自各级官办学校的淘汰者。明朝规定,胥吏不得参加科举考试,从而剥夺了胥吏正途入仕的机会。科举入仕者与吏员的流动如升迁方式也迥然不同。明清时朝,官员任用规定需回避本省之籍,只能跨省流动任职,而胥吏在本地(县)世代相传。吏员终生不得成为职官,极个别"破格"入仕者也只能为七品下的佐贰、幕职等偏职。清沿明制,胥吏"由各处佥拨充役",后改为按国家额定编制考取或招募,发给执照,有额定的工食银两,所谓"一吏一役,银米皆有定数",成为编制内的官府雇员。然而,非正式在编的胥吏数量通常更为庞大。在"不完全财政"制度下,虽然官吏名义上各有俸禄,但这些俸禄多不足持家,特别是胥吏,几无正式收入,靠公差跑腿的好处费为生。

其次,胥吏有着"位极贱而权甚重"的结构位置特点。一方面,胥吏位于官僚体制等级结构的从属地位,职卑位贱,只是上级号令的执行者;但另一方面,他们占据了极为重要的战略位置,往往是实际权力的拥有者。

可以从几个方面来解释这一状况:第一,官吏在录用和流动上的严格区别造成了这样一个局面,即在各地州府中,官员(和他们的幕僚)都是外来人,而吏属任用皆为本地人。这一特点又因为官员的短暂逗留而尤为凸显。例如,明清时期地方官员平均任期不足三年。与此相反的是,书吏多为土生土长的本地人,他们长期甚至世代供职,把持衙门各房;胥吏也像书吏一样,在本省本州县服役,都是当地人,在规定服役期届满后,竭力久居岗位。除此之外,胥吏与地方势力紧密勾结。久居其职,久操其事,加上盘根错节的地方人脉,造成了胥吏之职的专业垄断性,使胥吏在各自行当中、在某种程度上,实际执掌着地方行政的实权。这种委托—代理结构导致了严重的信息不对称,胥吏的稳定性和地方性使得他们占据信息优势,可以在相当程度上操纵实质性权力。第二,尽管胥吏群体在官僚体制中缺乏正式制度的约束,但他们有着稳定的行为规范。虽然胥吏在法律体系之外运作,而且他们的活动经常直接与法律规定相悖,但他们的行为表现出组织和理性上十分一致的程度,体现在内在构建和实施的规则和程序之上。第三,胥吏在官僚组织运作中处于非正式制度的核心位置。例如在明清时期,地方乡村中上报核定数额的"在册田土"与县令衙门所实际控制的"实征田土"有着巨大差异,而这些信息大多掌控在久居其位的胥吏手中。这一状况在民国时期仍未有真正改观。

再次,与发达精细的官制相比,官僚体制的正式化趋势在胥吏层次驻步不前,有关胥吏管理的制度明显缺失。就清朝而论,有关地方吏役的制度设计是边缘中的边缘。虽然在清朝胥吏的管理经历了由差役制到雇役制的理性化演变,但其录用、俸禄、职业生涯等规制多次反复,未有定制,其俸禄常常不足代耕。在胥吏制度确立的明清时期,虽然在正式制度上中央政府对各地胥吏配置的数目、类别等有着粗略规定,但几无实施。对于胥吏的管理、奖惩、激励等更无明确规范,许多人甚至没有固定俸禄,胥吏管理的实际权力在各地府县长官手中。吏役作为地方政府权力结构的关键环节,他们在某种程度上主导了整个地方衙门的系统运行,是具有合法身份的衙门"公人"(有别于幕友等"私人"群体),而另一方面,这些人又属于统治结构中的"非官僚人群",不受传统官僚制度诸元素的制约,充其量也就是一种"准正式结构"。因此,历来的官僚体制改革极少能够触及胥吏层次。

最后,简要比较中国官僚体制中的"官吏分途"与西方(如英美)的文官制度。根据《大英百科全书》"Civil Service"条目所述,早期英国文官制度的设立受到中华帝国官僚制度的影响。从形式上来说,两者有许多类似之处:中央调遣而来的官员类似于政治任命官(political appointee),而官僚机构中的胥吏稳定不变,犹如文官(civil servant)的职业生涯。

然而,两者的具体制度和实际运行过程存在着巨大差异:一是在西方文官体制中，公务员有普遍适用的职业生涯、流动渠道和相应的激励机制。虽然中国官僚体制中中央各部的文书胥吏有相应的晋升通道和职业生涯，但就下层胥吏来说，类似的正式制度踪迹难寻。二是西方的文官身处官僚组织正式制度之中，其行为活动受到规章制度和权限范围的明确限制，而中国官衙中的胥吏更多地为当地长官所左右。三是西方文官制度以及在其中活动的文官与所在地并没有实质性联系，而中国官僚体制中的胥吏深深植根于地方性土壤之中。因此，中华帝国的官僚体制与韦伯式官僚组织的种种特征相去甚远。

  从以上讨论来看，"官吏分途"及其配套的管理措施应该是一个糟糕的制度安排：官与吏的群体分离制造了组织内在的紧张；录用、流动、管理的一系列制度安排使得下层胥吏地位低下但大权在握，而且几无制度约束；科举制度被看作是中国社会阶层向上流动的重要渠道，但官吏分途意味着，庞大的底层胥吏群体被结构性地排斥在体制之外。

（资料来源：参见周雪光：《从"官吏分途"到"层级分流"：帝国逻辑下的中国官僚人事制度》，载《社会》，2016年第1期。引用时有删改。）

[思考与讨论]

1. 自秦汉至南京国民政府时期的央地财政分权出现了哪些特点？
2. 明清"官吏分途"官僚体制对新时代公务员队伍建设有何启示？
3. 结合上述材料，思考中国地方政府管理的历史沿革对当代地方政府管理的有益借鉴。

延伸阅读

清代州县官的收入与地方财政

  在顺治、康熙时期，州县官仅能得到一份名义上的薪俸。从雍正时期开始，在名义薪俸之外，还发给州县官一份实质性的津贴，即"养廉银"。知州每年名义薪俸是80两银子，在首府的知县每年是60两，在外地的年俸是45两。知州的养廉银在各省有别，从500两到2000两不等。在云南云龙州，知州能获得全国最高养廉银2000两。在其他地方，1400两是最高限度。直隶、陕西、甘肃、四川、广东、贵州等省的知州只能得五六百两的养廉银,是全国最低。知县的养廉银在各省也高低有别,从400两到2259两不等。除陕西外,在其他省份,同一省内不同县之间也有显著差别。在山西、安徽、陕西、四川和贵州五省,知县的薪水相对较低,只有400—1000两。其他省份均在1000两以上。大多数知县的养廉银在500—1200两之间。高薪在清代是少见的。

这些薪水能满足州县官的私人及公务费用吗?除了养家,他还需要支付其岗职所需的繁重费用。他要给他的幕友、长随支付报酬。而幕友的报酬是非常高的。一个州县官的全部薪水几乎不够给幕友付酬。

州县官收入的另一种繁重开销是"摊捐"(指令性捐献),即在政府经费不足时,布政使命令州县官及省内其他官员捐钱支持政府用度。这种"摊捐"通常是由布政使直接从官员们的津贴("养廉银")中扣除。一般说来,州县官不得不交纳的"摊捐"额是按他的收入情况来估定,按三个等级摊派;只有最低一等可免"摊捐"。有一种普通"捐献"是对一些行政费用的捐助,诸如对科举考试费用、秋审费用、军费等的捐助。州县官还不得不定期捐助上级官衙的办公费。更有甚者,所有地方官还可能被迫捐钱填补若干年来的积累亏空。这些"捐献"当然大大减少了官员们的收入。有县官曾抱怨,他的名义薪俸只够交罚俸,他的养廉银只够交摊捐。在有些官员看来,这种摊捐又是州县衙经费经常发生赤字的主要原因之一。

州县官也有着招待途径其管辖地的上司或上级差官的经费负担,包括提供住宿、供备、膳食。在上司离境时,照例需致送赠别礼物,尽管法律并不允许。此外,上司的僚属、衙役、长随等还常常索要钱财,而这类仆从人数可能上百。此外,州县官们还得在省城设办事处,以便于为新到任的上级修缮官舍、供给家具薪炭等,并与上级分担该项费用。州县官们还必须在上司到任、寿庆、过年及其他节日时向上级们致送例费和礼物。同时,州县官在与上司衙门的职员们打交道时还不得不向他们致送各种各样的"规费"(例费)。

当然,所有这些种类的费用总额在不同地区是有差别的,但毋庸置疑的是,它远远超过了州县官的全部薪俸,甚至比一个州县官得到的总薪额大几倍。

州县官有限的薪水怎样才能满足如此巨大的费用呢?答案就在被称为"陋规"的惯例之中。通过每一个可以想象的场合收费,中国官僚体制每一层级的官员们都能补充他们的收入,使州县官们及其僚属们得以维持生计及满足各种费用。这种惯例必须被看成一种制度,并须把它与政府的财政制度放到一起考察。在中国,基本的财政原则是:每一类支出由一项确定的税费来源去满足;特别资金被特别指定给政府的每一特定用途。如果没有特定资金去供给某一项特定费用,官员们就不得不寻找别的某种途径去筹敛。例如，州县官们不得不按上级确定的税额征税并全数上交布政使司；其征收和递送费用不得不从税金中扣除。许多官员认为，"陋规"不能革除，因为它是满足各种行政费用的唯一途径。

清朝政府也未完全将其废除。否则，办公经费就会被列入政府预算，而增列预算就会减少朝廷的岁入，除非政府相应地提高税率，但它又不愿这样做。于是，政府所能做的仅仅是努力将此种收费陋制规范化，但并不成功。要确定哪些费用构成合法的行政费用以及它实际上需要多少，是相当困难的。官员及衙门职员们很快就会滥用"陋规"制度，给政府制造严重的行政难题。收费的种类增加了，数量也增加了。中央政府甚至无从知道在各地实际上存在的陋规收费的不同种类，更不必说用何方式对其监督。

因此，监控陋规收费的责任就落到省级长官们的头上。部分省级官员曾试图通过列出许可收费的项目表而废止其余收费的方式来规范此种收费行为。但因为各级地方政府都依赖陋规收费维持行政费用，只要上级官员不能约束自己及其属僚们从下级衙门索受陋费，而下级州县官们就不得不找财路既能向上级衙门交纳陋规费又能满足本衙门的行政费用，那么对这一陋规就无法加以有效控制。

名目繁多的陋规费在不同地区征收，随后又不断扩大。最常见的名目之一为1724年以前向纳税人加收的"火耗"（熔铸费），即所谓补偿银子在熔铸过程中的损耗而预留的折扣额。另一种做法是用高于市场兑换价的比率征收替税银的铜钱。在纳税人缴纳漕粮时，一般也要加征一个额外折扣额。而且，如果征收代替税粮的现金，所定价格肯定高于市价。这些仅仅来自赋税征收过程的收入数额是惊人的，极大有助于满足州县官的公私费耗，包括银两熔铸损耗、谷物储运损耗、文具费、赋税征收及解递费用等。漕粮征收亦可为州县官带来收入。州县官们不仅常从衙门职员那里收取各种献费，而且都从担任"里长"或"催头"（每5—10户中被委以催促纳税差使的人）的百姓，以及向为新年闹庆所需祭品或娱乐提供商品服务的"行户"（店主）索取陋规费。此外，州县官不付分文地向百姓强索财物，或以低于市场价的"官价"向百姓强购。

显然，几乎所有不能由政府预算供给的衙门费用都必须以一种或另一种形式的陋规费即以当地百姓付费的形式来满足。而当一个庄头或衙门雇员被州县官索要陋规费时，他就会转向普通百姓索取，自己扣留一部分，其余上交州县官。因此，地方百姓有着双重负担——政府征收的常规税费及州县官或其他衙门职员索取的陋规费。

［资料来源：参见瞿同祖：《清代地方政府（修订译本）》，法律出版社，2011年版。引用时有删改。］

第 4 章　国外地方政府管理

学习要求：通过本章学习，能够认识和了解美国、英国、德国和日本等国家地方政府管理的基本特征，了解这些国家地方政府的治理模式、组织结构、职能和权责配置，以及与中央政府的关系、财政管理、人事管理、绩效管理等情况，同时能够运用相关理论知识对国外地方政府管理案例进行解读和分析。

由于各国不同的政治体制、社会制度、独特的历史文化、社会经济发展水平等因素的影响，不同国家的地方政府管理都呈现出各自鲜明的特征。各个国家在地方政府管理中经过长时间的实践探索，也积累了丰富的管理经验。本章选取了美国、英国、德国和日本四个国家，对这些国家地方政府管理的基本情况进行介绍。

4.1　美国地方政府管理

4.1.1 美国地方政府的设置

关于美国地方政府的界定，目前存在着两种不同的观点：一种观点认为，除了联邦政府（中央）之外，其他的政府形式都属于地方政府，包括州政府和州政府以下的各级地方政府；[1]另一种观点则认为，在州政府以下，所管辖区域无论大小，都称之为地方政

---

[1] 郑德洛.美国地方政府治理的特点及问题[J].中国矿业大学学报（社会科学版），2020（01）：117−128.

府，包括县政府、市政府、乡镇政府、学区政府和特别区政府。本书采纳第二种看法，对美国地方政府的设置进行介绍。

4.1.1.1 县政府

美国一共有 50 个州，除了康涅狄格州和罗得岛州之外，有 48 个州都采用了县这一行政区划制度，都设立了职能广泛的县政府。康涅狄格州和罗得岛州虽然由于地理意义上仍保留着县，作为统计单位而存在，但是这些县没有县政府。在不同的州，县在名称上可能不一样，如在路易斯安那州，有的县被称之为教区（parishes），①而在阿拉斯加州则被称为区（boroughs）。

在美国的行政区划中，县是介于州和市、乡镇、学区等地方政府之间的建制。从地理上看，州包含着县，县包含着市、乡镇、学区、特别区。但是，县与市、乡镇、学区及特别区之间并没有形成领导与被领导的关系。

从历史来看，作为一级地方政府，"县政府可以追溯到一千多年前的英国的郡"②，是由州政府创建的，其设置主要服务于州在管理上的便利，作为州的下级行政分支而发挥相应的功能和作用，其所有的权力来自州政府，被认为是州政府的执行单位。从这个角度来看，县政府可以看作是州政府的派出机构，缺少地方自治权。总的来看，美国的县具有双重性，它既是一级地方政府，负责管理辖区内的地方事务，又是州在某一地区的代理机关，负责执行州政府委托的事项。③县的传统职能包括财产价值评估、档案或公文保存（如人口登记和土地交易记录）、道路维护和修建、水电供应、贫困救济、区域选举和地方司法管理、维护社会治安等工作。随着社会福利水平的提升，县政府也逐渐增加儿童保护、消费者保护、员工培训、水资源管理等领域的服务功能。随着经济社会的发展和民主化浪潮的影响，1911 年在加利福尼亚州修正宪法允许县政府制定自治宪章，一些州也逐渐通过自治宪章或者其他方式扩大县政府的自治权，县政府在治理上有了更大的灵活性，能够更好地应对社会不断增长的社会需求。

一般而言，美国的县政府大概分为两种类型：一种是大都市县，另一种是农村县。大都市县一般是随着城市化发展而形成的，某些地方根据自治宪章建立市以后，往往没有脱离县的辖区。但是，大都市县行使自身法定的自治权、管理城市内事务，农村县则继

---

① JAMES H G. Local government in the United States [M]. New York：D. Appleton and Co.，1921：120.
② 蓝志勇，黄衔鸣. 美国地方政府管理 [M]. 北京：科学出版社，2015：72.
③ 古小华. 西方行政制度 [M]. 北京：中国经济出版社，2022：92.

续承担着州政府所赋予除了市以外的其他区域的管理职能。随着城市的迅猛发展，对公共服务质量的要求不断提高，加之联邦政府和州政府给地方政府的财政支持的减弱，一些地方出现了市县合并的现象，如纽约、丹佛、檀香山等，市域和县域几乎完全重合了。市县合并的地方政府更加强大，能够更好地解决辖区内的问题。美国的县多数还是农村县，其所涵盖的人口规模远远小于大都市县，其区域内的城市化水平较低，其辖区内主要是乡镇而不是城市。

4.1.1.2 市政府

随着美国城市化水平的不断提高，城市迅速扩张，越来越多的人居住和工作在城市。市政府逐渐成为地方政府中最具活力的一个治理单元。市政府的存在显然也是为了满足地方的需要，它们是由美国州当局所建立的，其政府机构、权利和义务都有相当明确的法律规定。[1]

市政府通常是由人口聚集程度较高的乡镇或者定居点发展而来的，是由符合设市条件（如人口规模或密度的规定）的当地居民争取、投票、申请，经州议会同意并颁发自治宪章而成立的，自治宪章一般规定了市的地域边界、市政府的组织架构、具体职能和权力范围等内容。市政府和县政府一样，都是发挥综合职能的地方政府，一方面市政府要执行州的法律和政策，另一方面市政府作为具有法人资格的自治实体，也要为城市居民提供各种公共服务，如垃圾处理、供水、照明等。与县相比，市的自治程度更高，享有更多的决策权和自治权。可以说，几乎所有的州都为市制定了自治规章，市政府所提供的公共服务范围也更广泛。

4.1.1.3 乡镇政府

美国的乡镇政府是适应农村地方的政府组织。目前，乡镇政府的主要职能是原始的农村扶贫救济活动、公路建设等，此外，还有司法、纳税和选举等重要的职能活动。[2]在新英格兰地区，县的功能十分有限，作用比较小，乡镇政府发挥着综合治理职能。

在新英格兰地区，"人民主权理论的广泛普及保障了乡镇的独立和自由"[3]，其政府

---

[1] PORTER K H. County and township government in the United States [M]. New York: Macmillan, 1922: 5.

[2] JAMES H G. Local government in the United States [M]. New York: D. Appleton and Co., 1921: 282−283.

[3] 托克维尔. 论美国的民主 [M]. 张晓明，编译. 北京：北京出版社，2007：21.

工作都是在居民的直接参与下完成的。乡镇政府的治理结构是：由所有乡镇的居民组成乡民大会，负责选任行政官员并进行决策。同时，设立管理委员会作为常设机构，成员一般是3—9人，负责处理乡镇的日常事务。而在人口比较多的乡镇，某些超过一定人口限度的乡镇则成立了乡民代表大会，由乡镇居民选举一定数量的代表，参加代表大会，其职能与乡民大会相同。

在美国中部、西北部、五大湖周围的各州以及大西洋沿岸的一些州的农村地区也设置了乡镇政府，不过它们的地位和作用要小于在新英格兰地区的地位和作用，享有的自治权力非常有限，没有法律或政策的制定权，"而是作为县政府的下级行政单位执行县政府的政策"①，执行县政府在执法、教育、福利等领域的政策。这些州的乡镇政府有些也采用类似于新英格兰地区的乡镇治理结构，设置了乡民大会和委员会。

随着城市化和工业化的进展，乡镇政府逐渐失去了作为美国地方政府主要形式的地位。目前，加利福尼亚、佛罗里达、得克萨斯等已经没有乡镇政府这类政府组织。

4.1.1.4 学区政府

学区政府既有地理意义，也有政治意义。从地理意义上来说，学区政府只对其地理边界内的部分具有管辖权，从政治意义上来说，学区政府由州政府所建立，只能行使州赋予的权力。②在美国地方政府的设置中，学校教育一般都从地方政府所提供的公共服务中单列出来，由专门的学区政府来提供这项服务。

学区政府的行政事务由学区委员会进行管理，一般来说，学区政府就是指学区委员会以及该委员会领导下的行政机构。③学区委员会的领导机构是由区内的居民选举产生，人数不等，一般为5—7人，多数是志愿的，没有任何酬劳，负责处理学区的政策制定、学校课程、教师聘用等相关事务。学区委员会的独立性较强，"不仅在行政上，而且在财政上都是独立于地方政府的"④。

4.1.1.5 特别区政府

除了学区政府以外，美国还成立了其他特别区政府，针对公共卫生、消防和救护、自

---

① 郑德洛.美国地方政府治理的特点及问题[J].中国矿业大学学报(社会科学版),2020(1):117-128.

② BESIEGED. School boards and the future of education politics [M]. Washington, D. C.: Brookings Institution Press, 2005: 25.

③ 郑德洛.美国地方政府治理的特点及问题[J].中国矿业大学学报(社会科学版),2020(01):117-128.

④ 高新军. 美国地方政府治理：案例调查与制度研究 [M]. 西安：西北大学出版社, 2005: 13.

来水供应、垃圾处理等事务的治理，提供一项或多项有关联的公共服务，或者是为了更加有效地处理某些跨现有行政区划的治理问题。美国在城市化进程中很多地方政府都借助成立特别区政府，来解决单个地方政府无力处理的公共事务，因此特别区政府一般是跨行政区划的。

它不是一个纯粹的行政区，因为它的存在不是为了执行中央制定的立法计划，也不是由中央任命的官员负责的。[①]特别区政府是独立的、为了特别目的成立的且不同于一般地方政府单位的政府形式，它不属于任何所在的县、市、乡镇政府，具有相当的管理和财政权力。

特别区政府的建立一般有三种方式：一是州通过专门法律设立；二是由综合职能的地方政府通过协议成立；三是由居民请愿和依据符合法定条件的居民投票设立。

4.1.2 美国的联邦政府、州政府与地方政府的关系

美国采用的是联邦制，中央政府是具有最高权力的政府，但同时也是管理范围有限的政府，即联邦政府拥有宪法所赋予的国家治理的最高权力，但是宪法没有规定的权力就不属于联邦政府，而是属于州政府。美国宪法第十条修正案中就规定：宪法未授予合众国也未禁止各州行使的权力，分别由各州或者人民保留。这意味着，根据宪法规定，联邦政府与州政府分享治理权力。虽然州政府要遵守和执行联邦政府的政策和要求，但是也享有较大的自治权。

美国宪法处理的是联邦与州整体之间的权力关系，对于州内部的纵向和横向权力安排，联邦宪法则完全没有涉及。[②]从宪法第十条修正案的字面来看，联邦政府拥有宪法授予的权力，其余的权力交给"州或人民"。但是，这里的"州或人民"如何解读，宪法修正案并未给予更多解答，[③]这也导致了州政府和地方政府之间关系的模糊和混乱。"宪法规定的模糊性，按照美国的宪法惯例，必须依赖司法对宪法精神予以明确。"[④]针对如何

---

① PORTER K H. County and township government in the United States [M]. New York: Macmillan, 1922: 15.

② 曹旭东. 均衡：美国地方政府的内外权力关系 [J]. 学术研究，2020（09）：59-64.

③ 陈科霖. 狄龙规则与地方自治：美国的实践经验及对中国的借鉴启示 [J]. 甘肃行政学院学报，2015（02）：4-14，125.

④ 张晓燕. 行政分权抑或其他？——美国地方自治概念再探析 [J]. 云南社会科学，2016（05）：23-30，186.

解读宪法第十条修正案，美国最高法院在判决中所确认的狄龙规则和地方自治规则不断明确了州政府和地方政府之间的关系，成为界定州政府和地方政府关系的重要规则。

狄龙规则是 19 世纪后期形成的，其主要作用是大大减少地方政府的有效权力[①]。根据狄龙规则，地方政府被视为州政府的从属单位，其权力来自州政府的授予。狄龙规则（1868）就曾指出：州立法机关能够创设地方政府，也能够撤销它们。狄龙规则对地方政府权力的限制较大，当在地方政府权力有争议的时候，决定权在州政府。在 1872 年《市政组织》中，狄龙指出地方政府所享有的权力，除了州政府明确赋予的，还包括那些明确授权条款中所隐含的，另外还包括那些为了维持市的存在和相关功能所必需的，除此之外，市不再享有其他的权力。美国最高法院在 1907 年的一判例中，引用了狄龙在《市政组织》中对地方政府权限的观点，成为界定美国州政府和地方政府关系的一个重要观点。

狄龙规则的盛行，其消极后果是，造成州政府对地方政府的权力过大，导致州政府可以恣意干涉地方政府的事务。无论是在名义上还是实质上，狄龙规则都受到了强烈的谴责，人们认为它阻碍了地方政府的活力，使得地方政府难以采取及时、有效的行动。[②]对于狄龙规则的修正，库雷在具体案例中确立的地方自治规则逐渐被广泛认可。库雷指出：哪些权力保留给人民虽然没有明确，但地方自治的权力应该是保留给人民的，或者说，地方自治是人民应保留的天然之权力。[③]基于库雷规则的观点，很多州政府开始修正法律，给予地方政府更多的自主权，开始用笼统的、概括化的法则赋予地方政府更好的权力，而不是制定具体的、过细的法律对地方政府的权力进行限定。

当前，美国各州对狄龙规则和地方自治规则仍持有不同的态度，这也使得各州政府与地方政府的关系呈现出不同格局。

4.1.3 美国地方政府的财政制度

与三级政府相对应，美国财政也是根据联邦、州、地方三级来划分的，各级政府都有其独立的财政制度和法律，有各自的财政收入和支出范围，在权力和责任上也各有侧

---

① SCHWARTZ G T. Reviewing and revising Dillon's Rule [J]. Chi. -Kent L. Rev., 1991, 67: 1025.
② DEAN K D. The Dillon's Rule--a limit on local government powers [J]. Mo. L. Rev., 1976, 41: 546.
③ 文森特·奥斯特罗姆. 美国地方政府 [M]. 井敏，陈幽泓，译. 北京：北京大学出版社，2004: 12.

重但同时又相互补充。

美国地方政府的一般性财政收入主要由两部分构成：一部分是本级政府所取得的一般性收入，另外一部分是来自联邦政府和州政府的转移支付收入。地方政府自身所取得的一般性收入主要来源是税收和收费。在税收中，财产税是地方政府最主要的收入来源，是向房地产和个人财产征收，包括土地、建筑物及固定配置等不动产、商业用的其他财产。财产税是地方政府财力稳定的保障，消费税、社会保障税和个人所得税也是地方政府税收的重要补充。其中，个人所得税并非所有的地方政府都征收。另外，地方政府自身所取得的收入中，收费主要是针对居民使用地方政府所提供的产品和服务，地方政府所收取的费用，如公共事业收费、通行费、运输费等。联邦政府和州政府的转移支付收入也构成了地方政府的一般性收入的重要组成部分。由于美国是一个高度分权的国家，地方政府承担了较多的事权。地方政府仅凭自身所获得的财政收入，在提供公共服务中可能陷入资金短缺。强有力的来自联邦政府和州政府的转移支付收入，保证了地方政府公共服务的供给及其他政府职能的实现，同时也通过转移支付加强了对地方政府的监督和制约。除此之外，城市债券和保险与信托的收入也是美国地方政府收入的重要组成部分。[①]

在财政支出上，"美国联邦、州和地方政府在事权与支出责任上具有共同性，经常共同负责提供大量公共服务"[②]。不过，由于地方政府直接面对本地居民，能够更好地了解本地居民对公共服务的意愿和需求，这也使得地方政府在财政支出上更多倾向于受益范围和具体影响更具有地方性的公共服务上，居民能够切实感觉到地方政府财政的具体用途。地方政府的一般性支出主要可以划分为日常支出和资本投资，具体范围包括教育服务支出、社会服务和社会保障支出、交通支出、公共安全支出、环境保护和住房支出、行政管理支出、一般性债务利息以及其他一般性支出。

4.1.4 美国地方政府的绩效管理

经过多年的探索实践，尤其是新公共管理运动之后，美国政府绩效管理不断改革和发展，从联邦政府、州政府到地方政府均被纳入绩效管理体系之中。1993年，美国国会就颁布了《政府绩效与结果法案》（*Government Performance and Results Act*），该法案要

---

① 杨川仪. 地方财政失衡的法律问题研究［M］. 昆明：云南大学出版社，2022：115.
② 李建军. 美国地方政府的支出责任和地方税收：经验与启示［J］. 公共财政研究，2016（06）：24-45.

求通过制定战略计划、年度绩效计划和年度绩效报告来对地方政府进行高效管理，[①]确立了指导联邦政府绩效管理活动的法律框架。由于地方政府在治理过程中所拥有的独立性和自主性，各地地方政府能够根据自身治理需要和目的，采用各种形式，开展适合自身的绩效管理活动。

总体而言，地方政府绩效管理的流程主要包括：一是确定参与机构。最常见的参与机构有由基金会出资的专业评估机构、以地方政府为成员的联盟团体、高等院校的研究机构、地方政府内部机构四类。[②]为了保持地方政府绩效评估的科学性和独立性，地方政府会更倾向于选择前两类参与机构的合作。二是建立绩效评估框架。前三类参与机构都有各自通用的绩效评估通用模型，这是由各参与机构认为在绩效评估过程中明确规定必须涉及的基本方面。评估参与机构确立之后，绩效评估通用模型也就随之确定。不过，前两类参与机构也允许地方政府在评估通用模型的基础上根据自身的实际情况和评估需要设计更符合自身的绩效评估框架。三是实施评估。美国地方政府绩效评估重视公民参与，其绩效评估数据均是通过民意结果为来源；同时，也重视过程监督，美国地方政府绩效评估过程通常也由同级地方政府的审计部门参与，而其中一项重要的工作就是对同级地方政府绩效评估过程进行监督。四是公开绩效评估结果。绩效评估的结果最终会以评估报告的形式公布。评估报告公布的同时还会有详细的解释说明，方便公众对绩效评估的了解，同时也能够更好地监督地方政府。五是反馈。美国地方政府重视公民对绩效评估结果的反馈，在发布绩效评估报告的同时也会通过多种渠道收集公众的意见。

4.2 英国地方政府管理

4.2.1 英国地方政府的设置

英国是有悠久历史的地方自治传统的单一制国家，其地方政府的设置不仅仅是作为

[①] LONG E, FRANKLIN A L. The paradox of implementing the government performance and results act: top-down direction for bottom-up implementation [J]. Public Administration Review, 2004 (3): 309-319.

[②] 马佳铮，包国宪. 美国地方政府绩效评价实践进展评述 [J]. 理论与改革, 2010 (04): 155-160.

中央政府的代理人，而是可以根据地方的实际和政策来自行管理，如确定本地区的政策优先事项、自行做出政策决定。① 1988 年、1894 年颁布的《地方政府条例》和 1899 年的伦敦政府条例构建了地方政府基本制度框架。根据 2005 年选举产生的地方政府包含三个层级：第一层为郡、大都市、大伦敦地区政府；第二层为郡属区、城市区政府；第三层为教区和城镇会议。

英国政府通常是以议政合一的形式出现，地方政府的工作主要是通过地方议会来进行。②英国各地方由选举产生的议会就是各级地方政府，具有独立的法人资格。英国的每一层级地方机构都设立地方议会，是英国地方的立法机关和决策机关，由当地民众选举产生的议员组成。议员任期一般为四年。地方的一切权力都来自议会所制定的法令，任何地方做了没有议会明确允许的事情，都将是违法或者越权的。

为了保证议会所制定的各种政策和决定得以贯彻执行，地方议会下设各种委员会作为自身的执行机构。这些委员会既是议会的执行机构，也是对地方行政事务进行管理的地方行政机关，议会的各种具体、实际工作由各委员会负责。充分利用委员会的作用是英国地方政府的一个重要特点。各委员会直接对地方议会负责，接受同级议会的领导和监督，委员会的自主性较少。委员会的构成及其规模也由议会决定，其成员主要由当地议员组成，地方议会可根据委员会成员履职情况对其进行任免。地方议会一般将委员会又划分为法定委员会和酌定委员会。法定委员会即地方议会根据中央法律规定必须设立的委员会，其地位受法律保护，地方议会没有选择权，③法定委员会包括警察委员会、财政委员会、教育委员会、消防委员会和社会福利委员会等。其中，财政委员会只能由议会议员担任，而教育委员会则可以聘请专门人才成为其成员。对于酌定委员会，地方议会则可以根据自身的需要决定其构成、职能、权限等。

除设有各种委员会外，地方议会的执行机构还设有根据专业分工设置的各种部门。每一个部门由某一领域的专家担任首席执行官或者领导，同时聘任各种通用人才和专门官员。地方议会对这些部门设置和官员的任免有很大的自由裁量权。

---

① WILSON D，GAME C. Local government in the United Kingdom [M]. Basingstoke：Palgrave Macmillan，2011：32.

② CLARKE J J. The local government of the United Kingdom [M]. London：Sir I. Pitman & Sons，1925：8.

③ 古小华. 西方行政制度 [M]. 北京：中国经济出版社，2022：85.

4.2.2 英国中央政府和地方政府的关系

英国没有一部成文宪法，其宪法是个集合概念，包括不同时期形成的制定法、普通法和判例，①这使得中央政府和地方政府之间的关系并没有明确的法律规定，中央政府视地方政府为"议会的创造物"，没有保护地方自治的成文宪法，②从而中央政府和地方政府之间的关系表现出不确定性和复杂的特征。但总的来看，作为单一制国家，英国中央政府和地方政府关系的基调是：英国地方政府虽有较大的自治性，对本地选民负责，但是地方政府也不是完全自主独立的组织机构，必须接受中央政府的管控。可以说，"英国的地方自治和中央集权一直并行发展"③。

中央政府对地方政府的管控主要采取以下四种方式：一是立法控制。地方政府的权力是由诸多专门法律严格限定的，任何地方政府都无权随意扩大自身的权力，如果需要增加新的职权，就必须经过中央政府的批准。地方政府的重大决议和颁布的法律草案，也需要经过中央政府或者国会的许可才能通过和实施。二是司法控制。作为法定的机构，地方政府拥有法律所赋予的权力，但同样也需要遵守司法控制。当地方政府行为超越法定的权限，或者造成了对公民利益的侵害，任何公民或者检察长都能够向法院提出申诉，法院对其申诉情况进行判定。三是财政控制。财政控制被认为是英国中央政府对地方政府最有效的监控方式。中央政府一般通过开支控制、账目审查、拨款、借款和贷款控制等手段加强对地方政府的管控。四是行政控制。中央政府对地方政府进行行政控制的方式主要有：通过罢免"民选"的地方政府官员、责成地方政府执行所颁布的指令或议定条例、属于地方政府职权范围内议定的计划或方案需报请有关部门大臣批准后才能实施等。

4.2.3 英国地方政府财政管理

英国实行的是由中央和地方两级财政组成的高度集中的分税制财政管理体制，在公共财政管理中积累了丰富的经验，已经形成了一套运行顺畅的财政管理体制。

---

① 杨欣. 论英国地方政府法下中央对地方管制路径的演进［J］. 国际论坛，2008（04）：68-72，81.
② 孙宏伟. 英国地方自治体制研究［M］. 天津：天津人民出版社，2020：199.
③ 孙宏伟. 论英国央地关系的阶段性特征与模型分析［J］. 云南行政学院学报，2018（04）：138-143.

就英国地方政府财政收入来源来看，可分为流动资金和基本建设基金两大类。流动资金是用在短期支出的收入，包括地方税、中央政府拨款、收费等。英国现行的地方税主要由家庭财产税和一些辅助税种组成。家庭财产税是地方税唯一的主体税种，"辅助税的规模很小，主要包括地方车辆消费税、地方销售税、地方印花税、土地税、旅游税、环境税等"①。英国地方预算坚持以收定支的原则，从预算总额中减去其他方面的收入而得出的差额，不足的部分就由地方税来补充。中央政府的拨款现已成为地方政府财政收入的重要组成部分。②中央政府拨款主要有专项拨款、补助拨款和税收补助拨款。专项补助要求地方政府用于专门项目。地方补助是指地方收支差额补助，是根据中央所核定的地方政府的总收入和总支出的差额进行补助。收费是地方政府获得财政收入的一种重要方式。各个地方政府在收费方式、种类和标准上有很大的差别。基本建设基金通常是指用于"长期建设项目的资金，如土地、学校、房屋、道路、桥梁、机器等的购买、建造或经营"③，这方面的收入主要来自政府基本建设拨款，出售土地、财产、设备，贷款等。

就英国地方政府财政支出来看，英国中央政府与地方政府的事权划分相对比较明确，各级政府根据事权决定支出范围。中央政府的支出主要集中在国防、外交、高等教育、国民健康和医疗以及对地方政府的补助。各级地方政府的财政支出，根据资金的具体使用性质及其拨款来源，可分为经费支出和投资支出。其中，经费支出主要包括教育经费、行政管理部门经费、住宅和公共事业的经营开支、为社会服务的费用；投资支出主要包括住宅建筑、学校、医院和道路等建设投资。从地方政府的财政支出所承担的情况来看，地方政府一般存在资金缺口，对中央转移支付依赖性较强。

4.2.4 英国地方政府绩效管理

自20世纪70年代以来，随着经济全球化和区域一体化趋势的日益加剧，社会的快速变迁和社会矛盾使英国政府陷入了严重的财政危机、管理危机和信任危机。为此，英国政府兴起了声势浩大的治理革命，不断进行自我调整与变革。绩效评估作为一种改进政府治理质量的有效工具在地方政府得到广泛使用。1999年《地方政府法》引入了"最佳价值"（Best Value）审计的强制性外部评价系统，以促进公共服务的现代化和新公共

---

① 刘艳霞，尹旭，张达芬. 英、日地方税体系与经验借鉴[J]. 武汉金融，2016（10）：53-56.
② CHANDLER J A. Local government today [M]. Manchester: Manchester University Press, 2001: 58.
③ 张钢，李廷. 英国地方政府管理[M]. 北京：科学出版社，2015：97.

管理的有效实施。① 2002 年，国家审计署在最佳价值指标基础上进行改进，正式推行了地方政府全面绩效考核（Comprehensive Performance Assessment，CPA），其框架结构主要包括四个部分：资源利用评价、服务评价、综合评价和发展方向评价。2009 年，国家审计署又推出了全面地区评价（Comprehensive Area Assessment，CAA），取代 CPA 体系而开始运行，将国家性指标体系、本地区协议和全面地区评价整合起来，突出强调改善公共服务和提高地方居民的生活质量。2010 年 5 月，英国现任政府废止了 CAA 体系，停止了所有 CAA 评估工作，认为 CAA 体系在评估实践中占用了地方政府大量的资源和精力，这种做法是不可持续的。

英国由于特殊的政治体制，地方政府整体上具有较高的自主权，但由于地方政府分权程度的不同，形成了不同的绩效管理制度。主要包括"中央主导"的英格兰模式、"从中央负责到地方自治"的威尔士模式和"地方自主"的苏格兰模式。② 在英国地方政府绩效评估体系的发展过程中，虽然不同评估体系都呈现出自身的问题，但是极大调动了地方政府提高自身治理水平、提升服务品质的积极性。总的来看，英国地方政府绩效评估的特点主要表现为：一是评估价值取向的多元化。随着变革的深入，英国地方政府绩效评估价值取向从追求节约、效率和效益，更加重视公共服务的质量、公民的满意度、公民参与以及民主等价值观念，评估价值取向逐渐多元化和均衡化。二是评估主体的多元化。评估主体按照评估组织的类型大致可分为官方的评估主体、独立的非官方机构以及公民个体。官方的评估主体主要包括中央政府、上级政府、议会以及审计委员会；独立的非官方机构具有中立、客观、专业性强的特点，如具有中立的学术机构和民间组织所发起的对地方政府的绩效评估；以公民为评估主体，地方政府在治理过程中所提供的公共服务的标准和质量由公民进行评价。三是绩效评估指标的可操作性。英国地方政府不断优化绩效评估指标，在指标设计上从粗线条到逐步细化，不断增加了绩效评估指标的可操作性。在 CPA 指标设计中，国家审计署就根据法律法规以及中央政府对地方政府的具体要求，在充分征求政府官员、专家学者、社会团体以及公众意见的基础上，反复对绩效考核指标进行调整和修订，使得评估指标更加细化，也更加科学合理，能够更加全面准确对地方政府绩效情况进行评估，增强了在应用中的可操作性。

---

① HARRIS L. UK public sector reform and the "performance agenda" in UK local government: HRM challenges and dilemmas [J]. Personnel Review, 2005, 34 (6): 681-696.

② 杨开峰，邢小宇. 央地关系与地方政府绩效管理制度设计：英国实践的分析 [J]. 中国行政管理，2020 (04): 134-144.

4.3 德国地方政府管理

4.3.1 德国地方政府的设置

德国也是一个联邦制国家,德国政府机构分为联邦政府、州政府和地方政府三级。德国由十六个州组成,包含柏林、汉堡、不来梅三个城市州。州不属于地方的范畴,而是具有主权国家性质,各州有自己的宪法、议会、政府、法院,在法律的范围之内拥有立法、行政、司法的自主权。德国的地方政府在整个政府框架中占据着十分重要的地位,其不仅作为联邦政府与州政府的执行机构,独立承担了80%左右的联邦、州法案的执行任务,而且作为地方自治主体,承担了地方的行政事务与财务管理,涉及公共基础设施、水电供给、公共安全、教育、住宅建设等诸多领域。[①]德国地方政府的层级包括作为基层地方政府单位的镇和乡,作为较高层级的县,以及融合了市和县职能的城市县。[②]从法律上来看,州政府和地方政府之间不存在上下级关系。

在德国,地方政府机构主要有地方议会和执行机关。地方议会是地方议事机关,有权力来决定本地区的重要事项。各地地方议会的组成由《地方宪章法》决定,其组成成员的人数由本地区人口数决定,通常是由选民根据地方选举法,按照普遍、直接、自由、平等、秘密的方式投票选举而产生。由于德国地方的高度自治,各州选举法的规定并不一致,议员的产生方式也有所不同。就执行机关来看,各个州的执行机关的名称不同,在黑森州的一些城市执行机构是乡镇执行委员会或乡镇政府,由主席(乡镇长)和其他执行委员组成;在柏林州,其执行机构是县(专区)办公室,由县长和县执行委员组成。地方议会和执行机关之间有着密切的联系,互相监督和合作,而且彼此之间职责的区分有时也不是非常严格。

另外,"由于各州没有统一规定,地方政府在行政机构设置上具有较大的灵活性"[③]。

[①] 王雁红. 德国地方政府跨域合作的经验及对中国的启示 [J]. 国外社会科学, 2019(02): 82-88.
[②] 杨川仪. 地方财政失衡的法律问题研究 [M]. 昆明: 云南大学出版社, 2022: 74.
[③] 肖本明. 浅论德国地方政府行政管理特点 [J]. 唯实, 2006(02): 25-27.

地方政府可以根据社会管理或者公共服务的需要，同时考虑到自身的治理能力，来设置所需要的机构，呈现出了明显的地方色彩，这使地方治理也更具有针对性。

4.3.2 德国的联邦政府、州政府和地方政府的关系

德国联邦制的特点是强调权力的对称分配，政府间责任和资源的共享以及纵向和横向的联合决策，从而形成了一个非常密集和严格对称的政府间关系多边体系。[①]县政府或是乡镇政府是德国基层的行政组织，而不是州政府的下属行政组织。各级政府具有什么样的权力，应该承担什么样的责任，在法律和政策中有明确的规定。地方政府在法律规定的范围内享有自治权，德国基本法明确规定了地方政府自治的原则和保障实施的措施，确定了地方政府作为地方政府自治主体的地位。

地方政府的自治权主要体现为：第一，自主制定地方管理章程。制定地方管理规章，是地方政府自主处理本区域事务的重要手段。县或者乡镇有权在法律允许的范围内对本地区的一切事务做出规定。只要这些规定没有违反州的法律，州就没有权力更改或者否定。第二，自主治理。县或乡镇政府在联邦和州的法律框架内有行政自主权，能够独立处理地方性事务。县或乡镇政府在地区事务中行使职权时，如果违反联邦或者州的相关法律，或者拒绝州委托或者转移其完成的事务，州政府可以对其谈话提醒，或者到法院进行控告。但是，如果县或者乡镇政府认为州政府的行为侵害了其权力，可以依法到宪法法院进行控告，维护自身的合理利益。第三，自主征收地方赋税。与事权相对应，各级政府在税权上也有明确划分，营业税、地产税、消费税等十几种税权赋予地方政府。同时，对属于地方税权范围内的征税项目，地方政府在法律许可范围内可以自主制定税率。第四，自主设置组织权。地方政府可以在法律范围内，就特定组织的设立、组织内部的设置、相关职位的设置、相关人员的编制等事项，可根据实际需要，有自行决定并执行的权力。

州政府和地方政府根据一系列的条例、准则、行政规章、部门规划、开发和投资计划建立起相关职责的复杂体系。地方政府必须履行的法定强制性职责包括：与环境保护和公共卫生相关的职责、消防以及负责普通学校和职业学校等；地方政府自主选择处理的职责包括：一般行政管理、卫生制度、社会制度、住宅建筑和城市规划、交通管理、公

[①] AUEL K. Intergovernmental relations in German federalism: cooperative federalism, party politics and territorial conflicts [J]. Comparative European Politics, 2014,12 (4-5): 422-443.

共服务设施以及文化、娱乐和体育等。在一些混合型公共事务的治理上，如流行病的传染预防工作、流窜犯罪和环境保护等，上下级政府间则建立起了良好的政府间合作，共同开展治理，通过治理资源的有机整合，提高了治理的有效性。

4.3.3 德国地方政府财政管理

根据德国《基本法》的规定，实行三级独立财政管理体制，遵循政府财权和事权相一致的原则，联邦政府、州政府和地方政府在财政管理中都有独立的财权和事权。地方政府在其法定权限范围内，拥有财政事务自治权力和自我负责义务，并且地方财政局不受地方政府的领导。①

地方政府的财政主要收入来源主要包括：①联邦政府和州政府的财政补贴。②共享税。德国将税收数额大、税源稳定的税种列为共享税，由联邦政府、州政府和地方政府按照一定的比例进行分配。共享税主要包括四类：公司所得税（即法人税、公司税）、个人（工资收入）所得税、增值税、利息税和清偿债务及出售转让（财产等）税费。一般情况下，联邦政府每隔3至5年将会根据各州与地方政府的税收能力与财力状况进行评估测算，并根据评估测算的结果、各级政府的财政状况以及总体经济形势对联邦政府、州政府和地方政府之间的分配比例进行调整。每年的分配具体方案会在年初以文件形式确定并公布，如果因特殊情况需要进行调整，须经联邦议会讨论通过，才可以进行调整。③地方政府自行征收的税种，包括营业许可税、工商税、土地税、娱乐税、养犬税及猎钓税等。由于各州人口与经济发展水平不平衡，地方所属的专享税是否开征、税率高低可以由地方政府来确定。④融资借债。⑤出租房屋、土地等方面收入。⑥社会捐款所得的收入。

三级政府之间的事权划分越清晰，各级财政支出的范围也就越明确。德国地方政府的财政支出主要由提供社会服务所主导，主要包括：基础设施建设、区域内治安保护、社会救济与社会援助、幼儿园与小学教育、地市级公路建设、区域内公共交通网络建设与运营、公共事业建设与发展（包括供水、供电、供煤、能源利用、垃圾与污水处理等）、公共福利、文化设施、成人教育、社区服务、地市一级政府机构行政事务与管理、承担法定的联邦以及州政府委托的具体工作项目（如人口普查、突发事件处理等）。②其中，

---

① 周慧,万芷轩,岳希明. 德国政府间财政关系及其借鉴[J]. 经济社会体制比较, 2018(06): 48-56.
② 张东明. 世界主要国家财政运行报告：上·德国[J]. 经济研究参考, 2016(68): 24-47.

由联邦政府或者州政府委托的项目,如公路修建,不是地方政府的财政能够负担的,其所需资金则来自联邦政府或者州政府,由地方政府负责建设。另外,地方政府如果需要承担由三级政府共同完成的任务时,这些共同承担的任务会根据相关规定和实际需要来确定各级政府所承担的资金比例。

4.3.4 德国地方政府绩效管理

20世纪90年代中期,由于两德统一后地方政府面临的财政危机和公共管理现代化,德国一些地方政府开始推进绩效评估。德国地方政府的绩效评估是自主开展的,由地方政府自发探索,将组织绩效、部门绩效和个人绩效的开展结合起来,其主要目的就是改善和提升自身的绩效。比如,德国标杆管理模式的主要特点就是完全基于地方政府自身的主动性和活动进行自我管理。① 具体地,德国地方政府绩效管理的目标就是"描述某种期望的状态、追求的效果或是某种形式的任务的完成,包括理想目标、战略目标、操作目标(年度目标)"②。其中,理想目标是长远的;战略目标是中期的;操作目标是全年的,在管理上是为了要实现预定目标和与员工约定的目标,从产出(成果)及经济效益,测量目标的实现程度。

德国地方政府在绩效评估中主要引入标杆管理和绩效比较。标杆管理是为地方政府部门树立标杆,寻找绩效突出的地方政府指标进行模仿和创新,不断提升自身的绩效水平,优化管理效能与服务水平。在标杆管理中,设立了60项指标,如在市政厅登记需要的时间、制定一份所得税卡的成本以及窗口访客的平均等候时间等。绩效比较是基于财政预算管理定量的成套产品、成本和程序指标。2003年以后,德国的财政预算管理采用的是复式记账法,重视资源的消耗,反映自有资本的增加和减少,其优点是能够更加直观地综合反映出绩效和财政信息。在绩效比较中,基于复式记账法的财政预算管理也就更能够比较容易、清晰地进行绩效比较。

德国地方政府对于公务员的个人绩效考核,称为"实绩考核",每三年进行一次。地方政府参照各州所制定的公务员职业生涯条例,对公务员进行考核,考核的主要内容包

---

① KUHLMANN S, BOGUMIL J. Performance measurement and benchmarking as "reflexive institutions" for local governments: Germany, Sweden and England compared [J]. International Journal of Public Sector Management, 2018, 31 (04): 543-562.

② 唐志敏. 英德两国政府绩效评估比较及启示 [J]. 第一资源, 2011 (03): 153-169.

括工作成绩、专业能力和素质三项。在考核方式上，打破了绩效考核标准应该量化的束缚，依据量化和不能量化的绩效结果提出了测量和评估两类考核方式，同时给出了这两种考核的适用条件。在考核过程中，用于考核的绩效标准是综合的，是根据具体工作情况所制定的，包含量化和不能量化的。考核结果要被记录个人档案之中，关乎公务员个人的实际利益，作为晋升和薪酬调整的重要依据。

4.4 日本地方政府管理

4.4.1 日本地方政府的设置

日本是单一制国家，实行的是中央与地方相对分权的地方自治治理模式。地方公共团体，即"地方政府"，也称为"地方自治体"，既是承担区域内居民代表职能的地方主体，同时也是向区域内居民提供公共服务的行政主体。日本地方自治的历史相对较短，在1947年颁布的战后日本宪法中才被正式承认。[1]

根据地方自治法，地方公共团体是具有法人资格的公共法人，根据自治规模和管辖事务性质的不同划分为普通地方公共团体和特别地方公共团体。普遍地方公共团体包括都、道、府、县和市、町、村，特别地方公共团体包括特别区、地方公共团体组合、财产区和地方开发事业团。

在现行制度上，日本整个国家划分为都、道、府、县，是直属中央政府的一级行政区，相当于我国的省，各个都、道、府、县都拥有自治权。都、道、府、县又划分为市、町、村，市、町、村形成了一个二级行政结构。不过，虽然都、道、府、县包括市、町、村，但是它们在法律地位上没有上下级隶属关系，处于平等的地位。

都、道、府、县所承担的行政事务主要包括：超越市、町、村区域行政的事务；中央政府与市、町、村之间的联系事务及对市、町、村的行政工作的提议或指导；被认为不适合市、町、村行政事务的大型项目。

---

[1] SHIMIZUTANI S. Local government in Japan: new directions in governance toward citizens' autonomy [J]. Asia-Pacific Review, 2010, 17 (02): 99-117.

市、町、村所承担的行政事务，主要是都、道、府、县所承担的行政事务之外的其他事务，主要包括：办理户籍、居民登记、开具各种证明等与居民生活相关的基础性事务；消防、垃圾处理以及公园整建等有关居民安全、保健和保护环境等事务；有关街区建设的事务；各种设施的建设管理等。

根据日本宪法和地方自治法的相关规定，由都、道、府、县和市、町、村组成的地方公共团体，由区域内居民选举产生地方议会和行政机关，由其对区域内公共事务在法律范围内进行自主管理。地方公共团体的基本特点是：①采用首长制，任期为 4 年，其主要权限包括：制定规则、向议会提出议案、预算的调整以及执行、地方税的征收、公共设施的管理等。首长下设各种委员会，具体分管各类行政事务。②议会是决议机构，行使地方立法权，其主要权限包括：可制定修改国家法律允许的有关本地区的法令条件、决定预算、承认决算、决定取得或者出卖财产等。

特别地方公共团体包括特别区、地方公共团体组合、财产区和地方开发事务团。其中，特别区是专指东京都下设的 23 个区，这些区的地位和职能相当于市。不过，由于其全体构成一个大都市，很多本来属于市的公共事务，允许作为都的公共事务来处理。为保持都与特别区及特别区之间的联系，设立都区协议会。都议会或行政首长制定条例或者规定时，需要征求听取都区协议会的意见。地方公共团体组合，是指两个以上的地方公共团体为了更有效地处理某些公共事务，通过协商制定规章，且在得到中央政府许可的情况下而共同建立起来的组织。财产区，是指除法律和政令特别规定的之外，共同拥有一部分财产和公共建筑的市、町、村，为管理、处置这些财产和公共建筑而成立的特别地方公共团体。财产区只有在管理处置相关财产或者建筑物时有法人资格，但不具有管理公共事务的所有权力。地方开发事务团，是为了对一定区域进行有计划的综合开发，综合管理公共事务，两个或者两个以上的公共团体共同设置的专门组织。

4.4.2 日本中央政府与地方政府的关系

在第二次世界大战之前，日本是中央集权的单一制国家。在第二次世界大战之后，日本开始实行地方自治制度，地方自治在宪法中得到了明确的保障，地方自治逐渐建立。地方公共团体在处理地方事务上有了更多的自主性和独立性，中央政府的干预被限定在有限的领域，并尽可能采取技术性的建议、劝告、指导等非强制性的权力性干预方式。

虽然中央政府和地方政府之间的关系在第二次世界之后在法律和制度上有了较大的改变，但是中央集权的现实并没有发生根本性转变，中央政府对地方政府仍保留一定的权威和控制力。中央政府仍通过多种方式对地方政府自治事务进行控制和干预，主要方式包括：①立法控制。宪法虽然保障了地方公共团体的自治权，但同时也规定地方公共团体的行为不得违反法律法令，不得与法律法令相抵触，否则一律无效，市、町、村及特别行政区不能违背都、道、府、县的有关条例，这使得中央可以通过立法对地方公共团体的活动进行控制。②行政控制。中央对地方进行干预和控制最普遍的方式就是行政控制，所采取的形式也是多种多样的。一是内阁对地方政府的行政首长拥有罢免权，都、道、府、县的行政首长对市、町、村的行政首长也有罢免权。二是中央政府各省厅对地方政府行政权行使进行干预，如从对地方官员的考核、录用、奖惩等人事管理方面对其实施影响和控制。三是总理大臣也可以对地方政府自治进行干预，如在特定情况下总理大臣可以直接主持地方选举。③财政控制。第二次世界大战后虽然地方政府在财政上获得了一定的自主权，但是地方可获得和控制的财政范围十分有限，但并不足以支撑地方在履行职能上的各项开支，这使得地方政府对中央财政有较强的依赖，从而中央政府往往通过财政控制手段实现对地方政府的干预和控制，其手段主要包括控制地方预算、控制地方税收、划拨国库支出金和掌管地方公债发放的许可权等。④命令诉讼。命令诉讼是中央政府依据法律对地方政府所采取的强制性控制。地方政府首长在处理中央政府委托的事务时，还要接受主管大臣的指挥监督。当主管大臣认为行政首长违反法令的规定或者主管大臣的处分时，或在管理和执行国家事务中有懈怠行为时，以书面形式责令其限期整改。若不整改，主管大臣可以向高等法院提出就命令实行的事项进行裁判的请求。法院若做出确认裁判，主管大臣则可代替行政首长进行该项行为，内阁总理大臣可罢免行政首长的职务。

为了克服中央集权的弊端，20世纪90年代地方分权改革又进一步展开。1995年7月，日本国会通过了《地方分权推进法》，规定了地方分权的基本理念、基本方针和推进计划，同时设置地方分权推进委员会，其分权改革的主要内容包括：①修改中央政府的统治干预。中央政府对地方政府的干预要限制在最小范围和限度内，同时为保证干预的公正和透明度，设定书面交付、许可认可的标准审查，设定标准处理期间、程序。②设立中央地方诉讼委员会。为处理中央政府对地方政府干预而引发的投诉，在总务省设置中央地方诉讼委员会。当地方政府对中央政府的诉讼不服时，可以向委员会提出申请，对中央政府进行审查。③明确中央政府和地方政府的职能。这些措施缩减了中央政府对地方政府的干预，充实了地方政府的权限。在此之后，地方政府分权改革的重点又围绕扩大地方政府财税权限，扩大市、町、村的自治权力，从都道府县向市町村转移权限而进行，中央政府与地方政府的关系从上下、主从关系不断向对等、合作的关系转变。

4.4.3 日本地方政府财政管理

日本地方政府在财政管理过程中,其事权的划分主要由《地方自治法》确定,财政收支的划分由《地方财政法》和《地方税法》进行规范。①

在各级政府事权的划分上,日本是以所谓的"大地方政府"而小有名气的。②对于事权划分,日本遵循的一个主要基本原则就是,与居民相关的公共事务尽量由地方来负责,地方不能承担的再由中央政府承担。日本地方政府所承担的公共事务基本是涵盖了除中央政府承担的外交、防卫、货币及司法等事务以外的所有内政领域的公共产品和公共服务。日本《地方自治法》对地方自治团体之间的事权又进一步进行了规范,都、道、府、县主要负责处理跨区域的公共事务,同时与市、町、村相关的协调事务与超过市、町、村处理范畴的事务,而市、町、村主要负责都、道、府、县治理范畴之外的事务。

从财政支出结构来看,日本地方财政支出主要有按政策目的的分类和按经济性质分类两种基本形式。按政策目的分类,日本地方财政支出包括分为总务费、议会费、民生费、卫生费、劳动费、农林水产业费、工商费、土木费、消防费、警察费、教育费等;按照经济性质分类,日本财政支出主要包括义务性经费、投资性经费以及其他经费等。

从日本地方政府财政收入来看,与世界其他国家地方财政收入结构类似,其来源形式多样,主要包括地方税费收入、中央政府转移支付和债务融资。③其中,税收是日本地方政府财政收入的最重要来源。在日本,中央和地方都有大量的税种,但是收入规模较大、较为稳定的税种如所得税、法人税、消费税等都属于中央税。在地方税种类中,属于都、道、府、县的税种主要包括都道府县居民税、事业税、地方消费税、机动车税和不动产取得税等;属于市、町、村的税种主要包括市町村民税、固定资产税、特别土地保有税、事业税、都市计划税等。

由于中央政府占有大部分税收,而地方政府却承担着大量公共事务,这导致一些地方政府存在着严重的收支缺口。因而,日本中央政府对地方政府有相应的转移支付,对各地财政情况进行重新调节,保证那些收支失衡的地方能够取得更多所需的财源,使其能够向所辖区域更好地提供公共产品和服务。总的来看,日本中央向地方政府转移支付

---

① 李三秀. 日本地方财政改革及其启示 [J]. 地方财政研究,2017 (12):105–112.
② 陈大柔. 日本地方政府管理 [M]. 北京:科学出版社,2014:152.
③ 邹晓梅. 日本地方政府债务融资管理的实践及启示 [J]. 宏观经济管理,2021 (10):84–90.

主要"由地方交付税、国库支出金、地方让与税、地方特例交付金等构成"①。

4.4.4 日本地方政府的绩效管理

日本的绩效评估的相关概念很多,如行政评价、政策评价、措施评价或者事业评价等,这些概念往往相互替代、混杂使用。

日本的绩效管理最初发端于地方政府的行政改革实践,开始于 20 世纪 90 年代。在 20 世纪 90 年代波及世界的新公共管理运动背景下,同时由于地方政府行政僵化和财政状况恶化的现实,日本在不断推进地方分权等行政改革的同时,也开始推行政府绩效评估,以此来改善市民对地方政府的信赖感、转变政府职能以及优化行政行为。②一般来说,日本三重县是最早引入政府绩效评估的地方政府。1996 年,日本三重县率先开始政府绩效评估,评价侧重于政策评价,重视政策实施过程的评价,旨在提升政策的可操作性和实效性。同年,日本北海道引入了"适时评价",1997 年岩手县和山形县也开始采用该项措施。1999 年,日本地方政府行政体制改革局提议启动"地方公共团体有关行政评价研究会",在 2000 年发布了一份"研究会报告书",该报告对地方自治团体实施绩效评估中出现的问题进行了总结,强调了绩效评估的重要价值。绩效评估逐渐在地方政府推行开来。自 2006 年以来,几乎所有的日本地方政府都建立了政策评估或绩效衡量系统。

日本地方政府绩效评估的实践特点体现为:①具有较强的计划性,提高绩效评估的规范性。地方政府各部门要根据绩效评估的基本准则,制订绩效评估的基本计划,同时根据该计划,明确绩效评估实施的相关事项,这就为有序开展绩效评估提供了基本基准和框架,使后续的绩效评估有章可循,保障绩效评估实践的规范性。②构建明确的绩效评估指标体系。为了使各个主体更有效地参与到绩效评估中去,对评估指标尽量采用量化的办法,这使得绩效评估的操作和结果能够更加简要直观,易于理解。例如,日本神奈川县逗子市就将评估指标采用了尽可能数值化的方式,具体分为投入指标、行为指标、产出指标、成果指标、效果指标等,以此构建了绩效评估的指标体系。③重视公民的满意度。把公民满意度作为实施绩效评估的首要目的。绩效评估中通过建立政府与公民的沟通与回应机制,对公民满意度水平进行调查,进而根据公民的要求制定或修改相应的

---

① 干保柱,刘笑非. 日本地方分权改革与中央地方关系调适[J]. 世界经济与政治论坛,2017(03):44-61.
② 周实. 日本地方政府行政评价制度的特征及启示[J]. 国家行政学院学报,2007(01):100-101.

评估指标。④绩效评价强调结果导向。绩效评估的重点更关注结果的实现，目的在于督促政府提高行政效率，确保政府履行应尽的责任和义务，取得公众的信任。⑤重视绩效评估相关信息及其评估结果的公开，提高绩效评估的透明度。绩效评估坚持公开透明的原则，将绩效评估的运行纳入公众的监督之中，自觉接受公众的监督。

本章案例解读

01 德国地方政府"新治理模式"改革

[案例阅读材料]

20世纪末，德国面临着地方治理的困境，主要表现为组织僵化、效率低下、财政紧缺、参与不足等。为走出困局，德国地方政府进行了一场"新治理模式"的改革，使地方治理绩效有了极大改善。

德国"新治理"模式改革是多重因素共同作用的结果。一是官僚制在德国传统地方行政中的表现及其弊端。传统的德国地方政府采纳了韦伯的官僚制理论，在地方组织建立起了一套严格规范的等级制。在实际的行政管理运作中，负责执行部门性任务的行政单位往往在受到垂直的上级政府控制的同时，也要受到财政、人事等"交叉部门"的控制。久而久之，上级容易对下级过度控制，下级则过分依赖上级，地方工作人员能动性受到限制，地方政府陷入了效率低下和集权危机的困境。二是受到新公共管理运动的影响。从20世纪90年代初开始，德国地方政府财政压力越来越大，在统一过程中产生的大量公共开支使公共债务飞速增加。此时，地方政府的改革者们注意到新公共管理运动倡导的"经济有效的行政"理念，将其视为灵丹妙药，并引入地方治理改革，因此，德国的新治理模式又被称为是"德国版本的新公共管理改革"。三是两德统一后的财政危机"新治理模式"改革的直接动因。从二战结束就开始分裂的德国东部和西部，经过半个世纪发展，社会福利水平拉开了很大的差距。德国统一之后，为了弥补福利水平的差距，德国政府不得不投入大量的资金来负担起原东德的社会福利开支，统一的成本越来越高，各地方政府陆续陷入财政危机之中，地方改革迫在眉睫。

在专门改革咨询机构——KGST（德国"社区管理联合会"或者"市政联合会"的简称）的帮助下，德国地方政府开展渐进式的"新治理模式"改革，分为两个阶段。第一个阶段主要是通过改革政府组织内部的关系，解决官僚制带来的问题，提高行政效率，满足民众对于公共服务的需要，以实现善治。一是在权力分配方面，通过分权来增加中低层行政机构和工作人员的权力，扩大其自主权。二是在公共行政理念方面，减少公共行政中的法治主义，增加公共管理中的经济导向。在预算制定领域，将行政任务定义为政府部门的"产品"，根据行政目标的性质和数量来决定"产出"，将原有的通过法律规范和财政预算进行简单的财政资源的配置的"投入"导向改为根据行政目标及其需求来分配财政资源的"产出"导向。三是"新治理模式"强调要通过预算过程的重新设计，增强议会对政府的控制和影响力，以使行政机关更好地履行自己的职责。四是在地方政府与社会组织间关系上，将地方政府的职责和活动限定在"核心的"功能上，把公共服务提供和公用设施建设等任务交给市场完成。第二阶段主要是总结前一阶段的经验和教训，增加了新的治理主题，包括：提出新的核算概念；将第三部门、公共实体、私人部门都纳入地方治理体系中来；开通电子政务；招募新的地方政府工作人员，引进人力资源培训管理和评估新方法，将绩效评估与薪酬支付联系在一起成为新的激励机制，邀请公民参与政府的绩效评估；进行内部服务的市场化试验等。

经过两个阶段的改革，"新治理模式"改革重新界定了政府、市场、社会组织和民众之间的关系，通过权力下放、引入市场机制、改进预算机制和公共部门的"私有化"等方式，对德国地方治理现代化起到了推动作用。

（资料来源：参见赵卫卫，李媛媛：《德国地方政府"新治理模式"改革的经验及启示》，载《行政科学论坛》，2015年第6期。引用时有删改。）

[思考题]

德国地方政府"新治理改革"对当前地方政府治理改革的启示有哪些？

[案例解读]

扫描二维码查看案例解读

02 美国地方政府的绩效评估

[案例阅读材料]

1. 弗吉尼亚州费尔法克斯郡

费尔法克斯（Fairfax）郡是美国东部弗吉尼亚州北部的一个小型城市，是华盛顿都会区的一部分，市区面积为16平方千米。费尔法克斯郡政府绩效评估项目，被专业协会誉为绩效测量成功的典范。在2005年，国家城市（郡）评比中授予费尔法克斯郡最高绩效测量荣誉证书。

在费尔法克斯郡政府"服务之家"部门绩效考核中，"服务之家"通过七国语言进行客户服务满意度调查，来评估客户满意度，部门的绩效目标包括维持客户满意度、满足地区办公室服务计划和目标。在绩效考核一级指标中，输出指标解释为测量民众服务的数量；效率指标表明每个客户需要的服务工作人员和每个人的成本；服务质量指标表明客户满意度；绩效考核结果表明提升价值即每一个项目目标获得的程度。四个指标之间相互关联，指向服务战略。

费尔法克斯郡政府绩效考核系统成功运作的关键要素包括：①负责的政府和参与意识强烈的民众。费尔法克斯郡政府的权力来源于一个选举产生的监督委员会，这个委员会有权任命郡长，郡长是郡政府的行政首领，对监督委员会负责。郡领导班子致力于推动绩效体系的价值，鼓励广泛的民众参与，同时，领导班子与政府雇员之间一直保持畅通的交流。费尔法克斯郡测量项目的问责和透明度的压力来源于费尔法克斯郡独特的居民特征，费尔法克斯郡居民大都受过良好的教育，很多都在联邦政府工作或者从公共部门退休后，在寻找参与政府管理的机会。②提供安全开放的数据支持。项目组为居民提供用户容易掌握并安全的技术数据管理系统，预算以非常简单的形式公布在网站上，每个民众通过网站指导就能看懂，这激发了民众参与的热情，也给项目组压力，也让他们形成"最合适的预算"。绩效考核数据同样公布，与预算设定数据相比较，评估绩效水平，寻求绩效改善。

2. 加利福尼亚州的圣何塞市

圣何塞市是国际城市/县管理协会（The International City/County Management Association, ICMA）成员，从1999年开始进行政府绩效评价，经过三年时间，建立起了相对成熟并且稳定运转的政府绩效评价系统。在这三年中，圣何塞市更像是开展了一次为期三年的城市发展战略制定及实践探索活动，而这项活动的核心则被锁定在以绩效为基础的"预算规划"和以结果为导向的"服务管理"两大方面。在 ICMA 专家的指导下,市长及政府部门全体成员共同协作,围绕这两个方面开展工作,制定具体的服务计划和评价标准,通过民意调查评价绩效水平。如今该市的政府绩效评价活动已进入周期性循环,每年都会发布相关报告,向民众通报绩效评价结果。

圣何塞市的政府绩效测量工具是在 ICMA 给定的成果投资(Investing in Results,IiR)绩效评价框架的基础上开发出来的。IiR 是一个综合性的评价框架,明确提出要将顾客、政府雇员、管理人员和政策制定者都纳入其中。在此框架之下,地方政府将时间、精力和资源都集中用于在那些顾客想要的服务及结果上。模型由三部分组成:以绩效为基础的预算编制、管理下的竞争活动及组织发展,且三部分是串联关系,能够相互支持。圣何塞市绩效测量考虑了 IiR 框架模型中顾客、政策制定者、管理人员及政府雇员在城市发展过程中的协作关系,将顾客作为绩效评价主体,将政策制定者、管理人员及政府雇员所承担的具体工作与绩效评价指标挂钩。评价指标的内容涵盖了该市城市服务领域(City Service Areas,CSAs)的 7 个主要部分——航空业、运输业、经济及相关产业、环境与公共设施服务、公共安全、休闲及文化服务以及战略支持。这 7 大领域被分解为 77 项核心服务,并进一步细化为 100 多项一线服务事项,最后通过民意调查对这些服务事项的落实情况予以评价。与此同时,IiR 框架模型中以绩效为基础的预算编制、组织发展和管理下的竞争活动三大绩效评价内容也被分解进了圣何塞市的政府绩效测量之中。特别是以绩效为基础的"预算编制",直接被放置在了核心位置。组织发展则被分解为"适应需要""向使命看齐"和"识别机遇"三个方面进行考量。管理下的竞争活动则是以"服务管理"为核心,以"测量手段开发"为工具、以"结果管理"为手段整合进了绩效测量之中。"预算编制""适应需要""向使命看齐""识别机遇""服务管理""测量手段开发"和"结果管理"七大环节构成了推动该市城市发展的滚滚车轮。在这个周而复始、循环往复地推行政府绩效评价活动的过程中,圣何塞市的公共服务水平和质量都有了显著提升,公众对政府的满意度和信任度也不断增强。长期不懈的坚持和巨大的进步使得圣何塞市成为 ICMA 成员政府中实践成绩突出代表之一。

(资料来源:参见秦晓蕾,胡天石:《地方政府民众参与绩效考核:美国经验与借鉴——基于美国地方政府的案例研究》，载《劳动保障世界》，2019年第18期；马佳铮，包国宪：《美国地方政府绩效评价实践进展评述》，载《理论与改革》，2010年第4期。引用时有删改。）

[思考题]

美国地方政府绩效评估的特点有哪些？

[案例解读]

扫描二维码查看案例解读

本章教学案例设计

[案例分析资料]

01 日本东京都和长崎县机构改革和编制管理

东京为日本中央政府所在地，是与北京规模相当的世界级城市之一。狭义上，东京仅指东京都，主要包括23个特别区、多摩地域以及东京都岛屿部，广义上还包括东京都周边卫星都市群相连而成的"首都圈"（东京都会区）。长崎县下辖13市、8町。

东京都和长崎县的机构设置在日本具有代表性，按照其所承担的职能大体可分为三类：一是知事部局。主要在经济社会管理领域设置，如财务部、主税局、生活文化局、都市整备局、环境局、福祉保健局、产业劳动局、建设局、会计管理局等。二是行政委员会。主要在教育、选举、人事、监查、公安、劳动、土地征收等领域，采用委员会+执行机构（事务局或厅）的方式设置，如教育委员会—教育厅、选举管理委员会—事务局、人事委员会—事务局、监查委员会—监查事务局、公安委员会—警视厅。各委员会受知事领导，其委员由知事在获得议会同意后任命。三是公营企业局。主要在城市管理领域设置，如东京都设有交通局、水道局和下水道局，也由知事管理。

东京都和长崎县机构设置和编制管理的基本特点：一是机构总数少。主要原因是其政府机构职能相对综合。如东京都共设有28个知事部局，除环境保护、财政等少数部门外，基本为综合设置。如其福祉保健局大体对应我国民政、卫生健康、医疗保障、市场监管、药品监管、残联等部门；其产业劳动局大体对应我国发展改革、人力社保、文化旅游、农业农村、工业信息化和金融监管等部门。二是内设机构精干。主要原因是其政府管理的具体事务相对较少，许多事务交由社会中介组织（日本称为监理团体）承担。据初步统计，日本都道府县政府部门的内设机构和特别区、市町级政府部门的内设机构平均在10个左右，最多不超过16个。三是领导配备少。如东京都，最多只允许配备1名知事、4名副知事。东京都下辖的23个特别区，基本按1区长、2副区长配备领导，个别比较大的区配备3名副区长。区级政府部门领导配备比例与东京都知事部局领导配备比例大体相当。四是财政供养人员规模相对较小。以东京都为例，2017年，东京都职员人数为166618人，包括知事部局22867人、议会及行政委员会390人、公营企业13037人、警察及消防人员65083人、学校教职员65241人，职员与人口数比例约为1∶80。

东京都和长崎县机构改革和编制管理的主要做法：

一是循序渐进推进行政改革。日本的机构改革是先提出改革目标，然后分阶段逐步推进。如东京都提出了《2020改革计划》，拟分几个阶段（近期、中期、远期）、分层次（总体架构、具体组织形式、工作机制）、分领域（如文化卫生、教育、公共安全、社会管理、经济发展）逐步调整到位。

二是通过下放管理权限、下沉管理力量实现管理重心下移。日本近年来不断强化地方自治制度中的"凡直接与居民日常生活相关的行政管理工作都尽可能由居民身边的政府机构来承担"的原则，修订后的《日本地方自治法》对都道府县与市町村之间的权限划分进一步做了明确：都道府县负责在规模和性质上超出市町村的事务，其他事务均由市町村管理。如目前长崎县正在推进的地域主权改革，其本质也是进一步下放管理权限，建立都道府县、市町村与居民共同管理属地行政事务的"合作伙伴型"行政管理体制。与此相适应，日本通过逐步调整职员定数条例使人员力量进一步向基层倾斜，目前，都道府县与市町村的职员数比例约为1∶0.98。

三是部门间职责界定相对清晰。日本政府部门职责界定不求大而全、但求少而实，其政府部门的主要职责基本采用列条目的方式确定，比较具体，如东京都财政部的主要职责为：负责东京都实施的合同事项的总括管理；负责东京都政府所有车辆的使用及管理；负责东京都议会及都财政相关事务；东京都所有资产的综合调查及使用、负责东京都所有建筑物的设计及施工；负责对各东京局维修维护业务的技术援助、本厅舍等的管理、运营及设施整备等。

四是通过议会审批、财政预算和编制标准相结合精准控制编制使用。严控编制总量，一般由都、道、府、县议会制定《职员定数条例》，规定本级行政机构职员总数和内部各部局职员定数，不得突破。如某个部局因新增职能导致人员力量不足，由部局负责人向知事申请，由知事批准后在各部局间内部调剂职员人数，但本级职员总量不增。同时，政府须每年公布职员数及财政支出的增减变化并标注主要原因，接受社会监督。如果确因特殊原因（如防灾应急需要、入学儿童增加）需要增加职员定数，需由知事向议会提出申请修订《职数定数条例》后才可实施。

五是将机构编制管理与人事岗位管理紧密结合。东京都提出的《都厅组织·人事改革政策方案》中，将机构与人事改革统筹推进，提出通过改革岗位设置、最大限度发挥每个岗位工作人员的业务专长；通过废除冗余的职务层级、构建扁平化管理体制，构筑高效、灵活的解决问题型团队合作执行体制，从而更深层次推进机构改革。要增加职员定数，需由知事向议会提出申请修订《职数定数条例》后才可实施。

（资料来源：参见张凯：《日本地方政府机构改革和编制管理研究——以东京都和长崎县为例》，载《中国机构改革与管理》，2019年第1期。引用时有删改。）

02 日本地方政府广域行政实践：关西广域联合跨域治理

关西广域联合是日本首个在跨府县层面实施广域联合制度的跨域协同治理联合体。关西广域联合自建立后，范围逐渐扩大。2010年12月1日，日本关西地区的两府五县，即京都府、大阪府、滋贺县、兵库县、和歌山县、鸟取县、德岛县，宣布建立"关西广域联合"，成为日本第一个由多府县构成的跨府县协同治理广域联合体。之后，2012年4月大阪府的大阪市与堺市，同年8月京都府的京都市与兵库县的神户市，以及2015年12月奈良县，先后加入该"广域联合"之中。此外，福井县和三重县作为"连携团体"也加入其中，形成了覆盖两府六县四政令市和两个连携县的基本格局。关西广域联合的面积约占日本总面积的9%，人口约占日本总人口的17%，国内生产总值约占日本全国总量的16%。关西广域联合可以说是根据《地方自治法》第二百八十四条成立的拥有议会和行政委员会的日本最大的"地方公共团体"。

关西广域联合建立的目的就是为了灵活应对跨域的公共行政需求，构建更好地推进跨域行政协调的有效机制，促进地方拥有更多事权、推进日本地方分权改革，同时建构更为民主的协同治理体制和机制。关西广域联合的建立，经过了"成员团体协商、规约制定—成员团体决议—许可申请—许可发布—广域联合成立"等程序。在筹备阶段，关西广域联合的筹备机构几经更迭，围绕：①中央与地方的职能分工方式；②地方税、地方财政的改革方向；③广域自治组织的体制机制等问题展开商讨。到建立阶段，筹建机构分权改革推进本部先后召开六次本部会议，在参与成员间达成共识，推动关西广域联合最终建立。关西广域联合下设广域联合议会、广域联合委员会、广域联合协议会、选举管理委员会、监查委员会、公平委员会、信息公开审查会、个人信息保护审议会、事务局等机构和部门，向上能够直接从中央政府手中接受事权让渡，向下能够整合各参与成员和地区资源，推动关西地区的协同治理和共同发展。

关西广域联合是日本跨域治理的实践前沿，是日本逐步发展出的一种广域行政模式、跨域治理模式，关西广域联合则是日本首个从跨府县层面将广域联合制度付诸实践且已经取得一定成效的跨域治理范例，由此形成了一种既可以从中央政府转移承接事权，又能够对区域内地方政府的公共事务进行协同管理的新型中央地方关系。关西广域联合探索建立和实践落实过程中的经验，有以下几个方面可以参考：

一是在渐进变革中，构建"不断成长的广域联合"。关西广域联合从提议、研究、讨论到建章历时七年，呈现出渐进式的改革特征。在筹备阶段，筹建机构凭借开放包容的姿态、准入门槛低、跨域合作形式灵活的优势，充分吸纳域内潜在参与成员，迅速搭建跨域治理的交流平台。拥有较大话语权的各地方政府行政长官在筹建会议中的意见交换和表态促进了关西广域联合建立的实质推进。在建立过程中，柔性制度设计使各府县市既拥有出于地方利益的考量而不参加关西广域联合的权利，也能够以"观察员"的身份参加，待制度成效显现后再正式加入，增强了地区协同治理的制度韧性。从关西广域联合的工作业绩来看，关西广域联合从最易达成合作意愿的，与属地居民生活密切相关的广域防灾、广域医疗和广域产业振兴等七个公共事务领域开始，不断扩充跨域治理的事务领域范围，试图构建一个"不断成长的广域联合"。

二是整合理顺央地关系，打破跨域治理的行政壁垒。在中央层面，《地方自治法》赋予关西广域联合制度合法性，使关西广域联合既能承接中央政府的部分事权，又拥有在域内处理公共事务的权限。在地方层面，关西广域联合率先被确立为关西跨域治理的责任主体，并在关西广域联合议会的监督下，参与成员认为有必要协同处理的公共事务治理权限。在央地关系的处理上，关西广域联合一方面通过设置专门的中央政府派出机构对策委员会，尝试分阶段从中央政府手中转移承接与其相关的地方公共事务处理事权；另一方面通过将公共事务划分领域并交由特定地方政府主导推进的方式，促进了关西广域联合中地方政府间权力的分配与平衡。

　　三是发挥经济团体优势，打造多层级的治理体系。经济团体的影响也是关西广域联合建立和实施过程中不容忽视的重要助力。关西广域联合与相关经济团体不仅一起提出关西地区发展的愿景和方向，还共同向中央政府施压，要求中央政府把部分公共事务和事权让渡给关西广域联合。以关西地区的重要经济团体代表关西经济联合会（简称"关经联"）为例，自关西广域联合建立，关经联就与其在产业振兴、广域防灾和广域医疗等方面密切合作。2012年后，关经联在负责落实关西广域联合具体公共事务的同时，每年至少有两次机会与关西广域联合就关西全域的相关课题及官民合作方式交换意见。以关经联为代表的经济团体和关西广域联合通过打造多层级的治理体系，促进了关西富有个性和充满活力的发展。

（资料来源：参见白智立，刘丛丛，桥本绘美：《关西广域联合：地方分权改革视域中的日本跨域治理实践》，载《日本学刊》，2021年第2期。引用时有删改。）

03 英国"灯塔地方政府计划"

　　20世纪70年代末至90年代初，英国时任首相撒切尔夫人掀起了轰轰烈烈的以私有化、市场化为主要特征的公共行政改革浪潮。自此以后，历届政府都秉承其衣钵，把英国行政改革不断推向前进。1997年，布莱尔首相上台后，提出了包括地方政府在内的政府现代化计划。围绕这一计划，政府采取了一系列的措施，对地方政府而言，其中就包括"灯塔地方政府计划"。

　　"灯塔"（beacon），本为航海用语，指为来往船只提供导航的标志物。英国"灯塔地方政府计划"（以下简称"灯塔计划"）中的"灯塔"是一种荣誉称号，由英国环境、运输和地方事务部颁发，以表彰那些通过评审产生的在某一个方面为公众提供了最优质服务的地方政府。但灯塔政府又不仅仅是一种荣誉,更是其他地方政府学习和赶超的榜样。灯塔计划的设立,为地方政府间互相学习、改进工作提供了一个载体和机会。这一创意首先来自1998年布莱尔首相发表的《政府白皮书》中的一节,即《地方政府:接近人民》。1999年1月,英国环境、运输和地方事务部下发了关于实施灯塔计划的征求意见书,结果大多数地方政府对此持欢迎态度。1999年5月该计划正式出台,由地方政府改进发展署具体组织实施。围绕英国地方政府的主要职能,2000年设立了11个主题:社区安全,现代服务的提供,竞争力和企业,老人问题,教育,规划,健康,社会服务,地方环境质量,青少年问题以及如何最大限度地发挥文化、体育和旅游的作用。

灯塔计划坚持公开公平,参加自愿,注重整体、突出主题、经验共享、强调可持续性的原则。每年3月中央政府确定评比主题,5—7月接受申报,每个地方政府每年可申请三项灯塔称号。要获得灯塔称号,地方政府必须证明他们有良好的总体绩效,而不仅仅是在其申请的服务领域做得最好。8—12月进行评审,评审过程分为三步。首先政府主管部门进行专题初评,环境、运输和地方事务部进行总体绩效的评估;地方政府改进发展署进行其宣传推广计划的评估;然后由独立的顾问小组对申请者进行评审并向主管大臣提供建议,次年3月由主管大臣授予40—50个地方政府灯塔称号。授予称号后至下年3月,获得称号的政府举行各种活动宣传其最佳做法供其他地方政府学习。灯塔政府的评选尽量体现多样化,如城市、农村政府,单一结构和双层结构政府,来自不同地域的政府。灯塔称号可保持一年。

灯塔计划的主要目的是使所有地方政府向某方面做得最好的典型学习,以提高自己提供服务的质量。因此,某一地方政府在申报灯塔政府时,必须提出宣传自己做法、让他人分享经验的具体计划。在获得灯塔称号后,必须按计划举办一系列活动。

(资料来源:参见罗之芹:《英国"灯塔地方政府计划"及其启示》,载《中国行政管理》,2001年第4期。引用时有删改。)

[思考与讨论]

1. 日本地方政府在机构改革与编制管理中有哪些有益的经验？请分析日本地方政府机构改革的主要内容、目标和方法，探讨其对提高地方政府效率和服务能力的作用和局限性。
2. 日本关西广域联合的组织结构和运作机制是什么？它是如何实现中央与地方、地方与地方之间的事权分配和协同管理的？其对我国跨域治理有哪些启示和借鉴意义？
3. 英国"灯塔地方政府计划"有哪些主题？它们反映了英国地方政府的哪些职能和责任？英国"灯塔地方政府计划"对地方政府治理有哪些推动作用？

延伸阅读

国外财政转移支付制度

在美国、英国、德国和日本的地方政府财政管理中，我们发现，要保障地方政府财政的良性运转和地方治理的有效开展，离不开财政转移支付制度的建立。为了更好地了解影响国外地方政府财政支出状况和治理水平的财政转移支付制度，下面分别对美国、英国、德国和日本的财政转移支付制度进行介绍。

1. 美国的财政转移支付

按照使用条件的差别，美国的政府间转移支付分为有条件拨款和无条件的拨款。其中，无条件拨款在拨款比重中大概只占2%，所占比重较小。有条件拨款是中央政府或者州政府为了鼓励地方政府提供某些地方公共产品或者公共服务，促进资源的合理配置，而接受有条件拨款的地方政府必须按照指定用途和方式使用拨款，多数的有条件拨款主要是用于收入保障和医疗保健。在有条件拨款中，又分为分类拨款和专项拨款。分类拨款是资金按照法定公式和指定用途进行分配，资金用途往往限定在某一类公共服务上，如医疗专项转移支付。专项拨款在拨款中占较大比重，又可分为公式专项拨款和项目专项拨款。公式专项拨款是根据一定的公式在各地区之间分配拨款额。公式中要考虑的因数主要有反映需求成本差异的因素（如总人数、人员结构、项目的支出标准等），以及反映财力差异因素（如人均收入水平等）。[①]项目专项拨款通常资助固定或已知时间段内特定

---

① 贾晓俊.美国专项拨款政策在基本公共服务提供中的作用[J].经济学动态，2013（07）：149-157.

公共服务领域的特定项目,如助学金、奖学金、科研补助和培训补助等。

由于美国地方区域间差别不大,因而财政转移支付更多是以专项转移支付为主。为了规范和指导转移支付行为,美国制定并颁布了一套明确的法律和一系列较为科学的财政转移支付计算方法,同时还建立了较为完善的监督机制,以保证转移支付的稳定和公平。

2. 英国的财政转移支付

英国具有比较成熟的财政转移支付制度。地方政府在财政管理中自给能力较差,其支出在很大程度上依赖上级政府的财政转移支付安排。中央政府对地方政府的财政转移支付主要包括专项补助（即专项转移支付）和固定拨款（也称均衡拨款,即一般性转移支付）。专项补助要求地方政府用于专门项目,如城市公共设施、社会治安治理、环境保护等,大约占全部财政转移支付的10%。中央政府在分配专项拨款时,并不细化到具体项目的支出,往往将资金的具体使用权下放给由地方政府,只提出绩效目标。固定拨款一般是与地方政府所承担的事权和居住的人口挂钩,事权或者居住人口越多,所获得的转移支付就越多。

近年来,英国中央财政转移支付大幅缩减,从2015—2016财年到2018—2019财年,中央对地方转移支付总额缩减了超过50%。[①]这一方面是因为英国既有经济下行导致财政不断收紧,另一方面是因为英国中央政府尝试用税收权限下放替代转移支付的方式,用以调动地方政府的积极性。

3. 德国的财政转移支付

德国转移支付制度的设计包括两个维度：横向转移支付和纵向转移支付,横纵结合的转移支付是德国转移支付制度的一大特色。横向转移支付的主体没有上下级隶属关系,是在各州之间以及州内地方政府之间进行的,是财力较强的州或地方政府向财力较弱的州或地方政府进行横向财政转移支付,进而缩小贫困地区与富裕地区之间的财政收入差距,在一定程度上实现横向财政平衡,有利于保持各地区的均衡发展。具体方法是运用公式测算各州与地方政府的财政实力,比较各州或地方政府财政能力指数和财政需求指数,财政实力较强的州或地方政府将一部分财政收入转移给财政实力较弱的州或地方政府。纵向转移支付是指各级政府之间的财政关系,包括联邦对州的转移支付或州对地方政府的转移支付两个层次。就州对地方政府的转移支付而言,其主要手段分为一般拨款和专项拨款,其中专项拨款的比例相对较低。

---

① 马洪范,王浩然. 事权、支出责任与收入划分的国际比较和历史启示[J]. 公共财政研究,2021(03)：29-41.

4. 日本的财政转移支付

日本转移支付制度可分为两类：一般性转移支付和专项转移支付，其主要形式包括地方交付税、国库支出金和地方让与税。

地方交付税是一种税收分享制度，是将一部分中央征收的国税收入按照一定的百分比让渡给地方政府，属于一般性转移支付。中央政府直接对都、道、府、县和市、町、村分配地方交付税，一般都、道、府、县和市、町、村各得一半，其用途可由地方政府自主决定。国库支出金是中央政府为实施特定的公共政策目标而对地方政府的特定项目所进行的补助，属于专项转移支付，其功能主要是引导地方政府的行为，奖励地方政府开展难度相对较大的服务项目，同时也为了体现财政均衡目标，确保重要行政服务的全国平均水平。从内容上看，国库支出金又可分为国库负担金、国库委托金和国库补助金。国库负担金是指中央与地方共同承担的事务中，全部由地方负责办理，中央按自己负担的份额拨给地方经费；国库委托金是指对于本应由中央承办但因发生在地方，按照效益原则而委托地方承办的事务，由中央负担其全部费用；国库补助金是指中央对地方兴办的项目认为有必要予以奖励和资助而拨给的资金，中央或全额或按一定比例负担。[①]地方让与税是中央政府将部分征收的税收再按照一定的标准返还给地方政府，主要有消费让与税、地方道路让与税、石油天然气让与税、汽车重量让与税、航空燃料让与税和特别吨位让与税 6 种。

---

① 李烝. 国外财政转移支付制度及启示 [J]. 中国财政, 2015 (16): 22-25.

第二编
主体内容部分

第 5 章 地方政府管理的逻辑起点：公共物品

学习要求：通过本章学习，能够准确理解公共物品的概念、类型，充分认识地方政府管理的逻辑起点，明晰公共物品的本质属性、供给方式、私人供给的障碍，准确把握地方政府公共物品的供给模式及其优化路径等，同时能够运用相关理论知识对国内地方政府管理相关实践案例进行解读和分析。

任何理论体系的建立都需要确定基本范畴作为理论演绎的逻辑起点。逻辑起点是一门理论或者一门学科的出发点，是理论或者学科体系当中最基本、最抽象、最简单的范畴，由其能推演出整个理论体系的逻辑主线、结构、终点。[①]因此，深入了解逻辑起点，对于地方政府管理理论的发展和体系建构具有决定性作用。逻辑起点是地方政府管理不能回避的首要问题，全面了解逻辑起点有助于深刻把握地方政府管理的内在逻辑关系，进而实现地方政府的科学管理。

5.1 公共物品：地方政府管理的逻辑起点

5.1.1 公共物品的概念

公共物品，也称公共产品，狭义的公共物品特指纯公共物品，是既具有非排他性又

---

① 曾峻. 公共管理的逻辑起点论析——公共管理学基本问题研究之一 [J]. 上海师范大学学报（哲学社会科学版），2003（05）：36-42.

具有非竞争性的物品。广义的公共物品是指那些具有非排他性或非竞争性的物品，一般包括俱乐部物品或自然垄断物品、公共池塘资源或共有资源以及狭义的公共物品三类。① 布坎南将公共物品划分为纯公共物品与准公共物品两种，纯公共物品是指相关群体内的所有成员都可以获得同等的物品或者服务，准公共物品既不是纯私人物品也不是纯公共物品。② 外部性是公共物品与私人物品的主要区别，其中，公共物品的生产与消费具有溢出效应，而私人物品则没有。

1954 年美国经济学家萨缪尔森发表的《公共支出的纯理论》一文首次使用了"公共物品"概念，依据消费非竞争性和收益非排他性的准则，将物品分为私人物品与公共物品。③ 最早萨缪尔森在 1955 年的《图解公共支出理论》中提出"公共物品"概念，认为公共物品是每个人消费这种物品不会导致其他人对该物品消费的减少。同时具备非竞争性与非排他性两个特征的公共物品是纯公共物品；仅具备其中一个特征，或者两个特征都不完全具备却有明显外部收益的公共物品就是准公共物品。

目前学界对于公共物品内涵的研究存在争论，体现为三个方面：一是数量说。萨缪尔森从量的层面对公共物品定义，在现实中很难找到其所定义的公共物品，因此，这一内涵也不被学者广泛接受。二是效用论。支持这一观点的学者们认为公共物品内涵特指其效用属性，即个人对该物品的效用进行评价，而不是物品所具有的物理属性。三是外部性。Holtermann 认为由于公共物品和外部性都存在市场失灵，外部性物品通常被认为是公共物品，但并非所有外部性物品都是公共物品，也并非所有的公共物品都是外部性物品。④ 如，二氧化碳在时间和空间两个维度都存在一定的外部性，但其不一定是公共物品。

尽管不同的学派关于公共物品的概念存在争议，但是人们普遍将公共物品拓展为包含有俱乐部物品、集体物品等在内的广义概念。奥斯特罗姆指出公共物品是与公共相关的事务，也就是除了私人物品之外的所有物品，包括公共池塘资源、俱乐部物品等。⑤ 公共物品与私人物品之间相互对立，可以说，对公共物品内涵所展开的研究实质上也是对

---

① 沈满洪，谢慧明. 公共物品问题及其解决思路——公共物品理论文献综述 [J]. 浙江大学学报（人文社会科学版），2009（06）：133-144.
② 詹姆斯·M. 布坎南. 公共物品的需求与供给 [M]. 马珺，译. 上海：上海人民出版社，2009：47-54.
③ SAMUELSON P A. The pure theory of public expenditure [J]. The Review of Economics and Statistics，1954,36（04）：387-389.
④ HOLTERMANN S E. Externalities and public goods [J]. Economica，1972，139（153）：78-87.
⑤ 埃莉诺·奥斯特罗姆. 公共事物的治理之道——集体行动制度的演进 [M]. 余逊达，陈旭东，译. 上海：上海三联书店，2000：419-430.

非私人物品所展开的研究。

5.1.2 公共物品的类型

公共物品理论将所有的社会物品划分为纯公共物品、准公共物品、混合物品、私人物品。[1]纯公共物品是具有非竞争性和非排他性的物品和服务，如大气保护、国防等；纯私人物品是具有完全的竞争性和排他性的物品和服务，如食品、衣服等；准公共物品是介于二者之间的物品和服务，只在一定程度上具有非竞争性和非排他性，或者只具有其中一个特征，具有外部效应。将准公共物品划分为两类：排他性较强而竞争性较弱的俱乐部物品，和竞争性较强而排他性较弱的共有资源。混合物品同时具有私人物品和纯公共物品（或准公共物品）的特征，如私人接种疫苗，个人对其消费完全属于私人物品的消费，但由此带来免疫力增强则具有正外部性，能改善社会整体健康状况，社会整体对这种正外部性的消费同时又具有纯公共物品特征。

詹姆斯·布坎南和奥斯特罗姆将准公共物品细分为俱乐部物品和公共池塘物品。根据"所有权—消费性质"的可能性组合将物品划分为四种类型[2]（表5.1）：

表5.1 物品类型的划分

	排他性	非排他性
竞争性	私人物品 （面包）	准公共物品—公共池塘物品 （公共草地）
非竞争性	准公共物品—俱乐部物品 （收费公路）	纯公共物品 （国防）

5.1.2.1 纯公共物品的界定

纯公共物品通常具有公益性、正外部性等特征，但是本质特征在于非竞争性、非排他性。纯公共物品具有效用的不可分性，交易参与人无法对公共物品的供求量进行单独调整，例如，卖方甲向买方乙提供公共物品的同时也为自己提供相同数量的公共物品，即集团内所有成员对于公共物品的消费数量是相同的。

---

[1] 吕普生.公共物品属性界定方式分析——对经典界定方式的反思与扩展[J].学术界，2011（05）：73-78.

[2] 王瑶."科斯灯塔"私人供给之谜的重新解读[J].经济学动态，2014（08）：117-125.

纯公共物品只能由政府生产和提供，呈现出自然垄断的特征。纯公共物品具有正外部性，也是生产公共物品目的所在。这决定着纯公共物品具有非排他性，导致外部性不能内部化，进而可能导致市场完全失灵，因此需要政府提供，否则就很难提供出来。

纯公共物品同公共池塘物品一样会由于产权缺位引发市场失灵问题。纯公共物品所具有的消费的正外部性会产生搭便车行为，进而导致生产者的个人利益小于社会利益。

5.1.2.2 准公共物品——公共池塘物品（公共草地）

公共池塘物品是具有竞争性和非排他性的物品和服务，是大自然赋予人类免费使用的物品，与私人物品、纯公共物品、俱乐部物品不同，它们是通过人类劳动所创造的经济物品。公共池塘物品具有非排他性，在消费群体达到某一临界点之前，具有非竞争性，但是在达到临界点以后，新增的消费者将会使原有消费者的消费水平降低，具有较强的竞争性。典型的公共池塘资源主要有公共牧场、海洋资源、公共森林等。

公共池塘物品会由于产权缺位引发市场失灵问题。由于消费的负外部性产生社会成本问题，会导致消费者的个人利益大于社会利益。假如在自由竞争的前提下，由于竞争者过度使用公共池塘物品，将会造成公共池塘物品自身遭到破坏的问题，比如说"公共地悲剧"。

公共池塘物品和纯公共物品有时候可以相互转化，比如，免费公路在车辆较少且不拥挤的情况下是纯公共物品，但是在上下班高峰期车辆较多道路拥挤的情况下就转变为公共池塘资源，因为道路拥挤产生负外部性，一个车辆行驶速度会影响到其他车辆的行驶速度进而造成交通堵塞。

5.1.2.3 准公共物品——俱乐部物品（收费公路）

俱乐部物品是具有非竞争性和排他性的物品。俱乐部物品是由布坎南提出的准公共物品概念，该类物品具有排他性和非竞争性。布坎南认为该类物品的特征是"只要将集体规模限定在小范围内，每个成员可得的消费量不会独立于其他成员的消费量而有所增减"[1]。俱乐部物品的集体规模的理想程度是使成员之间的竞争与合作呈现出激励相同的效果，也就是每一个成员的行为都会对其他成员的行为产生影响。俱乐部物品类似于私人物品能够较为容易地采取排他性措施，同时，只要是获得资格的成员，在出现拥挤效

---

[1] BUCHANAN J M. An economic theory of clubs [J]. Economica, 1965, 32 (125): 1-14.

益以前，对其消费又像纯公共物品具有非竞争性。假如消费群体超过产生拥挤效应所容纳的限度，就会出现竞争性，如收费公路、游泳馆等。

俱乐部物品具有集体产权，归属明确。俱乐部物品的集体产权不同于纯公共物品产权缺失即共有产权，也不同于私人物品的私有产权。俱乐部物品的集体产权中所具有的所有权和使用权相互分离，并且同时归属于俱乐部内部的不同成员所有。例如，甲、乙两人共同出资修建一个羽毛球场，二人可以分别使用，也可以租用他人。而私人物品由于所有权和使用权不能相互分离，只能由一人所有。

俱乐部物品的提供者可以由具有自发性、自愿性的私人社团提供，资金来源主要是专门税（如灯塔税），而不是普通税即国家的强制性税收，俱乐部物品遵循"谁交税，谁受益"的原则。[1]

5.1.3 公共物品作为逻辑起点的理论证明

一是公共物品蕴含着公共管理"公共性"的本质属性。公共物品本质上具有公共性，这是其区别于私人经济组织的关键。公共物品由公共权力部门提供，导致仅仅依靠市场和私人力量难以得到有效的供给。每一社会群体都在消费公共物品，是其生活的必需品。由于公共物品所具有使用上的外部性特征，这种外部性具有正、负之分，正的外部性强调某人消费某种物品的好处却不需要为此付费；负的外部性强调某种物品对他人产生损害，受损者却难以索取补偿。公共物品所具有的外部性特征容易导致"搭便车"现象，这就造成私人群体没有足够的动力去提供公共物品。即使私人群体有能力提供公共物品，尽管对个人来说具有效率但对于整个社会来说是无效率，如国防由私人提供将会造成大量的资源浪费。公共物品的特殊性决定着市场机制不愿、不能提供的物品，需要借助公共权力以集体行动的方式进行统一供给、配置和经营。

与此同时，提供公共物品的目的在于服务于全体社会成员，以实现公共利益为落脚点。公共权力机关提供公共物品的同时，社会成员也承担相应的义务，其中就包括纳税。公共权力机关和社会成员形成了类似于市场交易的行为，即前者提供服务和保护需要后者付费。公共管理注重通过法律、制度的途径对地方政府的行为进行约束，保证公共管理的"公共性"，进而确保公共服务的质量提高。

二是公共物品是地方政府管理的基础和依据。公共物品是地方政府管理过程当中的

---

[1] 王瑶. "科斯灯塔"私人供给之谜的重新解读[J]. 经济学动态, 2014（08）: 117-125.

直接存在物，也就是说公共物品不依赖地方政府管理体系中概念、原理、范畴等，可以独立地存在，它们必须以公共物品为基础和依据，公共物品还可以引申出地方政府管理中的公共组织、地方财政、行政执行等。

三是公共物品揭示了地方政府管理的一切内在矛盾。公共物品所具有的非竞争性和非排他性导致私人供给失灵是公共管理发生的根本原因。公共物品同时具有"公共"和"物品"两种属性，两者之间的矛盾导致"公共"与"管理"、公共组织与私人组织之间不断进行冲突与融合。[1]也就是说基于公共物品在地方政府间、政府和公众间等所产生的矛盾是地方政府不断发展、完善的内在动力和源泉，地方政府管理体系是基于这些矛盾在各种合理的条件下不断发展和完善的。

5.2 公共物品的属性与私人供给的障碍

5.2.1 公共物品的属性

根据萨缪尔森对公共产品的最早阐释以及后来公共物品理论的不断发展，公共物品具有两个关键属性：消费的非竞争性、消费的非排他性。其中，非竞争性是公共物品的本质属性，是由公共物品本身因素所决定的，非排他性是由外在因素如排他技术、意愿等所决定的。我国学者普遍认为消费上的非竞争性和非排他性既是公共物品的必要条件，也是充分条件。[2]

5.2.1.1 非竞争性

公共物品具有消费上的非竞争性，是指在总量既定的前提下，增加一个消费者的数量不会降低原有消费者对于该物品的消费水平，增加一个消费者的边际成本为零。可以说，这类公共产品可以同时让许多人同时且等量地进行消费，每一个个体对公共物品的

---

[1] 曾峻. 公共管理的逻辑起点论析——公共管理学基本问题研究之一 [J]. 上海师范大学学报（哲学社会科学版），2003（05）：36-42.

[2] 刘太刚. 对传统公共物品理论的破与立——兼论后公共物品时代的政府职能定位理论 [J]. 北京行政学院学报，2011（03）：12-17.

消费可以看作是该物品的总体水平,而且个人是将公共物品作为整体单位进行消费的,而不是将其切割成私人物品作为个体单位进行消费。这实际上也可以称为收益的不可分割性,由消费的非竞争性引申出来。

5.2.1.2 非排他性

公共物品具有消费上的非排他性,是指无法或者是难以排除任何人对该公共物品的享用,其中包括不付费者。主要是因为排他技术不可行,或者是排他技术可行但成本太高而没有必要排他。每个人对该产品的消费不会影响对其他人的供给,无法将任何一个享受者排除出去,比如国防,任何人都能享用这一公共物品,假如排除部分群体对该公共物品的享用,将会造成大量的成本损失。

5.2.2 公共物品的供给方式

公共物品可以划分为纯公共物品和准公共物品两种类型,纯公共物品由于其所具有的非竞争性和非排他性决定着该类物品只能由政府进行提供,而准公共物品则可以采取多样化的供给方式,包括政府提供、企业提供、自愿供给、联合供给等,但也需要政府承担相应的补贴与规制责任。

5.2.2.1 纯公共物品的供给方式

纯公共物品由于无法通过收费的方式实现排他性,因此不可能由企业提供。对于纯公共物品的供给而言,由于组织规模的不断扩大,就会使自愿供给机制逐步失灵。缪勒认为:"随着社会规模的增大,一种自愿提供的公共物品的供给不足及其相对供给不足的数量会扩大。因此,为了实现帕累托最优配置,就需要某种机构来协调每个人的贡献。"[①] 某种机构指的就是政府。与此同时,纯公共物品也很难向受惠群体收费,同样会导致市场机制失灵。因此,纯公共物品只能由政府这一主体提供。

5.2.2.2 准公共物品的供给方式

准公共物品与纯公共物品的关键区别在于是否具有"同等可得性",即纯公共物品是向整个社会提供的,每个成员都可以共同享用,而准公共物品则可能只有付费者才能享

---

① 丹尼斯·缪勒. 公共选择理论 [M]. 北京:中国社会科学出版社,1999:16-28.

用,不同消费者之间的消费可能会存在竞争关系。

准公共物品可以划分为多种类型,其供给方式主要分为四种:

一是公共物品的政府供给。由于市场存在失灵,公共物品应当由政府提供。政府供给的主要手段是税收融资。由于部分具有完全非排他性的准公共物品如公共草地,不能阻止不付费的人群进行消费,这种消费行为所造成的外部性需要政府通过财政手段进行一定程度的介入。因此可以说,在市场失灵的领域往往需要政府进行一定程度的干预,由政府部门提供相应的公共物品。公共物品供给的失灵并不意味着政府有能力供给,依据优先次序合理供给。[①]政府提供公共物品的方式主要由直接生产和间接生产两种类型。

二是公共物品的私人供给。私人主体可以提供部分具有非竞争性的准公共物品,但是需要具备合适的条件,即私人组织能够以合适的成本实现排他成本的下降,在介入公共物品供给的过程中能够有一定收益,同时,在制度上,通过技术设计能够确保消费者的消费与收费能够尽量地接近。比如,俱乐部物品在特定条件下由私人提供。公共物品由私人进行供给并不是表明要完全脱离政府,相应地,政府却由此承担着更为重要的职能,如明晰产权、制定合理的税收政策等。

三是公共物品的自主型供给。在日常生活中,自主型供给的例子屡见不鲜。一些不成文的协议、允许成员之间进行交换等方式,都有助于提高公共物品的供给效率,实现资源的优化配置。自主型供给的方式主要有三种:①第三部门的供给,在一定程度上能够代替政府解决很多社会上的问题。②社区的供给,主要是依据受益者所居住的区域提供公共物品。③自愿供给,在现实生活中,有许多自愿供给的例子,如义务献血、志愿者行动。

四是公共物品的联合供给。联合供给强调多元个体共同提供公共物品,通常来说,当边际收益越大、组织规模越大、公共物品具有正外部性的时候,人们愿意加强合作。联合供给能够使公共物品通过有助于私人物品价值的实现,确保生产得以有序进行。有些公共物品的消费与私人物品的消费具有关联性,若二者之间具有较为紧密的联系,就可以实现联合供给,比如,作为公共物品的电视节目和作为私人物品的电视机,二者就是联合供给的模式。

公共物品的供给既可以由政府提供,也可以由私人和组织提供。在现实生活当中,公共物品供给方式呈现出政府供给、私人供给、自愿供给、联合供给四种方式之间的相互匹配与融合。对于广义公共物品而言,供给方式存在着不同的理论解说,其中占主导性

---

① 吕普生.政府主导型复合供给:纯公共物品供给模式的可行性选择[J].南京社会科学,2013(03):69-76

的供给方式如表 5.2 所示：

表 5.2 物品分类与分类供给[①]

广义公共物品	代表性人物	主导性供给方式
纯公共物品	萨缪尔森	政府供给，联合供给
俱乐部物品	布坎南	私人供给，联合供给
公共池塘资源	奥斯特罗姆	政府供给，自愿供给，联合供给

5.2.3 私人供给的障碍

由政府提供公共物品，每一个人都能够从中获得收益，但是如果由私人市场提供公共物品，就会造成公共物品的数量小于最优数量甚至为零，容易出现"公共地悲剧""囚徒困境""集体行动的逻辑"[②]。由政府提供公共物品符合效率原则，在于其能够有效解决"搭便车"问题。

5.2.3.1 "公共地悲剧"

"公共地悲剧"强调公共财产的无效使用，也就是说作为理性经济人的个体都有动力去享受别人提供公共物品所带来的好处，却有虚报需求以逃避分担成本的动机。1968 年英国生物学家哈丁设想了一个"向所有人开放"的牧场，从理性牧羊人的角度进行考察，每个牧羊人都会从放养牲畜中获得直接收益，若存在过度放牧，只需要承担部分公用地退化成本，每个牧羊人都有增加越来越多牲畜的动力，因此就会造成"公共地悲剧"。这也就是说，这类公共物品在被消费时，当人员超过一定的数量，该类公共物品的非排他性就会呈现出对抗的特征，多一个人消费就会妨碍到其他人的消费，减少其他人消费的效用，进而造成拥挤。[③]

5.2.3.2 "囚徒困境"

"囚徒困境"描述的是当两个个体合作的时候会获得最大利益，但是他们之间有可能

---

① 沈满洪，谢慧明. 公共物品问题及其解决思路——公共物品理论文献综述 [J]. 浙江大学学报（人文社会科学版），2009（06）：133-144.

② 刘志铭. 公共物品的私人提供与合作生产：理论的扩展 [J]. 生产力研究，2004（03）：24-25，28.

③ 涂晓芳. 公共物品的多元化供给 [J]. 中国行政管理，2004（02）：88-93.

选择不合作。比如，某一农村地方只有甲乙两户人家，为加强与外界的交流，需要修建一条公路。假如修路成本为 4 单位，各家从修好道路得到的好处为 3 单位。若两家共同出资修路，则双方各出 2 单位；若只有一家出资，则需独自出资 4 单位，双方的支付矩阵如表 5.3 所示。

表 5.3　道路修建与否的支付矩阵：囚徒困境的博弈

修路博弈		乙	
		修	不修
甲	修	1, 1	−1, 3
	不修	3, −1	0, 0

可以看出，"囚徒困境"运用到公共物品的私人供给过程当中，是指在公共物品的私人供给过程中，尽管提供公共物品将会给双方带来更大的收益，但是作为理性经济人的个体为了实现个人利益最大化，往往选择不提供公共物品。这就需要政府进行专业的协调与管理，为此，提供公共物品是政府重要的职能之一。

5.2.3.3 "集体行动的逻辑"

"集体行动的逻辑"强调在一个集团内部，集团的收益具有公共性，即无论集团内的成员是否付出成本，集团内的所有成员都能够均等地分享收益，这就容易造成集团内的每一成员都想搭便车。如果想避免坐享其成的行为，除非集团内的成员很少或者采取强制手段确保个人以集体利益行事。同样，运用到公共物品的私人供给中，由于公共物品的外部性容易产生搭便车行为，和私人注重追求个人利益最大化的本质属性，导致由私人提供公共物品的可能性很小。

综上所述，随着公共物品理论的不断发展，尽管由政府提供公共物品具有经济效率，但并不是说所有的公共物品只能由政府提供。在公共物品的供给关系当中，政府是公共物品的主要提供者，但是并不排除在考虑效率的前提下由私人或者是公私合作的方式进行提供。在实践中，人们发现在公共物品的诸多领域，由私人或者是私人间进行合作也能够有效地提供公共物品。政府也不一定直接提供公共物品，政府通过财政补贴或者税收优惠等方式进行干预，或者采取合约的方式最终由私人部门或者非营利部门提供公共物品。

5.3 地方政府公共物品的供给模式与优化路径

长期以来，传统的公共物品理论认为公共物品只能由政府供给，而公共物品的过度使用容易造成使用上的"拥挤"。探讨地方政府公共物品的服务供给模式创新，是有效解决地方政府财政困难和提高服务供给效率的有效途径。

5.3.1 地方政府公共物品的供给模式

地方政府基本掌握所在地区的绝大部分公共资源，并提供相应的公共物品服务。地方政府公共物品的供给模式主要包含权威型供给模式、商业型供给模式、自主型供给模式。①

一是权威型供给。公共物品的权威型供给特指政府供给，政府对公共物品的供给和公共利益的实现具有公共责任，政府能够提供私人部门无法完成的任务。一类是政府提供管制性公共物品，如法律法规、质量标准、价格标准等，这类公共物品需要政府依据公共权力采取强制性的方式供给。只有政府拥有合法的公共权力，或者是政府委托授权的其他行为主体可以供给，否则其他主体难以实现供给。另一类是保障性公共物品如社会福利院，尽管这类公共物品可以由第三部门提供，但是他们的力量往往有限。而政府则可以通过权力提供，如政府基于强制性的公共政策推动环境保护建设，也可以通过提高环保意识的非强制性方式减轻环境污染。

二是商业型供给。公共物品的商业型供给特指私人供给。表现为通过联合的方式实现公共物品供给，针对相互关联的公共物品消费和私人物品消费，如电视机是私人物品，电视节目是公共物品，二者之间联系较为紧密，可以通过联合的方式提供。还表现为俱乐部的供给方式，俱乐部物品是准公共物品，在一定条件下具有私人物品特征，在某种形式保证下可以由私人提供。

三是自主型供给。公共物品的自主型供给受益范围有限，为满足国民消费价值的多

---

① 涂晓芳. 公共物品的多元化供给［J］. 中国行政管理，2004（02）：88-93.

元化，由市场或者集团组织更容易提供此类公共物品。包含第三部门的供给，在社会管理与发展的部分空白领域第三部门能够代替政府很快解决问题，且比政府做得更有效。包含社区公共服务的供给，主要依据受益者所居住的社区或者从事的行业提供公共物品，容易实现消费与生产的有效联系，但是社区并不能提供所有的公共物品，主要针对社区性公共物品。此外，自主型供给还包含自愿性供给，通过自愿贡献提供公共物品，如义务献血行动，自愿性供给符合文明社会的道德准则，是在良好社会风气下的自愿行为。

5.3.2 地方政府公共物品供给模式的优化路径

不同的供给模式反映着不同治理主体间关系，多中心化已经成为未来公共物品服务供给的发展方向。加快推进地方政府公共物品供给模式的优化，就要实现以政府为主体的公共物品供给主体多元化。如何优化多元主体在地方政府公共物品供给服务体系中的权责和互动过程，充分发挥各主体的比较优势，成为公共物品供给模式优化的路径选择。

一是加强公共物品多元供给协作机制建设。公共物品供给主体多元化强调供给主体不仅包含政府，还包括市场、非政府组织。通过建立公共物品多中心供给机制与互补机制，推动政府、市场、非营利组织之间的协调，实现资源优化配置，推动公共物品有效供给。政府通过优化政策建设，为多元主体参与公共物品服务供给提供畅通的渠道。通过合同外包、委托代理、内部市场等多种方式积极鼓励企业和其他社会力量等多元主体有序参与公共物品服务供给，实现有效率、公平性的多中心供给。政府主要承担具有基本功能的公共物品服务供给，企业和其他社会力量等根据公众多样化的需要提供多层次、多种类的公共物品服务供给，多元主体相互协作，全面提升公共物品服务供给的能力和效率。

二是充分发挥政府的主导作用。政府的职能是提供公共物品，而不是生产公共物品。政府要充分发挥公共物品供给的"掌舵"功能，包含有决策、控制、监督功能等。政府提供公共物品可以划分为直接生产和间接生产的模式。[1]直接生产是指政府以相关部门或者直接控制的企业直接提供。间接生产是指政府以预算、政策安排等方式将公共物品委托于私人企业或者非营利组织进行生产。以间接生产的方式提供公共物品能够将政府的决策与执行职能相分离，供给效率高。我国地方政府要重视推行公共物品的间接生产，具体来说表现为政府与私人企业进行合作，通过与企业签订承包、租赁合同或者是颁发特

---

[1] 刘志铭. 我国公共物品的政府提供机制及改革 [J]. 经济纵横，2003（11）：29-32.

许经营证的方式，委托私人企业提供公共物品。对于非垄断性行业，政府通过出售股份吸收私人资本，由企业进行直接投资的方式提供公共物品。

三是推动市场主体和第三部门的积极参与。优化政府与市场的关系，充分发挥市场主体作用，在公营机构与私营机构之间引入竞争机制，通过深化政府采购制度，扩大采购范围，通过招标、规制等办法选择合理的市场化主体，打破政府在公共物品供给上存在的垄断局面，推动引入竞争机制不断提高服务水平。此外，地方政府部门应当逐步通过制度建设，完善对社会力量的分类登记、监管等，通过补贴、财政优惠等方式推动第三部门的发展，明确其在公共物品服务供给中承担的权利和责任。可以采取政府与第三部门合作的方式，即政府通过与第三部门签订合同或者是特许经营的方式提供公共物品。还可以由第三部门独立提供公共物品，即依靠会费、私人捐赠等方式组织社会公众参与公益事业，如自愿组织、慈善基金会等。除此之外，要畅通公众参与公共物品供给的路径，包括供给内容决策、供给过程监督等，全面提高公众参与的有效性，不断提高公共物品服务供给质量。

本章案例解读

01 景区免费开放折射公共物品的价值回归

[案例阅读材料]

海南三亚市政府于 2023 年 5 月 26 日举行新闻发布会宣布：三亚天涯海角游览区将于 6 月 1 日起对国内外游客和市民免费开放。届时，市民游客可通过微信、美团、支付宝等线上平台搜索"天涯海角游览区"，点击"0 元购票"链接，提前预约后持本人身份证等有效证件即可核验入园。这是继鹿回头风景区、大小洞天旅游区免费开放后，三亚开放的又一免费入园的旅游景区。

有效地提供公共物品和公共服务，满足社会的需要，是政府职能的体现。近年来，我国多地有步骤地推进旅游景区免费开放，尤其是像城市休闲公园、文博院馆等具有公益性质的景区，折射出这类公共物品的价值回归。从我国地方政府实践来看，最有影响力的当属杭州西湖的免费开放政策。

从 2002 年国庆节开始，杭州西湖免费向社会开放。经过 20 多年的实践，打消了人们的质疑，取得了不错的效果。杭州城市的环境改善了、知名度提升了、旅游业发展了，实现了经济社会发展的良性循环。西湖免费开放所反映出的这种政府"花小钱办大事"的发展思路，引发了对政府如何科学有效提供公共物品、满足社会公共需要的思考。

公园的免费开放切断了公园的收费来源，要维持公园的运转，需要公共财政的支撑，否则，公园得不到维护和保护，公园的免费开放就会进入困境。杭州免费开放西湖后，政府对西湖不是不管，而是加大治理和管理的力度，对西湖进行了全面综合治理，提升西湖的品质。"上有天堂，下有苏杭""天下西湖三十六，最美在杭州"。杭州西湖的美名在外、源远流长，但这种美是长期的保护和历史文化的积淀形成的。因为西湖一带以前是海湾，是钱塘江的泥沙冲击而形成的。隋唐以降，随着京杭大运河的开通，经济重心南移，杭州才发展起来。历史上历朝历代对西湖多次进行整治，大家比较熟悉的有白居易治理西湖，解决了农业的引水灌溉和百姓的日常饮水问题。还有苏东坡对西湖的治理，留下了苏堤和三潭印月。21 世纪以来，政府公共财政加大对西湖的治理，凸显公共物品的公共性。先后对南线进行整治，拆除了公园之间的篱笆和围墙，贯通了六公园、柳浪闻莺、长桥公园，整修了湖边的道路，恢复重建了雷峰塔，使雷峰夕照得以重现；对西线进行拓宽，把湖水向西延伸，恢复了浴鹄湾、茅家埠等景点，重修了杨公堤，再现了杨公堤上的"六桥烟云"；对北线进行改造，把北山街上的古宅老房全面翻修，把曾经出租私人改为会所全部收回，根据民宅的特点和当年的布局，有的改为博物馆、展览馆、纪念馆，有的改为园林，有的改为宾馆饭店、咖啡馆，向市民和游人开放；定期对西湖进行清淤，引进钱塘江的水，变平静的湖水为流动的活水，改善西湖的生态。从 2001 年到 2011 年，杭州市连续十年实施西湖综保工程，恢复了西湖"一湖双塔三岛三堤"的历史大格局；拆除了影响西湖景观的 60 万平方米建筑，搬迁了景区内 265 家单位、2791 户居民；恢复了 90 万平方米西湖湖面；恢复建设了 100 万平方米公共绿地；完成了西湖疏浚工程以及引配水工程；恢复、重建、修复了 180 余处人文景点。应该说，杭州市政府对西湖及周边环境的维护改造、整理修缮是空前的。

同时，杭州市政府加大了城市基础设施建设，大力改善西湖周边的交通。西湖免费开放还要方便市民和游人的出行，既进得了，又留得住。政府在西湖公园和环境治理的同时，加快了交通基础设施建设，改善公共交通，推广绿色交通，鼓励低碳出行，方便市民和游客。一方面是加快改善城市的道路建设。杭州市政府把城市道路建设作为为民办事、提升城市品质、增强竞争力的有效手段，先后推出"三口五路""一纵三横""背街改善""庭院整理"等民生工程，以改善城市的交通道路。另一方面是大力发展公共交通。作为公园和旅游景区，为保持青山绿水、蓝天碧云，增强西湖的吸引力，杭州市加大对西湖的环境治理，推广发展公共自行车，政府购入大批公共自行车，在城区和公园设置公共自行车投放点，免费出租供市民和游人使用。投入使用电瓶车，在西湖四周循环运转，供市民和游人自由乘坐。引入新能源汽车，淘汰污染落后的公共汽车，把公共汽车改为新能源汽车，减少汽车尾气对西湖周边环境的破坏。同时加强西湖周边的管理，强化保安、保洁、绿化等工作，给人舒心和美化的感觉，使市民和游客更放心、更安全。

政府投入是为了有更好的产出，包括经济、社会两方面。为了保护西湖，政府的投入是不遗余力的，尽管这种公共投入看不到直接产出、没有直接的经济效益，但间接的社会效益出现了：西湖周边的环境改善了，西湖变得越来越美，来杭州旅游的人越来越多，杭州在国内外的知名度越来越高，2011年西湖还被联合国教科文组织列为世界遗产名录。几年的实践，西湖的免费开放，虽然政府的门票收入减少了，但杭州的旅游业却发展了，这是由旅游业的特殊性所决定的。旅游业作为新兴的产业，被称为无烟产业，不仅仅通过门票收入，其发展带来的人流带动了物流、资金流、信息流等，进而带动宾馆饭店、餐饮购物、交通运输等产业的发展，具有很长的产业链和很大的带动作用。发展旅游业不能只看到门票一块收入，更要看到旅游业的带动效应。西湖免费开放，政府减少的是门票收入，这是小钱，但通过小钱的"四两拨千斤"产生了大钱，发展了杭州的旅游业，提升了城市的管理水平和服务水平。2022年，杭州市全年旅游休闲产业增加值929亿元；旅游总收入1298亿元；旅游总人数8058万人次，其中接待入境过夜游客9.6万人次。同时，由于西湖免费开放，杭州投资环境得到改善，吸引了大量的外来资本和高素质人才，新经济迅速崛起，使杭州和北京、深圳等一线城市一样，成为最有活力的新兴城市，产业得到了转型，经济保持了持续健康稳定发展。

（资料来源：参见余丽生：《西湖免费开放折射公共产品的价值回归》，载《财政科学》，2017年第3期。引用时有删改。）

[思考题]

旅游景区属于公共物品吗？杭州西湖景区免费开放的成功实践对地方政府提供公共

物品有何启示？

[案例解读]

扫描二维码查看案例解读

02 私人灯塔供给之谜

[案例阅读材料]

灯塔服务对航海有着至关重要的作用，但由谁提供一直以来都是一个难以解决的问题。灯塔为过往船只提供了照明，保证了船只的航行安全。而灯塔的提供者也希望在为船只提供照明服务的同时能够从中收取相应的费用。然而，一般情况下，受益船只不会选择付费。由此，搭便车的情况也就较为普遍。由于搭便车行为的存在，理性自利的人一般不会为集体利益的行动付出成本。在萨缪尔森的论点中，私人企业不可能提供免费的服务，所以必须由政府提供灯塔。科斯则提出了不同见解，科斯在《经济中的灯塔》一书中通过对英国灯塔制度历史演变的研究得出结论：灯塔可以由私人提供。他认为，市场有失灵的时候，政府的手段也是不完美的，这个时候就要比较政府与私人之间提供公共物品的优劣，并有所倾向地选择私人提供。

科斯灯塔是指英国历史上从1513年到1898年之间由私人和私人组织建造的灯塔。其中，从1513年到1842年科斯灯塔主要由私人建造为主；1834年之后领港公会开始取代私人成为建造科斯灯塔的主体，领港公会是建造和维修灯塔且对公众负责的私人组织。1898年以前私人灯塔占主导的一个重要原因在于灯塔的功能主要是用来导航。在这之后，由于船舶自动识别系统（AIS）等航海新技术的出现，船只可以通过自身导航而避开有暗礁的水域，这使得灯塔的导航作用逐渐退化。灯塔的功能随之转变为蕴含一国历史文化的观光价值与国家之间宣誓争议海域主权象征的地理坐标，1898年以后科斯灯塔演变为政府灯塔。需要进一步说明的是，1898年以通用灯塔基金的设立为标志，私人灯塔结束了其在英国历史上的主导地位，政府从此成为灯塔的提供主体。

科斯灯塔的建造过程可以进一步审视灯塔的集团特征。根据科斯提供的历史材料，私人建造灯塔的过程是，船主和货运主需要在特定海岸建造灯塔，并将愿意支付使用费的签名请愿书交给枢密院,枢密院授权领港公会建造和经营灯塔,领港公会既可以自己提供灯塔又可以将灯塔专利权出租给基于"盈利的前景"而有强烈动机建造灯塔的企业家。科斯特别强调灯塔消费主体十分明确的人数和身份:"300 名船长、船主和渔民请求他们在温特托立一座灯塔",尤其是,请愿书"签名是通过正常渠道征集的,而且毫无疑问,它们代表了人们的心里话"。此外,范·赞特还补充指出,"在英国,灯塔专利权持有者在议会政治中一直是极有影响力的小集团。他们有能力向享受灯塔服务的使用者收取通行费而不必将征税权诉诸政府来强制执行"。

科斯灯塔对于克服集团外船只搭便车者采取相应的举措:一方面,灯塔专利权授予灯塔所有者拥有对灯塔使用费的强制征收权,这相当于选择性激励中的"经济压力"。没有"灯光通行证"的船主会被禁止靠近灯塔发出的光亮所覆盖的水域。海关官员(即征税员)通常代理灯塔所有者收取灯塔使用费。船只进入港口时,船长需要呈交灯塔使用批准证书。征税员可以登船审问船长并要求支付应付款。"倘若船长逃避付款,他可能会受到逮捕的威胁并被拒绝提供灯塔的领航服务,或者被没收批准证书而禁止进入此海域"。另一方面,英国社会的宗教热情和慈善活动极大地激发了民间团体的合作精神,这使得私人灯塔可以通过"社会压力",使受益者产生为维持灯塔运营而主动捐款或交纳通行费的强烈愿望。也就是说,宗教热情极大地促进了集体的合作行为从而抑制了个体基于机会主义动机产生的搭便车行为。

(资料来源:参见李玉峰,曾南权:《"科斯灯塔"VS"私人社区":私人提供公共物品的制度安排探析》,载《领导科学》,2016 年第 9Z 期;王瑶:《"科斯灯塔" 私人供给之谜的重新解读》,载《经济学动态》,2014 年第 8 期。引用时有删改。)

[思考题]

科斯灯塔属于公共物品吗?为什么?

[案例解读]

扫描二维码查看案例解读

本章教学案例设计

案例分析材料

01 深圳市共享单车破解"公地悲剧"之谜

作为公交都市建设示范城市和中国特色社会主义先行示范区，深圳是全国最早提出鼓励引导和规范共享单车良性发展的城市。深圳市共享单车始于2016年10月，高峰时有10家共享单车企业运营超过100万辆单车。为了应对共享单车无序蔓延的空间监管问题，2017年9月政府暂停新增投放，单车企业和使用量大幅减少。2018年4月后单车供给和使用处于相对稳定状态。在充分尊重市场和公民自由的基础上，深圳市建立了政府、市场、社会协同治理机制，实现了共享单车公共空间有序使用的治理目标，成为公地悲剧多中心治理的典型。深圳市在公共空间治理过程中，地方政府追求社会经济发展和社会秩序稳定，通过建立制度框架秩序化公共资源；企业追求利益最大化，并在逐利过程中，对政府公共政策进行适应性调整和反向干预；公民追求出行便利和公共环境的舒适，通过市场行为影响企业市场竞争，通过公众参与、用脚投票等影响政府决策。三大主体追求各自目标，并在互动博弈中达成统一的目标：市场有序化、公共空间使用规范化。

地方政府的行动策略表现为制定规则与框架。深圳从2016年12月开始，持续通过立法等形式建立了共享单车发展的宏观框架和行为规则。2017年1月深圳市交通运输委发布《深圳市自行车停放区（路侧带）设置指引》，确定了城市公共空间中可以设置为停放区的空间边界，并通过画线、设置标识、鼓励企业设置电子围栏等方式引导共享单车在划定区域停放。在此过程中，不断明确基础设施与车辆技术标准、共享单车使用行为规范、企业服务标准等要求，确定了政府多部门多层级之间的权责关系，并建立行动规则保障政策与制度的落实。通过划定边界、建立服务信誉考核、信用管理与分级制裁机制、多部门协调与多级联动机制等方式实现共享单车的共治共管。深圳还通过建立市—区—街道—社区之间权责明确、沟通及时的联动机制，减少科层制存在的信息传递成本和误差风险。

企业的行动策略表现为促进市场竞争与约束。企业为了获得入场资格，在政府制定的各项服务和运营要求下，结合自身条件和利益进行调适，逐渐形成了相对统一和规范的运营服务和用户约束规则。规则约束下的企业经过市场的自由竞争,实现资源优化配置和价格体系调整。在企业竞争方面,2017年下半年开始,全国各地陆续加强共享单车监管。激烈的市场竞争和资本策略调整导致共享单车企业数量锐减。在运营主体数量上,2016—2019年之间,全国共有77家共享单车企业成立并投入运营,累计投入2300万辆共享单车,其中具有区域和全国影响力的33家,至2019年7月,只剩下不到十家企业还在正常运转。在单车数量上,深圳市最高峰时有10家共享单车企业同时运营超过100万辆单车。截至2019年9月,深圳共有48万辆共享单车,实际可用车辆约37万辆,日均使用率为84.9万人次,车辆日均周转率1.8次。2020年6月,仅有美团单车(原摩拜单车)、青桔单车和哈罗单车三家企业在深圳拥有正式运营牌照。在共享单车价格变化方面,共享单车企业多次调整单车使用价格。摩拜单车自2018年以来,已连续2次调价,从半小时0.5元上涨到1.5元,1小时骑行需要2.5元,摩拜深圳公司在2019年7月调价后已实现盈利。哈罗单车也于2019年4月调价,每15分钟需1元。这样的价格可以更真实地反映企业的运营成本,尤其考虑到政府对共享单车服务要求和惩罚的规定。政府提出的行为规则迫使共享单车企业增加运维投入,间接实现共享单车占用公共空间的负外部性成本内化到企业成本中。

公民与公民组织的行动策略表现为加强监督与反馈。相较于政府和企业在共享单车治理中的制度化,公众以消费等市场行为对企业的行动进行反馈。例如,居民通过减少非必要共享单车出行等对价格调整进行反馈。

在深圳共享单车案例中,相对于传统的权威型治理,政府虽然保留不可撼动的主体地位,但更多的利益相关者、社会组织、个人参与到管理中,兼顾了多方的利益诉求,形成了多个权力中心交流互动、互相监督制衡的治理格局。这为我国共享经济下的公共空间治理,避免公共空间的"公地悲剧"提供了有益探索。

(资料来源:参见黄玖菊,林雄斌,杨家文等:《城市公共空间"公地悲剧"治理:以共享单车为例》,载《城市发展研究》,2021年5期。引用时有删改。)

02 浙江省温岭市公交改革的实践与探索

公共交通是一项重要的基础设施和大众的出行方式,其社会公益性特征非常明显。随着经济社会的不断发展，轿车进入了寻常百姓家，成了人们的重要代步工具。社会车辆的快速增长，导致交通拥堵越来越严重，交通容量和交通需求的矛盾十分突出，行车难、停车难成为"城市病"的重症之一。在一个城市变得越来越"拥挤不堪"的现实面前，"公交优先""城乡公交一体化""绿色交通"等一系列改革，就成了各个城市破解交通困局的一大战略。浙江温岭市开启了公交"民营化经营、政府购买服务"的改革模式，以有效应对市场趋利的本性与公交的公益要求难以兼容的问题，改革之前的私营化管理模式存在多种问题，如班次少、准点率低、服务质量差、票价高、乱涨价等。

为了应对这些问题，市政府及相关部门组织召开专题会议，把公交改革纳入政府的年度重点工作。浙江省温岭市于2012年8月3日，出台了《公交车民营化经营、政府财政购买》的方案，在温岭市市长办公会议上予以通过，并决定于2012年9月30日起开始实行。政府购买服务是指将原来由政府直接提供的、为社会公共服务的事项交给有资质的社会组织或市场机构来完成，政府再按照既定的标准，对其提供服务的数量和质量进行严格的考核评估并支付相关的服务费用。政府购买公共服务的目的是借助社会或市场的力量，发挥其效率和专业化的优势，用来解决"不完全竞争市场"中公共物品的低效率问题。政府购买服务意味着将一套以前与竞争无关的经济行为推向竞争，而不涉及产权的变更，是一种新型的公共服务模式。2012年8月6日，温岭市人民政府出台了《关于进一步加快城市公交发展的通知》，决定采取：落实财政政策、优化线路布局、严格班次管理、提升车辆品质、实施动态监管、实行低价乘车和强化考核监督七方面措施，优化城市公交运营管理机制。与其他地区相比较，温岭公交改革最大的特点城市公交实行"高票价、高折扣"。温岭城市公交实行2元的统一定价，比原来1.5元高出0.5元，但刷卡消费实行高折扣，60至69周岁老年人和学生卡享受4折优惠，市民卡享受5折优惠。其目的就是鼓励市民刷卡消费，政府的财政补贴就体现在刷卡消费与票价的差额上。

"民营化经营、政府财政购买"的核心在于——财政补贴的准确计量和服务质量的严格考核。在公交改革"国有化公交公运""股份合作运营"和"民营化经营，政府购买服务"三种不同的模式中，温岭选择了第三种模式。在温岭的改革中，一方面实行"高票价"，将城市公交的票价从原来的1.5元提高到2元，其用意是向市场运价靠拢，让企业有利可图，同时又对刷卡消费的予以"高折扣"，其差额部分由财政"买单"，通过刷卡消费将公交财政补贴分享到每一个人身上,使"公益性"得以体现;另一方面又鼓励使用新能源、节能环保型车辆,对新增及更新经交通运输管理部门认可的车辆予以部分的财政补贴,较好地处理了政府与企业之间的关系。通过智能公交建设,GPS 定位、车载视频实时监控等信息工具的运用,使公交的服务质量要求以严格考核。

温岭的公交改革,在坚持公交民营化经营的同时兼顾了公交产品的"公益性"要求,通过财政补贴的准确计量和服务质量的严格考核,较好地处理了政府、企业和消费者三者之间的关系,为"民营化经营、政府购买服务"的公交改革增添了新的内容。

(资料来源:参见徐枫:《民营化经营,政府购买服务——温岭市公交改革的实践与探索》,载《长江论坛》,2016 年第 3 期。引用时有删改。)

[思考与讨论]

1. 什么是"公地悲剧"?它与共享单车的公共空间治理有何关系?深圳共享单车案例对于如何避免"公地悲剧"有什么启发?

2. 浙江省温岭市公交改革的过程中,政府、企业、公众各自扮演了什么角色?它们之间是如何协调利益和分担责任的?浙江省温岭市公交改革对于推动地方政府公共服务供给模式多样化有哪些有益经验?

延伸阅读

公益属性:中国医疗改革的核心

中国长期处在社会主义初级阶段,要用有限的资源维护全体人民的健康,只能坚持公益性方向,优先保障人人享有基本医疗卫生服务,将健康融入所有政策,把更多资源投入到基层、公共卫生和基本医疗等社会效益较高的领域。加强医改建设,主要体现为如下两个方面:

(1)公立医院是医改主战场。"医疗是一种非常特殊的产品和服务,关乎所有人的利益,它的公共属性决定了医疗卫生事业不能依靠市场,需要由政府主导、坚持公益性。"国务院医改专家咨询委员会委员、北京大学国家发展研究院木兰讲席教授李玲说,健康是无价的,而医疗服务是有价的。如果按市场化、商品化的方式提供医疗服务,必然导致医疗服务机构的经济利益和患者健康利益的冲突。

"'十四五'期间，医改的关键在于两个根本的转变。"李玲表示，一个是公立医院运行要从逐利性向公益性的根本转变，一个是医疗体系要从"以治病为中心"向"以人民健康为中心"的根本转变。"福建省三明市的医改就是真正做到了这两个根本的转变。"三明市在每个县（市）组建紧密型县域医疗共同体，医保基金和基本公共卫生服务经费按人头对医共体总额付费，实行总额包干、结余留用，上下联动，有效促进了优质医疗资源下沉。

三明沙县总医院是 2017 年组建的紧密型医共体，包括 2 所县级医院、12 个乡镇分院和 128 个公办村卫生所，通过责任共担、利益共享，人财物统一管理，县、乡、村公立医疗机构成为"一家人"。市里对县总医院实行"总额包干、超支自付、结余留用"。"也就是说，先把医保预付给医院，如果老百姓身体更健康，看的病少了，医保支出就少了，结余就多了，结余的医保基金直接纳入医院医务性收入。"李玲说，去年全国很多公立医院的收入锐减，而三明的医院收入倍增，实质上就是推动医院从以治病为中心转向以人民健康为中心，实现了良性循环。

三明取消了医务人员绩效工资与医院收入直接挂钩政策，实行"全员目标年薪制、年薪计算工分制"，通过精准考核促进多劳多得、优绩优酬，把医务人员从创收趋利的制度解放出来，让医生回归治病救人的天职。三明医改实现了"三方共赢"：老百姓看病花钱少了，健康水平提升了，有了更多获得感；医务人员薪酬待遇提高了，增强了职业获得感和认同感；医保基金减少了浪费，连续多年保持结余。"'十四五'期间，我们要在全国因地制宜地推广三明经验。"李玲表示，医改是典型的系统性改革，核心是改革治理体系，需要政府强有力的领导，落实政府办医责任，以人民健康为中心，破除逐利的旧体制，建立公益性新制度。

（2）通过数据集成求解医疗信息不对称问题。长期以来，医患之间、医院的管理者和医生之间、科室之间、医保和医院之间都存在信息不对称问题，而大数据等信息技术的发展有利于消除信息不对称问题，建立新的医药卫生服务模式，"将为健康中国建设带来天翻地覆的影响"。

据介绍，山东已经完成了全省人口信息集成，可以全面系统地分析健康指标以及健康影响因素。比如分析出某地食道癌和胃癌的发病率显著高于其他地方，可以找出原因、采取措施，进行预防改变，降低疾病的发病率。比如山东省平阴县把全县人的健康信息整合到居民健康卡里，建立了健康档案。基于大数据和人工智能等技术，开发了集诊疗、健康管理等功能于一身的机器人医生，辅助基层村医的工作。除了山东，安徽、贵州等地也已经开展这样的探索,"村医给老百姓做完诊断,再通过机器人进行诊断,如果双方诊断一致,机器人就可以给出一整套治疗方案和健康管理方案。如果双方诊断不一致,可以基于信息互联互享,呼叫上一级远程诊疗帮助诊断,上下联动,提升整个基层医生的医疗水平"。

人民健康是社会主义现代化的重要标志,而预防是最经济最有效的健康策略。依靠新技术为全体国人提供全生命周期的健康管理是未来的发展方向。要坚持大健康理念,关口前移,充分利用信息技术,搭建全生命周期的人口健康信息平台:中国人的大数据库,这个大数据库不仅会改写整个医疗服务模式,也会改变中国的健康模式。

(资料来源:参见《坚持公益属性 医改砥砺前行》,载《人民日报》(海外版),2021年04月27日。引用时有删改。)

第 6 章　地方政府管理的两个基础：职能与权力

学习要求：本章主要介绍地方政府管理的两个基础——职能与权力。通过本章的学习，应该对地方政府的职能和权力为何被称为地方政府管理的两个基础有深刻的理解，掌握地方政府职能的概念与内容、地方政府权力的内涵与权力结构类型，并对地方政府职能为何发生转变和权力结构为何调整以及如何调整形成正确的认识。

地方政府的职能是由权力机构、中央政府或上级政府规定的、地方政府及其职能部门在地方公共事务治理活动中必须承担的职责和功能，包括政治职能、经济职能、社会职能和文化职能；地方政府的权力是地方政府作为行政主体在其管理社会公共事务过程中所必须依赖的各种力量的总和，是地方政府职能得以发挥的保障，包括议决权、执行权与行政权。为了适应社会经济发展和政府行政管理发展的现实需要，地方政府的职能配置和权力结构也在不断发生着变化。

6.1　地方政府管理的基础

关于地方政府管理的基础，学者们给出了不同的看法。在《现代政府理论》一书中，朱光磊以"职能""机构""体制""过程"四个要素为基础建构了"现代政府理论的四维分析框架"[1]；在《公共行政学》一书中，张国庆将国家行政管理的基础分为两方面，一

---

[1] 朱光磊. 现代政府理论 [M]. 北京：高等教育出版社，2006：10.

方面是经由宪法、法律以及政治传统、社会习惯合法认定和授予的政府行政职能，另一方面是政府在名义上享有、在实际上行使的国家公共行政权力。①

地方政府管理活动的开展基于两个前提，一个是职能，一个是权力。职能是政府存在的依据，政府因职能而存在；权力是政府履行职能的基础，也是实现职能目标的必要条件。具体而言，职能代表了地方政府在进行管理活动中所承担的职责与发挥的功能；权力则体现了地方政府是如何承担职责并发挥功能的。自古以来，不同层级政府的职能与权力不甚相同，尤其是在中央政府与地方政府、地方政府与基层自治组织、地方政府之间的多方博弈中，地方政府的职能与权力始终处于动态演变的状态。

职能之于权力两者关系的变化，体现了国家与政府、中央与地方等一系列相关概念之间关系的发展与变化。随着部落、城邦、邦联和国家的产生和更替，群体与个体的概念逐渐发展成为集体与个体、国家与公民等关系。国家职能和权力保证了民族意义上的共同体在一定地域范围内为了长存如何实现治理，政府职能和权力则为国家职能与权力的实现提供了具体执行层面的可操作建议。历史上，中央与地方的关系在经历了分封制、郡县制、邦联制、联邦制等变迁后，逐渐形成了中央集权地方分权、中央分权地方自治两类关系形式，并由此形成了较为稳固的央地关系结构。在我国，中央政府的职能与权力很大程度上与国家层面的职能与权力密切相关，是国家和民族得以存续、兴旺发展的前提，包括外交、军事、经济、政治、文化、法律等各种对内与对外的方面；地方政府的职能与权力更多是在中央政府的授予下获得的与地方辖域内事务密切相关的领域，如教育、医疗、治安、工商管理等对内的方面。这种央地关系下，我国的中央政府的职能与权力是超越地方政府的，地方政府的职能与权力是中央政府为了实现各行政区域内的社会治理而规划的，具有单向授予性与服从性。

可以说，地方政府存在的前提与意义就是职能与权力的授予和行使，中央政府对于地方政府的定位是实现地方辖域内社会公共事务的有效治理，而这一治理活动必须基于合理合法的基础，这就是地方政府的职能与权力。

---

① 张国庆. 公共行政学 [M]. 4 版. 北京：北京大学出版社，2017：41.

6.2 地方政府的职能

6.2.1 地方政府职能的界定与特征

6.2.1.1 职能与地方政府职能

在《辞源》中"职"有"分内应执掌之事"①的意思;在《汉语大词典》中,职能是指"事物、机构本身具有的功能或应起的作用"②。根据《中国大百科全书》的定义,政府职能指的是"国家行政机关中的强力机构(如国家安全机关、军事机关、情报机关等)通过约束、控制、防御、保卫以及镇压手段,维护统治秩序,是任何国家行政都不可缺少的功能。主要包括军事功能、保卫功能、镇压功能、民主功能"③。

从公共管理学的角度来看,研究侧重点不同则关于地方政府职能的含义界定不甚相同。张国庆认为,"行政职能又称公共行政职能,在某些条件下亦称政府职能。概括地说,行政职能是狭义的政府即国家行政机关承担的国家职能,是相关政治权利主体按照一定的规则,经由一定的过程,通过多种表达形式实现彼此价值观念和利益关系的契合,从而赋予国家行政机关在广泛的国家政治生活、社会生活过程中的各种任务的总称,是国家行政机关因其国家公共行政权力的主体地位而产生,并由宪法和法律加以规定的国家行政机关各种职责的总称"④。许文惠等人认为政府职能"就是一个社会的行政体系在整个社会系统中所扮演的角色和所发挥的作用"⑤。金太军把政府职能归结为"政府在国家和社会生活中所承担的职责和功能。具体地说就是政府作为国家行政机关,依法在国家的政治经济以及其他社会事务的管理中所应履行的职责及其所应起的作用"⑥。以上观点

---

① 商务印书部. 辞源:第三册[M]. 修订本. 北京:商务印书馆,1981:2537.
② 中国汉语大词典编辑委员会,汉语大词典编纂处. 汉语大词典:第八卷[M]. 北京:汉语大词典出版社,1991:711.
③ 中国大百科全书总编辑委员会. 中国大百科全书[M]. 北京:中国大百科全书出版社,2002:404.
④ 张国庆. 行政管理学概论[M]. 北京:北京大学出版社,2001:84.
⑤ 许文惠. 行政管理学[M]. 北京:人民出版社,1997:55.
⑥ 金太军. 政府职能的梳理与重构[M]. 广州:广东人民出版社,2002:4.

从系统论、义务论等视角对地方政府职能进行了界定。综合以上观点可以对地方政府职能的概念进行界定：地方政府职能是由权力机构、中央政府或上级政府规定的，地方政府及其职能部门在地方公共事务治理活动中必须承担的职责和功能。

6.2.1.2 地方政府职能的特征

地方政府职能作为权力机关、中央政府或上级政府的一种制度安排，具有主体的特定性、工具的强制性和目的的公共性三个特性。

政府职能的主体具有特定性。特定性体现为政府职能发挥的主体是政府及其职能部门，非政府组织和个体不能承担这些职能。地方政府及其职能部门的工作人员是其职能履行的直接主体，他们承担着将理想目标转化为现实、直接面对服务受众的任务，其能力素质、队伍结构、权力配置等直接影响到政府职能的发挥水平。

政府职能的工具具有强制性。由于政府职能的履行涉及利益的分配与整合，势必会损害到少部分既得利益群体的私人利益并引起抵抗，因此要以军队、警察、法院等暴力与强制机关为后盾。为保证地方政府职能的顺利履行，宪法和法律规定司法机关、军队和警察等行政机关作为政府职能履行的保障，这是地方政府职能发挥的现实需要。

政府职能的目的具有公共性。政府职能是以解决国家与社会的公共问题、分配公共利益为主要目的的，基础教育、公共医疗、公共卫生、生态环境等涉及社会大多数公民福祉的领域具有很强的公共性，需要权力机关授予的合法公权力拥有者——政府及其职能部门依法进行管理。

6.2.2 地方政府职能的内容与划分

无论采取何种方式进行划分，政府职能都包括经济、政治、社会、文化、生态、军事这些方面。经济调节、市场监管、社会管理和公共服务是政府职能的传统划分。在现代市场经济活动过程中，政府的角色是公共物品的供给者、市场秩序的维护者、收入及财产的再分配者、宏观经济的调控者和外部效应的消除者。

不同于中央政府职能的对内与对外兼顾的情况，地方政府的职能主要集中在辖域内公共事务的管理，地方经济发展、政治与社会稳定、文化事业繁荣、生态环境保护是其主要职能，因此可以将地方政府的职能归为以下五类：

一是经济职能。经济职能是地方政府最重要的职能，发展经济是改革开放以来我国从中央到地方一直坚持的工作重心。在我国，地方政府的经济职能是指地方政府如何采取措施处理政府与市场的关系、促进地方经济发展的职责与功能。我国实行地方与中央分税制改革以来，中央与地方在经济层面的职责不断明晰，在新时代中国特色社会主义市场经济体制下，我国地方政府的经济职能主要包括：制定地方经济发展政策；营造良好的经济发展环境；维护地区经济发展平衡；调整收入分配差距。

二是政治职能。政府存在的首要职能便是政治职能，人民通过权力机关选举产生中央政府和各级地方政府，政府自产生之初就承担了维护国家统一、意识形态宣传、维护社会稳定的任务，可以说政治职能是政府存在的合理性与合法性体现。政治职能是指"国家行政机关中的强力机构（如国家安全机关、军事机关、情报机关等）通过约束、控制、防御、保卫以及镇压等手段，维护统治秩序，是任何国家行政都不可缺少的功能。主要包括军事功能、保卫功能、镇压功能、民主功能"[1]。不同于中央政府，我国地方政府的政治职能不包括外交、军事等作为国家统一体层面的职能，地方政府职能只涉及地方以及地方内部与地方对外交往方面的部分政治职能，具体包括：维护社会稳定、建设民主政治、统一意识形态等。

三是社会职能。社会职能主要是指地方政府为辖域内公民提供公共物品和公共服务以实现社会可持续发展的职能。自古以来，中外地方政府都承担着很多社会职能，如水利工程的建设、交通运输体系的建设、社会卫生体系和医疗保障体系的建设以及社会教育体系的建设等。政府与社会的关系变化决定了地方政府社会职能的范畴不断发生变化。在二战之后，西方国家甚至建立了"从摇篮到坟墓"的福利社会体系，在那一时期政府的社会职能也急剧膨胀；而我国也曾经历过"全能政府"时期，体现为计划经济时代政府对社会公共事务的全面干预。20 世纪 80 年代之后，世界范围内政府的社会职能普遍缩减，有限政府论占据了理论界和实践界的主流。我国当下地方政府的社会职能主要包括：提供充足的公共产品与公共服务；建立覆盖面广的社会保障体系；保护资源环境促进可持续发展。

四是文化职能。地方政府的文化职能是指地方政府通过管理和发展地方文化事业，弘扬正确的社会意识形态、引领科学与教育等文化事业正确发展从而维护中央政府和地方政府的统治根基的职责与功能。在国内外中央政府和地方政府的管理中，文化职能的实现手段有很多种，如可以通过兴建图书馆、学校、博物馆等公共设施提高全体公民的文化水平，也可以通过管理各种文化群体引导社会文化的价值取向，还可以通过总结理论与实践经验形成社会普遍认同的价值观与愿景。在当下国内外多元文化碰撞的背景下，地

---

[1] 中国大百科全书总编辑委员会. 中国大百科全书[M]. 北京：中国大百科全书出版社，2002：404.

方政府的文化职能对于提升民族与国家的认同感与凝聚力尤为重要，我国地方政府的文化职能具体包括：提高民众受教育水平；弘扬和完善中华传统文化；坚持并发展新时代中国特色社会主义文化体系。

五是生态职能。地方政府的生态职能是指地方政府在发展地方经济、管理地方社会公共事务、提供公共物品和服务等行政管理过程中，运用行政、法律、经济、技术和教育等手段促进生态环境保护和自然资源的可持续开发，以朝着资源节约型和环境友好型政府发展的职责与功能。在我国政府职能的演变中，自2007年党的十七大报告提出"建设生态文明"和党的十八大将"五位一体"作为推进中国特色社会主义事业的总体布局以来，政府的职能就从最初的政治、经济、文化和社会职能扩展为包含生态文明建设职能在内的五大职能。将生态文明建设作为地方政府的职能之一，是基于我国社会主义建设进入新时代后为满足高质量发展、绿色GDP和人民美好生活需要等时代要求而进行的改变，主要体现为生态效益优先，具体包括：在现有技术、经济条件下，发展生产不能造成对环境的重大损害，要随着生产力水平的提高，逐步做到不以牺牲环境为代价发展生产；使居民生活在日益改善的自然环境之中；用经济手段奖励保护环境的行为，惩罚破坏环境的行为，逐步使环境保护成为企业生产内在的经济动力，实现生态效益与经济效益的良性循环。①

6.2.3 地方政府职能的配置

地方政府的职能包括政治职能、经济职能、社会职能、文化职能与生态职能，五个职能的良好履行和互相配合共同保障了地方政府在政治体系和社会体系中发挥应有的作用。地方政府职能的配置是指地方政府之间以及地方政府各个职能部门之间职能如何划分，其配置的合理性直接影响到地方政府职能的履行和政府部门的整体行政效能。

作为地方政府职能有效发挥的前提，地方政府职能的配置受到多方因素的影响，其中地方历史与文化传统因素、政治与政党制度因素、地区自然资源与环境因素是主要因素。

6.2.3.1 地方历史与文化传统因素

我国有着几千年的封建集权政治传统，悠久的集权制传统影响了世世代代的民众心

---

① 徐勇，高秉雄. 地方政府学［M］. 2版. 北京：高等教育出版社，2013：122.

理也形成了我国独特的政社关系文化。不同于西方地方与中央高度自治的历史传统，我国地方政府与中央政府一直以来都是紧密联系的，且在各级治理活动中都体现了浓重的集体主义色彩。这样的历史与文化传统使得地方政府职能配置一直都受到中央政府的深远影响，在某种程度上地方政府职能的配置是围绕中央政府职能而展开的。

6.2.3.2 政治与政党制度因素

一个国家的制度传统对地方政府的职能配置有十分深刻的影响，政治与政党制度的影响则更为直接。我国实行民主集中制下的人民代表大会制度，并实行中国共产党领导下多党合作和政治协商制度，两者共同提供了在治理14亿人口这样一个大国时如何保证民主、公平、效率等价值兼顾的中国方案。在中国特色的政治与政党制度下，地方政府的职能与部门配置也是按照民主集中制的组织原则展开的，并在职能配置上侧重于执政党和统治阶级的利益。

6.2.3.3 地区自然资源与环境因素

自然资源作为人类赖以生存的基础资源，在支持人类生产生活的同时也限制了人类活动的范围。地方政府职能的开展依托于地方自然资源的富裕程度，如自然资源丰富的地区地方政府职能及其部门的配置多围绕矿产、林业等生产部门以及野生动植物保护、林业资源保护等环保部门；地理位置优越的沿海城市地方政府的职能及部门配置则容易向外贸、港口、渔业等方面倾斜；旅游资源丰富的地区如三亚市、青岛市等地方政府的职能配置要偏向旅游产业规划、城市形象宣传等方面。

6.3 地方政府的权力

6.3.1 地方政府权力的内涵与来源

权力，是指主体基于对特定资源的占有而促使客体服从，并使其不服从行为丧失正当性的一种强制力与影响力。从权力本身的界定来看，它是一种强制力和影响力，主要体现为主体对于客体行为的影响与干预。从地方政府的管理视角来看，地方政府权力是指地方政府作为行政主体在其管理社会公共事务过程中所必须依赖的各种力量的总和,是地方政府职能得以发挥的保障。

从地方政府权力发挥的作用和行使阶段来看,地方政府权力由议决权、执行权和行政权构成。议决权是地方政府就如何实现行政区域的治理所做出决策的权力。决议权是地方政府权力的核心权力,在代议制民主的间接民主形式下,地方政府的决策必须遵循合法原则和合法程序,体现广大人民的利益和诉求。执行权是地方政府在明确公民利益与诉求后采取行动实现并维护的权力。执行权的行使有两个前提条件:准确且全面地反映公民意愿与诉求;能够及时采取恰当措施实现公民的意愿与诉求。①行政权是地方政府通过具体的管理活动对行政区域内的社会公共事务进行治理的权力。具体的管理活动包括确定行使权力的主体、权力作用的对象、权力工具以及权力责任的归属等内容。在我国地方行政管理实践中,地方政府的权力表现为制令权、对下领导权、行政管理权、保护保障权、监察审计权,对设立在本行政区域内不属于自己管理的国家机关、企事业单位的协助和监督权等。②

中央政府的权力来源于历史、宪法、法律、政体形式、国家结构形式以及现实的依据,地方政府的权力同样来源于此,地方政府的权力是在国家形成进程中地方政府为了履行其职能而从权力机关、上级政府那里通过合法方式获取的具有强制性的行政管理能力。因此,对于地方政府来讲,其权力的获得则主要来自中央政府的派生,或者来自国家法律的授予,也可能来自地方民众的授予。③

6.3.2 地方政府的权力与权限

权力是指权力的内容,权限是指权力主体行使权力的法定范围。④地方政府的权力仅仅从权力的种类上加以区分,而权限则规定了在何种时间、地点和情况下地方政府拥有并能够合法行使这些权力。地方政府的权限体现了政府权力的有限性,各个国家根据自身情况的不同对于地方政府权限的划分也不尽相同。总的来看,地方政府的权限具有以下特征:

---

① 徐勇,高秉雄.地方政府学[M].2版.北京:高等教育出版社,2013:65.
② 田芝健.当代中国地方政府改革:权力、权限和责任[J].江海学刊,2003(06):103-107.
③ 沈荣华.中国地方政府学[M].北京:社会科学文献出版社,2006:51.
④ 徐勇,高秉雄.地方政府学[M].2版.北京:高等教育出版社,2013:63.

第一，地方政府的权限由中央政府划定。中央政府与地方政府的权力具有不对称性，即地方政府的权力由中央政府规定，这源于地方政府的存在取决于中央政府允许这一前提。《中华人民共和国宪法》规定，全国人民代表大会批准省、自治区、直辖市的建置；国务院批准省、自治区、直辖市的区域划分，批准自治州、县、自治县、市的建置和区域划分。

第二，地方政府的权限限于法定的地域范围。《中华人民共和国地方各级人民代表大会和地方各级人民政府组织法》明确规定，县级以上地方各级人民代表大会及其常务委员会和乡、民族乡、镇的人民代表大会"在本行政区域内"行使职权。地方政府的权限通过中央政府制定的法律和地方政府制定的法律法规加以限定，一般而言其作用范围仅局限于本行政区域内，对行政区域外的事务和主体普遍没有约束力。但在现实过程中，地方政府之间由于政治、经济、文化等多方面的交流而形成各种各样的协作机制，这些机制或通过某些规章制度明文规定，或通过协议和备忘录等形式加以明确，这些跨越地方政府行政管辖区域的权力是暂时的、非常态的，通常要服从于所在地方政府的属地管理权限。

第三，地方政府的法定权限仅限于部分社会公共事务而非全部。地方政府承担的事务有两种，一种是固有事务，一种是委任事务。固有事务是由全国人大和中央政府制定的宪法及相关法律规定的、地方政府在日常行政过程中所必须承担的事务，如维护地方社会稳定、发展地方经济、改善民生等限定在与地方经济社会发展密切相关的事务。委任事务是指由中央政府、上级政府或权力机关根据宪法和法律要求，根据现实情况的需要将本不属于地方政府固有事务的社会公共事务交由地方政府代理承担和执行，如跨域环境保护等超越了地方政府固有职责权限的国家公共事务。

在明确了地方政府权限的概念与特征之后，也就更容易理解地方政府的权力与权限之间的关系了。地方政府权限是由权力机构、中央政府和上级政府规定的权力行使范围，权力是地方政府在法定权限内管理地方社会公共事务的强制影响力；地方政府权力的存在是权限划定的前提，权限则规定了权力的作用范围。

为了限制和规范政府的权力，"清单治理"在近年来地方政府的改革实践中应运而生，在简政放权的大背景下各地地方政府的"权力清单""责任清单"和"负面清单"陆续建立起来。"权力清单"背后的思想在于"法无授权不可为"的行政思想，"责任清单"解决了"法定责任必须为"的问题，"负面清单"则是在地方政府规制下对市场主体"法无禁止皆可为"行为的说明。[1]通过这三个清单地方政府的权力与责任得以明晰，这也契合

---

[1] 郑曙村. 地方政府权力清单制的实践探索与优化思路 [J]. 齐鲁学刊，2020（04）：106-117.

了党的十九届四中全会对于"构建职责明确、依法行政的政府治理体系"和"实行政府权责清单制度"的具体要求。①

6.3.3 地方政府权力的配置与结构类型

地方政府权力的配置是指地方政府及其职能部门如何分配议决权、执行权和行政权等权力,即规定由何种部门或人员行使何种权力;地方政府权力的行使是地方政府通过合法手段履行其完成社会管理、提供公共服务所必需的决议权、执行权和行政权的过程。

影响地方政府权力配置的因素有三个:一是地方政府权力的根本属性使然;二是内外部环境变化对地方政府权力提出了要求;三是地方政府权力配置与行使有很强的制度惯性。首先,地方政府权力中的议决权、执行权抑或是行政权,其本质属性都是人民群众让渡的权力,无论是通过权力机关还是中央或上级政府授予的,地方政府配置和行使权力时必须体现对人民负责的原则;其次,外部经济环境的复杂化、公民意识的觉醒以及企业改革的示范效应等外部因素,加之地方政府内部存在的效率低下、贪污腐败等问题,都对政府权力的配置提出了较高的要求;最后,地方政府在配置和行使权力时容易受到传统路径的影响,也称为"路径依赖",已有制度和路径的影响十分深远,在人治色彩浓重的影响下,经常会出现如家长式作风、一言堂等权力配置方式。

地方政府的权力结构是指地方政府所拥有的权力以何种形式组合起来以实现其整体功能。根据地方政府的议决权、执行权与行政权之间的关系,可以将地方政府的权力结构分为议行合一、议行分立与双轨制三种类型。

6.3.3.1 议行合一制

在地方政府权力结构中,议决权与执行权归为一个中心属于"议行合一"的权力结构形式。在这样的权力结构类型中,地方政府的权力中心是议决机关,议决机关既有议决权,同时也掌握执行权,如果执行职责直接由议决机关承担则是绝对的议行合一制,如果执行职责由对议决机关负责的其他机关承担则为相对议行合一制。典型的"议行合一"制有以英国和美国的议会委员会制为代表的绝对议行合一制以及以美国市县经理制、北欧的执行委员会制为代表的相对议行合一制。

---

① 中共中央关于坚持和完善中国特色社会主义制度 推进国家治理体系和治理能力现代化若干重大问题的决定[N]. 人民日报,2019-11-06(001).

6.3.3.2 议行分立制

在地方政府权力结构中，议决权与执行权归于两个中心属于"议行分立"的权力结构形式。在这样的权力机构类型中，地方政府的核心决策机构是议决机关，但是执行权则由执行机关行使。根据执行机关产生方式不同，可以将议行分立制分为绝对议行分立和相对议行分立。绝对议行分立中的执行机关一般由选民选举产生，相对议行分立中的执行机关通常由选民选举产生议决机关之后由议决机关依法选举产生。绝对的议行分立制有日本的市长议会制、美国的强市长议会制，相对议行分立制则以法国的市镇政府为代表。

6.3.3.3 双轨制

在地方政府的权力结构中，还会出现由于中央权限范围的有限性而导致部分社会事务分域管理而形成的"双轨制"权力结构形式。在双轨制下，中央和地方政府的权力机构掌握议决权，行政权往往由地方行政管理机构履行，地方行政管理机构由议决机关产生的行政机关和由国家自上而下在地方设置的行政机关共同构成，也就导致了地方政府行政管理中同时具有两个并行的执行机构。瑞典的行政并列制和法国的国家代表制就属于典型的双轨制地方政府权力结构。

6.4 地方政府职能转变与权力结构的调整

地方政府的组织结构设计和制度安排十分复杂，且由于地方政府自身的公共属性以及中央政府和权力机关、司法机关的相互监督与制约，地方政府的职能和权力结构一经形成往往具有很强的稳定性。但是随着国家与社会的不断进化，地方政府的职能与权力结构往往也会随之发生转变，这是社会进步的现实需要也是历史发展的必然需求。

6.4.1 地方政府职能转变

自国家产生以来，人们对于政府职能在国家治理中重要性的认识就不断加深。中央政府职能从最初的保卫国家为主发展到政治、经济、军事、文化、社会、科技等方方面面，地方政府职能也随之发生转变。地方政府职能的转变有很深的时代烙印，在我国的社会历史发展中，从中央集权体制到民主集中制、从计划经济时代到社会主义市场经济时代，地方政府职能发生了很大的变化。

在国家产生之初，地方政府的职能主要是镇压地方动乱势力、征收赋税、征召劳役、招募士兵等政治与军事职能，中心在于维护中央对地方的有效统治。而随着民族国家的进一步发展，不少国家实现了在疆域上的相对稳定，地方政府的职能从政治与军事职能中衍化出了经济、文化和社会等其他职能。如我国古代封建王朝的地方政府在治理中十分重视农业生产，相应地承担了兴修水利工程和预防自然灾害的职能；地方政府也会对地方民众进行教化和引导，以形成社会和谐安宁的良好氛围；地方政府还承担了司法和执法的功能，通过各种下设机构保证地方治安的稳定。西方国家的地方政府职能在工业革命之前也大致经历了与我国一样的转变过程，只是由于工业革命后技术与经济的迅猛发展使得西方国家迅速步入了现代社会，其地方政府的职能也较早地向着经济发展、改善民生、技术创新等方面迈进。

在当下，无论我国还是在西方国家，地方政府职能的转变呈现出共同的发展方向，即政治和军事职能缩减的同时，其经济、社会和文化等职能不断扩张，地方政府职能的发展趋势可以概括为以下几方面：

首先，地方政府的工作重心转移，表现为政治职能缩减、经济与社会职能增强。中央政府和地方政府的职能中自古以来政治职能都占据着举足轻重的地位，首先是因为政治职能能够保证国家统治阶级的地位，其次是因为政治职能的良好发挥是其他政府职能得以运转的前提和保障。当今国际社会中，绝大多数国家实现了民族独立和社会安定的基本政治目标，随着国外矛盾的减少以及国内事务的增多，中央和地方政府普遍开始以经济建设为中心，增强自身的经济建设职能与社会服务职能，致力于人民生活水平的提高和社会福利的普及，相应地其政治职能呈现出缩减的态势。

其次，地方政府的职能范围渐趋稳定，在处理与社会、公民和其他层级地方政府关系时职责边界更清晰。西方国家从亚当·斯密传统自由主义到凯恩斯的国家干预主义再到新自由主义，经历了"守夜人政府""福利型政府"和"有限政府"，其背后体现的是国家与社会、政府与社会关系的不断变迁。在我国，新中国成立初期到20世纪90年代之前，"全能政府"的观念深入人心，这一时期政府几乎包揽了社会生活的方方面面，国家和政府办企业、供物资、建民生，国家与社会、政府与社会几乎成为一体化的共同体。随着改革开放和中国走向世界步伐的加快，地方政府的职能逐渐明晰，政社分开、政企分开、政事分开的探索和努力至今为止仍在不断推进，政府也从"全能政府"向"有限政府"迈进。

最后，地方政府更多地回应公民诉求，在职能履行过程中努力构建起服务型、法治型政府。当前地方政府的职能主要体现在社会职能方面，也就是保障民生、发展地方经济、维护环境可持续发展等领域，政府对社会需求的回应性、政府自身运作的法治化是这一过程的应有之义。自本世纪初我国学者提出服务型政府的理念以来，我国一直将服务型政府的构建作为中国特色社会主义制度应该追求的政府建设目标之一；而随着法治政府建设的提出，我国也进入到法治政府的建设阶段，如何规范政府的治理行为、提升政府的治理能力并最终构建现代化的治理体系，需要中央和地方政府共同探索。

6.4.2 地方政府权力结构的调整

议决权、执行权与行政权的关系不是一成不变的，三者关系的动态调整是时代发展的必然要求。近年来，随着社会经济与技术的发展和风险社会的到来，各国地方政府在应对日益繁杂的社会公共事务与频繁发生的公共危机的过程中对权力结构进行了相应的调整，以便更及时地回应社会与公众需求。

首先，议决权与执行权的相对分离。在传统的地方政府权力结构体系中，议行合一制、相对议行分立制和双轨制都不同程度地存在议决权与执行权集中于某一权力主体的现象，尽管这种权力结构有助于提高行政效率，但极易导致职权难以追责和贪污腐败的情况出现。为了避免两种权力交织带来的诸多问题，议决权与执行权分属不同的行动主体是当下地方政府权力结构的发展趋势之一，其根本目的在于通过分工细化带来行动主体间权力与职责的明晰。

其次，行政权的独立与扩张趋势。掌握行政权的国家机关作为直接面对广大人民群众的行动者，其丰富的政策执行经验能够为议决权和执行权提供良好的决策辅助和参考，因此行政权在国家权力结构中的重要性不言而喻。而国家和政府社会职能的急剧增加也要求地方政府中的行政管理部门更多地参与到核心决策中去，行政国家的出现也成为世界范围内的趋势。从其他权利的附属到行政立法权、行政司法权的出现，行政权正成为地方政府权力结构中不可或缺的重要组成部分。

最后，直接民主与代议民主的融合。关于直接民主与代议民主孰优孰劣的争论自古有之，直接民主更多运用在决策人数小、决策规则相对简单的领域，代议民主应对的则是决策涉及人数规模大且规则相对复杂的领域。在民主国家的发展中，单一采取某一种民主决策形式的情况越来越少，更多的国家会根据国情的不同采取不同的民主方式来配置地方政府的权力结构，有时也会在一个国家中不同层级的地方政府或同一地方政府的不同层级中采取不同的民主表达方式。

6.4.3 地方政府职能转变与权力结构调整面临的阻碍与改进方向

地方政府的职能转变与权力结构调整是时代发展的必然，尤其在我国正处于建设中国特色社会主义事业的新时期、新阶段，对地方政府的职能与权力转变提出了更高的时代要求和更为严峻的挑战。

对于政府职能转变来说，现有政绩考核中激励机制的不完善成为地方政府过于注重经济职能、政治职能而弱化社会职能、生态职能和文化职能的主要原因。唯 GDP 论导向在地方政府的绩效考核中已根深蒂固，地方政府对于有利于增进地方经济利益和政治利益的公共领域有很高的热情，例如，招商引资、引进人才、稳定社会等；对于社会职能、文化职能和生态职能涉及的供给公共服务、弘扬社会主义核心价值观和实现环境与资源可持续发展等活动，地方政府往往缺乏动力。因此有学者提出政治激励偏差带来的政府官员个体目标与政府职能定位产生冲突，是地方政府职能转变与优化的最大阻碍。[1]

对于政府权力结构的调整，权力授予与约束机制存在缺陷导致地方政府的权力结构调整面临着央地政府权力重叠、地方政府选择性地执行中央政策等问题。对于地方政府而言，权力授予来自上级政府和同级权力机关，此外地方政府在日常行政管理活动中还拥有较大的自由裁量权和行政立法权，权力来源的多样性也为地方政府、中央政府和其他公共部门带来了权力交叉重叠的现象。地方政府权力的约束机制主要包括纵向问责和横向监督，但这两个约束机制经常容易出现失灵现象，纵向问责机制的有效发挥依赖于中央对地方政府权力行使信息的准确把握，但这一过程往往面临客观技术限制与地方政府主观逃避的阻碍。横向监督和公民自下而上的机制对于地方政府来说更为薄弱，在发展型政府的逻辑下，地方权力机关和司法机关对于地方党政领导干部的限制仅体现在提交议案、投票表决和司法审查这些环节，通过这些环节对公民的群体诉求进行反馈和维护，受地方政府的财政和人事关系影响，这些环节难以发挥应有的作用。[2]

---

[1] 时影. 利益视角下地方政府选择性履行职能行为分析［J］. 甘肃社会科学，2018（02）：244–249.
[2] 郁建兴，高翔. 地方发展型政府的行为逻辑及制度基础［J］. 中国社会科学，2012（05）：95–112，206–207.

随着我国行政体制和政治体制改革的不断深化，以明确和优化政府职能为核心、以确保权责一致为目标的改革正在稳步推进。这一改革进程不仅致力于构建更加高效、透明的政府管理体系，还致力于提升政府服务人民的能力和水平。在这一背景下，权责清单制度的建立以及地方政府财政事权的重新划分，成为改革的重要成果和亮点。

权责清单制度的实施，为各级政府厘清了职责边界，明确了权力运行的范围和程序，可以有效防止权力滥用和推诿扯皮现象的发生。同时，这一制度也促进了政府决策的科学化、民主化和法治化，提升了政府工作的透明度和公信力。地方政府财政事权的重新划分，则进一步理顺了中央与地方之间的财政关系，为地方政府更好地履行职责、提供更加优质的公共服务提供了有力保障。这一改革举措不仅有助于优化资源配置、提高财政资金使用效率，还有助于激发地方政府的积极性和创造性，推动地方经济社会持续健康发展。

在新时代中国特色社会主义制度的改革大潮中，地方政府的职能设置与权力划分正沿着科学化、民主化、法治化的轨迹不断迈进。展望未来，应该持续完善地方政府的组织架构与职能配置，强化权力的运行监督与制约，努力推动政府治理体系和治理能力向现代化迈进。通过深化改革，不断优化政府服务，提升政府效能，确保地方政府更好地履行职责，满足人民日益增长的美好生活需要，为全面建设社会主义现代化国家提供坚实保障。

本章案例解读

01 用制度规范扎实推进城市文明实践

[案例阅读材料]

《北京市文明行为促进条例》（以下简称《条例》）正式实施以来，北京市城市管理委员会把贯彻落实《条例》作为首都城市管理工作的重要内容，开展广泛普法宣传，指导具体工作实践，为实现城市治理更加精细、城市服务更加优质、城市环境更加宜居的目标不断努力。

广泛开展宣传，营造良好氛围

按照首都文明委印发的《〈北京市文明行为促进条例〉宣传贯彻实施方案》，市城市管理委把文明行为促进工作和与城市管理工作紧密结合起来，会同首都文明办组织开展"文明有礼的北京人 垃圾分类周四减量日""垃圾文明一日游"

等主题实践活动，利用广播电视、社区宣传栏、微信微博等多种形式和载体宣传解读《条例》，宣讲光盘行动、垃圾减量、节约用电用气知识，宣扬典型事迹，传递文明理念，增强文明意识，倡导绿色低碳的生活方式。

紧抓关键小事，推进文明实践

实行生活垃圾分类，关系广大人民群众生活环境，关系节约使用资源，也是社会文明水平的一个重要体现。2020年4月《条例》出台后，《北京市生活垃圾管理条例》再次进行修订，增加了制止餐饮浪费、推动厨余垃圾减量的内容，共同推进"光盘行动"，促进垃圾减量。

两年来，在北京市生活垃圾分类推进工作指挥部统筹安排部署下，全市上下坚持党建引领和精治、共治、法治理念，以钉钉子精神狠抓落实，在严峻复杂的疫情防控形势下，逆势开局、稳步推进、全面发动，1.6万个小区（村）、11.7万个分类管理责任人实现全覆盖。

在垃圾分类实践中，我们坚持党建引领，充分发挥党建联席会、社区议事厅等机制作用，建立与群众的密切联系，巩固拓展垃圾分类的群众基础和社会基础。各区、街（乡）、社区（村）组织"两委一站"、楼门长等20余万人，入户回访714.2万户，广泛发动社区居民自觉参与。与市教委联合开展"小手拉大手"活动，引导青少年从小养成垃圾分类的好习惯。

为居民创造垃圾分类条件，方便居民分类，解决群众关心的身边问题，让大家充分享受垃圾分类的成果是我们推动垃圾分类工作的出发点和落脚点。两年来，全市共建成固定桶站6.35万个，分类驿站2095座，大件垃圾投放点和装修垃圾投放点各1万余处，研究试用推广可降解袋。针对反映集中的垃圾清运不及时问题，纳入"每月一题"开展专项治理，仅上半年解决问题3832件，同比诉求量下降90%，群众身边环境明显改善。结合规范社会单位垃圾分类，落实"光盘行动"，推出非居民生活垃圾计量收费制度，按照"多产生、多付费"原则，优化管理措施，推动源头减量。

经过两年多的努力，全市家庭厨余垃圾分出率稳定在18%以上，其他垃圾减量近30%，可回收物回收量增长近1倍，生活垃圾回收利用率达到37.5%以上。据市统计局2022年4月调查数据显示：全市垃圾分类知晓率达99.1%，参与率稳定在98%以上，92.2%的被访者对本市垃圾分类工作表示满意。

下一步，将紧抓重点行业和关键环节，落实减量要求，持续开展宣传引导工作，调动垃圾分类各类管理责任人的积极性，不断为基层管理赋能，在现有基础上，促进居民从"要我分"向"我要分"转变，进一步建立健全长效管理机制。

深化门前责任，建立共治共享新机制

城市环境治理是一项基础性、长期性工作，具有广泛的群众性、参与性，也是落实《条例》的一项重要内容。1999年北京就出台了《北京市"门前三包"责任制管理办法》（以下简称《管理办法》），率先在全国推出"门前三包"制度，在首都城市管理中发挥了重要作用。下一步，将结合工作实际，对《管理办法》进行修订，进一步提升"门前三包"工作的合法性、合理性和可操作性。

为落实市第十三次党代会提出的"从城市管理转向超大城市治理"的总体要求，近期，首都环境建设管理办编制了《关于进一步深化门前责任区管理的工作方案》，使门前三包责任范围从原来的"地面"单一"维度"，扩展到"三维度"，即地面、立面和空间。新"三包"责任内容充分体现了从"管理型"要求向"治理型"要求思路的转变，例如在"包市容环境"中特别提出要"扫好门前雪"、按照规定分类投放生活垃圾等，发动市民积极参与。"门前三包"责任制在新的时代被赋予了新的内容，焕发出新的活力。

强化执法检查，保障条例实施

城管执法部门持续开展执法检查，自《条例》实施以来，共治理小广告点位2.96万余处，立案1.55万余起，教育违法相对人1.63万余人次。采取卫星遥感、电子运单、在线监控等方式，加强对垃圾消纳的全过程监管，立案查处随意倾倒生活垃圾违法行为7481起。

2022年上半年，开展了两轮次"城管执法精准进社区"专项执法行动，检查小区（村）4.52万个次，检查垃圾分类主体责任单位32.76万家次，立案查处生活垃圾类违法行为4.11万起，有力地保障了《条例》的实施。

全面贯彻落实《条例》，不断提升市民文明素养，促进社会文明进步，需要社会各界的大力支持和每个市民的积极行动，让我们携手同行，从点滴做起，以实际行动争做文明行为的倡导者、传播者和践行者，为建设国际一流和谐宜居之都，实现新时代首都发展共同努力。

（资料来源：参见《北京紧抓"垃圾分类"关键小事，扎实推进文明实践》，载澎湃新闻网站，2022年9月8日。引用时有删改。）

[思考题]

《北京市文明行为促进条例》体现了地方政府的哪些权力与职能？

[案例解读]

扫描二维码查看案例解读

02 工作队长眼中的乡村振兴

[案例阅读材料]

当前脱贫攻坚战取得全面胜利，人民实现共同富裕的愿景更加强烈。乡村振兴是促进农民农村共同富裕的必由之路，共同富裕的内容是多层次、多方面、阶段性的，而乡村振兴的任务就是推进农民在物质生活、精神生活、生态环境、公共服务等方面的共同富裕。从2021年脱贫攻坚战取得胜利后，队长们肩负的任务更重，面临了新的巨大挑战。

全村角度宏观统筹

脱贫攻坚是微观上的细心呵护，而乡村振兴则是在这基础之上全面统筹，考虑的是大局，是整体。正如湖南省常德市石门县南北镇金河村担任扶贫工作队队长的张忠富所说："脱贫攻坚和乡村振兴是一脉相承，但又有所不同。以前扶贫要挨家挨户地做，像呵护小树苗一样。如今要乡村振兴，就得抚育好金河村这片林。"扶贫产业最基本的目标是尽可能多地覆盖贫困户，让村民收入都达到脱贫标准，而现在的乡村振兴则必须从全村角度通盘考虑，比如产业结构是否合理、产业是否有发展前景等。

金河村现如今魔芋产业的收入达到每亩7000多元。就是因为该村从全村角度考虑，合理规划产业，使魔芋种植在村里形成产业规模，从而为村民创收致富。

湖南省醴陵市沈潭镇沈潭社区乡村振兴工作队队长林文其也坚守这个道理，他认为乡村振兴不仅要求队长们拥有坚毅的意志力和高效的执行力，更考验队长们的学习能力、统筹指挥能力以及眼界学识的宽广度。

乡村振兴没有套路可循

从目标任务来看，脱贫攻坚的目标非常明确，即到2020年，稳定实现农村贫困人口不愁吃、不愁穿，义务教育、基本医疗和住房安全有保障，实现贫困地区农民人均可支配收入增长幅度高于全国平均水平，基本公共服务主要领域指标接近全国平均水平。而乡村振兴无论是从"产业振兴、人才振兴、生态振兴、文化振兴、组织振兴"，还是"产业兴旺、生态宜居、乡风文明、治理有效、生活富裕"，抑或是"农业强、农村美、农民富"来看，其目标不仅涵盖内容广，并且难以量化，因此一些地方官员表示很难找到乡村振兴的切入点。从路径上来看，脱贫攻坚阶段，贫困人口由于面临的发展问题相似、目标一致，因此采取的路径也是相似的。在不同地区，扶贫的组织形式、扶贫干部的动员方式、扶贫资金的投向和使用方式以及扶贫项目的运行管理等大同小异。但是乡村振兴则不同，一个地区难以复制其他地区成功的经验。

张忠富明显感觉到，不同于脱贫攻坚阶段，目前的乡村产业升级，没有现成经验照搬。张忠富还坦言，乡村振兴究竟怎么干，他至今也不敢说找到了明确答案。这两年，张忠富和队里两位年轻队员关于发展路径的争论明显增加了。张忠富在"屋场会"上提出的一些想法，也频频遭到村里年轻人的反对，而且自己还常被说服。这样的压力也加在彭灿辉身上，他发现，下苦功夫、笨功夫的"动情式"的脱贫攻坚的工作方式已满足不了乡村振兴的要求。对于年轻的林文其来说，"主观题"既包括如何说服老百姓搞产业升级，也包括如何做出科学规划，实现集体经济的可持续发展。

乡村振兴的措施固然很多，每一步都需要队长们走得小心翼翼、精细验证。

学习考察不能少

扶贫攻坚主要是为村里贫困户提供帮助，而乡村振兴则是为整个村提供源源不断的动力。这就需要队长们走出村子，学习考察，借鉴其他乡镇的经验成果，从而转化为自己乡村的振兴动力。

如今村民的需求越来越多，很多问题队长们都无法靠自身力量解决，需要队长们学习考察其他乡镇的优秀成果。林文其在观摩中发现上栗的村级规划、土地整合、资源利用理念既新颖又务实，这给了他很大的启发；彭灿辉有三分之一的时间在外参观学习；张忠富到湖北、贵州等地学习先进经验时，还结交了不少网络营销团队及法律专家，时时虚心请教。

乡村振兴战略是解决人民日益增长的美好生活需要和不平衡不充分的发展之间的矛盾的有力武器，挖掘乡村地区本土价值，激发乡村活力，对促进城乡平衡发展有着重要意义。摸着石头过河，实践出真知。队长带着乡亲们一直在乡村振兴、共同富裕之路上前行。

（资料来源：参见《从脱贫攻坚到乡村振兴，工作队长有话说》，载澎湃新闻网站，2022年6月5日。引用时有删改。）

[思考题]

在我国推进乡村振兴的进程中，地方政府应如何发挥职能与行使权力？

[案例解读]

扫描二维码查看案例解读

本章教学案例设计

案例分析材料

01 "黑人黑户"：被遗忘的自发移民

由于户口和社会保障体系挂钩，因此，"黑户"无法享受正常居民所能享受的制度保障。而据第六次全国人口普查显示，全国无户籍人员大约1300万人，约占全国总人口的1%。也就是说，每100个人里，就有一个"黑户"。

一个30来万人口的云南小城开远，却"藏"着数千"黑人黑户"。他们没有当地户籍，参加不了新型农村合作医疗，许多村落至今未通水、通电、通路。他们的公民身份长期被"遗忘"，公共财政的阳光照不到他们身上。据调查，开远的自发移民主要来自云南省内的蒙自、屏边、砚山、丘北等24个县，另有少量来自贵州、四川、重庆、浙江、湖南5省（市）的6个县。开远的外来人口迁入最早可以追溯到1953年，其中多数外来迁入人员已居住20年以上。至今每年仍有人迁入，仅2009年就有19户。

为生活所迫、投亲靠友、因超生逃避迁出地计生部门罚款等，是自发移民迁入开远的主要原因，还有一部分是开远姑娘嫁到外地后，因生活条件差，又带着公婆家人一起回迁，有的还将公婆家的其他亲戚一并带入。虽然在开远生活多年，他们却享受不了基本的公共服务，法定权利缺失，生活基本无序。"户口所在地无法管、迁入地不好管、聚居地无人管"，基本处于自生自灭状态。故乡回不去了，开远也成不了故乡。除此之外，由于没有户籍，自发移民们的婚姻和生育权也得不到法律保障。绝大多数自发移民夫妻没有结婚证，没有生育证，几乎家家超生，生养四五个孩子的情况并不鲜见。受教育权利的缺失，也使得自发移民文盲、半文盲率较高。来自马头坡村13岁的杨天勇就面临着无法升学的困境。

多年来，自发移民们不断向相关部门表达诉求。尤其是2000年以来，由于入学、办理机动车驾驶证、结婚生育等原因，要求公安机关办理常住户口者逐年增多，但均未获得批准。

如今当地政府已经意识到，自发移民问题如果不能及时、妥善地解决，不仅严重影响这一群体的基本生存和生产发展，对于开远的经济发展和社会稳定都将产生恶劣影响。由于自发移民在开远的分布点多面广，市里财政经费紧张，解决一个村的问题而不解决其他，反而容易激化矛盾。要让自发移民在开远落户其实并不难，核心问题是解决落户后的土地问题。管理方案的基本原则是"不解决落户、动员迁回原籍、杜绝再迁入"。要从根本上解决自发移民的问题，亟须在省、州或以上层面建立起长效协调机制。王金学建议，对已形成多户居住点的自发移民应按异地搬迁政策，争取省、州异地搬迁扶贫资金支持，自发移民也分担一部分。待落户之后，自发移民的教育、医疗、培训、社保等经费由开远市承担。

西南林业大学法学副教授李春光认为，在解决土地问题时，一定要优先考虑本地居民的利益；属于集体的土地，一般不做分配，但可采用承包等方式解决。

《开远市现有自发移民管理实施方案》提出用5年时间逐步改善自发移民生产、生活条件的目标，并出台了一些配套扶持政策。比如，自发移民子女入学，与本地学生享受同等待遇，子女升学产生的落户问题，经校方提供翔实证明可特事特办。自发移民每年交纳一定医疗金，市卫生局再向省、州部门争取"新农合"补助资金，方可享受"新农合"补助政策。

在村级组织建设和发展方面，每年优先安排1个省级或州级扶贫整村推进重点村项目，5年内向省级争取100人的易地搬迁项目，实施存在安全隐患的自发移民区整体搬迁等。自发移民还能享受与当地农民同等的农村能源建设补助政策。

这个方案，试图在不触及户籍和土地问题的前提下，逐步改善自发移民的生存处境，把他们纳入社会管理。而自发移民想回归正常生活，路还很长。户籍制度的功能在于反映真实的人口信息，尤其在目前的环境下，国家只有掌握了准确的人口迁移方面的信息，相关的社会管理才能够顺利进行。

（资料来源：参见《被"遗忘"的公民》，载《人民日报》，2011年8月19日。引用时有删改。）

02 形同虚设的限塑令

从2008年6月1日起，我国开始施行"限塑令"。但这份被公众称为"限塑令"的通知在限制和减少塑料袋使用方面效果并不尽如人意：一方面，部分商家受利益驱使，在"限"字上做文章、打擦边球，将"限塑令"演变为"卖塑令"；另一方面，不少消费者对塑料制品过度依赖，给了塑料制品"无限"的生存空间。

在太原市的调查中发现，一些餐饮门店已经尝试使用可降解塑料吸管，因为可降解塑料吸管重量较轻，成本不算太高。许多餐饮门店提供纸质吸管作为塑料吸管的替代品，一些餐饮门店在新规实施前就更换了塑料吸管、餐具和打包。在太原市的许多菜市场、小超市也发现，一次性不可降解塑料袋随处可见且免费提供。

一些超市的工作人员表示，尽管新"限塑令"倡导人们在购物时使用可重复使用的袋子，但许多人嫌麻烦，还是选择购买一次性的塑料袋。就比如一位正在结账的女士说："下了班，顺便进超市买点熟食品，夏天穿着很单薄，哪可能随身还带个购物袋呢？"

限塑令为何令行不止？

"限塑令"最初的目的就是遏制白色污染，但从目前的情况来看，白色污染并没有得到有效的控制，反而愈演愈烈。塑料袋越来越被人们应用到各行各业中，小商铺、大超市、饭店打包，以及最近发展迅猛的快递行业。有数据显示，目前全球只有14%的塑料包装得到回收，而最终被有效回收的只有10%，因此每天都有大量的白色垃圾存在我们的生活中。

那么限塑令为什么会形同虚设呢？

一是"替代品"单次使用成本高，并且习惯难以改变。相比塑料袋，无纺布等材质的环保袋价格高，携带不方便。而塑料袋装完商品还可以装垃圾，哪怕要为此支付点小钱，在消费者看来都是完全可以接受的成本。

二是监管不力，让"限塑令"空有其名。随着时间推移，监管力度、惩罚力度越来越小，检查次数越来越少，最终默许了商家对塑料袋的肆意使用。

三是政策本身也有局限性。按规定，在所有超市、商场、集贸市场等场所一律不得免费提供塑料袋。但餐厅"打包"剩菜、在线上或线下购物，是否也应听"令"行事？缺乏明文规定的灰色空间，给了塑料袋继续泛滥的机会。

四是从公众层面来讲，大多数人的环保意识不够强，对白色污染造成的严重危害依然认识不足，由观念形成到付诸行动，需要一个渐进的过程，许多人难以做到从我做起、从点滴做起的自律。

最后对于相关企业和商家而言，社会责任感缺失、对政府禁令配合不到位，甚至明知故犯。尤其是在相关部门缺乏强有力监管的情况下，违法、违规生产、使用塑料制品的问题，依然得不到令行禁止。

破除限塑令"窘境"

从目前来看，要完全禁止使用塑料袋，一时还难以做到。相比之下，扩大限制塑料袋适用范围，鼓励和引导群众合理使用塑料袋，研制更为有效的替代品以及强化监管、加大执行力度，都不失为行之有效的办法。

一方面应该加紧培育废旧农膜加工企业，建立农膜回收利用体系。设立农田地膜残留监测点，通过监测逐步摸清地膜残留污染情况及变化趋势，为持续开展地膜污染防治提供科学依据。

另一方面要不断加大限塑新规的宣传力度，让消费者掌握限塑的必备知识，根据限塑的阶段性要求，明白自己应该怎么做，引导和鼓励消费者逐渐养成选择合适替代品、减少使用一次性塑料制品的习惯。

总之，解决目前"限塑令"所面临的困境，政府除了要做好相关宣传引导外，还有赖于公民自律，及政府的引导和善意的政策，唯有在严格执行罚则、政府承担责任等多种合力下，才能让"限塑令"令行禁止，深入民心，不再我行我"塑"。大家都应尽力做到减量使用、规范使用、循环使用、绿色使用。

（资料来源：参见《"限塑令"缘何不能令行禁止》，载《山西日报》，2021年7月15日。引用时有删改。）

03 权力清单制度：清单之外再无权

权力清单制度

党的十八届三中全会《中共中央关于全面深化改革若干重大问题的决定》提

出:"推行地方各级政府及其工作部门权力清单制度,依法公开权力运行流程。"权力清单制度是指依法将各级各类行政主体所享有的行政权力分门别类进行明确界定,制成权力清单予以公布,从而为行政权力划定清晰界限的制度。权力清单制度本质上就是要把行政权力关进制度的笼子,使任何行政主体在任何时候行使任何行政权力均须于法有据,公开透明,不能肆意妄为。"确权"是实施权力清单制度的基础和关键,"晒权"是实施权力清单制度的重要环节,"控权"是权力清单制度得以顺利实施的重要保障。

浙江省富阳市的权力清单制度

2014年3月,浙江省富阳市正式公布常用行政权力清单。清单中,每项行政权力都有一个"身份证号"——权力事项编码,行政权力名称、类型、法定依据、实施主体等一一列明。登陆"富阳市网上政务大厅"网站,可以按部门或按办事类别来查询权力清单。如在文广新局权力事项中点击"互联网上网服务营业场所设立和变更的审批",办理地点、办事流程、承诺时限等都详细列出。只要符合受理条件,3个工作日就能办下来。从2008年起,富阳市通过清权、减权和制权,探索行政权力规范运行改革。市级部门梳理权力事项,并通过当地媒体公布。清查结果显示,到2008年,富阳市共有行政权力7800多项,90%以上是行政处罚权。但是很多权力在实际工作中几十年来都没有用到过,富阳市法制办副主任来建良举例说,比如农业局有与草原滩涂相关的权力,但实际上富阳并没有草原和滩涂,也从未使用过这些权力。

截至3月底,经过前期清权厘权,富阳市行政权力从2008年的7800多项削减到5879项,其中行政审批事项削减429项,削减率59.3%。削减后的5000多项权力,仍为数庞大,对普通群众来说很难弄明白,因此富阳按照社会关注、贴近群众、确保运转等标准,进一步甄别常用权力、非常用权力。

浙江省委常委、杭州市市委书记龚正认为,推行权力清单制度,对解决行政审批制度改革中存在的边减边增、名减实不减、有减有不减以及中介机构不规范、擅自扩大行政裁量权等问题,都有重要意义。据统计,在富阳,审批事项平均承诺时限压缩为5—6个工作日,2013年1至11月受理审批业务43万余件,其中即办件比例为93%,一般政府投资项目审批时间比上年减少60天以上。在一项对办事市民的短信回访中,回收近3万多条短信,群众满意率99.97%。富阳也正加紧制定一份政府部门的职责清单,"横向到边、纵向到底",进一步梳理部门职责和权力，以实现"减权不减责"。

为了让权力清单制度长效运转，富阳将探索权力清单动态调整、监督制约、责任追究等配套制度。同时，实行行政权力运行内容公开、依据公开、流程公开和结果公开，把行政权力运转流程放到群众"眼皮底下"，接受人民群众的监督和审视。浙江省省长李强表示，今年6月底将对富阳权力清单改革试点情况进行评估。该省今年年内有望将政府权力清单制度在县一级层面推广，力争实现全覆盖。

实行权力清单制度，公开权力运行过程和结果，健全不当用权问责机制，把权力关进制度笼子，让权力在阳光下运行，浙江省富阳还需要不断探索实践。

（资料来源：参见《清单之外再无权》，载《人民日报》，2014年4月18日。引用时有删改。）

04 家庭联产承包责任制：小岗村的胜利

自家庭联产承包责任制推行开始，农业部门产量和生产率在这40年中稳步提高，不仅为我国经济发展提供了充足的物质保障，还大幅提高了人民群众的消费水平和福利。与此同时，农业改革将大量劳动力从农业生产中解放出来，转移到生产率更高的制造业和服务业中，由此释放的劳动力红利，为我国的工业化和经济增长提供了持续稳定的动能。那么家庭联产承包制是如何确立的？安徽小岗村的努力功不可没。

1978年10月，严俊昌、严宏昌、严立学分别当选为小岗村队长、副队长、会计，3人组成新的队领导班子，决定改变小岗村的面貌，首先，征得梨园公社党委书记张明楼的同意，将小岗生产队分成四个作业组，然后为了避免利益冲突又把全队划分成八个组，以父子、兄弟或者邻居为标准进行小组划分。但新制度的实施依旧阻碍重重，"责任田"制度应运而生，这也成了大包干制度的基础。

但是小岗村书记张明楼却不同意这个做法，立即让村民进行整改。村民也不买账。刚巧新任县委书记陈庭元来梨园公社检查工作，查看了小岗村的种植情况，觉得可以先允许小岗村干一年试试。

1979年3月15日，一篇反对农村中正在试行的包产到组生产责任制的《张浩来信》被登在《人民日报》头版头条，题为：《三级所有、队为基础应当稳定》。一些干部和村民都乱了阵脚，意识到了局势的紧张。在这个紧要关头，省委书记万里认为这个时候无论如何要稳定住安徽省农村的发展局势，于是在全省连发八条"紧急代电"，要求各地不论实行什么样的责任制，都要坚决稳定下来，集中精力搞好春耕生产。但是"三十一号"文件（即中共中央文件〔1979年〕31号中共中央批转国家农委党组织报送的《关于农村工作问题座谈会纪要的通知》）的出台再次打乱了干部和村民的计划，文件发出严厉警告，坚决不准包产到户，这在小岗村甚至凤阳县都引起了强烈的反应。

小岗村队领导班子成员严俊昌和严立学认识到了问题的严重性，但严宏昌不理解，甚至打算再去找领导反馈。让他没想到的是，公社党委免了他官职，以后再开会什么的都不再叫他了，领导班子再做决定也不会再考虑他的意见了。尽管严宏昌被免职了，大家还把他当作带头人，严宏昌不松口，群众的工作就很难做，重新回到集体的事就一直拖着没有进展。严宏昌把小岗村之前生活的窘迫、人民公社给村民的生产生活造成的严重恶果、包产到户后的火热场景，都写在信中寄出，他希望能够被有关的领导看到，能够理解他们做出的选择。

万里听说凤阳正在全县农村推行一种"大包干"，他对凤阳出现的这种新的承包责任制十分关注，就决定到凤阳去做一次调查研究。小岗人冒着杀头的危险也要变革，这让万里很受触动，于是批准小岗村的"大包干"可以干上三五年，看看效果再做决定。

中共十一届四中全会通过了《中共中央关于加快农业发展若干问题的决定》。《决定》指出，人民公社、生产大队和生产队的所有权和自主权应该受到国家法律的切实保护，任何单位和个人都不得任意剥夺或侵犯它的利益，人民公社要继续稳定地实行三级所有、队为基础的制度，集中力量发展农村生产力。

形势的紧张超过了所有人的预料，在这种形势下，陈庭元不得不违心宣布："在我县不准包产到户"。但地委书记王郁昭在电话里证实了他确曾在严宏昌家代表地委批准小岗村大包干到户干三年，并且认为现在压力再大也不能动摇，不能再走回头路了。陈庭元放下电话后，把地委书记明确的态度做了传达，之后没人再说话，似乎大家对这个结果都感到意外。

1980年5月31日，邓小平发表了重要讲话，对包产到户予以充分肯定和支持，邓小平说："农村政策放宽以后，一些适宜搞包产到户的地方搞了包产到户，效果很好，变化很快。安徽肥西县绝大多数生产队搞了包产到户，增产幅度很大。'凤阳花鼓'中唱的那个凤阳县，绝大多数生产队搞了大包干，也是一年翻身，改变面貌。"邓小平接着指出："有的同志担心，这样搞会不会影响集体经济。我看这种担心是不必要的","实行包产户的地方,经济的主体现在也还是生产队","总的来说,现在农村工作中的主要问题还是思想不够解放"。邓小平这一讲话不仅对安徽的农村改革是个巨大支持和鼓舞,同时也为全国农村改革指明了方向。

邓小平讲话后不久,1980年9月14日至22日,中央召开了各省、自治区、直辖市党委第一书记座谈会,专门讨论加强和完善农业生产责任制问题。会后发出了《关于进一步加强和完善农业生产责任制的几个问题》(中发〔1980〕75号)的通知。这份文件的最大特点是,在中央文件上给包产到户落了"户口",使包产到户合法化了。1993年3月29日,八届全国人大一次会议通过宪法修正案,将"家庭联产承包责任制"正式载入宪法。

(资料来源:中国公共管理专业学位案例库,案例入库号:201512520050。引用时有删改。)

[思考与讨论]

1. 云南开远在治理"黑人黑户"问题中市委市政府应发挥何种职能与权力?在解决"黑人黑户"问题的过程中,地方政府应该如何平衡本地居民和自发移民的利益?

2. "限塑令"的实施过程中,地方政府面临哪些困难和挑战?"限塑令"令行不止背后反映出政府部门何种职能的缺失?你认为地方政府应该如何改进自身的管理能力和水平,提高政策的执行力和公信力?

3. 浙江富阳的"权力清单制度"是如何创新地方政府权力行使与职能定位的?权力清单制度的实施过程中,地方政府如何加强对权力运行的监督制约和问责机制?你认为这种监督制约和问责机制是否有力和公正?

4. 如何正确认识和处理领导干部与基层群众的关系?领导干部在乡村发展中扮演什么样的角色?

延伸阅读

我国地方政府事权划分的基本逻辑

要理解政府治理和运作的模式,首先要了解权力和资源在政府体系中的分布规则,既包括上下级政府间的纵向分布,也包括同级政府间的横向分布。这就需要结合我国政府治理的特点来探讨事权划分的基本原则。

从我国政府治理的特点来看，主要包括以下几个方面：第一，中央与地方政府。央地关系历来是研究很多重大问题的主线。一方面，维持大一统的国家必然要求维护中央权威和统一领导；另一方面，中国之大又决定了政治体系的日常运作要以地方政府为主。如今，央地关系的重要性体现在宪法中。现行宪法的第一条和第二条规定了国体和政体，紧接着第三条便规定了央地关系的总原则："中央和地方的国家机构职权的划分，遵循在中央的统一领导下，充分发挥地方的主动性、积极性的原则。"第二，党和政府。中国共产党对政府的绝对领导是政治生活的主题。简单说来，党负责重大决策和人事任免，政府负责执行，但二者在组织上紧密交织、人员上高度重叠，很难严格区分。第三，条块分割，多重领导。我国政治体系的一个鲜明特点是"层层复制"：中央的主要政治架构，即党委、政府、人大、政协等，省、市、县三级都完全复制，即所谓"四套班子"。中央政府的主要部委，除外交部等个别例外，在各级政府中均有对应部门，比如中央政府有财政部、省政府有财政厅、市县政府有财政局等。第四，上级领导与协调。在复杂的行政体系中，权力高度分散在各部门，往往没有清晰的法律界限，所以一旦涉及跨部门或跨地区事务，办起来就比较复杂，常常理不清头绪，甚至面对相互矛盾的信息。部门之间也存在互相扯皮的问题，某件事只要有一个部门反对，就不容易办成。尤其当没有清楚的先例和流程时，办事人员会在部门之间"踢皮球"，或者干脆推给上级，所以权力与决策会自然而然向上集中。第五，官僚体系。所有规章制度都必须由人来执行和运作。同样的制度在不同的人手中，效果可能完全不同，所以无论是国家还是公司，人事制度都是组织机构的核心。

总的来说，我国有一套立足于自身历史和文化的政治制度。像所有政治制度一样，实际的权力运作与纸面的规章制度并不完全一致，但也绝不是任性随意的。在任何体制下，权力运作都受到两种约束：做事的能力及做事的意愿。前者取决于掌握的资源，后者取决于各方的积极性和主动性。我国政府治理特点和实际情况决定了政府事权划分的基本逻辑，即三大重要原则：外部性和受益范围原则、信息复杂性原则和激励相容原则。

第一，外部性和受益范围原则。地方政府权力的范围和边界，由行政区划决定。我国实行"属地管理"，地方事权与行政区划密不可分，所以我们先从行政区划角度来分析权力划分。影响行政区划的首要因素是"外部性"，这是个重要的经济学概念，简单来说就是人的行为影响到了别人。在公共场合抽烟，让别人吸二手烟，是负外部性；打流感疫苗，不仅自己受益，也降低了他人的感染风险，是正外部性。一件事情该不该由地方自主决定，可以从外部性的角度来考虑。若此事只影响本地，没有外部性，就该由本地全权处理；若还影响其他地方，那上级就该出面协调。比如市里建个小学，只招收本市学生，那市里就可以做决定。但如果本市工厂污染了其他城市，那排污就不能只由本市说了算，需要省里协调。如果污染还跨省，可能就需要中央来协调。因此行政区域大小应该跟政策影响范围一致。若因行政区域太小而导致影响外溢、需要上级协调的事情过多，本级政府也就失去了存在的意义。反过来讲，行政区划也限定了地方可调配的资源，限制了其政策的影响范围。

第二，信息复杂性原则。中国有句老话叫"山高皇帝远"，常用来形容本地当权者恣意妄为、肆无忌惮，因为朝廷不知情，也就管不了，可见信息对权力的影响。行之有效的管理，必然要求掌握关键信息。然而信息复杂多变，持续地收集和分析信息需要投入大量资源，代价不小。所以有信息优势的一方，或者说能以更低代价获取信息的一方，自然就有决策优势。我国政府各层级之间的职能基本同构，上级领导下级。原则上，上级对下级的各项工作都有最终决策权，可以推翻下级所有决定。但上级不可能掌握和处理所有信息，所以很多事务实际上由下级全权处理。即使上级想干预，常常也不得不依赖下级提供的信息。比如上级视察工作，都要听取下级汇报，内容是否可靠，上级不见得知道。如果上级没有独立的信息来源，就可能被下级牵着鼻子走。所以上级虽然名义上有最终决定权，拥有"形式权威"，但由于信息复杂、不易处理，下级实际上自主性很大，拥有"实际权威"。维护两类权威的平衡是政府有效运作的关键。若下级有明显信息优势，且承担主要后果，那就该自主决策。若下级虽有信息优势，但决策后果对上级很重要，上级就可能多干预。但上级干预可能会降低下级的工作积极性，结果不一定对上级更有利。

第三，激励相容原则。如果一方想做的事，另一方既有意愿也有能力做好，就叫激励相容。政府内部不仅要求上下级间激励相容，也要求工作目标和官员自身利益之间激励相容。上级政府想做的事大概分两类，一类比较具体，规则和流程相对明确，成果也比较容易衡量和评价。另一类比较抽象和宽泛，比如经济增长和稳定就业，上级往往只有大致目标，需要下级发挥主动性和创造性调动资源去达成。对于这两类事务，事权划分是不同的。在专业性强、标准化程度高的部门，具体而明确的事务更多，更倾向于垂直化领导和管理。比如海关，主要受上级海关的垂直领导，所在地政府的影响力较小。这种权力划分符合激励相容原则：工作主要由系统内的上级安排，所以绩效也主要由上级评价，而无论是职业升迁还是日常福利，也都来自系统内部。还有一些部门，虽然工作性质也比较专业，但与地方经济密不可分，很多工作需要本地配合，如果完全实行垂直管理可能会有问题。激励相容原则首先要明确地方政府的权利和责任。我国事权划分的一大特点是"属地管理"：一个地区谁主管谁负责，以行政区划为权责边界。属地管理兼顾了公共服务边界问题和信息优势问题，同时也给了地方政府很大的权力，有利于调动其积极性。其次是权力和资源的配置要制度化，不能朝令夕改。无论对上级还是对下级，制度都要可信，才能形成明确的预期。

三大原则的共同主题是处理不同群体的利益差别与冲突。从公共服务覆盖范围角度看，不同人对公共服务的评价不同，享受该服务的代价不同，所以要划分不同的行政区域。从信息复杂性角度看，掌握不同信息的人，看法和判断不同，要把决策权交给占据信息优势的一方。从激励相容角度看，上下级的目标和能力不同，所以要设立有效的机制去激励下级完成上级的目标。假如不同群体间完全没有差别和冲突，那事权如何划分就不重要，对结果影响不大。完全没有冲突当然不可能，但如果能让各个群体对利益和代价的看法趋同，也能消解很多矛盾，增强互信。所以国家对其公民都有基本的共同价值观教育，包括历史教育和国家观念教育。而对官员群体，我国自古以来就重视共同价值观的培养与教化，今天依然如此。

（资料来源：参见兰小欢：《置身事内：中国政府与经济发展》，上海人民出版社，2021年版。引用时有删改。）

第 7 章　地方政府管理的三种力量：政府、市场与社会志愿组织

学习要求：通过本章学习，能够认识和理解地方政府、市场和社会志愿组织的各自作用、失灵的表现及其矫正路径，明晰地方政府管理中政府、市场、社会志愿组织三种力量之间的相互关系，同时能够运用相关理论知识对地方政府管理实践中的相关管理问题进行解读和分析。

地方政府作为地方政府管理的重要力量，对于地方的建设发展发挥着不可替代的作用。但是地方政府并不是万能的，也存在政府失灵，市场在提供公共物品中由于外部性存在市场失灵，而社会志愿组织由于其具有专业性、灵活性等特点，发挥着政府、市场不可替代的作用，但由于受到社会环境、文化传统等因素影响，社会志愿组织也存在失灵情况，这就要求构建地方政府、市场、社会志愿组织相互协作的新型伙伴关系。本章对地方政府管理的三种力量——地方政府、市场、社会志愿组织分别进行说明，并对三种力量之间的相互关系做出说明。

7.1　政府神话与政府失灵

7.1.1　政府神话

地方政府作为地方管理的重要力量，是处理地方各项事务的关键所在。最早凯恩斯

在 1936 年出版《就业信息和货币通论》中提到要增强政府作用，政府应当对社会秩序和经济运行进行全面积极有效的干预，通过使用财政政策、货币政策等手段对社会总需求进行有效调节，从而达到消除市场缺陷的目的。凯恩斯主义认为自由主义经济理论所提倡的完全竞争的市场在现实生活中不存在。他还指出在市场经济运行中，存在消费倾向递减、资本边际效率递减等，最终会造成有效需求不足，进而导致经济危机，这就需要政府进行有效干预，扩大政府职能。

在凯恩斯理论基础之上发展起来的国家干预主义，反映出西方各国对于经济发展的现实要求，在有效缓解当时资本主义社会存在的基本矛盾方面，解决失业、经济危机等问题上发挥着重要作用，逐步引导资本主义经济摆脱困境，在一段时间内出现经济繁荣现象。直到 20 世纪 60 年代美国出现通货膨胀以后，导致资本主义世界出现前所未有的经济停滞局面，自此，打破了凯恩斯的"政府神话"，出现了"政府失灵"。

7.1.2 地方政府失灵的表现

地方政府是处理地方事务的主导力量，但是政府干预也并非万能，同样存在"政府失灵"。政府失灵是指政府在弥补市场缺陷的过程中因为自身或者外部条件的缺陷造成行为失效，表现为政府活动的低效性和结果的非理想性。[①]可以说，如果地方政府对所管辖区域内的市场行为缺乏有效的干预，容易影响到市场行为的正常发挥，或者容易造成政府效率低下、干预成本高昂等不良后果。地方政府失灵旨在说明政府不能完全代替市场，在特定场合，政府这只"看得见的手"不一定能够将事情办好。萨缪尔森说："应当认识到，既存在着市场失灵，也存在着政府失灵。……当政府政策或集体行动所采取的手段不能改善经济效率或道德上可接受的收入分配时，政府失灵便产生了。"[②]地方政府失灵一方面表现为政府的无效率干预，即地方政府进行宏观调控的范围和力度不当，不能够维持市场正常运转的需要。另一方面表现为地方政府对市场的过度干预，即超过市场正常运转的合理需要。

公共选择学者认为"政府失灵"的表现主要体现为四个方面：公共决策失误、机构

---

① 严新明，童星. 市场失灵和政府失灵的两种表现及民间组织应对的研究[J]. 中国行政管理，2010(11)：90-93.

② 保罗·A. 萨缪尔森，威廉·D. 诺德豪斯. 经济学[M]. 北京：中国发展出版社，1992：1189.

的低效率、规模扩张、寻租。[①]地方政府更贴近于所管辖区域内的情况,基于此,地方政府失灵主要表现在以下四个方面。

一是地方性公共决策失误。地方政府对所管辖区域内的市场进行干预基本上是通过制定和实施公共政策的手段来执行,以此来克服市场失灵。公共决策与市场决策不同,决策主体是集体,对象是公共物品,需要经过一定的政治秩序才能实现。地方政府在制定、实施地方性政策中也存在诸多困难,体现为地方政府工作人员也是理性"经济人",容易追求自身利益最大化,导致地方政府在制定决策的过程中容易基于个人效用最大化进行决策,而不是最大限度地增进公共利益。还表现为科学的地方政府决策需要充分收集市场信息,但是由于市场信息具有分散性,地方政府由于人员、资源等有限,很难全面收集相关信息,导致地方政府决策存在一定偏差,可以看出,地方性决策过程复杂,面临诸多制约因素,容易造成决策失误。

二是地方政府机构的低效率。政府干预不以营利为目的,政府对纯公共物品如国防、公路等进行垄断型供给,这就决定着只有政府才能对外部市场进行调控,这种缺乏竞争对手的政府垄断行为,容易导致政府缺乏对效率效益的追求。地方政府干预需要具备高度的协调性,而地方政府的建设发展需要跨区域地方政府间的协同配合,管辖区域的地方政府组织体系通常由多部门组成,机构间职权划分、协调配合等都会影响调控体系的运转效率。除此之外,由于地方政府官员不能将利润作为私有财产,导致他们所追求的目标在于规模最大化,而不是追求利润最大化,通过规模扩大增加晋升机会和扩大势力范围,容易导致效率低下。

三是地方政府规模扩张。政府就其本性而言,具有天然扩张的倾向,尤其是公共部门的数量具有内在扩大趋势。[②]地方政府所具有的内在扩张性与社会对公共产品需求的增长相互契合,由此造成地方政府对人力、财力、物力等需求逐步增长,进而造成越来越大的预算规模和政府财政赤字,为地方政府干预带来昂贵的成本。

四是地方政府寻租。寻租是指个人或者团体通过对政府决策施加影响进而获取自身经济利益。寻租作为一种非生产性活动,总体上并不能增加任何财富和社会福利,而是通过改变生产要素的产权关系,将国民收入纳入私人手中。如企业通过寻求地方政府干预进而获得区域管辖范围内的情况特许,开展营利活动。在这种情况下,政府官员有可能会"受非法提供的金钱或其他报酬引诱,做出有利于提供报酬的人从而损害公众和公

---

① 张建东,高建奕. 西方政府失灵理论综述[J]. 云南行政学院学报,2006(05):82-85.
② 金太军. 市场失灵、政府失灵与政府干预[J]. 中共福建省委党校学报,2002(05):54-57.

众利益的行为"①。地方政府干预极易导致生产经营者丧失提高效率的动力，极易导致资源耗费于寻租活动中，造成大量的资源浪费，成为地方政府失灵的重要根源。

7.1.3 地方政府失灵的矫正

针对地方政府失灵的具体表现形式，进一步提出矫正措施，以提高政府工作效率，避免政府失灵。主要包含完善地方性法规、建立竞争机制、完善地方税体系、推行激励机制。

一是完善地方性法规。公共选择理论家们认为政府政策失灵的根本不是政策内容本身，而是政策制定的具体规则，推行宪制改革是有效避免政府失灵的关键举措。②地方政府要基于本行政区域内的实际情况及现实需要制定地方性法规，建立健全跨区域的规章制度，为有效推行政策执行奠定科学基础。

二是在地方政府内部建立竞争机制。在地方政府内部建立有效的竞争机制，能够有效消除政府的低效率，比如，地方政府管辖区域内相同的公共物品或者服务可以由两个或者两个以上的机构来提供，城市供水系统、公交系统就可以采取这类办法；再比如将某些公共物品承包给私人进行生产。还包括加强地方政府内部各部门之间的竞争以增进政府效率。

三是完善地方税体系。地方政府提供公共物品、服务等各项活动依附于中央拨款及地方税收。要逐步形成合理的地方财力格局，为地方政府履行财政事权提供保障，区域内公民可以寻求施加于地方政府的某种制度性约束，限制地方政府征税数量，从而对地方政府权力进行约束。

四是推行激励机制。侧重于在地方政府内部建立有效的绩效考核机制、激励机制，地方政府可以对各个部门内部表现优异的工作人员给予激励，将部分结余资金作为奖励直接发放。有效协调不同利益主体之间的关系，消除地方政府人员寻租的隐患。

---

① 王沪宁. 腐败与反腐败：当代国外腐败问题研究 [M]. 竺乾威，林尚立，林恒曾，等译. 上海：上海人民出版社，1990：18.

② 王臻荣，常轶军. 政府失灵的又一种救治途径——一种不同于公共选择理论的分析 [J]. 中国行政管理，2008（01）：55-58.

7.2 市场神话与市场失灵

7.2.1 市场神话

人们对于市场神话的推崇最早可以追溯到亚当·斯密提出的"看不见的手"的理论，他主张推行完全意义上的自由竞争，市场不存在缺陷，极力反对国家干预经济。亚当·斯密在 1776 年所著的《国民财富的性质和原因的研究》中强调"看不见的手"的重要作用，他认为"经济人"会基于经济利益要求，通过"看不见的手"调整社会经济秩序。他指出"他受着一只看不见的手的指导，去尽力达到一个并非他本意想要达到的目的……他追求自己的利益，往往使他能比在真正处于本意的情况下更有效地促进社会的利益"[1]。亚当·斯密认为市场这只"看不见的手"能够确保经济自动达到均衡状态，政府没有发挥作用的空间和时间，政府自然也没有必要去对经济进行干预，政府的最大职责就在于为企业和个人提供最大限度的自由，管的最少的政府被认为是最好的政府。

亚当·斯密之后的一百多年里，密尔、斯宾塞、马歇尔等西方经济学家基本上继承了其所主张的经济自由主义的理论观点，认为市场经济具有无可比拟的优势，市场这只"看不见的手"能够进行自发调节，使资源得到合理配置，促进经济增长，能够充分发挥企业和劳动者的积极性，被人们称为"市场神话"。

亚当·斯密所提倡的经济自由主义思想，反映出特定时期内自由竞争资本主义的要求，推动资本主义的生产和发展。但随着自由竞争资本主义向垄断资本主义过渡，经济自由主义思想容易导致资本主义社会矛盾激化，经济危机频繁发生，引发 1929—1933 年的世界经济大危机，动摇世界资本主义经济的基础，从此宣告"市场神话"的破灭和"市场失灵"。

---

[1] 亚当·斯密. 国民财富的性质和原因的研究：下卷 [M]. 北京：商务印书馆，1996：27.

7.2.2 市场失灵的表现

在市场经济当中，生产什么、如何生产、为谁生产主要由市场进行调节，市场在资源配置中起决定性作用。在理论层面，在完全竞争的市场中，市场可以实现资源最优配置。但在现实中，受多重因素的影响，市场机制不能完全实现帕累托最优，也不能避免收入分配不公平等现象，会引发市场失灵。市场机制失灵的根本原因在于"看不见的手"的运作缺陷。[①]市场失灵是市场机制本身所固有的特征，仅仅依靠市场难以有效克服，市场失灵主要表现在以下几个方面。[②]

一是市场机制不能解决宏观总量的平衡问题。市场调节作为事后调节，主要是通过分散的决策而完成均衡，具有自发性和盲目性。市场机制不能有效调节通货膨胀，在激烈的市场竞争中，市场主体往往谋求个人利益最大化，容易造成产业结构不合理，需要政府运用财政政策和货币政策进行有效调控，通过制定发展战略、计划等，进一步引导产业合理布局，产业结构优化，进而保持经济稳定和总量平衡。

二是市场机制难以优化和调整产业结构。在市场经济条件下，市场主体注重谋求自我利益最大化，如果通过市场进行产业结构调整需要付出很高的代价。需要政府进行干预，通过制定和实施产业政策，进行产业结构调整。

三是市场机制不适应于公共物品的有效生产。市场机制能够有效提供私人物品，但是却不适用于公共产品的有效供给，难以实现公共物品供给的最优水平。公共物品所产生的"搭便车"行为，需要政府来组织生产和有效供应。

四是市场机制难以解决外部效应问题。外部效应具有正负两个方面，不能通过市场机制进行削弱或者消除，需要通过政府力量予以纠正和弥补。政府主要通过税收、补贴、行政管制等方式对外部行为进行规定，如产生负外部性的工厂所造成的污染物排放，政府通过规定排污标准、征收污染费等手段进行调节，实现外部效应的内在化，进而最大限度地减少外部效应。

五是市场机制无法防止垄断。市场主体在市场竞争中处于不同地位，为获得规模效益，部分市场主体通过联合、合并等手段，对市场进行垄断，导致市场竞争扭曲，进而

---

① 俞宪忠. 市场失灵与政府失灵 [J]. 学术论坛，2004（06）：94-98.

② 陈振明. 市场失灵与政府失败——公共选择理论对政府与市场关系的思考及其启示 [J]. 厦门大学学报（哲学社会科学版），1996（02）：1-7.

使市场机制难以有效发挥调控的作用,为此,就需要政府对市场竞争进行有效的引导、限制,如制定反垄断法等。

六是市场机制容易导致分配不公问题。市场机制能够推动生产力发展和促进经济效率提高,但是却容易造成不同群体间收入水平差距拉大,贫富分化,形成强者愈强、弱者愈弱、财富越来越集中的"马太效应",需要政府通过税收政策、社会保障制度等有效调节不同群体间的收入分配问题。

可以说,上述市场机制的缺陷为政府有效干预经济活动提供了前提条件。市场失灵的出现,与市场作用的有限性密切相关。许多经济学家依据市场失灵的原因划分市场失灵类型,经济学家约瑟夫·E. 斯蒂格利茨将市场失灵划分为原始的市场失灵即与公共物品、外部性相关的失灵,新型的市场失灵即与信息不完备、信息有偿性等相关的失灵。他指出:"原始的市场失效在很大程度上是容易确定的,其范围也容易控制,它需要明确的政府干预。由于现实中所有的市场都是不完备的,信息总是不完全的,道德风险和逆向选择问题对于所有市场来说是各有特点的,因此经济中的市场失效问题是普遍存在的。"[1]

7.2.3 市场失灵的矫正

不同类型的市场失灵产生的原因不同,针对上述原始市场失灵和新型市场失灵两种类型的划分,采取不同的矫正措施,以有效解决市场失灵问题。

一是原始市场失灵的矫正。这类市场失灵是指超越市场发挥作用的限度和领域所产生的失灵,也就是说,市场作用的限度和领域具有局限性,超过这一限度和领域就会失灵。针对这类市场失灵,需要政府代替市场实现公共物品的生产和供给,才能从根本上解决这类市场失灵问题。政府应当为市场条件的发展与完善提供适宜的社会政治环境,通过制定科学的经济社会发展战略规划,各种形式的市场制度、规则等,对公共物品的生产、供给等问题进行组织、经营、管理,为市场秩序的良好运行提供保障。还表现为政府通过直接干预的方式,对市场无法调节的经济活动进行有序调节。如,政府运用经济和行政手段,去解决生态环境损害、自然资源破坏等负外部性问题。

二是新型市场失灵的矫正。这类市场失灵是指由于市场自发调节而对社会产生负面影响的失灵。针对这类市场失灵,同样需要政府对市场功能进行纠偏。政府运用国家权

---

[1] 约瑟夫·E. 斯蒂格利茨. 社会主义向何处去 [M]. 长春:吉林人民出版社,1999:48-49.

力防止和打击各类经济领域的违法犯罪行为，比如，通过行政许可、资格认定等制度手段对各类经济违法犯罪行为进行查处，以此确保市场机制保持良好的运行秩序以及保护市场主体的合法权益。同时，针对经济收入两极分化而形成的分配不公问题，政府通过采用适当的税收手段和转移支付等手段进行调节。

尽管针对这两类市场失灵的侧重点不同，但具有共同之处就是矫正市场失灵需要充分发挥政府的作用，可以看出，政府对经济进行宏观调控，已成为现代市场经济体制的重要组成部分。正如萨缪尔森所说："现代经济是市场和政府税收、支出、调节这只看得见的手的混合体。"[1]

7.3 志愿神话与志愿失灵

7.3.1 志愿神话

面对传统官僚体制的各种弊端，众多学者提出改革政府管理活动的相关建议。在西方国家，社会志愿组织的兴起被视为是克服"政府失灵"和"市场失灵"的一种重要的制度创新。20世纪80年代开始，随着西方国家在福利制度改革中政府的逐渐"退出"，社会志愿组织引起了广泛的关注。社会志愿组织是指不以营利为目的开展各类志愿性活动的社会组织或者是民间团体。社会志愿组织由于具有专业性、灵活性等独特之处，能够有效弥补地方政府和市场在参与公共事务管理过程中的不足，同时满足人们多样化的需求。具体来说，通常政府向志愿组织购买的公共服务成本要低于政府直接提供公共服务的成本。[2]社会志愿组织能够直接了解社会公众需求，政府购买社会志愿组织所提供的公共服务能够有效减少服务传递过程中的成本，提高生产效率。与此同时，政府购买志愿组织所提供的公共服务能够提高服务质量。

尽管社会志愿组织在弥补市场失灵和地方政府失灵中发挥的作用不可忽视，但是有关社会志愿组织的功能和地位也遭受到了部分学者的质疑。学者莱斯特·萨拉蒙（Salamon）

---

[1] 保罗·A. 萨缪尔森，威廉·D. 诺德豪斯. 经济学 [M]. 北京：中国发展出版社，1992：78.
[2] TERRELL P, KRAMER R M. Contracting with nonprofits [J]. Public Welfare, 1984, 42 (01): 31-37.

澄清了人们对社会志愿组织的误解，误解之一是"志愿主义的神话"，即认为真正的社会志愿组织主要是依赖于对私人的行动和慈善资助的信念。①以美国为例，社会志愿组织的资金来源主要是以政府为主，远远超过私人慈善机构的捐款。社会志愿组织同样也存在失灵问题，社会志愿组织并不是替代市场和政府的良好机制。社会志愿组织为了生存与扩大资金来源渠道，需要借助市场机制从事某些营利性活动，即逐渐变得像企业。部分非营利组织的设立、所需经费、运行等各个方面仍然依赖于政府，即逐渐变得政府化。而社会志愿组织的"市场化"和"政府化"成为志愿失灵的症结。至此，打破了"志愿神话"，出现了"志愿失灵"。

7.3.2 志愿失灵的表现

志愿失灵是指社会志愿组织无法单靠自身的力量推进社会公益事业发展，这种局限性就是志愿失灵。1981年美国学者莱斯特·萨拉蒙最早提出志愿失灵这一概念，还进一步论证社会志愿组织存在缺陷的具体原因，及与政府建立伙伴关系的必要性。同地方政府失灵和市场失灵一样，志愿失灵也会以各种形式表现出来，萨拉蒙认为，志愿失灵主要包括四方面内容：慈善的供给不足、慈善的特殊主义、慈善组织的家长式作风、慈善的业余性。②针对我国地方的社会志愿组织而言，志愿失灵主要表现为社会志愿服务的供给不足、社会志愿服务的特殊性、社会志愿组织的家长作风、社会志愿服务的业余主义。

一是社会志愿服务的供给不足。社会志愿组织所具有的民间性、志愿性等特征决定着其资金来源主要是私人捐赠，与政府通过强制性的税收手段获得财政资源具有很大的不同。社会志愿组织提供公共物品往往从各自不同的角度，而不是从社会全局出发，因此，不同于地方政府部门的决策更多体现为公共利益，它们所体现出的公共利益具有局部性，不能完全反映社会公共需求。公共物品供给普遍存在"搭便车"问题，人们更倾向于不花成本享受他人提供的福利，社会志愿组织提供的公共服务低于社会最优水平，组织开展活动所需要的资金也普遍依赖于政府。莱斯特·萨拉蒙在研究项目中指出："在非营利部门的资金来源中，公民的志愿捐赠只占有很小的比例，较大部分是依靠政府的资

---

① 何增科. 公民社会与第三部门[M]. 北京：社会科学文献出版社，2000：254.
② 莱斯特·萨拉蒙. 公共服务中的伙伴——现代福利国家中政府与非营利组织的关系[M]. 田凯，译. 北京：商务印书馆，2008：47—50.

助。"①在我国地方政府管理中，表现为志愿服务的资金不足，政府财政支持有限，社会渠道不足。

二是社会志愿服务的特殊性。社会志愿组织服务对象往往是社会中的特殊群体，如残疾人、儿童等。尽管每个社会群体都想建立自己的机构，但不一定有能力建立所有领域的机构。由于获取资源能力不尽相同，在部分领域的志愿服务供给过度，而部分领域却得不到有效关注，这就容易导致公共服务供给的不均衡，不能覆盖到所有群体。

三是社会志愿组织的家长作风。社会志愿组织的主要活动往往会受到捐赠者的影响，即控制组织资源的人的影响，这类群体在提供公共服务时，侧重于根据自身的需要偏好和利益进行提供，容易忽略组织的宗旨和社会需求，最终提供了许多富人需要且喜爱的服务，而真正需要帮助群体的需要却难以得到充分满足。如美国部门非营利医院面向社会建立健康俱乐部，以新型健身器材、游泳池等吸引会员。

四是社会志愿服务的业余主义。社会志愿组织的服务对象通常是需要照顾的特殊群体，而特殊群体的照顾需要专业人士，但是社会志愿组织由于资金的限制无法吸引专业人员加入，志愿工作主要由业余人员操作，容易影响到公共服务的整体质量。

7.3.3 志愿失灵的矫正

萨拉蒙所提出的志愿失灵理论是基于西方国家的实践考察，我国的志愿服务与西方国家具有很大差距。社会志愿组织在我国称为"民间组织"，包括社会团体、基金会、民办非企业单位。②我国的志愿失灵主要表现为资源支持不足、公共服务供给不均等、社会组织的政府化倾向、缺乏改进公共服务的动力等问题。③针对我国地方政府管理现实情况和社会志愿组织的特殊性，有针对性地矫正志愿失灵。

一是优化组织资源配置。针对我国地方社会志愿组织资源支持不足问题，要逐步建立起各级地方政府与社会志愿组织良好的合作伙伴关系，地方政府通过购买公共服务的方式向社会志愿组织提供资金支持。地方政府在购买公共服务过程中要充分吸纳且尊重多类型的社会志愿组织的特点，发挥社会志愿组织的专业性、灵活性，为社会公众提供

---

① 莱斯特·萨拉蒙. 全球公民社会——非营利部门视界[M]. 北京：社会科学文献出版社, 2002: 28.
② 任金秋, 刘伟. 我国非政府组织志愿失灵问题探讨[J]. 内蒙古大学学报（哲学社会科学版）, 2008(02): 44-48.
③ 孙婷. 政府责任视角下志愿失灵原因探析[J]. 学术界, 2011(05): 209-216, 288.

多样化且切实需求的公共服务。例如，上海市政府通过购买公共服务的方式对行业协会扶持，其中，装饰装修行业协会承担市建委日常整治工作等，可以说，政府购买公共服务力度不是数量的增加，而是能够实现与提供优质服务的社会志愿组织的有序合作。与此同时，地方政府部门出台保护扶持社会志愿组织的政策法规，加大对社会治理、民生保障等领域的财政支持力度，逐步优化财政支出结构，以推进公共服务优质均等发展。

二是实现公民的有序参与。针对志愿失灵的特殊性，即重点关注某一特殊群体进而造成公共资源的浪费等问题。要逐步转变以地方政府为主体的整体行动，拓宽民主参与渠道，促进地方政府与公民之间的信息沟通，实现信息对称，及时了解公众诉求，促进地方政府提供的公共服务符合社会公众的需求。通过社会公民的有序参与，使社会志愿组织有效捕捉服务对象的现实需求，依靠群体中的自发力量解决问题，避免供给不均等现象。

三是明晰政府与社会志愿组织的权责关系。我国各地方的社会志愿组织由政府部门发起或者成立，承担政府下派的任务，实质上成为政府部门的延伸，进而造成社会志愿组织自主性较差。针对这一问题，地方政府应逐步明晰职责，加强对社会志愿组织的监管，赋予社会志愿组织充分的自主权，不应过多地干预其内部事务管理，充分发挥社会志愿组织的自身优势作用。

四是提升社会志愿组织的自身建设。社会志愿服务的业余主义在我国表现为社会志愿组织缺乏改进提供公共服务方式、方法的动力。为此，在社会志愿组织内部，要逐步加强自身内部决策、监督机制等方面的制度建设，通过共同的价值观念和组织文化建设提高组织内部成员的专业水平和志愿精神，发掘组织内部优秀人才，充分调动内部人员的工作积极性。在地方政府方面，要通过严格的法律途径加强对社会志愿组织的监管，确保社会志愿组织各项活动能够规范运行。

7.4 地方政府管理中的力量关系

志愿失灵意味着社会志愿组织与市场和地方政府一样，不是万能的，当单独的主体不能满足社会群体的多样需求，就需要多个主体合作。如何充分发挥地方政府、市场、社会志愿组织的比较优势，实现三种力量的相互补充，以满足社会群体的不同需求，成为研究的重点问题。

7.4.1 地方政府、市场、社会志愿组织三者之间的相互关系

从市场失灵到政府干预,再从政府干预到政府失灵,从社会志愿组织介入到志愿失灵,呈现出一种基于"失灵"而依序继起、替代与被替代的关系。[①]可见,这是基于三种力量渐进过程的表述。在实践当中,地方政府、市场、社会志愿组织从来都不是孤立存在的,只是在不同的历史发展时期发挥的作用不同。随着全球化进程的加快,地方政府、市场、社会志愿组织之间的相互融合渗透更为明显,图7.1为进一步了解地方政府、市场、社会志愿组织之间的相互关系提供了参考。

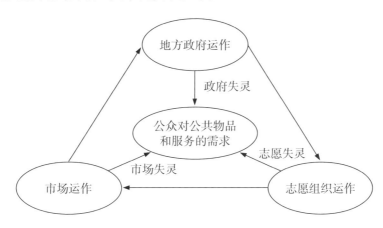

图 7.1　地方政府、市场、志愿组织的相互关系[②]

市场这只"看不见的手"在引导人们行为的同时,容易造成社会贫富差距拉大,反过来容易危害社会稳定,为此,需要政府进行干预,政府干预是解决市场失灵的一种有效性替代机制。政府运行满足多数人获得公共物品的需要,但是部分公民的偏好却不能满足,引发组织内部分权、政府官员"经济人"取向等问题,进而出现政府失灵。为进一步矫正政府失灵,将市场功能归还于市场,在公共产品的供给中引入市场机制,通过竞争提高服务效率,将社会功能归还于社会,通过社会志愿组织为社会提供多样化的公共产品和服务。但是,由于社会志愿组织也有诸多内生性的缺陷,进而造成"志愿失灵"。

---

① 贾康,冯俏彬. 从替代走向合作:论公共产品提供中政府、市场、志愿部门之间的新型关系[J]. 财贸经济,2012(08):28-35.

② 吴光芸,方国雄. 市场失灵、政府失灵与非营利组织失灵及三者互动的公共服务体系[J]. 四川行政学院学报,2005(01):19-21.

在实践当中，三种力量并不是孤立存在的，在不同的历史发展时期，三者都始终存在，发挥各自不同优势，共同致力于公共物品和服务的生产与提供。

7.4.2 地方政府、市场、社会志愿组织之间进行合作的优势

在充分重视地方政府、市场、社会志愿组织存在失灵的前提下，要充分发挥三种力量的比较优势，形成三者相互融合、互补、共赢的合作伙伴关系。

地方政府、市场、社会志愿组织具有各自明显的优势。地方政府基于公共责任为社会公众提供所需要的公共产品，以公权为基础进行必要的分配。市场注重追求成本和收益的对称，能够最大限度地调动资源生产，促进社会福利和经济效率的全面提高。社会志愿组织通过自发性的组织，为特殊群体提供所需的公共服务，是实现社会稳定、和谐的重要基础。可以说，在适当的领域，三种力量中的任何两种力量进行合作，都会产生大于各自单独发挥作用的效果。比如，在地方政府与市场之间，公共产品并不一定由地方政府生产，地方政府主要专注于公共产品的管理、筹资、付费等问题，注重了解公众的需求并做出回应，制定合理的地方性政策，为公平分配公共物品和服务提供保障，而市场则专注于公共物品的生产，充分发挥其灵活性优势，以高效供给公共物品和服务。在地方政府与社会志愿组织之间，地方政府能够为所管辖区域内的绝大部分群体提供公共物品，而与社会志愿组织进行合作，能够充分发挥社会志愿组织灵活性、选择性强的优点，弥补地方政府大规模集体行动存在的不足，为区域内的社会公众提供个性化的公共服务，进而获得更高的公共服务效果。在市场与社会志愿组织之间，市场越来越多地承担社会责任，从事公益活动，而社会志愿组织提供公共物品也需要同市场一样具有效率，二者的合作不仅有助于市场机制实现良好运作，同时也有利于社会志愿组织提供公共物品和服务的高效率。

7.4.3 建立地方政府、市场、社会志愿组织之间的新型关系

在实践当中，公共产品的生产和供给已经不再局限于由地方政府提供，市场、社会志愿组织正在以不同的方式介入到公共产品的供给当中，比如，应对各类自然灾害，地方政府、市场、社会志愿组织协作参与到救灾当中。三种力量之间的合作伙伴关系在提升效率的同时也造成彼此之间边界的模糊和组织功能的交叉，正在逐步改变着传统的政府管理模式，地方政府、市场、社会志愿组织呈现出多元参与、合作治理的新型伙伴关系。

多元参与侧重于说明地方政府不再是提供公共产品与服务的单一主体，市场、社会志愿组织等更多的主体都参与其中，地方政府在提供公共产品与服务过程中执掌决策权，而市场、社会志愿组织等都通过发挥各自的比较优势为公众提供多样化的公共产品与服务。合作治理侧重于说明地方政府、市场、社会志愿组织平等互助、协作共享的治理模式。地方政府、市场、社会志愿组织通过平等对话形成共同价值，以合同、契约等方式明确各方主体的权责，进而形成以地方政府为主导的有序分工、平等协作的关系。

本章案例解读

01 农村环境整治"政—社"以何合作？

[案例阅读材料]

进入21世纪，从"村容整洁"到"美丽乡村"再到"生态宜居"，农村环境治理不断强化。2014年年初，为了缓解经济社会发展带来的农村环境保护和生态文明建设的巨大压力，云南大理开展了以"清洁家园""清洁水源"和"清洁田园"为主要内容的"三清洁"环境卫生整治工作，大力推动社会力量参与农村环境治理。此后，随着农村环境整治逐步纳入国家战略部署，大理州"三清洁"工作持续深化。2017年2月，《大理白族自治州乡村清洁条例》出台，标志着"三清洁"大理模式趋于成熟。起步较早、合作广泛、成效显著，面对农村环境整治的复杂形势，"三清洁"大理模式在"政—社"合作下取得了良好成效，是后发型地区农村环境整治的典型。这一典型性主要通过克服以下困难而显现：一方面，由于地处低纬高原，加之海拔高低悬殊，大理州的立体气候明显，河谷、坝区、山区和高山湿度、温度差异较大；地貌复杂、气候多样使得当地人居环境差异较大，农村环境整治难度随之增加。另一方面，旅游业作为大理州支柱产业之一，2019年总收入941.9亿元，同比增长18.4%。以三产融合为显著特征的旅游业的高速发展，对农村环境整治提出了更高要求。此外，在"打老友""讲孝百"等传统民俗影响下，村庄作为熟人社会的特征尤其明显，在中西部农村地区市场距离普遍较远、经济发展滞后的情况下，大理州"三清洁"工作的典型性进一步增强。

"三清洁"工作开展过程中，国家公权力主体是农村环境整治的主要决策者和推行者。组织层面，大理州成立了各级"三清洁"工作领导小组及其办公室，并就农村环境卫生基础设施建设、整治工作考核办法、资金筹措等做出决策部署。执行过程中，大理州通过州、县两级党政机关与辖区内所有村委会挂钩的方式进行宣传动员，调动群众参与积极性。同时，以党委、政府、督查室和"三清洁"领导小组办公室等为依托，定期督查、随机督查、回访督查等活动的广泛开展，为及时发现和解决问题提供了体制机制保障。在科层化行政组织体系下，"三清洁"工作以"千村整治、百村示范"为抓手，财政支出专项化与项目化特征显著，各级财政资金以项目形式投入到示范村建设中，有效促进了"三清洁"工作的深入开展。

市场主体是农村环境卫生公共服务的主要生产者。"三清洁"工作开展过程中，企业等市场主体的作用主要体现在两个环节：一是垃圾清运环节。为了解决农村居民实际承担垃圾清运工作而产生的监督难度大且效果不佳的问题，大理州积极推进垃圾清运市场化，通过公开招标等方式将垃圾清运交由公司管理，由此提高清运标准和规范清运流程。二是垃圾处理环节。以县级财政资金为依托，借助企业资本和技术优势，大理州积极推进垃圾分类，通过焚烧发电厂、玻璃和塑料制品回收厂、生物肥业生产企业等的建设，实现垃圾处理与产业项目开发互利共赢，并通过垃圾处理的市场化和无害化，提升垃圾处理效率和社会效益。

社会组织积极参与农村环境整治工作。媒体组织是主要宣传者，以微博、微信等为代表的新媒体和电视台、报纸等传统媒介为提高农村环境整治信息流动效率提供了有效工具。大理州"三清洁"办公室开通官方微博，通过设置"曝光台"并加强责任追究机制建设。在此基础上，"三清洁"办公室还与大理电视台、大理日报社等合作，对公众在微博等平台反映的问题及其整改措施进行广泛宣传，形成良好的环境整治社会舆论。"三清洁"环境卫生整治工作启动后，公益环保小组、青年志愿者服务队等各类志愿者组织为"三清洁"工作的顺利推进贡献了力量。志愿者队伍等各类社会组织出于保护大理生态环境的目的而自发组织、参与到"三清洁"工作中。

村级组织与农村居民是农村环境整治的主体。"三清洁"工作开展过程中，大理州坚持以党建促环保，将农村党建与环境整治工作紧密结合，形成了"三抓一联系"的工作机制。在村庄生活垃圾清理、道路环境管理与维护等方面，形成"总支书记—支部书记—中心户长—党员—农户"层层抓落实的工作格局，实现环境整治工作逐级分解、包干到片、落实到户和责任到人。在垃圾清运过程中，多数村委会通过公开招标的方式确定垃圾清运者，同时由村委会与清运者签订合同，并制定相关考评办法，以此保障清运质量。户长会议是村民参与的重要载体，在其决策下，大理州形成了通过"一事一议"向村民收取垃圾清运费的资金筹集机制。有利于减轻政府财政负担，并通过付费机制增强村民的责任感。同时，户长会议在发动群众积极参与、转变群众环境观念以及增强民众主动性中扮演着关键角色。"三清洁"工作中，农村居民的主体地位主要体现在"群众筹资"、签订环保"责任状"等方面，而借助现代化通信工具，村民监督得以强化。

（资料来源：参见湛礼珠，罗万纯：《"政—社"以何合作？——一个农村环境整治的案例分析》，载《求实》，2021年第4期。引用时有删改。）

[思考题]

大理州在推动政府、市场、志愿组织合作方面有哪些有益的经验？

[案例解读]

扫描二维码查看案例解读

02 乡村振兴中的民营企业力量

[案例阅读材料]

在民营经济大省福建，万千民营企业如一支坚实的生力军，奔赴乡村，投入山海，把产业兴村的种子带到八闽大地，结出"万企兴万村"的累累硕果。当前，全省民营企业和商会组织实施兴村项目3113个，经营类项目共投入111.76亿元，为乡村产业发展送来汩汩活水。

产业兴村，关键在因地制宜

资本下乡，要把投资投到点上，南辕北辙不行，因地制宜发展特色产业才能真正造福农村、富裕农民。

在福清市上迳镇县圃村，一家龙头企业带动万家农户，一条鳗鱼游活一个大产业。上迳镇是著名的鳗鱼之乡，当地农户长期专注于鳗鱼养殖，走出了鳗鱼特色主导产业之路，积攒了丰厚的"底子"。然而，个体养殖户"单打独斗"

的困境逐渐凸显，如何将传统产业优势，转化为现代农业高质量发展的动能，成为当地产业振兴的突破口。2021年，饲料行业龙头企业天马科技集团将"中国鳗谷"的项目带到县圃村，投资建设国家级现代农业（鳗鱼）高新技术产业园区，为传统产业升级插上加速器。

走进园区的福清星马·鑫鱼生态养殖基地，肥美鳗鱼在池里活蹦乱跳，16万平方米养殖棚顶的光伏板供电充足，养殖尾水被过滤处理成有机肥和净水循环利用，不仅实现省电、节水，鳗鱼养殖存活率也比传统养殖模式提高约10%，解决了一直存在的生态环保问题。基地精养面积达15万平方米，年养殖鳗鱼可达7000吨以上，将创造产值约10亿元。

沿着海岸线南下，漳州诏安县西梧村同样涌动着产业兴村的浪潮。走进西梧村，一排排闽南特色乡村别墅错落有致，村道宽敞整洁。然而，过去的西梧村却是人人嫌弃的小渔村，牡蛎壳堆积如山，横流的污水散发腥臭。蝶变，要从村企"联姻"说起。

2014年，福建玛塔生态科技有限公司落户村庄，立足滨海渔村特色，挖掘优势资源，整合村内废弃房屋、空闲土地发展特色项目，形成了牡蛎加工、渔业养殖、乡村旅游等产业体系。

"牡蛎壳对于当地村民来讲是固体废弃物，对于我们来讲却是一座巨型的宝库。"福建玛塔生态科技有限公司总经理雷乐说，公司是以牡蛎壳为原材料的土壤调理剂生产厂家，每年处理牡蛎壳25万吨左右，实现经济效益约2亿元。

企业进驻后，新建了牡蛎加工中心，负责处理以往堆积在村里的废弃牡蛎壳。村党支部与企业协商制定了村规民约，全村牡蛎加工必须集中在加工中心加工，废弃牡蛎壳由村民运到公司。公司将牡蛎壳加工制作成土壤改良剂，实现变废为宝；村里不再有牡蛎小作坊，环境污染问题也得以解决，可谓村企"双赢"。公司落户以来，招收西梧村100多名村民，极大地促进了西梧村剩余劳动力再就业。村企还共同举办元宵文娱晚会、开蚝比赛等活动，让村民精神物质双丰收。

短短几年间，西梧村总产值从3000万元提升到1.38亿元，村集体经济收入提升到408万元，村民人均年收入也从6800元提高到3.5万元，从一个"路颠水咸人人嫌"的后进村进阶为"山清水秀人人夸"的致富村。

"万企兴万村"的步伐不仅踏进渔村，也迈向山乡。春伦集团产业帮扶永泰县、罗源县、寿宁县下党乡的部分乡村，集团改变原先工厂与茶农单一的买卖关系，通过创建农村合作社、完善利益联结机制等方式，将单户生产的茶农组织起来，建立起覆盖省内 10 个基地，茶园面积达 4.2 万亩的规模化生产基地，带动了周边 10 多万亩茶园的发展。来自茶产业的收入占茶农年总收入的 85% 以上，有效带动了 10 多万名茶农的就业。《春伦助力全球重要农业文化遗产"福州茉莉花与茶文化系统"开发减贫模式》获全球减贫案例嘉奖。

多方借力，赋能产业兴旺

乡村特色产业从无到有、从弱到强，离不开金融业、数字化和市场营销等赋能加持。

结合福建山海特色，金融机构因地制宜创新一批县域乡村振兴金融产品，聚焦"三农"重点领域和薄弱环节，加大对参与乡村振兴企业的支持力度。省工商联与农业银行福建省分行联合推出了"联企兴村贷"，服务企业 428 家，授信余额 616 亿元、用信余额 326 亿元；与农业发展银行福建分行携手，为 65 家民营企业投放贷款 147.3 亿元。农发行宁德分行和农行宁德分行围绕宁德茶叶、食用菌、水产等八大特色农业产业，做好"万企兴万村"入库企业的精准对接，对入库企业和所带动的产业链条上各类涉农主体开辟绿色通道，实施优先办结、倾斜信贷规模、给予利率优惠，降低入库企业准入门槛和融资成本。

数字乡村是乡村振兴的战略方向。在平台经济优势明显的福州，广大民营企业利用数字智慧平台串联乡村特色资源，福州市数字电商协会发挥商会、企业联盟的作用，在"2023 福州首届数字电商年货节"现场设立乡村振兴、传统非遗传承等直播专区，20 家品牌商户通过 15 场线上直播开展推广活动，累计观看人数超 100 万人次。美亚文旅通过建设文旅平台，整合省内 13 个县区百余个乡村高质量、高知名度的文化 IP、旅游目的地，利用头部旅游资源积累粉丝，赋能农文旅融合发展。福州数智运营公司建设的"数字侯官"项目，依托大学城和高新区资源，盘活村集体资产，打造"大侯官"品牌驱动的乡村文旅培训基地、研学基地、露营基地、乡创基地平台，引入"数字村民"概念，不断孵化新农人直播电商、乡村文创等团队，带动村民深度参与乡村文旅产业链发展，村集体持股分红超 150 万元。

树立品牌是企业的成功商道，不少企业将先进理念和成功经验带到乡村，以成熟的管理和营销手段做大做强当地品牌。在沙县小吃第一村俞邦村，福建淳百味餐饮发展有限公司设立了小吃商业模式研究院和品牌研究中心，首创"单店股权合伙＋连锁直营管理模式"，目前直营管理门店超 500 家，积极参与沙县小吃转型升级。在莆田仙游县，美食招牌越擦越亮，盼盼集团支持龙华镇发展金沙薏米产业，开发薏米糕、薏米饮料系列茶点；园庄镇商会会长杨剑友回乡投资面点产业园，建立镇上第一家规上企业，打响园庄镇"中国面点师之乡"品牌。

无论走多远，心系桑梓永远是闽商不变的底色，一份割舍不断的乡情，将民营企业和千村万户紧密相连。山海蝶变，百业兴旺，在"万企兴万村"的浩荡壮举中，闽商脚步未曾停歇，民企力量从未缺席。

（资料来源：参见《山海交响 产业兴村——福建民营企业助力乡村振兴纪实》，载《福建侨报》，2023年10月13日。引用时有删改。）

[思考题]

民营企业参与乡村振兴的优势主要体现在哪些方面？在乡村振兴过程中，地方政府应当如何发挥民营企业的重要作用？

[案例解读]

扫描二维码查看案例解读

本章教学案例设计

案例分析材料

01 互联网企业参与精准扶贫的现实价值

党的十八大以来，我国政府采取了一系列精准扶贫措施致力于帮助贫困人口摆脱贫困，且取得了举世瞩目的成就。2016年10月，中央网信办、国家发改委、国务院扶贫办三部门联合下发《网络扶贫行动计划》，其中提到要充分发挥互联网在助推脱贫攻坚中的重要作用，实施网络扶贫五大工程，即从网络设施、移动终端、信息内容、电商平台、公共服务等方面系统部署，同步推进扶贫脱贫工作。2019年9月，《关于支持推进网络扶贫项目的通知》中又再次明确，要支持贫困地区推进网络扶贫项目建设，让贫困地区群众在互联网共建共享中有更多获得感。上述一系列政策文件的出台表明，党中央高度重视互联网在扶贫中的作用，并希冀网络扶贫成为增强贫困地区内生动力的一个重要途径。

T公司是一家从事大数据与搜索引擎的技术型公司，目前该公司旗下拥有多个信息平台，用户规模在中国互联网企业中排名靠前。T公司充分利用自身平台流量优势，结合公司大数据、人工智能等技术特点，建立了以促进"三农信息传递"为主要形式的扶贫模式。近年来，企业发起了"山货上头条"和"山里DOU是好风光"两个扶贫项目，同时为了带动平台上的网民都能一起参与社会扶贫工作，还发起了"三农合伙人"和"扶贫达人"两项计划。

"山火上头条"项目

该企业推出的"山货上头条"项目主要通过网络直播、短视频、图文等内容载体，利用企业旗下多个互联网平台为贫困地区农产品电商注入网络流量，精准传播给潜在消费者，增加贫困地区农村电商出货量。其核心功能在于利用平台优势帮助贫困地区打造地域农产品品牌以助其销售，从而使农产品走出大山，最终实现脱贫增收的目的。

2018年，"山货上头条"项目重点帮扶了四川古蔺脆红李、陕西合阳秦薯、湖南十八洞猕猴桃、内蒙古兴安盟科右中旗沙地大米、云南梯田红米、重庆奉节脐橙和贵州普安红茶7款扶贫产品，产品累计销售51.6万件，总销售额2149万元，惠及1.8万多户贫困家庭。在推广上述农产品时，该企业联合旗下平台600余位内容创作者参与扶贫，共创作生产800篇内容，全网阅读量超1.2亿次，大大提升了外界对这些地区农产品的关注度。此外，"山货上头条"视频的平台账号还为上述重点打造的扶贫产品提供了14亿次的曝光量，通过大流量的网络曝光，让贫困地农产品迅速打响名气，找到销路。

"山里DOU是好风光"项目

T公司通过旗下RR短视频平台开展的"山里DOU是好风光"项目实施思路与"山货上头条"项目相近。该项目是通过T公司旗下的网络平台对贫困地区的特色旅游景点进行流量推送，通过打造贫困地区的"网红"景区和"RR短视频挑战赛"的方式，吸引平台用户成为游客到这些景区去旅游，从而达到促进贫困地区通过旅游项目而实现经济发展的目的。

2018年，"山里DOU是好风光"项目在山西省临汾市永和县、河南省洛阳市栾川县、四川省甘孜藏族自治州稻城县落地。据统计，在"山里DOU是好风光"项目的带动下，山西永和县在国庆期间的游客数量同比增长近两倍，河南栾川县国庆假期累计接待游客31万人次，带动138户贫困家庭达到国家脱贫标准，而稻城亚丁在当年接待游客的数量首次突破 100 万人次。

"扶贫达人"计划

T 公司发起的"扶贫达人计划"通过招募贫困地区的企业网络平台用户，对其进行"线上+线下"的网络信息技能培训，从而将"内容阅读者"转变为"内容分享者"。该计划的主要内容是培训被招募者如何运营其 RR 视频平台的账号，具体包括内容创作（如在新媒体平台上发布文字、图片、视频等）、流量变现以及与粉丝互动等内容。由此，该计划中的网络达人可以通过该平台展现贫困地区农产品生产环境和质量的美好，从而带动贫困地区农产品的销量。"扶贫达人计划"一方面提高了被招募贫困对象的自我发展能力，另一方面也通过辐射发挥了他们对周边人口的示范引领作用。

截至 2019 年 4 月，"扶贫达人计划"在线上已开办 10 个扶贫达人培训班，培训学员数超 1 万人，培训人群覆盖 23 个省份的 505 个国家级贫困县。招募学员已累计发布扶贫相关内容超过 6 万条，全网阅读量超过 8 亿次，店铺销售额达 1038 万元，其中扶贫县农产品售出 3.7 万单，销售额达 194 万元。

"三农合伙人"计划

"三农合伙人"计划是 T 公司面向全社会有志于"三农信息普惠"并在其工作领域具有代表性的个人或机构进行公开招募。这些被招募者进行网络平台身份认证后，将在 T 公司的 RR 视频平台上借助于他们所掌握的技能与社会影响力，对扶贫政策进行解读，推广和示范农业生产技术，宣传贫困地区的美景美物。

目前，该计划已招募 16 人，根据代表群体可将其分为五类：致富带头人、农业技术达人、公益群体、相关领域专家学者和政府官员。

综上所述，T 公司的扶贫实践是一种"信息服务"与"网络扶智"相结合的网络扶贫方式。上述两个"项目"、两个"计划"的扶贫活动，在整体设计上依托的是互联网企业的技术优势，将扶贫信息内置于 T 公司旗下各大网络平台中，通过实现扶贫与企业经营内容相勾连，利用其强大的网络信息宣传和分发能力，在网络上通过提高曝光流量，引导网民关注贫困现象、贫困地区以及贫困人群。具体而言，企业通过与贫困地区的政府和部分贫困人口共同进行策划，为贫困地区景区、农产品、扶贫参与者及有益于改善贫困的平台用户注入网络流量，使其发布内容自带"网络热度"，进而优先呈现在更多的网络用户面前。这一方面扩大了贫困地区"美景美物"的知名度与影响力，增加了外界对贫困地的了解，有益于树立地域性品牌；另一方面，通过提供信息平台，也使得贫困地区用户能够检索到丰富和海量的益农信息，包含国家政策解读、农业技术、市场信息等，从而通过共享数据资源缩小数字鸿沟，改善贫困地区的生产生活条件。

（资料来源：参见陆继霞，贾春帅：《互联网企业参与精准扶贫的现实价值探析——以T公司扶贫实践为例》，载《电子政务》，2020年第4期。引用时有删改。）

02 第三方参与城市垃圾治理实践

在日前举行的全球城市论坛上，上海市虹口区曲阳街道的《机制创新推进垃圾分类长效治理，精准施策完善可回收物闭环管理》案例，赢得了中外专家的肯定，被评为"上海城市治理最佳实践案例评选"最佳案例，也是唯一一个垃圾分类的实践案例。记者获悉，今年以来，虹口区不断探索走垃圾分类市场化管理之路，在曲阳街道玉田新村居民区引导有资质的第三方机构与物业管理企业对接，承担垃圾箱房及小区的全品类可回收物的收运管理，被专家们称为"玉田模式"，玉田新村也由此成了全市首个由第三方专业机构运营管理垃圾箱房的社区。

虹口区玉田新村是1957年建成的老旧社区，有4300余户居民，老年人占50%以上，且外来租房人员多，垃圾分类一度难度很大。2019年7月实施垃圾分类后，垃圾箱房点位主要靠社区志愿者、居委会干部等值守的"运动式"管理。"这毕竟不是长久之计。当时我们新村内有四只垃圾箱房，志愿者管理起来难度很大，且不专业。"曲阳街道玉二居民区党总支书记张荣美告诉记者，街道及绿化市容部门每年还要贴补管理费用近10万元，也是笔不小的开支。

怎么办？垃圾箱房交给物业公司来管理也有难度，物业保洁人员无法平衡和兼顾小区环境和楼道保洁、箱房管理、可回收物收集等多项工作，垃圾分类实效不能保证。"如果我们来管理，势必要聘请工作人员，也要增加公司的一笔不小的开支，而且每户业主的物业管理费至少每月要增加1角钱。"大柏树物业管理公司的张拯说，涉及物业费涨价难度颇大。

在垃圾分类管理中，如何能做到既不增加额外经费补贴，又能提升住宅小区垃圾分类日常管理和服务水平，是社区治理的一个新命题。为此，虹口区曲阳街道从今年下半年起，选择玉田新村居民区作为试点，引入第三方专业机构上海霖承环保科技有限公司，与物业企业合作，探索实现物业减负、居民满意、实效提升、企业盈利等多元参与、多方共赢的善治方法,通过治理手段解决垃圾分类管理问题,用市场化机制解决困局。

记者在玉田新村居民区看到,四只垃圾箱房干净美观,专业机构管理人员正在箱房旁值守,遇到规定时间以外来投放垃圾的居民,一边帮其将分类的垃圾放置在不同的桶内,一边告知居民往后要在定点时间前来投放垃圾。上午9点,已经过了投放垃圾的时间,一位女士急匆匆地前来投放垃圾。这位女士说,因为家里要照顾老人,耽误了投放时间,并再三表示歉意。正在现场巡查的上海霖承环保科技有限公司经理姜东华告诉记者,公司安排了6名人员管理玉田新村居民区的4只垃圾箱房,除了每只箱房有一位管理人员值守外,还有两名巡查人员,一旦发现有居民乱扔垃圾行为,会及时进行劝阻。像这位女士因故错过了投放时间,值守人员也会友情操作。姜东华说,为了尽可能方便居民投放垃圾,公司还与居委会、物业进行沟通协商,在早晚两个定点投放时间外,增加了中午11点半至13点半的投放时间。

第三方专业机构运营管理垃圾箱房能不能赢利?如果没有赢利,又如何维持下去?对于记者的这个问题,姜东华实话实说,目前,企业管理这4只垃圾箱房还没有赢利,正在运用市场化的方法,开展各类垃圾的回收业务,如回收旧报纸、衣服、旧家电等,使其逐步走上良性发展的轨道。对于居民区垃圾箱房由专业机构进行管理,居住在小区里的居民普遍觉得挺好,同时对于大柏树物业管理公司的人员来说,他们认为有了第三方专业机构来管理垃圾箱房,现在可以腾出更多精力来做好日常街区的环境保洁工作。

虹口区曲阳街道玉田新村试点垃圾箱房由专业机构进行管理以来,接待了数十批市内外的社区代表前来参观取经,影响力不断扩大。街道将在试点基础上,逐步全面推广"玉田模式"。上海交通大学国际与公共事务学院褚祝杰教授表示,曲阳路街道试点的"玉田模式",机制设计很科学,体现多元治理、精准施策的理念,效果也很明显,值得进一步深挖和推广。

(资料来源:参见《全市首个由第三方专业机构运营管理垃圾箱房的社区,第三方能赢利吗?》,载上观新闻网,2021年11月5日。引用时有删改。)

03 公众参与生态环境保护的生动实践

党的十九大报告指出,要构建党委领导、政府主导、企业主体、社会组织和公众共同参与的现代环境治理体系。公众不仅是生态环境保护的受益者,也是生态环境建设的参与者和促进者。近年来,石家庄市政府高度重视发挥环保宣传教育的导向作用。市生态环境部门围绕重点工作任务,不断创新宣传方式方法,着力提升对外宣传、融媒体传播等方面的能力和效果,引导鼓励公众积极参与环境保护,凝聚起新时代加强生态环境保护工作的磅礴力量。石家庄市正在通过坚持不懈的努力,让蓝天常在、碧水长流、美丽与发展同行。

聚焦主题宣传 积蓄生态环境保护新动能

石家庄市第十三中学迎来了石家庄学院梁晶晶老师以"拥抱绿色生活 环保我们在行动"为题进行环保科普授课。在现场,同学们一起观看了水污染实验、噪声污染实验,并学习到了丰富的生活垃圾分类知识。这是石家庄市围绕六五环境日主题"建设人与自然和谐共生的现代化"开展的宣传活动之一。

六五环境日期间,石家庄市聚焦主题宣传,充分发动社会力量,开展内容丰富、形式多样的宣传活动,通过讲述环保故事、举办生态环境保护知识展览等形式,宣传推广生态环境保护知识和法律法规,引导全社会培植生态文明理念,倡导绿色生产生活方式。

同时,进一步拓宽思路,将传统生态文化与环境教育相融合,面向石家庄市绿色学校、环境教育基地开展生态环境主题"飞花令"活动,围绕"山""水""林""田""湖""草""沙"等关键字,拍摄以诗词朗诵为主,添加歌曲、舞蹈等元素的创意视频。设计制作绿色生活主题系列漫画作品,摄制各县(市、区)优美生态风光短视频,通过"今日头条""抖音"等新媒体平台发布。

市生态环境局有关负责人表示,希望通过一系列主题宣传活动的开展,让更多的市民参与到石家庄生态环境保护事业中来,争做生态环境保护的代言人和参与者。

市民热情参与 共同守护碧水蓝天

随着生态文明建设的不断推进,公众成为石家庄市生态环境保护的一支重要力量:他们或举起手中的相机,记录下身边环境的变迁;或拿起手中的画笔,向公众科普环境保护小知识。涓涓细流,汇成海洋,公众既是亲身参与环境保护工作的志愿者、监督者,也是环境变化的见证者、受益者。

在参与生态环境保护的群体中,王汝春是其中的典型代表之一。

从2014年元旦开始,王汝春坚持每天在固定的时间、地点,用相机拍摄同一片天空,记录当日天气状况。9年的时间里,他的"天空日记"积累了3000

多张照片，直观记录着石家庄的蓝天之变。

近年来，每逢举办大型生态环保宣传活动，王汝春都要向市民发出践行绿色生活的倡议，而他拍摄的天空照片更成为展示省会空气质量持续改善的"明证"。直观可见逐年递增的蓝色，也让广大市民为石家庄市大气环境质量的明显改善而欢欣鼓舞。

宣传是行动的先声，行动是尽责的体现。在市生态环境部门的宣传引导下，越来越多的热心市民以不同方式投身生态环境保护的时代洪流，"全国最美生态环保志愿者"师彦文组织带领环保志愿者走进学校宣传生态环保知识、"百名最美生态环境志愿者"李改十九年如一日传播绿色低碳理念……越来越多的人投身进来，越来越多的实践铺展开来，汇聚成生态环境保护的强大合力。

线下线上同行动 共促人与自然和谐共生

在中节能（石家庄）环保能源有限公司，十多位市民正在公司工作人员的带领下，逐环节观摩垃圾处理流程。据介绍，2017年该公司被列为全国首批环保设施向公众开放单位后，打开厂区迎接市民参观。为提升观摩效果，公司搭建了VR全景体验平台，公众只需要动动手指就可以通过互联网随时随地线上360度进行参观。截至目前，该公司开放次数已达80余次。

在市生态环境部门的帮扶指导下，越来越多企业及空气质量自动监测站、污水处理厂等成为向公众开放单位或环境教育基地，拉近了环境保护工作与群众的距离，提高了社会公众重视环境保护、参与环保行动的积极性、主动性。

线下有活动，线上有专栏。市生态环境部门紧扣时代发展的脉搏，开设了线上"生态文明云课堂""环保宣传进企业""晒晒我的'家乡蓝'"等专题专栏，全方位、多角度普及绿色生产生活知识，展示生态治理成效，激发公众参与生态环境保护的责任意识和实践能力，进一步提升了环境保护宣传教育的覆盖面和影响力。

在全社会的共同努力下，石家庄市生态环境持续改善，蓝天白云、群星闪烁逐渐成为新常态，天朗气清、惠风和畅的生态美图频频刷爆朋友圈。同时，越来越多的珍稀动物在石家庄"打卡亮相"：中华秋沙鸭在滹沱河振翅飞翔，"鸟中老虎"白尾海雕在岗南水库成群嬉戏，国家一级保护动物华北豹在驼梁频频现身，世界濒危鸟类黑鹳已由过去的候鸟成为石家庄本地的留鸟……滹沱河湿地经过修复保护，鸟类增加30多种，达到219种。在石家庄这片古老而崭新的大地上，人与自然和谐共生的美丽画卷正徐徐铺展。

（资料来源：参见《万物并秀人与自然和谐共生——我市广泛发动公众参与生态环保共绘美好家园》，载《石家庄日报》，2023年6月5日。引用时有删改。）

[思考与讨论]

1. T公司参与精准扶贫的实践，对于地方政府推动公共事务多元治理有何启发？请结合所学知识探讨企业在公共事务治理中的重要作用。

2. 分析虹口区曲阳街道引入第三方专业机构运营管理垃圾箱房的原因和目的，以及该做法对于垃圾分类长效治理的优势和局限。

3. 石家庄市发动公众参与生态环境保护都采取了哪些措施？分析公众参与对于地方政府生态环境治理的积极意义，并探讨地方政府应当如何利用企业、社会组织、公众等力量来推进生态环境治理？

延伸阅读

非政府组织入驻网络社区

哔哩哔哩（bilibili，以下简称"B站"）于2009年6月26日创立，是一个ACG（指Animation漫画、Comic动画、Game游戏）内容创作与分享的视频网站。网站创立之初，以弹幕（指观看网络视频时，屏幕上弹出的评论性字幕）进行实时评论为特点，经过十年的发展，B站已经成为国内最具代表性的年轻人潮流文化娱乐社区，目前拥有动画、番剧、国创、音乐、舞蹈、游戏、科技、生活、娱乐、鬼畜（通过视频或音频剪辑，用频率极高的重复画面或声音组合而成的一段音画同步视频）、时尚等分区，并开设直播、游戏中心、动漫周边等业务板块。B站用户可以上传自己制作的视频到相应分区，凭借高质量的视频吸引其他用户关注。如今，已经有政府、企业和NGO利用B站核心用户年轻化这一特点，进驻B站展开宣传。例如，共青团中央于2016年2月开始在B站上传视频，用丰富、活泼的形式向青年受众弘扬主旋律；中国联通客服官方于2019年7月8日开始在B站上传视频。

世界自然基金会（World Wildlife Fund，以下简称"WWF"）也在B站注册了官方账号。WWF于1961年成立，总部在瑞士格朗，是全球最大的独立性非政府环保组织之一。

WWF 在中国的工作始于 1980 年的大熊猫及其栖息地的保护，是第一个受中国政府邀请来华开展保护工作的国际非政府组织。1996 年，WWF 正式成立北京办事处，此后陆续在全国 8 个城市建立了办公室。WWF 在中国开展的项目以保护野生动物、倡导人与自然和谐相处为主。WWF 在新媒体运用上走在环境类 NGO 前列，先后在新浪微博、知乎、B 站等新媒体平台开设官方账号，截至目前，WWF 的微博粉丝数量达到 50 万。然而，与微博数量庞大的粉丝相比，WWF 在 B 站上的关注度却差强人意。据统计，截至 2019 年 10 月 6 日，WWF 在 B 站上的粉丝数量仅有 1.6 万人，粉丝数量与微博形成了鲜明对比。WWF 入驻 B 站，既有利于 B 站扩大影响力，也有利于 WWF 塑造良好的社会形象。

B 站的发展需要在社会上保持良好的形象。B 站也曾为追求稿件量而降低稿件审核标准，导致一些质量低下、三观不正的视频在 B 站传播，最终被央视"新闻直播间"点名批评。这一事件对 B 站的社会形象产生了负面影响。为挽回社会形象，除了更严格的视频审核，B 站也积极支持社会公益事业。2018 年 9 月 10 日，B 站与人民日报党媒信息公共平台联合发起"媒体融合公益基金"。2019 年 6 月 26 日，B 站宣布与美丽中国达成深度战略合作，支持乡村教育事业。WWF 作为世界著名的环保 NGO，其入驻 B 站开展宣传，既有利于 WWF 拓展影响力，也有助于 B 站塑造热心公益的社会形象。

WWF 入驻 B 站开展环保公益宣传，面临的困难是在特殊的网络平台环境下，WWF 缺少高质量的宣传素材，缺少媒体和公益伙伴的支持。WWF 在微博上使用的资源在 B 站水土不服，致使 WWF 一度陷入资源困境。为此，WWF 采取了名人战略和紧跟热点的策略，希望能扩大其影响力。当 NGO 试图入驻新兴网络社区时，很可能面临的不是传统意义上资源总量不足的资源困境，而是基于网络社区自身特点产生的资源质量不佳的资源困境。WWF 入驻 B 站的案例，向我们展示了 WWF 在新兴网络社区宣传面临的特殊困境。

[资料来源：参见郭立臣：《非政府组织入驻网络社区的资源困境及其成因——以世界自然基金会入驻哔哩哔哩网站为例》，《湖北理工学院学报（人文社会科学版）》，2020 年第 2 期。引用时有删改。]

第 8 章 地方政府管理的四大要素：战略、资源、结构与流程

学习要求：通过本章学习，能够基本掌握地方政府战略管理的主要内容，能够运用 SWOT 等分析方法进行战略环境分析，并能够用战略目标管理的视野分析地方政府管理过程。清晰认识地方政府管理的各类重要资源要素。了解我国地方政府的纵向层级以及横向类型结构，同时掌握地方政府管理流程再造以及运行机制优化的基本内容。在此基础上，能够运用相关理论知识对地方政府管理实践进行解读和分析。

地方政府是我国政府体系中的重要主体，是中央政府的政策执行者，承担着广泛的经济社会管理事务。而地方政府管理是一个十分复杂的过程，其中战略设计、资源配置、组织结构以及流程再造是支撑地方政府有效履行管理职能的最基本要素。本章基于以上四大要素对地方政府管理的具体内容展开介绍。

8.1 战略设计：地方政府管理的环境分析与目标管理

8.1.1 战略管理的产生

20 世纪 80 年代，伴随着经济社会的迅猛发展，人们对政府部门的职能、角色和组织机构的需求不断变化，传统科层制的公共行政陷入治理困境，一场大规模的政府改革

运动悄然兴起。这场政府改革运动又被称为"新公共管理"运动，该运动主张将私人部门的管理理念和方法引入公共部门，于是，私人部门的战略管理模式被逐步引入到政府部门。

新公共管理与传统公共行政的主要区别之一就在于是否具有战略思维，战略管理因此也构成了"新公共管理运动"以及"公共管理"范式的一个重要组成部分。1990 年波兹曼和斯特拉斯曼所著的《公共管理战略》一书出版，这标志着战略管理的思想和技术开始进入公共管理学者的视野。在美国的公共管理实践中，20 世纪 80 年代初已有一些州开始使用战略规划技术。俄勒冈州是较早应用战略规划技术的典型，采用过两个详尽的全州战略规划。美国国会 1993 年通过的《政府绩效与结果法》（*Government Performance and Results Act*，简称 GPRA），其中对政府战略规划与执行提出了具体的要求，这也标志着政府战略管理时代正式开始。

总体而言，政府战略管理兴起于新公共管理时代，它克服了传统公共行政的局限性，将政府管理的所有环节都置于不断变化的内外部环境之中。与此相应，政府为了能够实现其使命必须将关注的焦点从组织内部转向外部，并始终关注组织自身与环境的关系，不断调整战略定位并重视组织长期目标的实现。

8.1.2 地方政府战略管理

要理解地方政府战略管理，首先应理解战略的含义。"战略"一词最初来源于军事学，最早可以上溯至我国古代兵书《孙子兵法》中，其本意指的是赢得战争胜利的目标。"战略"与"战术"存在着十分明显的区别，后者重点关注赢得某一具体战役胜利的较低层次的目标，与之相比，前者则具有更加长远的考虑进而具有更加远大的视野。传统意义上的战略是指高层领导为实现组织目标对组织发展所做出的根本性、全局性和长远性的谋划。从实施主体上来看，战略主要包括私营部门的战略和公共部门的战略，公共部门的战略又包括政府战略和非政府组织战略等。战略虽然产生于私营部门，但是已经越来越多地应用于政府等公共部门，并对地方政府管理发挥了很大的启示作用。

公共部门战略管理，最初是由战略计划发展而来，公共部门采用战略方法的最初阶段也是围绕战略计划进行的。布莱森认为战略计划是帮助领导、管理者和计划制订者完成任务的一系列设想、程序、工具等，他将战略计划描述为十个步骤，分别是：

（1）开始制订战略计划过程并取得一致意见。

（2）明确组织权限。

（3）阐明组织任务和价值。

（4）评估内外部环境来确定优势、劣势、机遇和挑战。

（5）确定组织面对的战略问题。

（6）制定处理问题的战略。

（7）检验和采纳战略或战略计划。

（8）确定有效的组合愿景。

（9）制定有效的实施方案。

（10）再次评估战略和战略计划过程。[①]

布莱森的战略计划模式源于私人部门，同时也兼顾了公共部门的实际情况，但是其在政府中的应用仍然存在很多局限性，其中最为突出的一点便是忽视了战略计划的有效实施。战略规划在政府中的运用并没有达到理想的效果，对于既定存在的政府组织它更像是一个随时可以加入的工作任务，它可以在政府制订计划的过程中稍加改变就能得到，随着战略思想在政府部门内部不断地调试，战略的应用由规划过渡为管理对政府而言更具价值。[②]也正因如此，战略计划便向战略管理的方向发展。

战略管理包含了战略计划，并将计划职能与整个管理活动整合在一起。与战略计划相比，战略管理的包容性更强，它更加注重对战略计划的贯彻执行以及与环境之间的紧密互动，并且强调参与和改变环境，而不是去适应环境。作为一种实践模式，陈振明认为战略管理具有五个方面的特征：

（1）战略管理是未来导向的。

（2）战略管理是着重于长远、全局的谋略。

（3）战略管理是一个组织发现自身优势、劣势，寻求发展机会，识别威胁的过程。

（4）战略管理是持续性与循环性的过程。

（5）战略管理是前瞻性思考和由外而内的管理哲学。[③]

对于战略管理的基本内涵，费雷德·大卫认为，战略管理是一门着重制定、实施和评估管理决策和行动的具有综合功能的艺术和科学。格里高利·戴斯提出，战略管理是一个组织为了创造和维护竞争优势而采取的分析、决策和行动。在具体内容上，学界主

[①] 欧文·E. 修斯. 公共管理导论［M］. 4 版. 张成福，等译. 北京：中国人民大学出版社，2015：161.

[②] 包国宪，保海旭. 以公共价值为基础的政府战略管理［J］. 兰州大学学报（社会科学版），2015（04）：24-30.

[③] 陈振明. 公共部门战略管理［M］. 北京：中国人民大学出版社，2004：34-36.

要把战略管理大致分为战略计划、战略实施、战略评价、战略调整等步骤,[①]除此之外,对环境的分析也是战略管理过程中的重要内容。可以说,战略管理主要由环境分析、战略制定、战略实施和战略评估等阶段组成,其中对战略环境的分析是战略管理的首要环节。

8.1.3 地方政府管理的战略环境

战略环境是指可能对组织战略实现产生重要影响的内外部因素的总和。战略环境分析源于战争中两军交战时的"天时地利人和"的军情侦察,"天时"决定出兵的时机选择,"地利"决定交战位置是否有利于我军作战,"人和"与我军作战士气和联盟的合作有密切关系,结合天时地利与人和的战争胜算会更大。为了取得战争的胜利,任何战略都需要对战略环境进行分析与审视,审时度势的战略环境分析与预测是所有战略规划的起始点。与一般管理相比,战略管理最重要的区别在于应对不确定环境的回应能力,因为"战略管理需要处理这样一个关键问题,即为日益增加不确定性的未来组织定位"[②]。

当前地方政府面临的战略环境呈现出日益复杂性、动态性与多元性的特点,为地方政府战略管理提出了更多的挑战,战略环境分析已经成为地方政府进行政策制定与规划设计的一项必要任务。地方政府能否对外部战略环境做出准确的分析与预测成为影响其未来发展的关键因素,而地方政府要进行科学有效的战略环境分析则可以借助以下几种方法。

8.1.3.1 PEST 分析法

PEST 分析法是外部战略环境分析的基本工具,其中的 P、E、S、T 分别指政治(political factors)、经济(economic factors)、社会和文化(social and cultural factors)和技术(technological factors)。PEST 分析法应用非常广泛,它通过政治的、经济的、社会的和技术的四个角度的因素分析从总体上把握宏观环境,并评价这些因素对组织战略目标和战略制定的影响。

---

① 谭英俊. 战略管理:21 世纪政府治理的挑战及其应对[J]. 管理现代化,2013(01):4-6.
② 保罗·C. 纳特,罗伯特·W. 巴可夫. 公共和第三部门组织的战略管理[M]. 陈振明,译. 北京:中国人民大学出版社,2001:158-159.

PEST 分析对掌握地方政府战略管理的宏观环境同样具有重要的指导意义。各地方政府在制定战略以及实施战略管理的过程中，均应深入分析来自政治层面、经济层面、社会文化层面以及技术层面的各种环境因素的影响。可以说，PEST 分析法为地方政府全面分析外部战略环境提供了基本的参照维度。

8.1.3.2 SWOT 分析法

SWOT 分析法是由美国哈佛大学教授安德鲁斯（Andrews）所提出的战略分析框架，也被称为哈佛模式。其中，S 代表优势（Strength），W 代表弱势（Weakness），O 代表机会（Opportunity），T 代表威胁（Threat），而且 S、W 是内部因素，O、T 是外部因素。组织内部的优势和劣势是相对于竞争对手而言的，一般表现为组织的资源、能力等侧重于组织内部的条件。组织外部的机会是指环境中对组织有利的因素，组织外部的威胁是指环境中对组织不利的因素。可以说，SWOT 分析方法基本涵盖了战略分析的主要内容。

虽然 SWOT 分析方法最早是针对企业组织提出的，但现在已经在政府组织的战略分析中得到广泛的应用。SWOT 分析方法在政府中的应用，应考虑政府管理的特点，因此对政府战略管理的内外部环境分析还应充分考虑政策、经济、社会、竞争、资源与能力等诸多因素。[①]例如，政府在制定战略过程中要考虑现有的政策中所蕴含的机会和威胁；由于当前的经济发展为政府战略的实施提供了物质基础，因此在制定战略时还要注重对经济所处发展阶段的判断和分析；政府战略还受到社会环境等因素的影响。例如，人口数量、人口的结构和比例以及社会各阶层的发展状况等都将对政府战略产生重要影响。[②]

8.1.3.3 波特五力分析模型

波特五力分析模型是由哈佛大学商学院教授迈克尔·波特（Michael E. Porter）于 1979 年提出的一种竞争分析模型，主要用于行业分析和商业战略研究。波特关注同一个行业中为什么一些企业的盈利水平高于其他企业，但是不仅仅关注企业之间的竞争，他认为竞争对手范围应该包括五个方面，即现有直接竞争者、上游供给方、下游购买方、替代品、潜在进入竞争者。供应方和购买方的议价能力、潜在竞争者进入的能力、

---

① 赵景华，邢华. 政府战略管理的 SWOT 模型：一个概念框架[J]. 中国行政管理，2010(05)：23-27.
② 赵景华，邢华. 政府战略管理的 SWOT 模型：一个概念框架[J]. 中国行政管理，2010(05)：23-27.

替代品的替代能力、现有直接竞争者的竞争能力对一个行业或市场的竞争力会产生重要影响。①

波特五力分析模型不仅为企业竞争环境的分析提供了基本框架,也为地方政府考察当前的战略环境提供了新思路。目前,地方政府在纵向以及横向上的竞争在不断加剧。在纵向级别上,地方政府居于中间位置,向上有中央政府,向下有基层政府,在横向范围上,地方政府在整个政府体系中也具有较大规模。因此,不管是地方政府的横向竞争还是纵向竞争,都会对地方政府的自身利益产生重要影响。

根据波特五力分析模型,地方政府也有自己的五力假设。经济层面的竞争是地方政府之间竞争最突出的表现,GDP以及财政税收是彰显地方政府经济实力的综合指标。以地级市为例,某一地级市的现有竞争者就是其他经济强市,潜在的竞争者则为其他经济弱市。提供公共产品以及公共服务是地方政府的重要职责,对地方政府而言,能够提供更高质量、更加符合公众偏好的替代产品与服务便更具有竞争性,因此替代品则主要是公共产品和服务的生产能力。此外,地级市政府的上游供给方主要是省级领导团队,在直接行政隶属关系下,省级政府的政策和政治的影响力直接影响地级市经济发展。地级市的下游购买方即为县级政府,由于行政级别不同,再加上县级政府的区域影响力不足,因此县级政府往往受限于地级市政府,并承接地级市政府的任务和需求。②

8.1.4 地方政府战略目标管理

地方政府战略管理不仅包括战略环境分析,还包括战略目标的制定、执行与评估等,这是战略管理与目标管理思维相结合的重要体现。管理学大师彼得·德鲁克将目标管理过程划分为目标制定、目标执行和目标评价,地方政府战略目标管理也主要包括战略目标的制定、战略目标的执行和战略目标的评价三个阶段,这是一个为实现战略目标而围绕战略目标开展一系列工作的系统过程。随着经济社会的快速发展,地方政府所面临的战略环境愈加复杂,治理复杂性不断增加,坚持以实现战略目标为中心的管理思维为地方政府成功应对外界挑战提供了一套有效的管理策略。

---

① 迈克尔·A. 希特,R. 杜安·爱尔兰,伯特·E. 霍斯基森. 战略管理:概念与案例[M]. 10版. 刘刚,等译. 北京:中国人民大学出版社,2012:39.

② 刘庆乐,谌文杰. 地级市政府战略管理分析框架创新研究——五力模型的嫁接[J]. 未来与发展,2019(03):13-18.

8.1.4.1 地方政府战略目标管理中的目标制定、执行与评估

地方政府战略目标制定就是从战略的高度制定组织活动的总体目标，并将战略目标层层分解，目标的具体化过程也就是制定具体的行动方案的过程。地方政府的战略目标应具有以下特征：关注长期发展目标；注重长期目标和短期目标相结合；战略管理的目标实施和计划贯彻是要不断推进的；采取具体措施实现组织目标。[①]

战略目标执行是地方政府为了实现战略目标所开展的一系列行动，是将战略目标进行分解并转化为一个或多个具体化的目标执行方案并加以层层贯彻落实的过程。战略目标的执行即战略实施，其中必然会涉及行动中的资源配置，这一过程追求的是整体最优而不是局部最优，要求相互配合而不是各自为战，强调行动过程中的领导技能与协调能力。[②]因此，地方政府在战略目标的执行过程中，首先应坚持以战略目标的有效完成作为各个部门的根本价值准则，在此基础上，加强战略目标执行过程中的信息资源共享，并在不同的政府部门以及机构之间建立执行协作机制，从而为促进战略目标的实现创造良好的内部环境。

战略目标的评价是检查战略实施进展、验收战略执行成果、确认战略目标实现程度的过程。战略评价的主要目的在于鉴定战略管理者所实施战略在达成其目标上的效果，确认战略方案对问题的解决程度和影响程度。通过战略评价，组织得以对组织目标进行重新审视，针对战略实施进展与战略目标之间的差距进行战略调整或者进一步完善评价标准，从而推动组织的战略变革。因此，地方政府必须重视对战略目标的评价，坚持实事求是，科学评价战略成果，精准研判内外战略环境的动态变化，及时进行战略决策的调整。

8.1.4.2 地方政府战略管理"三角模型"

地方政府战略目标管理还应充分体现公共价值。美国学者马克·穆尔认为，政府战略管理的核心目标是创造公共价值。为了实现该核心目标，政府战略管理者的工作内容大体分为三类，即使命管理（确保组织使命符合公共价值），政治管理（积极争取外部支持，获得合法性），运营管理（整合内部资源，实现核心目标）（图8.1）。[③]穆尔的"三角模型"为政府战略管理的实施提供了基本框架，也为地方政府战略目标管理的进一步深

---

① 顾利亚，宋楠，青觉. 政府组织战略管理综述［J］. 生产力研究，2008（08）：158-160.
② 陈继祥. 战略管理［M］. 上海：上海人民出版社，2004：353.
③ 赵景华，李代民. 政府战略管理三角模型评析与创新［J］. 中国行政管理，2009（06）：47-49.

化提供了重要参考。以公共价值的实现作为地方政府战略管理的根本目标，战略目标管理的三个阶段可分别应用于使命管理、政治管理和运行管理，从而提升战略管理各部分工作内容开展的科学性和有效性。

马克·穆尔的政府战略管理"三角模型"是针对西方国家的政府运作情景所提出的，由于政治体制的差异，战略三角理论模型在我国的应用则应做具体化分析。在我国的单一制治理结构中，科层制是中央对地方进行领导的重要工具，中央政府、地方政府和基层政府是我国政府体系的主要层级，将战略三角嵌入我国的层级制中，便可以推演出一个国家治理层面的战略管理、中间层级治理层面的战略管理与基层治理层面的战略管理相互关联的整体性"嵌套型战略三角"（图8.2），而且每一层级的公共管理者都可以根据自己所处的位置对公共价值创造做出战略管理设计。政治、实质与管理分别对应战略三角中的政治管理、使命管理和运营管理，最外围的国家战略规定了地方公共价值创造的内容、方向及边界，中层的战略管理三角则需要"思上顾下"。战略管理也不仅仅是中高层政府的治理工具，基层政府同样可以进行战略管理，而且基层政府的战略三角更加偏重政策执行，因此基层政府战略管理对于公共价值的实现具有重要意义。①

图 8.1　政府战略管理三角模型

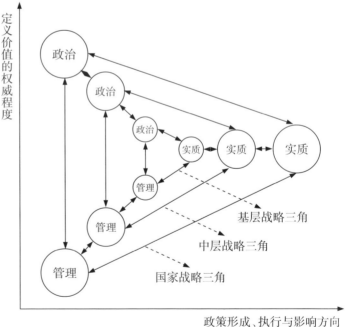

图 8.2　嵌套型战略三角

---

① 黄英，陈宝玲，陈昭. 重拾公共价值创造工具的价值——基于公共部门战略管理的审视［J］. 公共管理与政策评论，2021（02）：142-153.

8.2 资源配置：地方政府管理中的资源整合与开发

资源基础理论认为，组织所持有的异质性资源构成了组织发展的基础，并为其提供了竞争优势。所谓地方政府的资源，也就是地方政府在有效履行自身职能、促进本地区经济社会发展，以及推进国家重要政策和重大战略实施的过程中，所能够调配与控制的各种要素的总和。具体而言，地方政府管理的重要资源主要包括财政资源、人力资源、信息资源、文化资源等。

资源的稀缺性决定了资源需要优化配置，从而提升其总价值量。[1]按照资源配置理论的基本观点，高效配置本地区的各类型资源对地方政府的未来发展至关重要，因此，持续提升资源整合与开发能力便成为地方政府的一项重要任务，同时也成为地方政府实现可持续发展以及发展方式转变的必然要求。对于地方政府而言，要实现有效的资源管理首先就要"摸清家底"，即对地方政府所拥有的资源予以明确，这是地方政府后续进行资源开发、利用以及资源整合的重要基础。

8.2.1 财政资源及其优化配置

财政资源是地方政府提供公共服务、履行公共职能的重要支撑性资源，主要表现为地方政府的财政收入。目前，我国实行的是以分税制为主的财政分权制度，在中央政府垂直晋升激励的行政体制下，地方政府基于自身的财政自主权限，不断发挥自身积极性，充分运用自身所掌握的财政收入促进本辖区经济社会的全面发展。[2]具体而言，地方政府的财政收入结构主要包括地方税收收入、上级政府的转移支付以及地方土地使用权的买卖等。

地方政府所拥有的财政资源在很大程度上代表了地方政府能够调动、使用的资金规模和数量，这对于地方政府治理能力的强弱具有重要影响。在财政收入的基础上，地方

---

[1] 和沁，高琼华. 县域经济发展中政府资源配置的职能[J]. 学术探索，2013（10）：62-65.
[2] 李耀华，杨佩卿，姚慧琴. 中国式财政分权下地方政府收入结构偏向分析[J]. 人文杂志，2018（08）：52-61.

政府财政支出的数额和范围也体现了其介入本区域经济、社会生活的方式、范围与深度，反映了地方政府为促进公平、效率和经济增长所做出的贡献。①

财政资源是支撑地方政府各项工作开展的基础性资源，但是财政资源是有限的，地方政府却要承担行政区域内的众多复杂事务，因此，促进财政资源优化配置，提高财政资源利用效率便成为地方政府的一项必要任务。地方政府实现财政资源优化配置需要统筹协调财政与税收资源，全面实施预算绩效管理，以及通过转移支付等手段加强跨区域财政资源的协调配置。

（1）加强财政与税收资源的统筹协调。税收是财政收入的主要来源，一方面，要支持和促进新经济发展，继续实施减税降费政策；另一方面，要深化税收制度改革，完善现代税收制度，健全地方税、直接税体系，优化税制结构，适当提高直接税比重，深化税收征管制度改革，增强税收收入来源。②

（2）全面实施预算绩效管理。一是将政府预算、部门和单位预算、政策和项目预算都纳入绩效管理，各级政府预算支出要统筹兼顾、突出重点、量力而行。二是要建立绩效评估机制，强化绩效目标管理，做好绩效运行监控，开展绩效评价和结果应用，使绩效贯穿于各级部门的工作全过程。三是一般公共预算和政府性基金预算、国有资本经营预算、社会保险基金预算全部都要纳入绩效管理体系之中。全面实施预算绩效管理意味着涉及公共资金的收入和支出两条线、投入与产出的两端都被纳入相对规范的管理轨道，"花钱必问效，无效必问责"③。

（3）加强跨区域财政资源的协调配置。我国区域间财政资源分布不平衡问题突出，统筹区域间财政资源需要发挥中央财政资源的协调配置作用，加大中央财政资源对落后地区的支持力度。④中央对地方财政转移支付是均衡地区发展差距、推动区域间财力均等化、促进共同富裕的主要政策工具，⑤对于促进不同区域间财政资源的优化配置具有重要意义。

---

① 戚悦，袁化新，张晓艳. 创新政府配置财政资源的机制研究——基于"十三五"民航财经政策的思考［J］. 财政监督，2016（11）：81-83.

② 傅光明，付雯. 加强财政资源统筹的若干思考［J］. 预算管理与会计，2021（02）：24-26.

③ 彭颖，王焱. 地方政府推进全面预算绩效管理的挑战与进路［J］. 地方财政研究，2020（06）：77-82.

④ 文宗瑜，谭静，李尚，等. 加强财政资源统筹 切实提高政府投资效率［J］. 郑州大学学报（哲学社会科学版），2023（01）：35-40，127.

⑤ 焦长权，王伟进. 迈向共同富裕的财政再分配——政府间转移支付的动态效应与制度逻辑［J］. 社会学研究，2023（01）：22-44，226-227.

8.2.2 人力资源的整合与开发

不管在何种类型的组织机构中,人力资源都是居于首位的资源要素。政府部门的人力资源主要包括行政机关工作人员、党务机关工作人员、国家权力机关工作人员、国家审判机关工作人员、国家检察机关工作人员、人民团体工作人员和事业单位工作人员,这也就构成了广义上政府部门人力资源的基本结构。从狭义上来讲,政府部门的人力资源一般是指各行政机构的工作人员,[①]对地方政府的人力资源的分析也主要是指地方各层级、各部门行政机关的工作人员。建立一支高水平、高素质、高效率的公务员队伍是地方政府人力资源管理的重要任务,地方政府的人力资源管理则主要涉及公务员编制管理、职位分析、人才规划、招录、培训、监督、绩效评估、考核、激励等一系列活动。[②]

提高公务员队伍的素质与能力是政府人力资源开发的重要目的。地方政府加强人力资源的整合与开发需要合理调整人员结构,完善公务员队伍管理制度,建立学习型组织,从而建立一支高素质、专业化的公务员队伍。

(1) 合理调整人员结构。第一,调整专业知识结构,把不同专业水平和素质的公共行政人才合理组织起来。第二,培养复合型人才。注重从多方面对公共行政人才进行培养,拓宽公共行政人才的知识层面,建立多元知识体系,使他们能够适应自己行政岗位的职能需求。第三,合理调整年龄结构。老、中、青合理搭配(一般比例为 1∶2∶1),形成梯形或菱形的年龄结构,这种结构有利于新老干部的合作和交替,也有利于保持领导班子的稳定性和连续性。

(2) 完善公务员管理制度。第一,完善激励机制。根据社会经济发展和物价水平,适当提高公务员工资水平。对于那些依法行政、爱岗敬业、恪尽职守的公务员要及时授予相应的荣誉称号,给予相应的待遇。第二,完善新陈代谢机制。改革传统人事管理制度,在保持公务员队伍相对稳定的前提下,加强公务员队伍的新旧交替,使公务员队伍能够保持积极向上和充满活力的状态。第三,完善考核制度。新时代公务员考核制度的完善,必须坚持一般性和特殊性相结合的原则,一方面要在坚持新时代干部队伍建设基本素质要求的基础上,完善"德、能、勤、绩、廉"等通用指标考核;另一方面还要针对不同地区、不同部门、不同职位的公务员,实施分类评价,分别制定具有地域、岗位和职位

[①] 萧鸣政. 人力资源开发与管理——在公共组织中的应用[M]. 北京:北京大学出版社,2005:128.
[②] 赵源. 地方政府人力资源管理系统对政府绩效的影响研究[J]. 行政论坛,2018(05):122-128.

特点的个性化评价指标体系，采用更加具体化有针对性的评价标准。①

（3）建立学习型组织。"学习型组织"是将学习工作化，强调终身学习、全组织成员学习、全工作过程学习。在政府内部创造良好的学习氛围，有助于政府工作人员更好地提高自身素质，强化业务能力，提高思想水平。学习型组织的目标与人力资源开发目标相符合，所以创建学习型组织是地方政府加强人力资源开发的一种良好选择。②

8.2.3 信息资源的整合与开发

我国 2019 年修订的《中华人民共和国信息公开条例》明确规定，所谓政府信息，是指行政机关在履行行政管理职能过程中制作或者获取的，以一定形式记录、保存的信息。信息资源同样是地方政府管理过程中的一项重要资源，并对地方政府的各项业务活动存在关键影响。政府信息资源配置是指政府机构根据现状反馈和需要，按照相关的规定，运用不同的方式、手段，将政府信息资源在各个地区、各个部门以及部门之间进行有效存储、合理调配的一种信息活动。地方政府对信息资源的配置包括存量配置和增量配置两种形式。存量配置是在信息资源数量不变的情况下，调整信息资源在不同领域、各个地区的流动；增量配置是指提升信息资源的整体数量。③

促进地方政府信息资源的整合与开发，实现地方政府信息资源的增值利用是政府信息化建设的重要内容，对于地方政府竞争力的提升具有重要意义。基于此，地方政府应建立健全信息资源管理体制，建设集成的信息资源管理与服务系统，以及强化信息资源开发人才建设，从而提升信息资源利用效率，促进信息资源的优化配置。

（1）建立健全信息资源管理体制。一是完善公益性供给机制。以非营利方式向公众提供基本和普遍的信息服务。④二是借助市场机制促进地方政府信息资源的增值开发。由地方政府授权民间信息机构或信息企业等多元主体，对地方政府信息资源进行增值开发，针对不同用户的信息需求提供商业化信息服务，发挥地方政府信息资源的经济效益，实

---

① 司林波. 基层干部治理能力评价体系构建的意义、特征与着力点［J］. 领导科学，2022（10）：105-108.
② 史洁. 政府人力资源开发问题研究［J］. 人才资源开发，2015（04）：21-22.
③ 黄翩翩. 促进当地经济发展的地方政府信息资源配置策略提升研究［D］. 湘潭：湘潭大学，2015.
④ 曾方，黄绍斌，黄璐. 大数据背景下政府信息资源开发利用供给机制探讨［J］. 唯实（现代管理），2016（07）：13-15.

现政府信息资源价值最大化。①

（2）建设集成的信息管理与服务系统。地方政府的各个部门都是信息资源主体，建立集成平台有助于信息资源的统一管理和整合利用，解决数据孤岛现象。②在数据整合的基础上，按照"数据集成—业务集成—服务集成"的模式逐步深入，建立起一个集信息公布、业务办理于一体的全方位政务信息管理服务系统，从而进一步发挥信息资源整合的服务效能。

（3）强化信息资源开发人才建设。一是强化政府自身信息化工作队伍建设。通过开展专门的知识培训，培养一批信息资源管理技术骨干，提升公务员的信息素质和信息能力，试行政府信息化工作高级主管"聘任公务员"制，创新政府管理技术人才引进模式。二是促进社会信息化人才队伍建设。采取多种形式提高社会公众信息技术应用能力，加强公共部门和非营利组织的信息化业务培训等。③

8.2.4 文化资源的整合与开发

对地方政府来说，其面临的文化环境、可动用的文化设施、可支配的文化产品，都是对其行为深有影响的文化因素。具体而言，地方政府所拥有的文化资源主要包括地方的历史文化资源、教育资源、科技学术资源、媒体舆论资源、文艺资源以及民族与宗教文化资源等。地方特色文化是独一无二、不可替代，且不可再现的历史产物，是自然界进化选择和人类社会长期积淀的结果，也是地方文化产业实现可持续发展的根本基础。④具体而言，文化资源具有以下特点：

（1）公益性。准公共产品介于纯公共产品和私人产品之间，可以由政府和市场共同供给，是一种具有有限的非竞争性或者有限的非排他性的公共产品。某一区域的文化资源显然是可以由地方政府和市场共同提供的准公共产品，因此其具有公益性的特点。

（2）社会性。文化资源经过开发就可以转化为文化产品，可以在文化市场上被社会

---

① 陈兰杰，鲍玉静.以资产为中心的政府信息资源管理模式[J].河北大学学报（哲学社会科学版），2016（05）：155-160.
② 曾方，黄绍斌，黄璐.大数据背景下政府信息资源开发利用供给机制探讨[J].唯实（现代管理），2016（07）：13-15.
③ 朱锐勋.中国政府信息资源开发的政策演进研究[J].电子政务，2014（06）：71-78.
④ 杨建英.特色文化资源开发中地方政府的角色定位——全球化视野下的中国道教圣地鹤鸣山开发[J].中华文化论坛，2015（09）：61-65.

公众发现、选择、评估乃至消费，从而为社会公众提供服务。作为一种准公共产品，文化资源在社会领域的流通与消费过程便体现出了社会性。

（3）服务性。区域文化资源作为一种具有公益性的准公共产品，为一定的社会文化需求服务，公众在获得部分免费公共文化服务的同时，还能通过付费方式享受文化资源产业化项目的服务，从而体现了文化资源的服务性。

（4）可开发性。文化资源经过文化项目的产业化运作和文化市场的消费认可，可以实现从文化资源到文化资本的转化，可以说，文化资源的市场开发潜力体现了文化资源的经济价值。①

实行文化资源整合是提高资源利用率的重要手段，也是地方政府承担的重要职责。为促进文化资源的充分开发和有效配置，地方政府一要大力挖掘本地域的文化资源，通过文化资源共享提升地区整体的文化资源总量；二要盘活文化资源，加强文化资源的产业化开发；三要提升本地域文化资源的核心竞争力。

（1）强化地方文化资源的融合共享。地方政府要做好统筹规划，通过建立文化资源融合共享平台，鼓励民间收藏机构、个人等文化资源主体参与共享，以及建立文化资源共享利益补偿机制等途径，促进地方文化资源整合，提升文化资源供给量。②

（2）促进地方文化资源的产业化开发。文化资源的产业化开发就是要深入挖掘文化资源价值，将其转化为文化资源产品，充分发挥文化资源的社会效益和经济效益，同时促进文化资源的保护传承。因此，地方政府应全面分析其文化资源禀赋，科学评估本地域的文化资源价值，并将具有市场潜力的文化资源作为产业化开发的重点。③

（3）丰富文化资源创意内容，提升文化资源核心竞争力。④同质化严重是目前各地文化资源产品所具有的普遍问题，缺乏特色、千篇一律的文化产品在文化市场上不会具有竞争力。地方政府必须对本地域文化资源进行创新性的转换，要深入挖掘其核心价值，借助数字化等现代技术手段丰富文化资源的内容与形式，鼓励和扶持文化资源的创意生产，形成具有代表性的地域文化特色。

---

① 邵春明，朱锦程. 区域文化资源可持续开发的政府规制研究［J］. 南通大学学报（社会科学版），2014（05）：28-32.

② 朱薇薇，孙豪. 地方文化资源融合共享路径研究——以海宁市为例［J］. 浙江档案，2022（12）：47-49.

③ 邢楠. 我国文化资源产业化开发研究［J］. 求是学刊，2018（03）：82-88.

④ 邢楠. 我国文化资源产业化开发研究［J］. 求是学刊，2018（03）：82-88.

8.3 组织结构：地方政府组织的纵横结构与体制选择

地方政府之间，地方政府与中央政府或者其上级政府之间相互联系、相互作用，他们共同构成了一个系统化的整体。按照系统论的观点，组成系统整体的各个部分或各个子系统只有按照一定的方式组合在一起，才能使系统发挥出整体效应。因此，地方政府组织内部结构中的各个部分也必须按照特定的方式进行衔接与配合，才能确保地方政府组织有效发挥其功能。从政府系统内部的组织结构来看，纵向上的层级化和横向上的类型化是地方政府组织架构的两种基本组合方式。地方政府纵向上的层级结构和横向上的类型结构之间有机结合，进而形成了地方政府组织的基本结构。

8.3.1 地方政府组织的纵向层级结构

一般而言，地方政府是与中央政府相对而言的，泛指地方各级人民政府。我国1982年通过的《中华人民共和国宪法》规定，"中央和地方的国家机构职权的划分，遵循在中央的统一领导下，充分发挥地方的主动性、积极性的原则"，因此，通过与中央政府在纵向层级上的职权划分，地方政府可以自主管理本区域内的行政事务与社会事务，但是地方各级人民政府均要服从中央政府的领导。在纵向层级结构上，地方政府可以被划分为若干个层次，由上到下，地方政府管理的范围逐渐缩小，处理的事务逐渐具体化。在地方政府的纵向层级结构中，按照一级管一级的原则，按层级实施控制管理，下级政府接受上级政府的管理，对上级政府负责。

地方政府组织纵向层级结构的形成是以上下级政府之间的行政隶属关系为基础的。《中华人民共和国宪法》规定，"省、直辖市、县、市、市辖区、乡、民族乡、镇设立人民代表大会和人民政府"，这便明确了我国地方政府的层级序列，各个层级的政府按照不同的行政隶属关系组合在一起。按照行政层级的不同，以及各地方政府与中央政府之前关系的不同，可以将地方政府的层级结构总体划分为三个部分：

（1）高层地方政府。即直接与中央政府发生关系的地方政府，如省、直辖市、自治区政府，同时也包括香港特别行政区政府和澳门特别行政区政府。在地方政府组织的层级结构中，高层地方政府的行政级别最高，管理范围最广。

（2）基层地方政府。即直接与地方居民发生关系的地方政府，如市辖区、乡、镇政府。基层地方政府是地方政府组织纵向层级结构中的最低层级，管理范围最小，但是由上到下各层级政府的政令主要依靠基础政府贯彻落实，因此基层政府的事务最为繁杂。

（3）中层地方政府。即介于高层地方政府和基础地方政府之间的地方政府，如自治州、地级市、县、县级市政府等。①

8.3.2 地方政府组织的横向类型结构

从地方政府组织的横向结构来看，则存在不同建制类型的地方政府，这便构成了地方政府结构的横向组合。可以说，在地方政府的纵向层级中，处于同一层级中的不同类型地方政府的排列组合便构成了地方政府的横向结构。②之所以构建地方政府系统，其重要目的在于维护国家政治统治，便于中央政府对地方的管理，因此，对于地方政府的横向单位设置也是以满足国家的实际管理需要为根本依据的。由于单位设置的基本目的、发挥的功能等不同，各建制地方政府之间在单位名称以及类型上也存在一定差异，由此便形成了地方政府组织的不同横向类型。

按照国家设置地方政府的目的以及地方政府所应发挥的功能的不同，在我国地方政府的横向结构中主要存在四种不同类型的地方政府：

（1）地域型地方政府，如省、市、县、乡政府。设置该类政府的目的仅是为了满足一般地域管理的需要，而且不存在其他的特殊需要。

（2）民族区域型地方政府，如自治区、自治州、自治县和民族乡政府。此类型地方政府是在少数民族聚居的地区建立的特殊性地方政府，主要目的是增进民族团结，维护社会稳定，实现对少数民族地区的有效治理。

（3）城镇型地方政府，如直辖市、地级市、县级市、镇政府。基于城镇地区管理的复杂性和重要性，设置此类型地方政府的目的主要在于对人口密集的城镇地区实行专门管理，从而满足城镇地区的管理与服务需求，加强城镇管理，促进城镇发展。

（4）特殊型地方政府。此类型地方政府的设置旨在满足某项特殊管理需要，其包括除民族区域型、城镇型地方政府以外的所有特殊型地方政府。特殊型地方政府又可以进

---

① 徐仁璋. 中国地方政府的系统结构［J］. 中国行政管理，2002（08）：29-31.
② 徐仁璋. 地方政府的自组织系统结构［J］. 系统辩证学学报，2004（01）：67-69.

一步分为两种类型：一种类型在体制上根本区别于国内一般的地方政府，是出于政治需要而设的特殊性地方政府，如香港特别行政区和澳门特别行政区；另一种类型继续沿用国内地方政府的一般建制，但是在建制名称、组织结构、法律地位、职责权限等方面会做出一定的调整，如林区、盐区、垦区等，此类别特殊型地方政府的设置则主要出于行政管理的需要。①

8.3.3 地方政府管理体制改革

纵向层级与横向类型构成了我国地方政府组织的基本架构，地方政府的管理体制改革也主要涉及纵向、横向层面的结构性调整。

8.3.3.1 纵向层面：省管县改革

省管县改革是我国地方政府纵向结构改革的典型代表。所谓"省管县"就是由"省—市—县"三级体制转变为"省—县"两级体制，即实现由省直接管理县的体制。我国的省管县改革从2002年开始试点，目前已经得到了广泛实施，例如，2021年9月，河南省政府印发了《深化省与市县财政体制改革方案》，方案规定河南省的102个县在财政上全面推行省直管县改革。省管县在我国地方政府管理体制改革中具有重要意义，其实质上是一项促进地方政府纵向结构优化的举措。具体而言，省管县包括三方面含义：

一是市县分离，城乡分治。在省直管县的体制中，市为适域型的行政建制，其行政边界与城市建成区相差不大，因此市主要负责管理城市的各项经济社会事务。而县为广域型行政建制，且是以农、林、渔业为主导产业的人口分散的广域居住区，因此县主要负责推动农村经济社会的发展。

二是行政结构扁平化。由省直接管理县，取消了中间层级，行政结构趋于扁平化。此外，项目审批、财政转移支付、经济管理等权限直接由省下达至县，这种权力的下移便使得基层政府的权力也随之扩大。

三是地方政府权力的解构和重构。省管县改革剥夺了市级政府对县级政府的管理权限，这扩大了县级政府的自主权，市与县逐渐处于一个相对平等的位置上。②

---

① 徐仁璋. 中国地方政府的系统结构［J］. 中国行政管理，2002（08）：29-31.
② 李和中，高娟. 地方政府结构合理化的三维透视［J］. 中国行政管理，2011（05）：27-29.

8.3.3.2 横向层面：从区划行政走向区域行政

随着区域之间相互依赖的广度与深度不断增加，区域一体化逐渐成为我国经济社会发展的重要趋势，各种城市群、都市圈、城市带以及经济区域的形成更是加快了区域一体化的发展进程。在此背景下，区域行政已经成为一种新的治理形态。

传统行政建立在行政区划的基础上，而区域行政则突破了行政区划的刚性约束。[①]区域化政府或者具备地方政府职能的单位的设立是从区划行政走向区域行政的重要表现。这种新设立的政府单位管辖范围更大，也便于在更大的范围内制定未来的发展规划，以及协调各组成单位之间的矛盾与冲突。[②]例如，我国为解决大气污染问题而成立了诸多区域性的组织机构，京津冀及周边地区大气污染防治领导小组便是一个典型的具有区域行政职能的机构，通过该领导小组能够有效整合京津冀区域的治理力量，从而实现大气污染联防联控与协同治理。

区域行政能够从横向上整合地方政府的职能，实现地方政府在横向结构上的优化，在解决跨区域性的公共问题上天然地具有组织优势。区域政府之下的各自治单位之间各负其责，互不干涉，从而形成了一种新型的合作关系。

8.4　流程再造：地方政府管理运行机制的设计与优化

"优化工作流程，完善决策权、执行权、监督权既相互制约又相互协调的行政运行机制"是党的十八届三中全会提出的重要要求，同时也是各级地方政府的重要改革任务。"任何实际运行中的政府，都不仅是一种体制，一个体系，而且是一个过程。"[③]决策、执行、监督、评价、反馈等便构成了我国地方政府管理的主要过程，而这一过程中的具体内容设计是否科学、合理，则会直接影响到各级地方政府的工作水平与工作效率。因此，

[①] 李煜兴. 区域行政的兴起与行政法的发展变迁［J］. 武汉大学学报（哲学社会科学版），2018（04）：138-144.

[②] 李和中，高娟. 地方政府结构合理化的三维透视［J］. 中国行政管理，2011（05）：27-29.

[③] 朱光磊. 当代中国政府过程［M］. 修订版. 天津：天津人民出版社，2002：1.

为进一步增强地方政府工作的规范化、程序化与标准化,则需要对地方政府管理的工作流程与相关运行机制进行持续的设计优化。

8.4.1 地方政府管理流程的再造

政府流程再造是20世纪80年代西方国家政府改革的重要内容。流程再造理论(Business Process Reengineering,简称"BPR"理论)最初是针对企业管理提出的,主要思想强调以流程为中心,以顾客为导向,以信息技术为推动力,从组织的根本目标出发,对企业的工作流程进行重新设计和彻底改造,以提高企业竞争力。[1]该理论后来被引入政府管理领域,从而形成了政府流程再造。实施政府流程再造有利于进一步优化服务流程、简化办事程序、促进内部协调,是地方政府提高公共服务质量的战略选择,也是实现由传统管理向现代管理的重要改革方向。[2]

具体而言,推进地方政府管理流程再造主要包括以下任务:

(1)坚持"便民"理念,对工作流程进行重新设计。在传统的工作流程中,管理者占据中心地位,主要通过纵向上的层级链条实现政令通畅,地方政府各层级的行政工作人员容易出现"只唯上,不唯下"的情况。而现代的政府管理将"便民"作为重要理念,各项行政业务应以更好地满足民众诉求为价值准则。因此,应重新设计工作流程,以方便企业以及社会公众办事。例如,取消或者下放行政审批项目,缩短、整合办事流程,为群众提供"一站式"服务,征求和公开利益相关人意见等。

(2)正确梳理职能权限,整体再造工作流程。这是地方政府再造工作流程的先决条件,因为只有做正确的事,才能正确地做事。审批流程再造是政府工作流程再造的切入点和重要内容之一,实现地方政府治理能力现代化应结合地方政府权力清单的清理公布,对政府全部行政权力运行进行工作流程整体再造。在此基础上,坚持对重点工作实行"目标化"管理、对常规工作实行"流程化"作业。[3]

(3)整合工作流程,实现闭合管理。没有形成"决策—执行—监督—反馈—再决策—再执行"的闭环管理流程是地方政府工作所存在的普遍问题,这突出表现在实施简政放权后,监管与服务跟进的滞后性,以及对"上级决策、下级执行"的权力运行过程缺

---

[1] 金竹青. 政府流程再造——现代公共服务路径创新[M]. 北京:国家行政学院出版社,2008:3-4.
[2] 傅凯. 政府流程再造问题研究[J]. 中国市场,2020(30):99-100.
[3] 李树忠. 优化政府整体工作流程[N]. 学习时报,2014-09-01(10).

乏必要的督导、考评与反馈等方面。因此，应完善规制，加强指导、检查，强化对地方政府放权后的监督管理。同时，还应健全外部考评，畅通反馈渠道，及时将外部考评结果反馈给地方政府的决策、执行、监督等机关，从而加强政府与社会的双向互动，实现闭合管理（图8.3）。

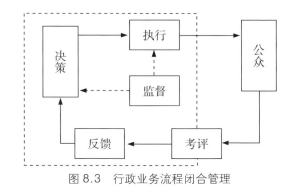

图 8.3　行政业务流程闭合管理

（4）改"链状"流程为"网状"流程，提高信息传递效率。工作流程本质上就是信息传输的流程，而信息传输的效率则会对行政效率产生重要影响。利用现代信息网络技术，实行政府网上办公、网上审批、并联审批等，能够有效推进地方政府信息传递模式的扁平化，从而实现业务流程的扁平化。在政府部门的纵向层级之间，则可以打破中央—省—市—县—乡镇的信息传递模式，改为中央—省、市、县、乡镇的扁平化信息传递模式。

（5）细化流程，推进业务流程电子信息化。细化工作流程并不代表增加工作环节，而是要进一步明确各环节的工作任务、行为目标与时限、责任主体、工作职权以及投诉渠道等内容，在此基础上对必要的工作环节进行细化，以便行政相对人知晓与监督。各地方政府应将工作流程再造与电子政务建设相结合，在严格界定保密事项的基础上，充分公开行政业务流程，逐步实现所有行政业务流程的电子信息化。[①]

8.4.2 地方政府管理运行机制的优化

地方政府管理流程再造是为了提高政务工作的效率与服务水平，为确保经过重设与改进后的工作流程能够顺利开展，还必须加强保障性的机制建设，在实行流程再造的同时，对地方政府管理的运行机制实行同步优化与调整。

8.4.2.1 决策机制：从内部运作到公开透明

实现地方政府工作流程的闭合管理，应不断推进决策以及再决策环节的公开化与透明化，加强决策咨询、决策参与以及决策信息机制建设。与此相应，我国地方政府的决

---

① 中国行政管理学会课题组. 优化政府工作流程和运行机制的若干思考［J］. 中国行政管理，2014（06）：32–33.

策机制也在逐渐由个人决策向组织决策转变，决策咨询被普遍纳入常态化、规范化的决策程序中，政府建立的常设型与非常设型咨询机构以及非政府的咨询机构已经成为促进地方政府科学决策的重要力量。决策参与机制的建立健全应着重保障公民的参与，对于关键政策和需要优先解决的问题应主动联系群众，与群众进行基础广泛的公开讨论与评议。决策信息机制的优化则应建立覆盖公共事务各个层面的信息网络系统，实现地方政府内部以及与社会之间的信息互通、信息共享。

8.4.2.2 责任机制：由责任模糊到责任清晰

责任机制的优化完善首先要建立在权责一致的基础上，从而确保责任设置的合理性。在规模与强度上，地方政府同一部门的权责应具有相同的广度；在性质上，同一部门的权责则应有内在的同质性。建立健全责任机制的重要意义就在于清晰界定责任，使地方政府的各项工作流程均有明确的责任归属。建立完善的岗位责任制是明确责任的关键，一方面要按照部门职能、机构职责、岗位责任的逻辑顺序展开，另一方面又要根据各个岗位在不同的业务流程中所承担的责任加以规定，避免出现责任真空。此外，还应建立完善业务台账、首办责任、一次告知以及痕迹留存等具体制度，从而有效促进"网状"流程下岗位责任的明晰化。

8.4.2.3 协调机制：从各自为政到协同合作

从地方政府内部来看，加强协调机制建设能够有效克服权责交叉、权责脱节等弊端。一般而言，地方各层级行政首长的综合办事机构发挥协调中心的作用，各层级领导主要承担决策职能，当政府工作流程中所出现的各种行政矛盾、摩擦等难以通过相关部门的直接沟通得到有效解决时，就需要由该机构进行协调。从地方政府外部来看，则应加强地方政府之间的协同合作。近年来，我国地方政府均以创新机构间的协调机制为抓手，促进地方政府间关系由各自为政向协同合作整体转变。各地方政府在协调机制改革上的典型做法主要包括，建立专门的跨部门协调机制、签订专门的跨部门合作协议、设立专门的跨部门合作资金等，从而为地方政府之间的及时沟通与合作提供了良好条件。

8.4.2.4 监督机制：由碎片化监督走向一体化监督

一要建立地方政府体制内外监督衔接互通机制。整合多元化的监督力量，为地方各级党委、人大、政协、司法、监察以及审计等体制内的监督主体搭建互通互联的接口与平台，同时主动吸纳群众、舆论、网络等体制外的监督力量，形成体制内外多元化主体的监督合力。二要进一步完善跟踪督查机制。为了督促重要决策的贯彻落实，地方各级政府均设置了相应的督查室，但是政府各部门还未普遍设立专门的督察机构，这便不利于实施全面实施督查工作。三是要实施全过程监督。建立覆盖事前、事中、事后的监督机制，使整合后的多元化监督力量参与到地方政府工作的各个环节中，实行无缝隙监督。

8.4.2.5 反馈机制：从单向反馈走向双向全过程反馈

及时反馈是地方政府不断改进工作、提高行政效能的重要条件。实现双向全过程反馈，是地方政府优化反馈机制的基本目标。要建立覆盖行政系统内外的双向反馈机制，一方面畅通社会公众的反馈渠道，实现地方政府与辖区社会公众的直接或间接沟通，另一方面，建立各决策主体、执行主体与监督主体之间的双向反馈机制，根据多方反馈信息，进行再决策或者进行执行方案的调整。还应在事前、事中、事后建立全过程反馈机制。在事前，健全重要决策报告制度、执行机构的实施方案报决策和监督机关备案制度；在事中，将执行、监督、考评等情况及时反馈各决策机关；在事后，则要健全绩效考评结果公开通报制度。此外，还应不断完善负反馈制度，多提改进意见，确保反馈信息的客观全面。①②

本章案例解读

01 重大区域发展战略：京津冀协同发展

[案例阅读材料]

2015年4月30日，中央审议通过《京津冀协同发展规划纲要》，京津冀协同发展战略正式形成。《京津冀协同发展规划纲要》中涵盖的京津冀地区位于华北平原北部，北京和天津两地接壤，地理上在河北环抱之中，包括北京16个市辖区、天津16个市辖区、河北11个地级市，总面积为21.6万平方千米。

《京津冀协同发展规划纲要》明确了京津冀区域的整体功能定位与北京、天

---

① 张成福，李丹婷，李昊城. 政府架构与运行机制研究：经验与启示 [J]. 中国行政管理，2010 (02)：10-18.

② 中国行政管理学会课题组. 优化政府工作流程和运行机制的若干思考 [J]. 中国行政管理，2014 (06)：32-33.

津、河北各自的功能定位与发展目标，对京津冀协同发展的空间布局全面优化，对北京非首都功能疏解与协同发展的领域进行了重点部署。

京津冀协同发展战略实施以来，基本构建起了多层次的立体发展规划体系，北京城市副中心、雄安新区建设稳步推进，疏解北京非首都功能稳妥有序推进，在产业同步优化、生态环境改善等方面也取得了一系列的突破与进展。同时，京津冀协同发展仍面临诸多现实问题，妥善解决这些问题有利于京津冀协同发展向高质量阶段顺利跃升。

京津冀三地经济社会发展差距依然较大。例如，从 2019 年人均 GDP 来看，北京、天津、河北处于三个阶梯，依次递减，相差悬殊，北京是天津的 1.8 倍，天津接近河北的 2 倍，河北低于全国的平均水平。从京津冀的三次产业结构看，2019 年北京市第三产业增加值比上年增长 6.4%，对经济增长的贡献率达到 83.5%；天津市的第三产业占比也已达到 63.5%。而与京津不同，2019 年河北省第三产业占经济总量的比重首次超过 50%，达到了 51.3%，目前仍处于工业化爬坡阶段。

北京郊区的发展与非首都功能疏解之间存在矛盾。非首都功能疏解的对象包括一般性制造业，区域性物流基地和区域性批发市场，部分教育、医疗机构，部分行政性、事业性服务机构。这些疏解对象，相对于北京郊区来说，也不算落后产业，一定程度上还能带动郊区经济发展。因此，对于北京郊区而言，疏解的对象并不多，相反需要承接北京核心区疏解的产业来发展当地经济。

人口、产业的转移对生态环境协同保护压力加大。未来京津将面临较大的人口增长压力。大城市吸纳多数农村转移人口，而中小城市则面临增长乏力的局面。从京津冀地区环境污染物的排放总量上看，制造业的转移使大气、水和固废污染物排放量均增高，这主要是由于天津、河北的污染物排放系数高。从地区总量上来看，制造业的转移会增加水耗及能耗。产业转移会降低北京水耗及能耗，增加天津、河北水耗及能耗。

综合交通运输体系有待进一步完善。缺乏服务于都市圈通勤出行的市郊轨道交通系统，如北京市主要依靠单一的地铁制式支撑连接郊区与中心城之间的通勤出行，运输速度慢且运力不足。京津冀城市群的路网密度较低，根据城市道路网络密度监测数据，2022 年京津冀城市群 8 个监测城市，中心城区建成区总体平均道路网密度为 4.6（km/m^2），其中天津市 6.4（km/m^2），为京津冀城市群最高道路网水平，除了北京、天津、石家庄三个核心城市外，其他城市均低于平均水平。

（资料来源：参见公丕明，公丕宏，张汉飞：《京津冀协同发展战略的演化与改革方向》，载《区域经济评论》，2020年第6期；《中国主要城市道路网密度与运行状态监测报告（2022年度）》，载《城乡建设》，2023年第1期。引用时有删改。）

[思考题]

结合上述材料，京津冀地区实行协同发展战略的提出背景是什么？有何重大意义？请运用战略管理工具对京津冀协同发展战略的内外部环境进行分析。

[案例解读]

扫描二维码查看案例解读

02 政务信息资源共享：江苏"权力阳光"实践

[案例阅读材料]

为推进政务信息公开，提升惩防体系现代化水平，江苏省率先提出建设"权力阳光"工程。"权力阳光"工程是通过对所有行政权力的清理和规范，实施行政权力事项全程网上公开透明运行，并对权力运行的全过程进行实时动态监察监控的一种机制。它通过内在业务需求驱动形成数据资源共享，通过外部监管推动政务信息共享，内外并举推动江苏政务信息资源共享长效机制建设。在2014年，江苏省已经逐步形成了所有县级以上行政权力全覆盖的网上公开透明运行机制。

江苏省首先将不合理以及涉及多个部门、多个流程的行政权力进行了清理与重新分配，有效确定权力透明运行的边界，然后将所有行政许可、行政处罚和其他行政权力事项纳入"权力阳光"运行系统之中，在电子监察、法制监督两个系统的驱动下，将运行数据汇聚到省级平台（由县区集中到省，由市集中到省）。在技术、权限、职能许可的情况下，部分职能部门可以通过向数据汇聚平台发出请求，获得所需业务数据，实现行政权力事项的联合审批，再将最终结果公示到"权力阳光"平台上。

"权力阳光"工程中的电子监察系统是推进政务信息资源开放的"眼睛"，电子监察系统范围包括了所有行政权力事项，把每一个运行环节都纳入实时监察中，若网上任意一项行政行为的程序、效率或合法性出现异常，则电子监察会发出预警信号。同时，监察系统定期对权力数据进行统计、分析，做到对权力事项运行情况的全面掌握。法制监督则是基于层级管理而实现的行政系统内部监督，"权力阳光"工程中的法制监督让共享的信息做到了有法可依、有据可循。

坚持"公开是原则，保密是例外"，"权力阳光"工程对所有依法确定的行政权力事项逐一编码、上网运行，并将执法单位、法律法规、运行流程等内容同步公开、实时查看，同时建立省、市、县三级数据交换平台，实现权力运行全透明、权力要素全公开、办理过程全留痕、内网外网全贯通。

在用户参与上，"权力阳光"工程通过意见征集、网络调查、公开听证等栏目，积极向社会征求意见，充分调动了广大人民群众有序参与政务的积极性。在政民互动上，江苏各地的"权力阳光"工程系统通过设置省长信箱、行政投诉、举报热线等互动式渠道，以多样化的方式与公众展开交流，充分听取公众意见并受理投诉、接受咨询，以提升政务服务的效果。

自2012年起，在12个县（市、区）试点，向乡镇（街道）、村（社区）延伸，以实现老百姓办事"小事不出村，大事不出镇"。截至2013年年底，江苏省"权力阳光"工程平台汇集省、市、县三级部门办件超4141万件，其中行政许可439万件，行政处罚729万件，行政审批207万件，汇总52个省级机关、全省13个省辖市及100个县（市、区）的办件信息。到2014年中期，江苏省"权力阳光"工程已趋于平稳运行，其实践探索为全国各地推进政务信息资源共享提供了一种行之有效的建设模式。

（资料来源：参见李妍，胡广伟：《政务信息资源共享机制的建立模式研究——以江苏省"权力阳光"运行实践为例》，载《电子政务》，2015年第3期。引用时有删改。）

[思考题]

江苏省的"权力阳光"工程实践为促进地方政府信息资源共享带来了哪些有益启示？"权力阳光"工程是否推动了地方政府管理流程的优化，体现在哪些方面？

[案例解读]

扫描二维码查看案例解读

03 大部门体制：浙江龙港市的改革探索

[案例阅读材料]

位于浙江省温州市鳌江之畔的龙港镇，曾因农民自费造城名扬海内外，被誉为"中国第一座农民城"。2019年8月，这个镇获批直接升格为县级市，成为全国首个"镇改市"。设市以来，龙港在机构编制数比全省县市区明显偏少的情况下，实现有效承接100%的县级权限事项，走出了一条"大部制、扁平化"运转的新路子。

龙港按照"党政机构合一、职能相近部门合并、打破上下对口"的原则，从城市管理、企业发展、市民服务三方面寻找改革突破点。原来12个镇内设机构、11个事业单位、18个县派驻机构共41个部门，被整合为15个党政大部门。同时，综合设置6个直属事业机构，不设乡镇、街道，推进"小政府大服务"体系构建。设立的龙港市经济发展局，把发改委、经信、科技、金融、商务、统计等8个部门的97个处室的职能与任务，进行分解与归类，构建龙港的综合规划模块、重大投资模块、产业服务与人才发展模块、研发创新模块等11个科室模块。事实上，这个局只有20名行政编制和32名事业编制，但通过"模块化"架构重塑、职责重塑，承担起具有"大经济"概念的工作职能。

为探索建立简约精干的基层管理组织架构，龙港市撤销了73个行政村，建成102个新社区，而且不设置乡镇街道，以"市管社区、分片服务"为原则，设立9个片区，片区是模块化集成服务的基层治理平台，以暂时承接一部分乡镇街道的工作。为实现更加扁平化和更高的效率，自2021年3月以来，龙港市撤销9个片区，建立26个社区联合党委、社区联勤工作站和社区综合服务中心"三位一体"的"新型城市化社区"，以其协调管理102个村改社区。此外，为了构建"小政府大服务"工作格局，龙港通过创新机制、数字赋能，打造了全域性"一枚印章管审批""一支队伍管执法""一张清单转职能"的新型政务服务模式，促进了"市管社区"的扁平化改革。

龙港大部制新型组织架构和管理体制，尽管在磨合后运转较为平顺，但在"条条对口""左右对齐"的现行政府管理体制下，还是碰到不少问题，例如机构设置与履职要求还难以有效匹配、多元共治面临挑战、权力与运行如何监督等问题。中国城市和小城镇改革发展中心专家认为，龙港撤镇设市既是新型城镇化改革的重要探索，也是基层行政管理体制改革的一次大胆尝试，对破解我国"特大镇现象"困局、构建"大部制、扁平化、低成本、高效率"的新生城市治理体系，具有重要示范意义和参考价值。

（资料来源：参见《"镇改市"龙港"大部制"改革，如何写好"后半篇文章"》，载《新华每日电讯》，2023年4月19日；朗友兴，谢安民，陈文文等：《再思大部制扁平化改革：基于浙江省龙港市改革的经验》，载《观察与思考》，2023年第3期。引用时有删改。）

[思考题]

经过一系列改革，龙港市的政府组织架构发生了哪些变化？在"条条对口""块块分割"的政府管理体制下，龙港市的大部制组织架构为什么面临一系列问题？

[案例解读]

扫描二维码查看案例解读

本章教学案例设计

案例分析材料

01 黄河流域生态保护与高质量发展战略

黄河是孕育华夏文明、滋养中华民族的母亲河，保护黄河是事关中华民族伟大复兴的千秋大计。2021年10月，中共中央、国务院印发《黄河流域生态保护和高质量发展规划纲要》（以下简称《纲要》），开启了黄河保护治理的新篇章。《纲要》对黄河流域生态保护和高质量发展这一重大国家战略做出一系列顶层设计，提出黄河流域生态保护和高质量发展的战略定位、发展目标和战略布局，诠释了幸福河的深刻内涵，具体可以概括为四个定位、三个阶段性目标和三大布局。

四个定位包括大江大河治理的重要标杆、国家生态安全的重要屏障、高质量发展的重要实验区和中华文化保护传承弘扬的重要承载区。第一，黄河是全世界泥沙含量最高、治理难度最大、水害严重的河流之一，对其成功治理可为其他江河流域的保护提供有效经验。第二，黄河流域拥有天然生态廊道和三江源、祁连山、若尔盖等多个重要生态功能区域，兼具青藏高原、黄土高原、北方防沙带、黄河口海岸带等生态屏障的综合优势，在国家生态安全中具有重要地位。第三，黄河流域的发展进入以生态保护为前提，优化调整区域经济和生产力布局的关键阶段，推进黄河流域高质量发展将为促进全国经济发展提供支撑。第四，黄河流域具有文化遗产资源富集、传统文化根基深厚的优势，可以充分展现中华文化的深厚底蕴。

三个阶段性目标指规划期、中期展望和远期展望三个阶段。规划期至 2030 年，中期展望至 2035 年，远期展望至 21 世纪中叶。规划期目标涵盖人水关系改善、流域治理水平提高、水资源保障能力提升、黄河文化影响力扩大、基本公共服务水平提升等多个方面。中期展望和远期展望与党的十九大提出的"两步走"战略安排相契合，到 2035 年，黄河流域生态保护和高质量发展取得重大战略成果，到 21 世纪中叶，黄河流域文明水平大幅提升，在建设社会主义现代化强国中发挥重要支撑作用。

三大布局指"一带五区多点"的生态保护空间布局、"一轴两区五极"的发展动力格局、多元纷呈与和谐相容的黄河文化彰显区。其中，在"一轴两区五极"中，"一轴"指依托新亚欧大陆桥国际大通道，串联上中下游和新型城市群，以先进制造业为主导，以创新为主要动能的现代化经济廊道；"两区"指以黄淮海平原、汾渭平原、河套平原为载体的粮食主产区和以山西、鄂尔多斯盆地为主的能源富集区；"五极"指山东半岛城市群、中原城市群、关中平原城市群、黄河"几"字弯都市圈和兰州—西宁城市群。"一轴两区五极"格局凸显出黄河流域作为粮食基地和能源基地的重要性及流域内各个省份的独特定位，有助于缩小南北方发展差距、促进民生改善。

（资料来源：参见郭鹏飞：《扎实推动黄河流域生态保护和高质量发展战略落地见效》，载《审计观察》，2021 年第 12 期。引用时有删改。）

02 广西红色文化资源开发

广西是中国共产党开展革命活动和建立地方组织较早的地区之一，在中国革命史上具有重要地位，拥有丰富的红色文化资源。近年来，广西坚持革命历史文化资源有效保护和合理开发两手抓，用红色旅游唤醒红色文化记忆，实现红色文化传承和旅游经济增长的"双丰收"。

1929 年，邓小平、张云逸等老一辈无产阶级革命家，领导发动了著名的百色起义，建立了中国工农红军第七军。2020 年，百色起义纪念园获评国家

AAAAA 级景区。景区整合了百色起义纪念馆、百色起义纪念碑等革命历史文化资源,形成了百色起义纪念公园,并成为中央确定的红色旅游重点景区——"两江红旗,百色风雷"景区。目前,以纪念园为中心的红色旅游快速发展,成为百色市的精神高地和重要宣传名片。

发生在桂北地区的湘江战役,是红军长征途中最惨烈的一次战役。"十三五"期间,广西坚持革命历史文化资源有效保护和合理开发两手抓,大力整合红色资源,将桂北"散珠碎玉"式的遗址遗迹系统梳理、保护传承,串成一串"红色珍珠"。推进完成了以"一园三馆"项目为重点的 68 个湘江战役纪念设施建设项目。其中,红军长征突破湘江烈士纪念碑园景区、红军长征湘江战役新圩阻击战酒海井红军纪念园、红军长征湘江战役纪念园景区成功获评国家 AAAA 级旅游景区。2019 年 9 月至 2021 年 2 月,三园共接待参观学习人员 520 多万人次,成为弘扬和传承长征精神的重要载体。

依托红色文化旅游资源,广西文化和旅游厅按照"红+古""红+绿"等融合发展理念,把具有旅游交通优势、具备基本旅游接待条件的红色旅游景区,结合周边有代表性的高品质景区(点),以 1 日至 3 日为游览期限进行串线组合,推出 10 条红色游学精品线路,包括"邓小平足迹之旅""湘江战役之旅""八桂建设成就之旅""新时代乡村振兴之旅"等,线路涉及广西 14 个区市,展现了广西在中国共产党领导下走过的波澜壮阔历程和取得的辉煌成就。

为加大对广西红色旅游线路的宣传和推广力度,广西文化和旅游厅从 2021 年"壮族三月三"节日后的 3 个月内,发行"广西文旅消费券",对红色旅游教育基地和红色旅游线路进行补贴,有效激发了广西红色旅游市场的活跃度。

(资料来源:参见《广西:用好红色资源 弘扬红色文化》,载《光明日报》,2021 年 4 月 22 日。引用时有删改。)

03 深圳市新一轮政府机构改革

2019 年 1 月,《深圳市机构改革方案》经省委、省政府批准,并报中央备案同意。市委六届十一次全会对全市深化机构改革工作做出全面部署,意味着深圳机构改革工作进入全面实施阶段。

坚持对标中央,严格落实中央关于党政机构限额的要求,突出优化协同高效原则,做好"规定动作",确保上下贯通、执行有力,是深圳此次机构改革的一个显著特征。深圳此次机构改革，涉及党中央集中统一领导和国家法制统一、政令统一、市场统一的机构职能，与中央和省保持基本对应。比如，按照中央优化审计署职责的相关做法，优化市审计局职责，划入市发展和改革委员会的重大项目稽查职责、市财政委员会的预算执行情况和其他财政收支情况的监督检查职责、市政府国有资产监督管理委员会对直接监管企业负责人经济责任审计的职责，整合审计监督力量，增强监管效能。

在做好"规定动作"的基础上，因应实际、因地制宜搞好"自选动作"，是深圳此次机构改革的一个突出亮点。深圳此次机构改革中，出现了不少"新面孔"。比如，着眼"人无我有"的地域特色，组建市委推进粤港澳大湾区建设领导小组办公室，充分发挥深圳在粤港澳大湾区建设中的核心引擎作用；聚焦精准扶贫国家重大战略，组建市扶贫协作和合作交流办公室，统筹对口帮扶、对口支援、扶贫协作等领域资源力量，更加深入贯彻中央关于坚决打赢脱贫攻坚战的要求；强化拉长长板思路，重新组建市科技创新委员会，加强园区发展与科技产业融合，继续发挥深圳高新技术产业的示范带动作用；瞄准营造一流营商环境，组建市中小企业服务局，积极营造有利于中小企业发展的环境；重视人才第一资源，调整市人才工作局设置，打造具有国际竞争力的人才高地；紧盯打基础、利长远，组建市城市更新和土地整备局，充分挖掘存量用地潜力，为产业发展、城市发展拓展优化空间等等。

深化党和国家机构改革，是全面深化改革的一项重要基础性内容。此轮机构改革直接指向全面深化改革的总目标——完善和发展中国特色社会主义制度、推进国家治理体系和治理能力现代化，为全面深化改革提供全新"基础设施"。正因如此，此轮机构改革被视为改革开放40年来历次机构改革中"最有远见和魄力的方案"，是推进国家治理体系和治理能力现代化的一场深刻变革。

（资料来源：参见《深圳机构改革的"规定动作"与"自选动作"》，载《深圳特区报》，2019年1月15日。引用时有删改。）

04 丽水市机关内部"最多跑一次"改革

2018年2月，丽水市委、市政府提出了机关内部"最多跑一次"，是浙江省最早开展此项改革的区市。2019年，浙江省级层面提出了"打造机关效能最强省"的工作目标，把"最多跑一次"的理念延伸到机关内部。2019年6月，丽水率先出台《关于推进丽水市机关内部"最多跑一次"改革实施方案的通知》,试点先行、以点带面、重点突破,多措并举,形成了一套政府对内对外联动协同、系统集成"最多跑一次"改革的丽水模式。2019 年 12 月,丽水市机关内部"最多跑一次"改革获评 2019 中国改革年度十佳案例。

第一,围绕"三化",推进事项梳理。丽水在借鉴"最多跑一次"办事事项"八统一"基础上,按照"最小颗粒度",围绕"标准化、颗粒化、清单化",梳理发布机关内部办事事项清单,涉及市直 45 个部门 484 项、9 个县(市、区)和市经济开发区 2694 项,逐项编制办事指南、办事流程图。按"组织人事档案管理""投资项目审批""财政预算执行管理""行政许可监管服务"四类编印《办事指南》分发给各部门单位,"一图一册一清单",办事一目了然,由此建立起全国首个机关内部"最多跑一次"标准化体系。

第二,聚力"三减",推进流程再造。一是减材料。明确"三不提交"原则,全面梳理申请材料,能减尽减、能合则合。二是减环节。在合法合规的前提下,重新梳理、论证和定位各项业务办理环节,明晰各环节各部门各流程的审核审批责任,通过减少甚至取消不必要审批、并联审批、容缺受理等方式,减少办事环节,重组办事流程。三是减时间。通过场景化模拟再造办事流程,梳理出可压缩时效的各个环节。对以往部门间办事无明确时间限制或者缺少文件依据的事项明确规定办事时效,用具体时限倒逼政府办事效率提升。"组织人事档案管理""建设项目审批""财政预算执行管理""行政许可监管服务"四大类事项办理时限分别压缩 68.9%、54.2%、73.7%、39%。

第三,打通"三平台",推进平台整合。以流程再造为基础,丽水市建立机关内部协同办事统一平台,并在浙政钉上架应用,在整合"通用平台、业务平台和自建平台"上实现了破题。省政务服务网、OA 系统、电子签章、电子档案、数据中心平台及浙政钉、"全域一证通办"7 个通用系统平台和人社工资、编办实名制系统、金财工程系统 3 个政府部门业务系统已全面打通。通过平台整合,市直 45 家单位 484 项机关内部事项中,已有 405 项实现网上办理,94 个事项实现了"掌上办""掌上批"。

第四,确立"三导向",全程留痕管理。依托数据平台启动全程留痕管理,推行机关内部办事首问责任制,要求首问责任单位全流程跟踪负责,确立"首问导向"。参照"最多跑一次"改革模式,创新开展机关内部办事"一窗受理、集成服务",变"串联"落实为"并联"推进,确立"协同导向"。推动平台效能监管功能开发应用，进一步明晰部门协同办事责任环节，对部门办事事项进行全流程跟踪、流程提醒和绩效监管，确立"效能导向"。

第五，以人民为中心，重构政务价值链。把机关内部办事作为个人和企业"最多跑一次"的最坚实基础和最优后端。一方面，将群众和企业到政府部门办事"最多跑一次"的经验做法借鉴到机关内部"最多跑一次"事项办理中，助推机关部门内管理理念转变、流程再造加速；另一方面，将机关内部"最多跑一次"改革效能和红利加速拓展到群众服务领域，形成政务服务和政府管理的生态互动，打造政务创新的核心价值生态链。

丽水市机关内部所推进的"最多跑一次"改革，不仅是对服务企业和群众办事流程的全面优化与深度革新，更是一项展现改革系统性、整体性、协同性的杰出创新实践。此项改革不仅重塑了政府治理体系，再造了政务运行逻辑，而且其所蕴含的可复制、可推广、可持续的价值，无疑为其他地区和部门提供了宝贵的经验与启示。

（资料来源：参见阚立峻：《整体协同、数字赋能、自觉有为：地方政府治理现代化的丽水探索——基于机关内部"最多跑一次"改革案例研究》，载《理论观察》，2020年第12期。引用时有删改。）

[思考与讨论]

1. 请分析黄河流域生态保护和高质量发展战略制定与实施的战略环境。从战略目标管理的视角谈一谈，如何扎实推进黄河流域生态保护和高质量发展战略的实施？

2. 结合所学知识分析广西红色文化资源开发的社会作用和价值。广西红色文化资源开发采取了哪些有效措施？如何进一步发挥红色文化资源的社会效益和经济效益？

3. 深圳新一轮政府机构改革在纵向和横向上分别做出了哪些调整？对于统筹优化地方机构设置和职能配置带来哪些启示？请从优化职能、整合资源、提高效率等角度，评价深圳市新一轮政府机构改革的实施效果和质量，以及面临的困难和挑战。

4. 丽水机关内部"最多跑一次改革"对政府运行机制做出了哪些优化调整？如何通过优化政府运行机制提高行政效率？总结丽水市机关内部"最多跑一次"改革的经验和启示，以及对于其他地方政府管理的借鉴意义。

5. 请结合地方政府管理的四大要素谈一谈，如何提升地方政府管理能力？

延伸阅读

战略管理工具：平衡记分卡

平衡记分卡（Balanced Score Card，简称 BSC）是由哈佛大学教授罗伯特·卡普兰（Robert Kaplan）和美国波士顿复兴全球公司总裁大卫·诺顿（David Norton）共同开发的一种战略管理工具，是一个整合的源于战略指标的新框架。平衡记分卡采用了衡量未来业绩的驱动因素指标，弥补了仅仅衡量过去业绩的财务指标的不足，它从财务（Financial）、顾客（Customers）、内部业务过程（Internal Business Progress）、学习和成长（Learning and Growth）四个维度，把组织的战略转变为具体的目标和测评指标，以实现战略和绩效的有机结合，这四个层面组成了平衡记分卡的基本框架（图8.4）。

（1）阐明并诠释愿景和战略。平衡记分卡流程始于高级管理层把经营单位的战略转换为特定的战略目标，主要包括财务目标、客户目标、内部业务流程的目标和指标、学习与成长目标。建立平衡记分卡的过程使战略目标得到阐明，并为实现战略目标确认了几个关键的驱动因素。平衡记分卡目标作为高级管理层的共同责任，它可以成为许多重要团队管理流程的组织框架，促使各高层管理者摒弃个人经历和专业成见，建立共识和团队精神。

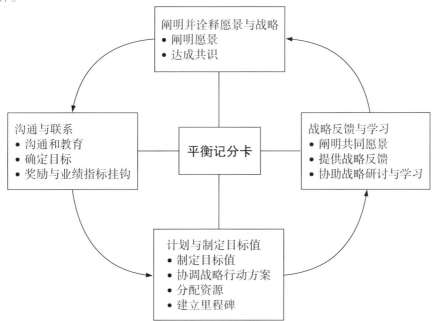

图8.4　以平衡记分卡作为行动的战略框架

（2）沟通并联结战略目标和指标。让全体员工明白他们必须完成哪些重大目标，企业的战略才能获得成功。有些企业试图把经营单位计分卡的高层战略指标分解为营运层次的特定指标。沟通和联结过程结束时，企业中的每个人都应当了解经营单位的长期目标和达到这些目标的战略，每个人所制定的局部行动方案将为实现经营单位的目标做出贡献。企业的一切努力和行动方案都将同必要的改革过程相一致。

（3）计划、制定目标值并协调战略行动方案。平衡记分卡最大的冲击力在于驱动组织的变革。高层管理者应当为计分卡指标设计3—5年的目标值，目标值一旦达到，公司将转型。这些目标值标志着经营单位业绩的飞跃。为了实现这种雄心勃勃的财务目标值，经理们必须为其客户、内部业务流程和学习与成长等层面确定挑战性目标值。一旦有关客户、内部业务流程、学习与成长的指标确立以后，管理者就能对其战略质量、反应时间、行动方案再造进行安排，以达到突破性的具体目标。因此，平衡记分卡为持续改进、再造和转型提供了自始至终的合理性、重点和整合的基础。管理者不是急功近利地对局部过程实行基本改造，而是努力完善和改造对企业的战略成功至关重要的流程。

（4）加强战略反馈与学习。最后一个管理流程是把平衡记分卡融入战略学习的框架之中。在整个计分卡管理流程中，这一过程是最具创新性也最为重要的方面，它使组织学习得以在高级管理层进行。当今企业中，没有固定模式帮助管理层获得战略反馈和检验战略所依据的假设。平衡记分卡使他们能监督和调整自身战略的实施，并在必要时对战略本身进行根本性的改变。

虽然平衡记分卡是一种企业战略管理工具，但是对于政府等公共部门也同样具有适用性。以政府绩效审计为例，平衡记分卡的应用就是可行的。一方面，平衡记分卡与政府绩效审计的理念相通。平衡记分卡作为一种理念，在绩效评价中强调财务指标与非财务指标、原因指标与结果指标的平衡，而政府绩效审计也需要平衡经济性、效率性和效果性三者之间的关系。另一方面，引入平衡记分卡有助于绩效审计的指标设计。政府绩效审计在我国还处于探索阶段，在实践过程中的难点在于评价标准的设计及指标的建立，而平衡记分卡的运用可以有效解决这一难点。审计人员在执行政府绩效审计时，可以运用平衡记分卡将财务指标与非财务指标按照不同的角度进行分类，并以此来构建一般性的框架，从而能够为政府绩效审计指标设计提供参考。

（资料来源：参见罗伯特·卡普兰，大卫·诺顿：《平衡计分卡：化战略为行动》，广东经济出版社，2004年版；王爱君，陈艳：《推进基于平衡计分卡的政府绩效审计》，载《光明日报》，2016年2月14日。引用时有删改。）

第 9 章　地方政府管理过程的五个环节：决策、落实、评估、监督与创新

学习要求：通过本章学习，充分理解地方政府决策科学化、民主化和法治化的重要性及其途径；深入了解地方政府执行力的构成及管理工具的选择，地方政府绩效评估与绩效改进的方式与途径，以及地方政府管理监督的相关知识；准确认识地方政府管理创新的动力、阻力因素与创新途径，并能够综合运用地方政府管理过程的相关理论知识对我国地方政府管理实践进行解读和分析。

地方政府管理过程包括决策、落实、评估、监督与创新五个环节，每个环节密切相关且环环相扣，是促进地方政府管理能力和治理水平提升的关键。地方政府决策的过程就是方案抉择的过程，要遵循科学化、民主化与法治化原则；地方政府执行力是保障政策落实的核心，受到多种因素影响；地方政府绩效管理是一个完整的循环过程和管理体系；对地方政府管理的监督有内外部两种行为规范方式，且相辅相成；地方政府管理创新是积极提升地方政府管理能力与管理水平的必要环节。

9.1　方案抉择：地方政府决策的科学化、民主化与法治化

地方政府决策是指地方政府部门为了完成地方各项事务或解决地方治理问题，运用科学的理论知识和方法，在充分掌握相关信息的基础上进行分析判断，确定行政目标、制

定并选择行政方案的过程。①

在西蒙看来，决策主要由情报活动、设计活动、抉择活动和审查活动四个步骤构成。②由此，可以将地方政府决策过程划分为发现和界定问题、设计备选方案、方案评估和方案抉择四个步骤。地方政府决策首先要发现问题。掌握问题的相关信息，如产生的原因和解决的关键等，才能"对症下药"。因此，决策问题描述越清晰，目标越明确，越有利于提高决策质量。理清问题的目的是寻找解决的方法，也就是决策方案的形成过程。设计备选方案要明确各方主体权责，合理配置资源，对方案执行效果进行预测，提供应急预案等，要求尽可能详细具体，具备较强的可操作性与针对性。方案设计过程考验了地方政府统筹全局、协调各方的能力，方案形成后则需要对方案进行评估，即对方案实施的风险、成本与效益等各方面的综合考量和审查。最后，根据评估结果在众多备选方案中比较权衡，确定最终方案。当然，最适合的方案未必是最优的，也要充分考虑多方面的现实因素。

西蒙最早在《管理行为》中详细论证了决策的必要性和重要性，并提出决策内容合理性和决策程序合法性的内涵。从行政过程的角度来看，地方政府决策的原则包括三要素，即决策形式合法性、民主正当性和程序合理性。③从实现路径来看，这三大要素分别对应依法决策、民主决策和科学决策，也就是地方政府决策的科学化、民主化和法治化。

总而言之，地方政府决策是地方政府在与社会充分交流的基础上，依法对辖区内的公共利益或公共事务做出的规范性安排。④其中，地方政府决策的主体是具有法定决策权的地方政府部门及组织内部成员；地方政府决策的内容是教育、医疗、治安、养老保险等各项公共事务和社会问题；地方政府决策的目标和价值取向是地方公共利益最大化；地方政府决策的原则是坚持科学化、民主化与法治化。

---

① 徐双敏，李明强. 行政管理学［M］. 北京：中国人民大学出版社，2020：103.
② 竺乾威. 公共行政学［M］. 上海：复旦大学出版社，2008：103.
③ 谷志军. 重大决策责任追究的三重逻辑——基于行政决策要素的案例分析［J］. 新视野，2021（02）：56-62.
④ 周仁标. 地方政府决策的路径依赖、行为偏差与优化方略［J］. 安徽师范大学学报（人文社会科学版），2019（02）：85-91.

9.1.1 地方政府决策科学化

9.1.1.1 地方政府决策科学化内涵及意义

科学决策是保障地方政府决策质量的关键，地方政府重大行政决策过程首先要遵循科学化原则。地方政府决策科学化的本质是行政决策的主观活动要符合客观规律和客观实际，[①]即在决策知识与理论的指导下，地方政府决策者与专家、咨询机构等其他参与者，遵循科学的决策原则、决策程序和决策方法，进行科学合理的决策，其目的在于降低决策风险和成本。

地方政府决策科学化具有重要意义。一方面，地方政府决策科学化关系到地方政府管理的成败与社会的可持续发展，是地方政府管理的必然要求；另一方面，科学化决策有助于提高地方政府行政效率和行政质量，从而树立良好的地方政府形象，打造地方政府权威，增强群众对地方政策的理解与支持。

9.1.1.2 地方政府决策科学化的影响因素

地方政府决策科学化受到决策问题本身的影响。地方政府决策是为了解决地方社会管理过程中的各项事务和问题困境。决策问题的性质、复杂程度以及影响程度等都对决策的科学化程度有着一定影响。决策问题越简单、决策目标越明确，越有利于决策的科学化。

地方政府决策科学化受到决策环境的影响。决策活动是在具体的自然和社会情境下进行的，包括政治、经济、文化、科技和生态等各个方面。如地方社会经济发展状况、财政政策，社会传统习俗、文化心理与伦理道德，自然资源的数量和可利用性等，都对决策的科学化起到一定的支持或限制作用。

地方政府决策科学化受到决策主体能力和素质的影响。决策活动离不开决策主体的心理、意志和主观思维的影响。地方政府决策主体的知识基础、实践经验，权力与责任意识，价值取向与偏好以及判断能力、应变能力等，都对决策本身的质量有着重要的影响。同时，决策主体的能力素质因人而异，受到年龄、性格等个人因素影响，具有很大差异。

---

① 李靖. 公共行政学 [M]. 北京：清华大学出版社，2020：138.

地方政府决策科学化受到决策程序和决策体系的影响。地方政府决策程序严格遵循法律法规有利于决策过程的制度化和规范化,决策程序失序则可能导致决策效率低下,甚至出现决策失误等严重后果。同时,地方政府决策体系及其保障机制的完善,有利于决策主体的高效沟通和协作配合,从而提高地方政府决策的科学化。

9.1.1.3 地方政府决策科学化的基本路径

首先,实现地方政府决策科学化,要求加强规范地方政府决策体系和决策程序。一方面,地方政府决策系统包括信息系统、中枢系统、咨询系统和监督系统等,要处理好各决策系统间的关系,畅通沟通渠道。另一方面,也要严格遵循决策程序和决策原则的规定。既要落实好决策前的充分调研,也要坚持决策程序正当性和问责制度,保障决策准确及时、公正有效。

其次,实现地方政府决策科学化,要求不断提高地方政府决策者的综合能力和素质。决策科学化对决策者个人综合素质要求较高,既要掌握一定的专业知识,也要具备较强的分析决断能力。这就要求决策者不断加强自我提升,同时,地方政府也应积极培养"实事求是、守正创新"的科学决策理念和决策氛围。

再次,实现地方政府决策科学化,要求充分发挥地方政府参谋系统的作用,加大对民主参与的保障力度。一方面,要加强地方政府决策参谋机制的法治保障,搭建良好的决策参与渠道,提高参谋系统内部人员的综合素质,打造独立的"智囊团"。另一方面,也要加大对公民参与的保障和支持力度,拓宽民意反映渠道,广集民智,群策群力。

最后,实现地方政府决策科学化,要求地方政府决策方法的科学化。互联网、区块链、大数据、云计算和人工智能等信息技术为决策科学化提供了良好的条件和基础。地方政府决策方法与手段也应与时俱进,注重现代化方式和科学技术的合理开发与充分运用,提高决策的效率与精确度。

9.1.2 地方政府决策民主化

9.1.2.1 地方政府决策民主化内涵及意义

民主决策是地方政府决策的核心和内在要求,地方政府重大行政决策过程应遵循民主化原则。地方政府决策民主化是指地方政府决策坚持全过程人民民主和民主集中制原则，通过法定程序，[1]使人民群众和社会团体参与到地方政府决策过程中，充分表达意愿和诉求，切实保障人民当家作主的权利，以实现广大人民群众根本利益为目标的民主决策。

地方政府决策民主化也同样意义重大。一方面，地方政府决策民主化的本质是我国社会主义人民民主专政和民主集中制的根本要求，也是实现社会治理现代化的必然要求[2]。另一方面，地方政府决策民主化是维护地方人民意志，保障人民利益和当家作主的权利的必要条件，也是反映民意、集中民智的现实需求。

9.1.2.2 地方政府决策民主化的影响因素

地方政府决策民主化受到地方社会经济发展状况和文化教育水平的影响。地方社会经济状况较富裕，文化教育水平较高，公民与社会团体往往更加注重公共事务，支持民主决策，参与决策的积极性也越高，更能够充分表达意愿与诉求。

地方政府决策民主化受到公民和社会团体参与能力的影响。公民和社会团体素质越高、参与决策的能力越强，意志表达越充分具体，越有利于地方政府决策的民主化，满足地方人民意志。

地方政府决策民主化受到公民和社会团体参与渠道与新闻媒体的影响。公民和社会团体参与渠道多样、畅通，则有助于扩大决策参与范围，吸纳社会各界人士的建议和意见。新闻媒体则可以帮助公民了解政府决策过程和政策动态，从而更好地掌握相关信息，做出反馈。

地方政府决策民主化受到地方政府能力和资源的影响。地方政府需要足够的人力、物力和财力以及相应的技能进行有效的民主决策。地方政府能力和资源不足，则会导致决策过程民主参与困难，缺乏民主监督。

9.1.2.3 地方政府决策民主化的基本路径

首先，实现地方政府决策民主化要求完善决策过程的公民参与机制，营造良好的民主氛围。一方面，要建立健全民主参与及其保障机制，为公民参与地方政府决策提供有

---

[1] 罗依平，汤资岚. 协商民主视角下地方政府决策民主化的实现方略［J］. 学习论坛，2020（03）：57-62.
[2] 姜明安. 推进行政决策民主化是法治政府建设的首要任务［J］. 中国党政干部论坛，2016（02）：44-47.

效保障，确保社情民意反映制度、专家咨询制度、社会听证制度等民主参与方式的有效进行。另一方面，要保障民主参与渠道的畅通与便利，为民主参与搭建并拓宽多样化参与渠道，营造民主公开、百家争鸣、平等协商的决策讨论氛围，激发公民参与的积极主动性。

其次，实现地方政府决策民主化要求坚持决策信息的透明公开。一方面，要加强政务信息公开，坚持重大事项社会公示制度，充分利用现代互联网技术，强化对地方政府决策全过程、全方位的社会监督，并借助新闻媒体的力量，进行政策宣传。另一方面，要加大民意调查力度，体察民情、尊重民意、广集民智，不仅仅依靠地方公民的主动参与，也要积极保障地方公民的知情权和参与权。

最后，实现地方政府决策民主化要加强地方社会经济文化和思想教育建设，加强地方政府管理的物质与人力支持。地方政府民主化建设是一个漫长的过程，受到地方社会发展状况的影响。因此，地方政府应当大力发展社会经济文化和思想教育事业，在潜移默化中形成民主的决策氛围，提升民主化的文化基础。

9.1.3 地方政府决策法治化

9.1.3.1 地方政府决策法治化内涵及意义

依法决策是地方政府决策的前提和基础，地方政府重大行政决策过程应遵循法治化原则。地方政府决策法治化是指地方政府决策主体、决策过程、决策方式和决策内容等符合法律法规及其原则以保障地方政府决策的合法性；也就是行政决策体现多数人意志、保障和实现多数人利益并使之规范化的过程。

地方政府决策法治化的重要性意义在于，决策法治化是实现我国依法治国战略的必然要求，是建设社会主义法治国家的应有之义和建设法治政府的主要任务之一，[①]有利于维护地方社会和谐安定，将权力关进制度的笼子，是地方政府决策科学化和民主化的坚实保障。

9.1.3.2 地方政府决策法治化的影响因素

地方政府决策法治化受到地方相关法律法规和规章制度的影响。地方政府决策相关法律法规越完善，越有利于地方政府决策法治化的执行、落实和监督。

---

① 常征. 行政决策法治化问题探讨 [J]. 中共福建省委党校学报，2018（02）：72-77.

地方政府决策法治化受到地方社会法治观念和文化的影响。地方政府组织及其人员、地方社会公民法治观念和法治意识强，相关法治知识充足，则更加重视并践行决策法治化原则。而地方社会的文化背景、社会价值观和道德观念等因素也对地方政府的决策法治化有着重要影响。

地方政府决策法治化受到地方政府权责规范与划分的影响。地方政府决策权力与责任的清晰划分和合理界定有助于规范地方政府决策主体行为，充实责任追究的依据。

地方政府决策法治化受到地方社会公众参与的影响。地方政府主动开展公众参与和社会监督，可以促进地方政府的决策更加公正、合理和法治化。

9.1.3.3 地方政府决策法治化的基本路径

首先，实现地方政府决策法治化要求理清决策主体关系，规范主体权责。一方面，要厘清地方政府决策主体即地方党组织、地方人大和地方政府三者之间的关系，既要坚持党组织的决策领导，也要发挥地方政府的决策作用并保证地方人大的最高决策权。另一方面，要理顺地方政府决策中纵向和横向的关系，既要厘清地方政府上下级之间的决策权限，也要规范地方政府同级部门之间的职责范围，保证地方政府决策权责清晰、权责对等，符合法律法规和地方规章制度。

其次，实现地方政府决策法治化要求决策程序法治化。地方政府决策法治化的关键在于地方政府决策程序的法治化，包括重大决策过程信息公开，保障公众的有效参与，防止地方政府自由裁量权的滥用与决策失误等。决策程序法治化对决策主体行为形成有效监督，合理规范决策权力的使用，有利于完善决策过程，提高决策的透明度。

最后，实现地方政府决策法治化要求加强完善决策责任监督制度。一方面，要充分发挥外部监控的作用，加大对信访、新闻媒体报道和申诉控告等监控方式的保护和支持力度，维护外部成员的权力。另一方面，也要加强决策责任问责制的执行和完善，建立健全地方政府责任清单，加大责任追究和惩处力度，把权力关进制度的笼子。

综上所述，地方政府决策质量的保障离不开对科学化、民主化和法治化原则的践行。就三者之间的关系而言，地方政府决策科学化、民主化和法治化缺一不可，相互影响、相互促进。地方政府决策民主化是科学化和法治化的前提与基础；地方政府决策科学化是民主化的规范和必然要求，地方政府决策民主化和法治化是科学化的途径；地方政府决策法治化则是科学化和民主化的保障，而地方政府决策科学化和民主化是法治化的目标。地方政府决策质量奠定了其管理成效，因此，遵循科学化、民主化和法治化决策是地方政府管理质量提升的重要一环。

9.2 保障落实：地方政府执行力的构成与管理工具选择

9.2.1 地方政府执行力的内涵及其构成

9.2.1.1 地方政府执行力的内涵

对于地方政府执行力的理解，究其本质是地方政府的行政执行能力，也称政策执行力。从广义角度来说，地方政府的行政执行能力涉及地方政府的所有行政行为及活动。从狭义角度来讲，地方政府执行力则是地方政府部门及其内部人员，为了落实国家意志、国家目标，依法有效执行或实施法律法规和政策计划，[①]完成既定目标的内在能力，即将地方政府决策方案付诸实践，解决实际问题的能力。地方政府执行力是一种综合性、系统性的合力，由多种能力共同构成。

9.2.1.2 地方政府执行力的构成

有关地方政府执行力构成要素的研究，国内学者有不同的理解，但都认同地方政府执行力是一种合力，并且不能完全涵盖所有"能力"。有学者认为地方政府执行力主要包括理解力、判断力、变通力、领导力、协调力和控制力，[②]也有学者将其划分为五个维度，分别为计划确定力、组织运行力、资源整合力、领导影响力和控制实施力。[③]本书综合学者的相关研究，认为地方政府执行力主要包括认知力、变通力、领导力、控制力和创新力。

（1）认知力。认知力是指地方政府执行部门对上级政策决策的解读能力和认同感。一项政策的落实首先要求对政策本身有深入理解和认同，理解有误或理解偏差都会导致执行结果的失败。而对政策的解读既要领会政策传达的精神，实施的目的以及所要达到的

[①] 张国庆. 公共行政学 [M]. 北京：北京大学出版社，2017：220-221.

[②] 陈慰萱. 政府执行力：构成要素、影响因素与提升路径 [J]. 当代世界与社会主义，2009（04）：124-127.

[③] 宋煜萍，王生坤. 地方政府执行力评估指标体系研究 [J]. 江海学刊，2010（06）：229-233.

要求和指标，也要结合地方实际情况，具体问题具体分析。

（2）变通力。变通力是指地方政府在深入理解上级政策的基础上，对执行状况全面灵活的判断和对突发状况、变动情境的应变能力。执行变通力是一种对政策执行环境和形势的感知和分析，对可能引发后果的预测，以及对可能遇到的风险和阻碍的应急预案准备等。

（3）领导力。领导力是指地方政府执行过程中，领导者对整个执行队伍的领导能力。领导力包括对执行主体的沟通协调，执行任务的分配以及人员资源的调配等各项事务的统筹安排。地方政府领导者需要有较强的规划部署能力，积极发挥模范带头作用，营造良好的合作氛围，打造和谐高效的协作机制，提升组织凝聚力和积极性。

（4）控制力。控制力是指地方政府对整个执行过程的掌控能力。包括对政策执行进度的把握、执行主体责任的监督落实、执行效率和效果的监控等。控制的目的在于达到原定目标和计划，贯穿于执行的全过程，既要保证政策的有效推进，也要规避政策执行过程中出现的问题，若已出现问题则要及时调整纠正。

（5）创新力。创新力是指地方政府执行过程中的探索和创造能力。地方政府执行力并非一成不变，随着社会发展进步，地方政府在实践过程中不断总结经验教训，开展新的尝试，并总结新的经验。

9.2.2 地方政府执行力影响因素

地方政府执行力既是一种合力，也受到多种因素的影响。有学者认为地方政府执行力受到行政管理体制、地方政府部门利益、执行人员素质和执行监督的影响。[①]也有学者认为地方政府执行力的影响因素包括政府执行主体、执行方式、执行机制、执行资源、执行环境、执行战略、执行客体和执行效力等。[②]本书从地方政府执行力的影响因素来源角度出发，总结为政策质量、执行目标、执行主体、执行资源和执行环境五个方面的影响因素。

第一，地方政府的政策质量决定了政策执行力的结果。地方政府所要执行政策本身

[①] 尹晓玉. 地方政府公共政策执行力的影响因素及对策探析 [J]. 齐齐哈尔大学学报（哲学社会科学版），2016（03）：45-47.

[②] 何静. 地方政府公共政策执行力：内涵、影响因素、提升路径 [J]. 中国管理信息化，2015（22）：191-192.

的质量取决于政策的程序合法性、内容合理性、民主性和可行性等，也就是地方政府决策必须遵循科学化、民主化和法治化的原则。政策决策本身质量高则一般执行效率高，执行难度低，执行阻力小，反之亦然。

第二，地方政府的执行目标是政策执行的导向。政策执行目标和指标体系的明确对政策执行有着规范和引导的作用，目标过低会导致执行不力，标准过高则会导致执行压力过大。同时，在执行过程中，政策执行力受到目标导向的驱动，目标或价值导向的偏离，都可能导致政策执行偏差，而政策目标也并非一成不变的，应随执行环境的变化进行及时的调整。

第三，地方政府的执行主体对政策执行有较强的主观影响，执行主体自身素质高低、能力强弱都影响着执行力及其效能。政策执行主体即地方政府机构及地方政府行政人员，是执行政策活动的力量来源，发挥着核心作用，而我国对政策执行人员的基本素质要求主要包括政治素质、品德素质、知识素质、能力素质、心理素质和身体素质等。

第四，地方政府的执行资源是政策执行的条件，包括执行的人力、物力、资金、信息和权威等各个方面，这些资源在政策执行中发挥着不同的作用而又相互联系。执行资源越充裕，执行的条件相对越好，执行力也相对越强。人财物等资源是政策执行的基础条件，权力权威则是执行的坚实后盾，数字信息资源则已然成为现代化社会发展的关键因素之一。

第五，地方政府的执行环境是政策执行外部环境的总和，包括自然因素和社会环境等。地方政府执行的自然环境受到地理位置、季节等影响；而地方政府执行的社会情境既复杂多样又相互关联，如社会公众的支持、文化环境和社会心理的倾向，经济制度及经济发展水平，科学技术及其运用等。政策执行环境复杂多样而瞬息万变，需要地方政府对环境变化有敏锐的洞察力和感知力。

9.2.3 地方政府现代化管理工具及其选择

地方政府管理工具的选择同样也是执行力的重要影响因素，管理工具是执行力的实施载体，也是政策执行的途径。同样，政策执行本身也是工具选择的过程，执行工具和方法的合理选择有利于提升地方政府执行力。在管理工具的选择过程中既要充分考量执行力的构成和影响因素，也要对管理工具有深入的了解。

传统管理工具包括行政手段、法律手段、经济手段和思想教育手段，而我国社会治理变革的实践经验表明，新管理工具在社会治理中越来越发挥着重要的作用和优势。从来源的角度看，地方政府现代化管理工具主要包括市场化工具、企业化工具、社会化工具和信息化工具。

9.2.3.1 市场化工具

市场化工具即地方政府运用市场这一有效资源配置手段，来达到提供公共物品和服务的目的的管理方式。市场化工具有利于减轻地方政府财政压力，提高行政效率，具体包括合同外包、凭单制、用者付费、民营化、特许经营、委托代理和招标投标等，这里主要介绍前四种方式。

（1）合同外包。合同外包是在地方政府与市场主体协商一致的前提下，地方政府将部分职能承包给市场主体的行为。其实质是一种委托—代理关系，即政府使用竞争性的招标投标方式，将职能承包给市场，并对项目进行"兜底"保障。合同外包制主要运用于政府采购等领域，有利于减少地方政府在公共产品与服务方面的开销，有利于缩小政府规模，精简政府机构和工作人员，[1]但也存在着较高的腐败与责任风险。

（2）凭单制。凭单制是指政府部门根据一定标准筛选合格的生产者，给有资格消费某种产品或服务的消费者发放优惠券，并由消费者自由选择消费，生产者通过提供产品或服务而获得凭单，再从政府部门凭单兑换资金以获得服务报酬的管理方式。[2]凭单制主要运用于住房、医疗、养老等领域，有利于培育竞争力，实现规模经济效益，但也存在着信息不对称和效率与公平等问题。

（3）用者付费。用者付费是指地方政府在提供某些公共服务或公共产品时，对使用者采取一定标准的收费方式，来抵消提供服务的部分成本。[3]用者付费在国内的使用范围较广，如高速公路收费、城市供水、供热收费等。这一管理方法将价格机制引入到公共服务中，有利于资源的合理配置，也在一定程度上增加了地方政府财政收入，但其适用对象主要为准公共产品，且会产生一定程度的管理成本。

（4）民营化。民营化是指地方政府将原先政府拥有的职能交由企业或私人运营管理，或出售给私人企业，通过市场力量来提高生产力的方式。[4]民营化的主要途径包括股份合

---

[1] 吕芳.我国政府购买服务的特殊制度逻辑——基于中西方公共服务合同外包实践的比较[J].中国行政管理，2019（09）：35-40.

[2] 陈建国.政府购买服务中凭单制的运作[J].理论探索，2019（04）：71-79.

[3] 刘倩男，王震.新公共管理中的市场化工具——"用者付费"[J].时代金融，2018（33）：301-302.

[4] 陈振明.公共管理学[M].北京：中国人民大学出版社，2017：187-188.

作与租赁、承包与租赁经营和拍卖出售等。在我国，民营化主要表现为国有中小企业改革等，有利于减轻国有企业财政补贴负担，提高资金运作效率，但也有可能造成公共责任缺失等问题。

9.2.3.2 企业化工具

企业化工具也称为工商管理技术，是指政府把企业管理理念和管理方式借鉴到行政部门中以达到政策目标的管理方式。具体包括全面质量管理、目标管理、流程再造、标杆管理、顾客导向、项目管理、战略管理和绩效管理等，这里主要介绍前三种方式。

（1）全面质量管理（TQM）。全面质量管理是指一个组织以质量为中心，以全员参与为基础，目的在于通过让顾客满意和让本组织所有成员及社会受益，从而达到永续发展的全过程的科学管理方式。①在追求高质量发展的过程中，全面质量管理已被广泛运用于公共部门管理当中，并主要运用于文化、教育、卫生、社保等公众生活的各个方面，公共部门为质量建设的重要主导部门。

（2）目标管理（MBO）。最早由彼得·德鲁克在《管理的实践》一书中提出，指依据目标进行的管理。即为了达到预期管理效果以及实现组织目标，而采用的以结果为导向和自我控制为主导思想的过程激励管理方法。②目标管理工具被广泛运用于我国地方政府绩效管理当中，有利于整合地方政府部门力量，促进高效协同互动，提升地方政府行政人员积极性及其绩效。

（3）流程再造。始于20世纪80年代初，哈默和钱皮将其总结为"对流程、组织结构和文化等进行彻底的、急剧的重塑，以达到绩效的飞跃"。国内学者总结为对企业流程、组织结构、文化等方面进行持续改革、不断完善的重塑过程。③流程再造在政府治理领域同样适用，如数字政府建设和整体性政府建设，有利于提升地方政府部门内部和跨部门的运作效率。

9.2.3.3 社会化工具

社会化工具即地方政府更多运用社会资源，通过多主体互动达成政策目标的管理方

---

① 朱丽君. 政府质量管理的基本理论与方法［J］. 山西大学学报（哲学社会科学版），2012（04）：95−98.

② 司林波，王伟伟. 跨行政区生态环境协同治理绩效问责机制构建与应用——基于目标管理过程的分析框架［J］. 长白学刊，2021（01）：73−81.

③ 姜晓萍. 地方政府流程再造［M］. 北京：中国人民大学出版社，2012：47−50.

式。具体方式主要包括社区治理、志愿者服务、公众参与及听证会、个人与家庭服务、非政府组织服务和公私伙伴关系等，这里主要介绍前三种方式。

（1）社区治理。"社区治理"是指在社区范围内，整合社区资源，建设社区基础设施，提供社区服务并进行社区治理等相关活动的治理方式。有利于调动社会公众的积极主动性，减轻地方政府管理负担，放权于社会，主要运用于基层社会公共服务供给中，如社区医疗站、敬老院和福利院等的建设。但在实践中，社会化管理工具能力有限，往往只起到辅助作用，还需要更多支持。

（2）志愿者服务。"志愿者服务"是指志愿者组织或慈善机构等团体和个人，自发地为社会提供公共服务和公共产品，或提供社会帮助的政策工具和管理方式。志愿者服务不受国家强制力的主导，具有自发性和创新性等特点，有利于减轻政府负担，但在实践中，志愿者服务的力量有限，也受到经济、人员、物资等多种因素的制约。

（3）公众参与及听证会。"公众参与及听证会"是指地方政府决策过程中，公民广泛参与和充分发言，并听取专家学者与利益主体的意见和建议，包括直接选举、全民公决以及公共决策听证会等形式。有利于保障利益主体平等参与决策，提升决策的科学化和民主化以及决策透明度。但我国人口基数大，基层社会民主和法治观念不足，公众参与及听证会的管理方式有一定的局限性。

9.2.3.4 信息化工具

20世纪末，运用信息技术改造政府的理念兴起，电子政府建设风靡全球，并在近20年内快速发展。而信息化工具是指以5G、物联网、云计算、大数据、人工智能、区块链等为新技术手段，数字政府等形式在政府管理中的运用为代表的新型管理方式。2017年以来，我国提出打造"数字政府""数字中国"等一系列战略规划，并在实践中取得了巨大成效。一方面，信息化工具能极大提高政府管理效率，缩减管理的人力、物力等成本，突破管理的时间和空间限制，精准化对应社会需求；另一方面，信息化工具的运用也存在着信息泄露、数据垄断、数字鸿沟和数据壁垒等风险，需要谨慎运用并在实践中不断完善。

9.2.4 地方政府执行力提升路径

9.2.4.1 培育"以人民为中心"的思想观念，营造良好的执行力文化

政府执行力文化是政府政策执行的核心。人民性是马克思主义政党最鲜明的政治品

格。坚持"全心全意为人民服务""以人民为中心"是我们党长期以来坚守的根本宗旨和基本价值准则。[1]地方政府处在为人民服务的第一线，必须践行以人民为中心的价值准则。提高地方政府执行力，首先必须塑造以人民为中心的思想观念、培育新时代执行力思想与精神力量，积极打造"共建共治共享"的治理制度和治理机制，为地方高质量发展奠定执行力基础。其次，坚持以人民为中心，地方政府就应当引导公务员树立科学的政绩观，坚决反对形式主义、官僚主义作风，坚持一切从实际出发，实事求是，营造清正廉洁的行政氛围，引领责任担当的价值导向，营造良好的执行力文化环境。

9.2.4.2 提高地方政府执行力主体综合素质与能力，打造执行力团队

地方政府执行力主体主导地方政府执行的全过程，这就要求地方政府执行力主体具备良好的综合素质与能力。其中思想政治素质是综合素质的首要素质要求，包括地方政府部门及其人员的职业道德、政治素养、价值观等；而能力素质包括组织协调能力、统筹规划能力和灵活变通能力等。一方面，要完善公务员的选拔、考核和晋升制度，避免单一指标的衡量体系和唯学历论的片面性。另一方面，要加强对公务员的知识技能和能力素质的综合培训，注重培训的实效而非流于形式。

9.2.4.3 优化地方政府工作机制及组织结构，提高执行力效率

地方政府执行力是在特定的地方政府工作机制和组织结构下运行的。因此，地方政府执行力的提升，要兼顾执行流程和执行组织的协调适应。首先，优化地方政府决策机制，保障决策的科学化、民主化和法治化是提升执行力的前提。其次，优化地方政府内部组织结构。明确权责主体并确保权责统一，精简职能部门及其人员结构，打造扁平化政府并加强部门间的沟通合作。最后，优化地方政府执行机制，推动大数据支持下的政府流程再造，打造便民利民的服务型政府。

9.2.4.4 建立健全地方政府执行力监督与问责机制，保障执行力运行

我国幅员辽阔，地方政府职能纷繁复杂，人员素质参差不齐，仅靠自觉则会导致执行效率低下。因此，要加强对地方政府部门及其人员的有效监督与问责。首先，要建立健全多元监督机制，加强内部监督和外部监督相结合，拓宽社会舆论和群众监督渠道，构

---

[1] 司林波. 基层干部治理能力评价体系构建的意义、特征与着力点［J］. 领导科学, 2022（10）: 105-108.

建科学规范的地方政府绩效考评机制。其次，建立健全行政问责制，并对责权加以规范，如明确问责主体、界定问责范围、公开问责程序等。最后，加大地方政府责任追究力度以实现权责统一。

9.2.4.5 积极创新管理工具并合理利用，推动地方政府执行力现代化

地方政府管理工具作为执行力的载体和行政执行的途径，其选择和使用都影响着执行力的落实。一方面，要慎重考量工具的用途、优势和劣势、公共利益和公共价值的导向、历史传统和文化背景、多元主体的合作共赢、制度环境的保障等各种因素，选择适当的管理工具。另一方面，也要结合社会发展和变革的实际，创新管理工具，积极探索新型工具，尤其是信息化工具的开发利用，既要发掘新管理工具的优势，又要谨慎规避信息技术带来的风险，防患于未然。

9.3 绩效管理：地方政府绩效评估与绩效改进

9.3.1 地方政府绩效管理及其价值追求

9.3.1.1 地方政府绩效管理的内涵

地方政府绩效是指地方政府依法履行职能过程的全部产出及其造成的影响的综合结果，即对地方政府管理活动的成果效益的多维度的系统性评价。而地方政府绩效管理是一个完备的管理过程和体系，是地方政府通过绩效信息，系统整合资源并设置绩效计划及目标，引导地方政府部门及其人员对目标达成共识，并对各项管理活动进行实时监控测评和反馈改进，以提高地方政府管理能力和管理质量的持续循环过程。

9.3.1.2 地方政府绩效管理的程序

地方政府绩效管理包括绩效计划、绩效计划实施、绩效评估、绩效反馈和绩效改进五个步骤，这五个步骤形成一个持续的循环（图9.1）。绩效计划是指对绩效管理过程中，绩效目标、绩效指标体系、绩效评估主体、绩效评估方式等的综合考量与商定。绩效计划实施即绩效监控，是绩效管理过程中绩效计划的进一步实施和运用，包括对绩效计划

的修订、绩效进展的追踪和实施障碍的排除等。绩效评估是按照绩效计划指标对地方政府部门及其工作人员的绩效进行测量和评价,是绩效管理活动中最复杂的一个环节。绩效诊断与反馈是对绩效评估结果及其形成原因进行分析判断,并将诊断结果反馈给相关部门和人员。绩效改进是绩效反馈后,针对出现的问题提供解决方案并执行,例如地方政府部门的政策调整、公务员的培训开发等。

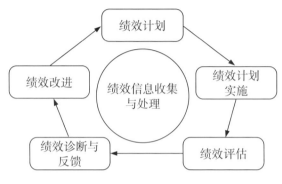

图 9.1　地方政府绩效管理步骤

9.3.1.3 地方政府绩效管理的价值追求

地方政府绩效管理的价值追求也是地方政府管理的评判标准,是地方政府绩效管理的核心。地方政府绩效并非只有"经济"这个单一指标,而是包括政治、经济、文化、社会和生态等多个方面。随着社会观念的进步和管理理论的完善,"3E"目标已不能满足社会发展的更高要求,绩效审计"5E"理论由"3E"理论发展而来,①并将"3E"价值目标扩充完善为经济性(Economy)、效益性(Effectiveness)、效率性(Efficiency)、生态性(Environment)和公平性(Equity)。经济性目标是对政策执行中预算成本和实际成本的差额、资金用途及分配等经济成本的衡量,追求在保质保量的前提下尽可能减少经济资源的消耗。效益性目标是对地方政府执行效果及其带来的影响的衡量,在追求管理效果达到预期目标、完成指定任务的同时,也追求对社会发展产生正向积极的外部效益。效率性目标即对地方政府投入与产出的衡量,追求在保证政策执行效果的前提下,以最低成本实现最大效益和最高效率。生态性目标是指地方政府管理过程兼顾生态环境保护、资源的高效利用与污染项目的防治处理等,坚持生态可持续发展战略。公平性目标追求地方政府管理中资源分配符合社会公众利益最大化和公平原则,保障弱势群体的利益。

---

① 陈智,冯慧.物流环保公益基金资金绩效评价指标体系的构建[J].财会月刊,2021(08):73-78.

9.3.2 地方政府绩效管理面临的问题

9.3.2.1 地方政府绩效产出难以量化

地方政府绩效评估需要对绩效结果进行量化分析，而地方政府绩效包括地方政府管理的产出结果及影响、管理能力和水平等综合要素，这些要素本身不存在统一的衡量标准和比较方式，即使可以量化也无法充分证明其量化结果的全面性和合理性。

9.3.2.2 地方政府绩效指标难以设定

地方政府绩效评估需要依据一定的评判标准，也就是地方政府绩效指标体系。地方政府绩效指标的设定需要依据一定的价值标准，而地方政府价值取向本身存在着经济发展与公共利益、透明与社会稳定、效率与责任、稳定与创新等各方面的冲突。[1]而地方政府绩效指标体系的建立需要因地制宜，没有统一的指标体系能够完全适应所有地方政府的绩效管理过程。同时，绩效指标的设定也受到地方政府管理主体本身能力和素质的影响，难以避免主观片面性，甚至出现价值取向的偏离。

9.3.2.3 地方政府绩效评估保障机制不健全

首先，地方政府绩效评估需要制度保障，而我国地方政府绩效管理相关的法律法规仍在完善中，这就容易造成地方政府部门及其人员在自由裁量中出现失误，形成机会主义和形式主义。其次，地方政府绩效评估需要投入一定的人力物力和资金等资源来保证绩效管理活动的正常进行，而地方政府往往将有限资源投入其他管理工作中，忽视了绩效管理的保障。

9.3.2.4 地方政府绩效评估信息系统不完善

一方面，地方政府绩效评估中的信息系统承担着重要作用，而目前地方政府绩效信息系统仍有待健全和完善，信息不对称等现象依然存在。另一方面，地方政府绩效评估的信息收集和处理能力需求在不断提高，要求绩效信息真实全面、精准客观，绩效信息的传递渠道更加畅通、方式更加便捷、反馈更加及时。

---

[1] 孙斐. 地方政府绩效评价的价值协同研究［M］. 北京：中国社会科学出版社，2022：86-87.

9.3.2.5 地方政府绩效评估方法简单固化

当前我国地方政府绩效评估方法与考核内容较为单一，现行地方政府绩效评估方法大部分为指标考核和审查等定性方法，很少将定性与定量评估、内部与外部评估进行有效的结合；而考核内容主要聚焦于外化的具体行为以及片面的经济发展水平等硬性指标，缺乏对公务人员核心素质和能力的考评以及对地方社会发展综合性软实力的考量。

9.3.2.6 地方政府绩效评估社会参与薄弱

地方政府绩效评估分为内部评估和外部评估，地方政府管理者既是外部评估中的被评估者也是内部评估的主体。因此，地方政府管理者对内部工作及人员了解较为详尽，但在内部绩效评估中也容易带有主观色彩，往往趋向个人或组织利益。当前地方政府绩效评估主要采用上级或本单位的内部评估，缺乏社会团体和人民群众的外部评估与监督，社会参与力量薄弱。

9.3.2.7 地方政府组织内部绩效管理障碍

地方政府组织内部管理者与评估者之间的角色对立往往有碍地方政府绩效管理的实施与改进。管理者作为被评估者受到绩效评估者和上级的管理压力，而评估者要对上级负责进行绩效监控，两者间关系可能影响绩效评估的真实性和客观性，而关系对立甚至可能成为地方政府绩效评估与改进的阻碍。

9.3.3 地方政府绩效评估方法及其选择

地方政府绩效评估是指对地方政府部门及其人员绩效进行等级划分和评定。[1]从评估对象的角度来看，地方政府绩效评估可以分为个人绩效评估和组织绩效评估，两者展现了地方政府绩效的不同层面，相互补充。针对个人的绩效考核发展由来已久，评估指标体系相对成熟，现代个人绩效评估方法主要包括自我报告法、业绩评定表法、360度考核法和面谈考核法等。组织绩效评估则更为复杂，是对地方政府组织及其部门的整体绩效考核，而非个人绩效的简单加总，主要方法包括关键绩效指标法、平衡记分卡、标杆管理和目标管理等。

---

[1] 王柳. 政府绩效问责的制度逻辑［M］. 北京：中国社会科学出版社，2018：11.

9.3.3.1 个人绩效评估方法

（1）自我报告法。自我报告法是指地方政府绩效评估过程中，对个人工作绩效以书面的形式进行总结和考核的方法。这种方法适用于管理人员或高层领导者的自我考核，以及考核测评人数不多的情况，有利于被考核者对自我工作进行独立的反思和总结。

（2）业绩评定表法。业绩评定表法是根据所要考评内容划分评判标准和限定因素，如个人积极性和态度等特征以及工作数量与质量等要素，并据此形成等级考核表对员工进行考核，对业绩进行判断与等级划分。业绩评定表法的评判要素较统一，评判结果更加直观，但需要对行政人员绩效与等级评定标准等有明确细致的描述，同时，也要防止主观判断的偏差。

（3）360度考核法。360度考核法是指由直接上、下级，同事和服务对象等多元主体对个体进行多层次的、全面的评价。360度考核法可以综合不同评价者的意见，充分尊重社会公众意见，得出一个较为全面、公正的评价结果。但考核主体多元化的同时也会给考核过程带来管理的不便。

9.3.3.2 组织绩效评估方法

（1）关键绩效指标法（KPI）。关键绩效指标法是指衡量组织战略实施效果的关键指标，即基于增强组织核心竞争力的目标，将组织战略目标层层分解，产生的可操作性的指标体系。[1]该方法要求指标尽量可量化，注重工作质量和目标导向，优势在于简单明了、较为稳定且操作性强，有利于绩效信息理解、传递和沟通并动态性调整组织战略，在地方政府绩效管理过程中同样适用。但在具体运用中，关键绩效指标根据具体战略目标制定，因此不具备普适性指导方案；而相较企业绩效，地方政府绩效更加难以量化，因此对量化技术的要求也更高。

（2）平衡记分卡法（BSC）。平衡记分卡法是指从财务状况、顾客服务、内部流程、学习与成长四个维度将组织战略转换为可操作的衡量指标，形成内部流程与外部产出的反馈与循环，进而实现组织目标的一种新型绩效管理体系。[2]平衡记分卡在有效解决地方战略的衡量、管理、描述、协同等难题方面有着优势，将顾客服务放在首位，要求地方

---

[1] 温美荣，马若熙. 构建公共政策评估的关键绩效指标体系探析——以 X 市试行众创空间绩效考评制为例 [J]. 行政论坛，2017（03）：93-99.

[2] 夏书章. 行政管理学 [M]. 6版. 北京：高等教育出版社，2018：413.

政府在组织战略制定与实施中坚持以人民为中心的价值导向，而对内部流程的优化可以促进地方政府流程再造以打造服务型、扁平化政府，对学习与成长的衡量则同样有助于地方政府各项管理能力提升。

（3）标杆管理。最初由美国施乐公司提出，是指从组织内部或外部寻找并设定一个"标杆"来作为榜样，通过与榜样的系统持续的比较，找到差距并不断改善和优化内部组织的过程。[①]标杆管理也是地方政府绩效改进的重要方式之一，其优势在于能够培养地方政府组织积极向上的学习氛围和养成提升自我的习惯，并减少目标和指标设定的困难。但在运用过程中要注意，对标杆的学习不是盲目模仿，而要切合自身需要；标杆本身和对标杆的选择也不是一成不变的，需要灵活变通。

9.3.4 地方政府绩效改进方法与策略

9.3.4.1 地方政府绩效改进的内涵

绩效改进是评估结果反馈后的最终环节和目标，也是地方政府绩效管理发挥作用的关键，对地方政府管理能力和管理水平提升有着重要作用。而地方政府绩效改进就是根据绩效评估的结果进行绩效反馈，并对地方政府部门及其工作人员进行工作能力、管理机制、工作流程和管理方法等各方面的优化改进或对已出现的问题和失误进行处理和纠正，以提高地方政府绩效的过程。

9.3.4.2 地方政府绩效改进方法与策略

（1）地方政府流程再造。减少地方政府无效活动是改善地方政府绩效最简单且最直接的方法。地方政府流程优化方法主要有标杆瞄准法、ESIA 法、SDCA 循环、PDCA 循环等。根据 ESIA 优化操作原则，E（eliminate）对应清除，指清除地方政府现有管理流程内的非增值活动，需要判断流程或环节是否多余或造成不利影响、清除环节是否可行，同时不给流程带来负面影响。S（simplify）对应简化，指在尽可能清除政府非增值环节后，对剩余活动进一步的简化。I（integrate）对应整合，是对分解后的流程进行整合，以使流程顺畅连贯。A（automate）对应自动化，是在对流程任务的清除、简化和整合基础上，对地方政府管理中简单重复，尤其是能够用数字信息技术代替的操作和工作进行自

---

① 冉景亮. 行政管理学 [M]. 北京：中国社会科学出版社，2018：175-176.

动化的改造。当然，地方政府流程再造借鉴企业流程再造经验的同时也要总结创新适合自身发展的经验，做适当的"加法"，即在"清除、简化"完成后加入 E（establish）填补增值活动后再进行"整合"与"自动化"。

（2）加强地方政府部门及其人员能力素质的提升。首先，地方政府应当充分发挥党校、行政学院的干部培训作用，以及公务员的培训考核管理，对地方政府部门成员进行思想指导和专业化能力培训。其次，应当建立有效的激励机制和方法，将荣誉嘉奖、职位晋升、培训深造等物质、精神激励以及警告处罚等负向奖惩激励有效结合。最后，妥善处理地方政府之间及其内部竞争关系，促进地方政府组织及其内部成员自发向上地学习进步。

（3）变革管理思想，营造良好的绩效改进氛围和文化环境，清除绩效管理监督和改进的内部障碍。思维是行动的先导，变革思想是绩效改进最有力的方法，而文化氛围建设则起着辅助作用，并产生深远影响，两者都属于精神层面。地方政府绩效改进应当充分认识内部文化氛围和人员思想意识和观念问题，并加以纠正和引导。同时，也要凝聚团队力量，创造良好的部门协作与和谐的人际关系氛围，形成开放包容、沟通共享的学习型政府文化，才能更好开展绩效改进工作，减轻变革的阻力。

（4）加强智慧政府建设，积极探索新技术手段，改善工作方式和设施。云计算、大数据、物联网、区块链和人工智能等新兴数字信息技术是智慧政府建设的核心。地方政府绩效改进应当加大财政支持力度，积极引进专业性人才与大数据技术，秉持开放共享的治理理念，建立大数据治理平台；变革地方政府工作流程、组织模式，整合数据资源，促进高效办公，推动地方政府行政层级优化与政府组织扁平化，精简部门机构与人员，提升地方政府智能治理能力和治理水平，为地方社会发展提供高质量现代化治理与服务。

9.4 行为规范：地方政府管理的监督机制

9.4.1 地方政府行为规范的两种机制

委托—代理理论的核心是委托人对代理人的行为后果承担必要风险的前提下，委托人和代理人之间关系的相互作用。[①]而在行政管理领域，人民将权力让渡给权力机关，国家权力机关产生行政机关。因此，在人民与行政机关之间也形成了委托—代理关系。随着我国国有企业改革和社会的发展进步，委托—代理理论被引入国内，并被广泛运用于行政管理领域。在我国，最初始的委托人即全体人民大众，中央政府是人民大众的代理人，而从央地关系来看，中央政府是地方政府的委托人，这就形成了"自上而下"的垂直委托—代理关系。因此，中央政府和人民对地方政府的行为规范有着监督的权力与责任。而地方政府的行为不仅要依靠外部的制度进行监督，也需要内部机制的规范，也就是伦理道德方面的约束机制。

9.4.1.1 内部规范机制：伦理机制建设

"治人者先治己"，修身齐家而后才能治国平天下。同样道理，治理好一个国家，仅依靠法律是远远不够的，还需要内化于心的伦理道德加以辅助。与行政行为的主观责任和客观责任对应，行政行为的规范机制也可以分为内部规范和外部规范两种。[②]自新公共行政运动以来，强调内部控制的重要性已在公共行政领域达成共识。内部规范机制是地方政府官员对自身行为的主观责任感，即道德自律，强调行政人员的个人精神品质。道德自律是行政人员的一种自我立法、自我约束，是一种自愿、自觉和自决的活动，而每个个体所认同和遵守的伦理道德是自我化的社会实践性产物，既有着自我意识的独特性也受到社会文化环境的影响。在法律制度缺位或无法发挥作用时，伦理机制的优势就发挥出其独特的作用。作为柔性规范，伦理机制有着预见性和灵活性等特点，当然也存在着非强制性等缺陷。因此，伦理机制的建设既需要行政人员的自我反思、自我修炼和自我激励，也需要制度伦理化的过程，加强对公务人员的道德教育、约束和考核。

9.4.1.2 外部规范机制：监督制度约束

地方政府行政行为的外部规范机制也就是监督制度的行为约束，即法律法规对地方政府行政的相关规定。外部规范机制的优点在于，为地方政府行政人员的行为确立刚性标准，具有一定的强制性、普遍性和标准化等特点，要求所有公务人员按照统一的规范和要求行事，一视同仁。外部规范机制是内部行政伦理的底线和原则，是行政行为的最

---

① 赵蜀蓉，陈绍刚，王少卓. 委托代理理论及其在行政管理中的应用研究述评 [J]. 中国行政管理，2014（12）：119-122.

② 夏书章. 行政管理学 [M]. 6版. 北京：高等教育出版社，2018：267.

低标准,而内部伦理机制则是地方政府行政行为的更高要求。从规范内容的侧重点来看,外部监督制度主要强调地方政府不应做什么,而内部伦理机制则主要强调地方政府应当做什么。因此,外部监督机制是地方政府行政行为最强有力且最普遍的约束和规范方式。地方政府外部监督机制的设置与安排以人民群众的利益为出发点,以司法为保障,其内部监督体系主要包括一般监督、专门监督、行政复议和特种监督等上级行政机关对下级行政机关以及专门行政监督机关对一般行政管理机关的监督;外部监督体系主要包括地方政府行政系统外部的权力机关、司法机关、政党以及社会等多元主体的监督。

总而言之,外部监督机制与内部伦理机制是地方政府行政行为规范的两种方式,两者相辅相成,协同共生。

9.4.2 地方政府行为的制度规范

行政监督是一种对行政权力的约束与规范方式。广义上的行政监督是指立法、司法与行政机关以及社会公众、新闻媒体、社会舆论等多种力量,针对政府及其公务人员的行政行为而进行的监察和督导。狭义上的行政监督则是指行政机关对其组织内部以及公务人员的行政行为所实施的监察和督导。根据被监督对象的不同,行政监督可以分为一般监督和特别监督;而从监督作用与阶段来看,行政监督也可以分为事前监督、事中监督和事后监督。行政监督主要由行政监督主体与客体、行政监督内容和行政监督标准四个部分构成。行政监督制度是由行政监督体制和一系列法律法规共同构成的,责任清单制度与问责制度是地方政府行政监督的两种有效方式和重要组成部分。

9.4.2.1 地方政府权责清单制度

2005 年,河北省邯郸市公布了国内首份地方政府权力清单,[①]十八届三中全会提出推行地方政府权力清单制度以后,各级地方政府积极响应。2015 年《关于推行地方各级政府工作部门权力清单制度的指导意见》的出台,标志着权责清单制度实践在全国范围内展开。[②]此后,全国各省纷纷建立相应的权责清单,随着不断改进,各省权责清单呈现出数量精简、事项规范与完善的趋势。

[①] 任学婧,费蓬煜. 推行行政权力清单和责任清单制度研究——以河北省为例[J]. 人民论坛,2016(02):53-55.

[②] 王辉,张继容. 政府权责清单制度的历史变迁与完善策略[J]. 改革,2022(01):129-139.

权力清单制度是地方政府部门对其所行使公共权力进行全面的梳理，将职权、主体以及法律依据等以清单的方式列举，并面向社会公开。而在权力清单基础上建立的责任清单与其相对应，是地方政府部门对其权力范围内的职责进行细化，理清责任边界并健全权力监管制度，强化公共服务理念，形成权责明确、权责一致的部门职责体系。①因此，"权力清单"是明确地方政府应该做什么，针对政府的乱作为要求做到"法无授权不可为"。"责任清单"是明确地方政府必须做什么，针对政府的不作为要求做到"法定责任必须为"。除此之外，还有"负面清单"，是明确地方政府不应该做什么。三张清单三位一体、适配协调，才能对权责进行更好的监督。

政府行使权力，就要承担对等的责任，有责任就需要进行监督管理。权力清单和责任清单制度是我国法治政府建设和依法行政的必然要求，是对地方政府权力的约束和对责任的规范。建立责任清单制度，对行政行为进行责任追究，理清政府与社会、政府与市场之间的关系，有利于遏制权力滥用、权力腐败等现象，切实保障人民群众的利益和主体地位。同时，责任清单制度既是我国全面深化改革，简政放权、激发活力的政策工具，也是优化权力运行过程、促进政府职能转变、制度创新的重要载体。②地方政府及其人员的主要责任包括道德责任、政治责任、行政责任和法律责任等。根据不同地方政府的现实情境和社会需求，责任清单的内容各有不同，大致包含地方政府部门职责、相关部门职责边界、监督制度、追责情形及依据，以及相关公共服务事项等。

9.4.2.2 地方政府问责制度

责任清单制度是进行行政问责的依据和基础，责任清单制与行政问责制的协调配合是保障地方政府依法履行行政责任的必然条件。2003年，国务院出台首个行政问责法规——《突发公共卫生事件应急条例》，第二年中央又颁布《党内监督条例》和《党纪处分条例》，对党员干部的行政行为进行监督管理。之后，中央和各级地方政府出台了一系列行政问责相关的法律法规，中国的行政问责逐渐走向制度化。③

地方政府行政问责制是指问责主体对各级地方政府及其工作人员承担职责和履行义务的情况进行审查并对审查结果进行定向的责任追究和相应的事后监督处理，其根本目

---

① 崔浩，桑建泉. 责任清单制度的建构理念与责任关系[J]. 行政管理改革，2015（06）：61-65.
② 郑俊田，郜媛莹，顾清. 地方政府权力清单制度体系建设的实践与完善[J]. 中国行政管理，2016（02）：6-9.
③ 陈勇. 中国行政问责制度分析与建构[J]. 学习与探索，2013（05）：54-58.

的是对行政失范行为的监督和预防。根据问责主体的不同，行政问责可以分为机关内部自身的同体行政问责和机关之外的第三方问责主体所进行的异体行政问责。在我国，异体问责主体主要包括人大及其常委会、司法机关、新闻媒体以及社会公民等。其中绩效问责制是政府行政问责制发展的重要形式。

所谓绩效问责制，是指问责主体基于绩效水平与结果，对问责对象依法定程序展开问责的制度，它将绩效责任追究涵盖在问责指标体系中，对未达到绩效目标和标准的政府组织及其公务人员追究相应的责任。绩效问责制的核心在于权责相统一，遵循绩效管理的目标原则，以奖金、绩效工资等为激励，以问责为约束，对地方政府行政人员的行政行为进行双向引导规范，从而形成持续改进绩效的长久的内在驱动力。绩效问责制与传统的行政问责制不同，绩效问责不仅关注政府及其公务人员的行为过程，更注重行政行为结果、服务质量和公民满意度，运用绩效考核方法来提升问责的科学性、公平性与效能，是政府绩效评估活动与行政问责活动的有机结合。[①]随着绩效问责制实践探索的深入，目前该制度已逐步走向完善。

9.4.3 地方政府行为的伦理规范

9.4.3.1 地方政府管理中的伦理失范现象

行政伦理是对行政权力的内在约束，是对行政人员权利与义务关系、职业道德的价值和规范体系，其本质特征是公共性。而地方政府行政主体在行使行政权力的过程中，背离职业道德、受到利益诱惑，为了私人利益而置行政伦理的规范和原则于不顾，出现了违法、违纪、失信等行为，这些现象就属于行政伦理失范现象，其本质是行政权力的异化和公私利益关系的失范。[②]地方政府行政伦理失范现象在不同领域有不同的表现形式，大致可以分为经济类失范、政治类失范、组织人事类失范、失职渎职类失范以及生活作风类失范。这些失范行为有的仅仅停留在道德层面，属于伦理失范现象，而部分严重行为已经违反国家法律规定，属于违法犯罪行为，其本质区别在于是否违反法律法规。就二者的关系而言，伦理失范行为不一定是违法犯罪行为，而违法犯罪行为往往既违反了伦理道德也触犯了法律法规，是情节更加严重的失范行为。

---

① 徐元善，楚德江. 绩效问责：行政问责制的新发展 [J]. 中国行政管理，2007（11）：29-31.
② 张国庆. 公共行政学 [M]. 北京：北京大学出版社，2017：422-423.

（1）经济类失范。地方政府经济类伦理失范主要是指地方政府官员利用职权非法占有公共财产的贪污行为。地方政府经济类行政伦理失范主要包括权钱交易行为、公款挪用行为、非法集资行为以及行政人员经商行为等。

（2）政治类失范。地方政府政治类伦理失范主要是指地方政府官员在履行职责的过程中，出现政治性错误，危害国家利益与国家安全的行为。地方政府政治类行政伦理失范主要包括泄密行为、官僚主义作风以及权力寻租行为等。

（3）组织人事类失范。地方政府组织人事类伦理失范主要是指地方政府官员在"官本位"思想影响下，在组织人事安排方面的徇私舞弊现象。地方政府组织人事类行政伦理失范主要包括以权换权、以权谋权等行为，如地方政府官员利用职权拉帮结派、任人唯亲、上下勾结，进行"权权交易"等。

（4）失职类失范。地方政府失职渎职类伦理失范主要是指地方政府官员在其职位上并未尽到应有的责任与义务，严重背离"为人民服务"的宗旨。地方政府失职类行政伦理失范主要包括失职和渎职行为，即地方政府公务人员空占其位、不谋其政，玩忽职守、敷衍了事的态度和行为。

（5）生活作风类失范。地方政府生活作风类伦理失范主要是指地方政府官员生活作风腐朽败坏，对地方政府形象造成不可挽回的负面影响，严重降低人民群众对政府的信任感的行为和现象。

9.4.3.2 地方政府伦理机制建设的途径

（1）树立科学行政伦理观，加强组织文化建设。行政道德自律对行政自由裁量权具有良好的引导规范作用。①因此，树立科学的行政伦理观是地方政府伦理机制建设的重要途径。地方政府应当制定符合实际的道德准则，加强道德教育与教化，营造良好的现代化行政组织文化和伦理氛围，积极促进地方政府行政人员思想道德提升，将道德标准内化为道德意识和道德自律，潜移默化中激励地方政府行政人员的道德行为。

（2）健全道德激励和道德回报机制。一方面，伦理道德机制具有不同于法律监督的灵活性特征；另一方面，伦理道德机制也有着与法律制度机制不同的正向引导功能。地方政府伦理机制建设可以依靠更多灵活的方式和手段进行激励，如在公务员的任免、升降等行为中引入道德赏罚机制，强化道德导向的激励功能。除此之外，伦理道德机制是

---

① 丁成际. 行政伦理失范的表现、原因及其规避［J］. 江汉论坛，2011（03）：60-62.

更高层次的行为规范，也应该健全相适应的道德回报机制，给予行政人员物质和精神补偿，来弥补行政伦理道德行为的道德成本和"正外部性效益"。

（3）加强行政伦理制度化建设。行政伦理包括主观的伦理意识、习俗化的行政伦理规则和制度化的行政伦理法则。行政伦理制度化就是把一些公认的、基础的伦理规范转变为制度，为行政伦理机制建设提供制度保障，创造良好的制度环境。[①]伦理意识和习俗对于行政行为的约束力往往较弱，不具有强制性和规范性，而制度化的伦理规则可以明确地方行政主体的行为及其对应的奖励与处罚措施，使伦理意识更加具体化、立体化、普遍化，从而成为地方行政人员的自觉规范。

（4）强化行政伦理监督。随着我国监察体制改革的不断完善，地方政府内外部行政行为得到了更加有效的监督。而在伦理监督方面，也应当充分发挥道德监督机制的作用，如外部媒体大众的舆论监督等，加强对地方人民大众监督的意识教育、能力培养和制度保障，拓宽行政伦理监督的渠道与方式，并与相应的伦理处罚与激励机制相配合，对地方政府行政行为进行约束和引导。

9.5　追求卓越：地方政府管理创新

9.5.1 地方政府管理创新的动力

地方政府创新是创新动力、阻力与可用资源之间的互动函数。[②]根据不同划分依据，可以将地方政府创新动力因素分为内部因素和外部因素、直接动力和间接动力等。综合来看，主要可以归纳为以下几个方面。

9.5.1.1 社会需求和现实问题

从地方政府与社会的关系来看，社会经济发展与科技进步等现实问题是推动地方政

[①] 廖炼忠.制度伦理视角下的当代中国行政伦理失范[J].云南行政学院学报，2015（05）：117-122.
[②] 赵全军，孙锐.压力型体制与地方政府创新——"人才争夺战"现象的行政学分析[J].社会科学战线，2022（08）：183-190.

府管理创新的外部因素。①市场经济的发展为地方政府管理创新提供了重要动力，同时也带来了环境污染、资源短缺等各种新问题和挑战，这就要求地方政府提高市场监督与管理能力，促进市场的健康发展。其次，社会发展及多元化需求也是地方政府管理创新的推力之一。地方政府应以人民群众的需求为出发点和落脚点，加快提升公共服务质量和管理水平，解决医疗、交通、养老、教育等各方面社会热点问题。最后，科学技术的进步为地方政府管理创新提供了新思路和新途径。随着全球化和信息化的加速发展，地方政府与国内外先进企业合作，引进先进技术和管理经验，促进地方政府管理能力和水平提升。

9.5.1.2 压力型体制

压力是动力的来源之一。压力型体制作为我国地方政府管理创新的外部体制性因素，是指下级政府组织为了实现上级政府下达的任务目标而采用指标化手段，将任务进行分解并分派执行的评价体制。压力型体制有着"目标向下、资源向上"的结构特征。②一方面，压力型体制可以为地方政府创新提供制度保障和目标引导。中央政府通过制定相关政策，为地方政府创新提供创新资源和资金等方面的支持，保障地方政府管理创新，但在资源供给上，压力型体制下基层政府的可调配资源是自下而上集中的。另一方面，压力型体制也为地方政府创新提供强有力的绩效考核压力。加压驱动和严格奖惩下的绩效考核指标使得地方政府积极配合完成任务目标，也为地方政府创新起到了激励作用。如资金和荣誉奖励政策增强了地方政府的创新动力和积极性。

9.5.1.3 地方政府间竞争

地方政府间竞争是地方政府管理创新的外部横向因素，是指市场经济各区域体中的地方政府围绕吸引具有流动性的要素展开竞争，以增强各区域的竞争优势。③在晋升压力的作用下，地方政府为了吸引人才、资金和技术等核心竞争资源，纷纷采用政策创新等方式参与竞争，如出台各种优惠政策来吸引更多企业投资和落地，推动地方经济和社会发展等。可以说地方政府间竞争也是压力型体制下的产物。晋升压力的根源是地方政府

---

① 张紧跟. 地方政府管理［M］. 北京：北京大学出版社，2015：306-308.
② 杨君，杨幸珺，黄薪颖. 压力型体制中的下级能动——基于"任务—资源"视角的分析［J］. 经济社会体制比较，2023（02）：121-129.
③ 王国红. 地方政府创新的动力与条件［J］. 学术论坛，2010（05）：59-62.

凭借政绩获得晋升机会的规则模式，为了在激烈的竞争中获胜，地方政府在管理领域不断探索和创新，提高管理能力和管理水平。这种竞争关系为地方政府提供了更多的交流和合作机会，将竞争压力转换为创新动力，提高了地方政府的管理质量和效率。

9.5.1.4 政策企业家

政策企业家作为地方政府管理创新的内部主体因素，是指那些能够把握政策机遇，充分运用相关资源，通过组织、运用集体力量来改变现有公共资源分配方式的人。[①]地方政府官员通常需要具备良好的专业知识和技能，主动承担责任并积极应对风险，具有敏锐的政策嗅觉、创新意识和批判精神，致力于组织内部的变革与改进。我国的政策企业家分布于政府体制内外，包括内部的地方和基层行政领导和外部的专家学者、非政府组织以及跨体制政策企业家等。作为地方政府政策的主要推动者和领导者，地方政府政策企业家对于政府创新的发起、维持等具有重要的作用。而政策企业家的个人特质、才能、社会资本等各方面的综合素质都是其改革创新的关键要素。

9.5.2 地方政府管理创新的阻力

9.5.2.1 体制机制障碍

历史、制度和文化传统下形成的体制性障碍是地方政府改革创新的最大障碍之一。地方政府权力分散、职权不明等问题，使得改革推进困难。一是权力和利益分配问题。地方政府、企业、行业协会等利益主体间关系错综复杂、共生发展，导致改革创新过程中个别利益主体的阻挠甚至反对。二是良性循环机制不完善。地方政府公共服务供应机制不够灵活，信息传递链路过长、公开透明度不高、政务处理效率不够和公民参与不足等因素也制约了地方政府管理创新。三是职能和机构调整困难。地方政府职责分工不合理甚至存在重叠情况，部门间协作不紧密，在人员配置、资金安排和政策衔接方面还存在许多矛盾和冲突。同时，由于机构大而复杂，岗位职能不明确，行政效能亟待提高，解决这些问题也是改革过程中的一大难点。

---

① 陈思丞，施瑞祺，刘婧玥，等. 嵌入性组织中的政策企业家如何推动政策创新？——基于农业生产托管政策变迁的历时观察 [J]. 公共行政评论，2022（05）：126-145，199.

9.5.2.2 人力资源管理制约

我国地方政府公务员队伍选拔相对严格,而在人力资源管理方面仍有提升空间。随着信息化时代到来,信息网络技术与数据能力在地方政府管理创新中越来越重要。而地方公务员培训以及人才引进在信息化能力培养以及网络安全教育方面仍受到社会、经济等多方面的限制,技术型优势人才也往往集中在某一领域或岗位,人才分配不均。同时,地方政府管理创新过度依赖个人能力,即地方行政领导的带头作用,而压力型体制下地方政府官员更多关注政绩,改革创新也难免要承担更多风险。因此,地方官员往往倾向于效益更高的投入而非创新,这也与地方政府公务人员管理中的激励与保障机制有关。地方政府对于管理创新的投入关注度往往较低,对创新带来的负面影响管理也不够成熟,没有完善的创新保障机制。而在创新激励方面,地方政府的正向与反向激励手段都较为传统,缺乏向战略人力资源转变的理念与实践。

9.5.2.3 内、外部经济压力

地方政府改革是我国深化综合治理和推进现代化的必然举措,但在改革过程中也面临着内、外部经济发展的压力。一方面,我国内部经济发展放缓,地方经济无论是区域、结构还是水平等方面都存在相当大的差距和发展不平衡现象。随着改革力度的加大,财政资金往往流向发展优势更明显的城市或地区。创新带来发展动力的同时,也势必会打破原有的利益格局。在改革创新过程中,地方政府更趋向于对成本与效益的衡量,包括对地方政府创新的利益考量、政府官员对其承担风险与职责的考量,也包括对地方社会发展的利益格局、既得利益群体影响的考量。因此,地方政府管理创新存在着内部经济利益的制约和阻力。另一方面,国际趋势和全球化发展对地方政府改革存在外部压力。随着中国经济和贸易的发展,地方政府在资源开发、工业转型、市场开拓等方面竞争愈发激烈,而这些转型所需要的行政成本、资金成本、人力成本等均为地方政府改革增加了难度和压力。

9.5.2.4 社会文化与制度惯性

地方政府管理创新也受到社会文化及制度惯性的制约。地方政府改革的目标是实现政府职能优化和效率提升,调整政府职权和优化公共服务,但是在此过程中,制度变迁

---

① 丁煌,李雪松. 新中国 70 年机关事务治理的制度变迁:一项历史制度主义的考察[J]. 理论与改革,2020(01):88-99.

往往存在着路径依赖的问题。①地方政府管理创新涉及多方主体的利益，牵一发而动全身，正所谓"不破不立"。而根据历史制度主义，地方政府受传统的管理型政治文化影响，在创新过程中更多考虑的是强化管理秩序以及官员的个人政绩，而不是增加社会福利。①而从社会的角度来看，民众对于变革的认知和态度也是创新的重要影响因素，社会文化开放包容，思想文化积极向上有利于改革创新；反之，则会对改革创新形成阻力。除此之外，中国传统的"人治"政治文化导致创新缺乏延续性，地方政府管理创新往往依赖于政策企业家的个人影响作用，导致出现"人走茶凉""昙花一现"的现象。

9.5.3 地方政府管理创新的基本路径

9.5.3.1 创新动力角度：面向社会需求

从创新动力的角度来看，地方政府的动力有来自社会需求和现实问题、压力型体制、地方政府间竞争以及政策企业家的推动等多重因素。虽然外部因素有着推动的作用，但地方政府创新的主要动力仍然是取决于政府本身。就内部动力因素来看，目前我国地方政府管理创新的动力更多来自压力型体制下上级政府的指示与引导，以及地方政府官员追求政绩的需要，也就是说地方政府为了完成上级任务或追求得到上级认可而进行管理创新。这就导致地方政府管理创新忽视了最根本的源动力——社会需求。而社会需求则是社会公众参与创新的根本，地方政府满足社会需求的管理创新才更具有生命力。

9.5.3.2 权力结构角度：强调两个积极性

目前我国地方政府管理创新仍然以中央政府的命令和政策为主导。中央政府在地方政府管理创新中发挥着重要的作用，地方政府大多情况下并不具备管理创新的积极性、合法性和权威性。中央支持的政策会受到地方政府的争相效仿，而对于没有表态的项目则会被渐渐忽视。而中央主要负责统筹规划，对于地方的具体事务并不能了解全面，一味地依赖于中央政府的政策指导则会弱化地方发展的主动性。因此，从权力结构的角度来说，应该合理调整央地关系。中央应当更加重视地方政府的自主能动性，向下放权的同时，做好权力监督工作，让地方政府充分享有相应的自由裁量权，因地制宜地进行有效创新和管理，充分发挥中央和地方两个积极性。

---

① 张紧跟. 地方政府管理［M］. 北京：北京大学出版社，2015：322-323.

9.5.3.3 创新持续性角度：加强制度化

地方政府管理创新的持续性包括两个维度：一是时间上的持续性，二是空间上的持续性。[①]地方政府管理创新在空间上的延续性也就是地方政府管理创新的扩散。要加强地方政府管理创新的持续性，首先要优化地方政府绩效评估制度，将创新能力作为考核项目纳入绩效评估体系并设定科学的创新能力评估指标和评估机制。其次，也要加强地方政府管理创新的制度化保障，建立健全从创新设计到创新实践，再到创新经验和创新制度的一系列政策保障措施，将科学合理的创新方式和创新行为标准化、合法化、制度化。最后，应当充分保障公民参与创新的权力，通过完善制度化渠道，积极鼓励公民建言献策反映真实的社会诉求。

9.5.3.4 创新范围角度：注重管理创新扩散

地方政府管理创新的扩散是指某一创新成果受到其他地方政府的学习和推广，主要包括同级政府之间的水平扩散以及从地方政府向上下级政府的垂直扩散两个方面。[②]为了更好地促进地方政府管理创新扩散，一方面，要为地方政府创新的垂直扩散创设良好的制度环境，建立常态的创新识别机制，主动发现并总结地方政府探索创新的成功经验，并为上下级政府改革提供参考并推广创新，同时，促进多元主体的参与，建立免责创新机制，鼓励多元创新，调动创新积极性，释放创新活力。另一方面，地方政府管理创新的水平扩散也需要因时、因地制宜。中国地方政府管理创新是一个复杂的过程，不同地方社会发展面临着不同的问题和多变的状况，地方政府管理创新的扩散应紧密联系地方社会发展的实际需求。

9.5.3.5 创新技术角度：提高智能化水平

地方政府管理创新不仅是制度上的创新，更要紧密结合时代与社会科技水平发展的浪潮。随着信息化、智能化时代的到来，人工智能、大数据、物联网、区块链等一系列新兴技术飞速发展，为社会发展注入活力的同时也促进了管理技术的革新。引入新兴科学技术已经成为提高政府管理智能化水平的重要手段之一。通过人工智能深度学习等技术可以帮助政府管理实现自动化。通过大数据技术可以实现对大量数据的分析预测，提

---

① 张紧跟. 地方政府管理 [M]. 北京：北京大学出版社，2015：325-326.
② 张紧跟. 地方政府管理 [M]. 北京：北京大学出版社，2015：326-327.

高政府管理的精准性和效率，实现数据共享和协作，提高政府决策的科学性。物联网技术通过将各种传感器和设备连接上网，实现对政府管理过程和结果的实时监测，提高政府管理的协同性和效率。

9.5.3.6 创新主体角度：培养创新人才

人才是地方政府管理创新的关键。政策企业家作为地方政府管理创新的主要推动者，其个人才能和特质对创新有着重要的作用。与此同时，人力资源管理问题也是地方政府管理创新的阻力之一。因此，不管是从动力的角度还是阻力的角度来看，都应该充分认识到培养创新人才的重要性。一方面，地方政府应当注重外部人才引进和内部人才培养，加强管理人才和技术人才的培训和教育。另一方面，政府管理还需要注重激励机制的建立，鼓励管理人才和技术人才创新创造、充分发挥才能，对重大创新成果进行物质、荣誉等多种形式的奖励。

9.5.3.7 创新风险角度：提高稳健性和可持续性

提高地方政府管理创新的稳健性和可持续性需要政府、企业、社会组织等多方面共同努力。地方政府、企业和社会组织管理都应当加快健全创新风险管理机制，优化制度设计，提高资源配置效率和质量，提高管理的透明度和公正性。同时，地方政府、企业和社会组织还需要加强沟通协作，共同推进政府管理的创新和发展。一是加强风险管理，识别并制订创新风险管理计划，增强创新风险管理意识和能力。二是强化制度设计，建立科学、规范、完善的创新风险管理体系。三是注重资源配置，优化地方政府管理的资源和结构，提高地方政府管理的效率和效益，落实管理创新可持续性发展战略规划要求。

本章案例解读

01 "煤改气"的困局与出路

[案例阅读材料]

2013年，为了加快区域空气污染治理和能源结构调整步伐，国务院发布《大气十条》，出台一系列限制散煤的政策措施，而直到《大气十条》收官之年，污染问题仍然严峻。2017年，在绩效考核等多方压力下，北方多地展开了"煤改气""煤改电"工程。

所谓"煤改气"工程，是国家行政机关主导下，多方主体参与，利用天然气取代散煤，推进燃煤清洁化改造，从而有效改善大气质量的建设项目。2017年5月，财政部、原国家环保部和国家能源局等多个部门决定开展中央财政支持北方地区冬季清洁取暖试点工作。同年8月出台的《京津冀及周边地区2017—2018年秋冬季大气污染综合治理攻坚行动方案》要求2017年10月底前，"2+26"个城市完成电代煤、气代煤300万户以上，这也标志着"煤改气"运动拉开帷幕。

然而，在中央政策大力推进、各省自加压力的背景下，北京市、天津市、河北省、山东省与山西省最终分别完成36.9万、32.4万、249.04万、81.65万、94.18万户的清洁取暖改造，超出原定目标200多万户完成中央目标。这不仅引发了北方多地天然气供不应求的"气荒"问题，造成部分地区百姓寒冬无暖可取，无法正常生活营业，还导致设施改造仓促而事故频发。直到2017年年底，环保部出台暂缓执行清洁取暖政策的通知，紧急叫停"煤改气"项目，结束了这场运动式治理风波。那么，到底是什么原因造成了地方政府"煤改气"政策的"超额执行"和一系列严重后果，这一现象背后引发了怎样的启示？

政策效益是影响地方执行环境政策意愿的主要原因。环境质量已成为显著影响并制约地方经济发展质量与可持续发展的重要因素，而中央财政奖补资金标准根据城市规模分档确定，直辖市、省会城市以及地级市每年补贴10亿元、7亿元和5亿元。可以说"煤改气"政策对地方来说既受到上级财政政策的大力支持和重视，解决了环境问题，达成考核要求，也带动了地方产业转型升级，促进整体经济的发展。因此，地方政府"煤改气"政策是一项为地方带来极大正面效益的政策。

绩效问责与激励机制也是地方政府政策执行的一大重要影响因素。随着综合性绩效考核中生态环境指标的纳入，在《大气十条》等一系列相关政策中设立了严格的生态绩效考核标准，建立了强问责机制与强监管体系。地方政府实行严格责任追究与年度考核，如未能通过考核，将面临约谈、整改或去职等严惩，这使得地方政府环境政策执行压力大增。同时，为了起到激励作用，"煤改气"财政资金奖补与地方政府实际执行情况挂钩，各地政府为了争取首轮煤改气专项资金，纷纷全力执行，竞争激烈。

正向政策效益与绩效考核压力是"煤改气"政策超额执行的背后推动力，而在政策执行过程中，也存在着诸多问题。

"煤改气"是一项系统性工程，涉及能源结构调整、燃气设备装备和天然气管道铺设等多个领域,也涉及发改委、能源局、财政部、住建部和生态环境部等多个国家行政机关在发展规划、气源保障、审批指导以及监管考核等方面的职责。

而在"煤改气"政策的执行过程中,各项行政规划是分散的、不全面的;横向与纵向行政机关之间、区域间以及与燃气公司等市场主体的配合等,也都存在着一定程度的滞后和失调。

除此之外,下级行政机关为了完成上级规定的指标任务,在任务分配、下达和具体执行过程中都存在着层层加码现象。一些地方行政机关还采取强力手段,强制取缔散煤、拆除燃煤锅炉、处罚"燃烧散煤"取暖行为,甚至,将禁燃命令扩大到整个行政区域内,特别是农村地区而非专门规定的禁燃区。

总体来看,在"煤改气"政策执行过程中,由于行政规划、绩效压力和府间竞争等各方面因素,出现了"超额执行"现象,并引发了"气荒"等一系列严重后果。然而,与2013年相比,京津冀地区2019年PM2.5、PM10、二氧化硫和二氧化氮平均下降53.13%、48.70%、75.93%和20.28%,"煤改气"项目在大气污染防治和空气质量提升方面取得了显著成功。

[资料来源:参见王仁和,任柳青:《地方环境政策超额执行逻辑及其意外后果——以2017年煤改气政策为例》,载《公共管理学报》,2021年第1期;戚建刚,肖季业:《"煤改气"工程被"叫停"的行政法阐释》,载《华中科技大学学报(社会科学版)》,2019年第4期;黄勇,牛惠亭,李谷成:《京津冀煤改气电政策实施效果及建议》,载《宏观经济管理》,2021年第8期。引用时有删改。]

[思考题]

"煤改气"政策执行受到哪些因素的影响?存在哪些不足?

[案例解读]

扫描二维码查看案例解读

02 "12345热线电话""接诉即办"的经验创新

[案例阅读材料]

"接诉即办"是全面深化党建引领"街乡吹哨、部门报到"改革方案,以12345市民服务热线为原型,探索创建的新型政府回应机制。2010年前后,北京市政府将原来的市场热线与市场监管、城管、市政、供电等部门热线进行合并,开通了"12345"非紧急救助热线。直到2019年,12345热线电话才正式纳入"接诉即办"的吹哨机制,并在实践中受到广大市民的关注与好评,其诉求受理量持续攀升,2020年业已突破千万。

现如今,"接诉即办"形成了以"12345"热线电话为前端,"吹哨报到"模式为中端,回访考评为后端,实现了三个环节的统一;构建了信息发现机制、信息下达机制、信息上传机制和压力感知机制相呼应的回应机制。

"12345"热线电话主要承担其中的"接诉"功能。"12345"热线电话作为"接诉即办"的信息发现机制,有较强的信息接收、整合、保真和覆盖能力,拓展融合了北京市上百条政务热线电话、政务网站、博客、微信公众号、App等多元化市民诉求"入口",成为北京市"接诉即办"机制的主要载体,为政府倾听并记录群众真实诉求,给予高效反馈与回应搭建了长期完善且高效便捷的政民互动沟通平台。同时,"12345"市民热线服务中心配备了近1500名工作人员24小时值守,对来电举报与诉求及时受理,并将不同案件分类派发到相应政府部门和办事机构。除此之外,"12345"热线电话充分利用互联网、大数据、云计算、人工智能等现代化信息技术手段,积极联合相关企业,建立专门的知识库,收集并存储8万多条政策文件等各类信息,为人工话务员提供标准化应答模板。

"吹哨报到"环节承担中端信息下达机制的"即办"功能。"12345"热线电话在受理群众举报后,通过"派单"的方式将问题传达给政府相应部门和办事机构,并通过"吹哨报到"组织下辖力量,解决市民群众反映的实际问题。"吹哨报到"机制有效减少了信息层层传递中的偏误,确保行政指令从顶层直接派至基层政策执行者,并实行"系统督办+人工督办"的双重督办模式,形成了横向上"网格化指挥管理平台"与纵向上"区级督办机制"的双向回应督办机制,对办理时限、工作人员的对接等实行管理系统监督。按照事件类型、紧急程度、难易程度的划分,实行即时、3天、7天、15天的四级限时执行反馈机制,以确保"快速回应"。时限内不能办结的事项进行反馈并挂账处理,超时未回复,则会有系统派发催办单或由工作人员将进行人工督办。

回访考评环节是"接诉即办"机制的后端,主要承担绩效考评功能,也是"接诉即办"的信息上传和压力感知机制。基层政府部门完成任务或解决问题后,由政务热线进行回访,让群众对政府部门进行打分,并以此作为绩效考评的主要依据。而"接诉即办"的绩效考评主要是以"日报—周报—月报"等形式，定期对政府回应进行量化考核。考核指标主要包括"回应率""解决率""满意率"，考评范围囊括全市的委办局、城郊区间以及333个街乡，并形成了政府部门间的排名竞争和压力感知机制，迫使各级政府积极回应市民诉求，变消极治理为主动治理。除此之外，"接诉即办"机制将人事晋升制度同时作为正向、负向激励机制，由市委书记亲自牵头督办，考核结果与各领导干部的人事任用和晋升挂钩，形成全市范围"书记抓、抓书记"的一把手领导责任体系，强化了人事晋升机制对基层政策执行者以及领导者的制约作用。同时，"接诉即办"以工作任务难度为基础对街乡镇进行考评，对勇于挑战难度较高的治理问题的基层执行者给予更大的加分激励，并对全市街乡镇考评进行排名，排名结果在每月书记点名会上进行通报，并向社会公布，由分管区领导谈话提醒排名靠后的街乡镇。

"接诉即办"将党建引领的政治优势、组织优势转化为治理优势，让"民有所呼、我有所应"形成常态，大幅提升了"大城市病"治理效率，增强了人民群众的获得感和满意度，成为基层社会治理革新的典范。

（资料来源：参见张楠迪扬：《"全响应"政府回应机制：基于北京市12345市民服务热线"接诉即办"的经验分析》，载《行政论坛》，2022年第1期；陈文博、张璐洋：《政府回应性视角下超大型城市基层治理模式：以北京市"接诉即办"改革为例》，载《决策科学》，2022年第1期；杨积堂：《"接诉即办"：基层社会治理的机制革新与效能驱动》，载《北京联合大学学报（人文社会科学版）》，2021年第2期。引用时有删改。）

[思考题]

"接诉即办"机制采用了哪种政策工具？发挥了怎样的绩效反馈和改进作用？"接诉即办"机制有哪些经验？

[案例解读]

扫描二维码查看案例解读

03 数字政府建设视角下"最多跑一次"改革

[案例阅读材料]

2016年年底，浙江省积极响应加快"放管服"改革的政策要求，对已有行政审批制度改革再续深化。时任浙江省省长的车俊同志在深入调研的基础上首次做出"最多跑一次"改革的部署,并于2017年印发《关于加快推进"最多跑一次"改革实施方案》,将其列为第一项重点改革项目,试图最大程度提高政府办事流程的电子化、信息化和智慧化,落实让数据多跑路、群众少跑路,为企业和居民提供便民高效和廉洁规范的政务服务。

"最多跑一次"是指群众和企业在材料齐全且符合各项规范的条件下,从受理申请到形成办理结果的全过程只需上门一次甚至无须上门即可办结。"最多跑一次"改革致力于解决"办事慢、办事繁、办事难"等重点问题,是基于现实问题的回应性改革。

"最多跑一次"改革明晰了部门权力与责任边界,制定责任清单和机关内部事项规范。浙江省通过正反向梳理、条块层级间交叉比对等途径,对部门内部、部门之间以及跨部门跨层级事项进行全方位划分,并按照需求进行重组,以事定责形成详细清单,以清单管理制度解决职责交叉、边界不清、管理真空等问题。并对清单以外事项执行首问责任制,由被首问单位负主责,赋权给被首问单位协调处置各项事务。除此之外,浙江省针对不同地区办理事务要求不一致问题,按照事项名称、办事依据、申请材料和办事流程等"八统一"要求,全面梳理规范并公布"最多跑一次"办事事项,制定包含业务、数据与技术等的标准化服务规范,整合优化业务流程,编制办事指南和流程图,开展标准化事项库建设。

"最多跑一次"改革推动"一窗受理、集成服务",以数字化推进"网上办、掌上办、一证办",打造一体化办事平台,实现数据共享,打破部门信息垄断,推动"最多跑一次"场景化改造。浙江省打通25个省级部门和214套市县系统,开放57个省级单位13500余项数据共享权限,建立完善个人综合库、信用信息库、电子证照库等一体化证照。并对原来按部门职能分设的窗口进行梳理,把办事需求大、办件频次高、相关性较强的部门间细碎事项进行整合,为投资项目审批、不动产交易登记等事项设立综合窗口,打造"前台综合受理、后台分类审批、综合窗口出件"的新模式,推进政务办事从"跑部门"向"跑政府"、部门"单打独斗"向"协同作战"转变。

"最多跑一次"改革推进投资审批、市场准入、民生服务等重点领域改革,并向事中事后监管延伸。浙江省按照减事项、减次数、减材料、减时间的要求,将项目图审时间从2—3个月压缩到15天并开展减证便民行动,群众办事需要提供的证明目录从860项减少到266项。在医疗方面，浙江省设立入院准备中心、检查预约中心、门诊一站式服务中心等一系列机构，通过信息化技术实现"刷脸就医""医后付费"并推进电子健康卡和电子社保卡"两卡融合"，让患者只用一个二维码便能完成全流程就医。除此之外，浙江省还推进水电气、宽带和银行服务等民生事项联动办理，以及跨部门联合抽查监管，开发应用全省统一的执法监管系统，提升智慧监管水平，落实执法监管"一次到位"机制，防止权力滥用，减少腐败机会。

在浙江省的大力推广下，浙江省改革经验实现了省内与省外的延伸扩展。杭州市深化互联网法院试点，打造"移动办事之城"；台州市打造窗口服务铁军；宁波市创新推动"证照电子化"以及"打包审批、集成服务"；嘉兴市推动"无差别全科受理"深化改革；义乌市积极打造"无证明城市"。此外，广西南宁市打造"直通车"便企服务系统，广东省开展"一网式一门式"改革，江苏省推出"不见面审批"创新，各省纷纷积极效仿学习并探索经验创新。

"最多跑一次"改革是打造服务型政府背景下，审批流程再造与线上线下融合方式创新的统一，也是数字共享与数字治理赋能政府效能提升、推动地方政府改进的一次成功的尝试。

（资料来源：参见何增科：《地方政府创新的微观机理分析——浙江省"最多跑一次"改革案例研究》，载《理论与改革》，2018年第5期；刘祺，罗浩明：《数字治理视野下机关内部"最多跑一次"改革的深化策略》，载《领导科学》，2021年第22期；皇甫鑫，丁沙沙：《数据共享、系统性创新与地方政府效能提升——基于浙江省"最多跑一次改革"案例》，载《中共福建省委党校学报》，2019年第4期。引用时有删改。）

［思考题］

"最多跑一次"改革创新是如何实现政府流程再造的？其创新的动力因素与经验有哪些？

［案例解读］

扫描二维码查看案例解读

本章教学案例设计

[案例分析材料]

01 "河长制"的执行偏差与制度困境

2003年,浙江省长兴县在全国率先实行河长制。而在2007年夏季,太湖暴发大面积蓝藻,水质恶化严重,引发用水危机。当地政府深刻认识到水质治理迫在眉睫,效仿长兴县实施河长制,并在实践中取得了显著成效。随着我国对水资源环境保护重视程度的提高,中共中央办公厅与国务院于2016年联合印发了《关于全面推行河长制的意见》,提出到2018年全面建立河长制,标志着其从应急之策上升为国家战略。

在中央政府的大力推动下,各地政府纷纷建立并实行河长、湖长制度。截至2021年,全国省、市、县、乡四级河湖长已有30万名,村级河湖长超90万名,形成了河湖管理的强大合力,并形成了省—市—县—乡—村五级河长体系和"党政首长负责制"核心的有效结合。

"河长制"一经推广,地方水污染治理和生态环境质量得到了有效改善。然而,在取得成效的同时,地方政府在执行过程中,仍存在着执行偏差问题。基层政府河长制执行主要包括"巡河"和"治河"两个方面,而基层政府存在着应付巡河、做表面文章、避重就轻、人为扩政策外延、"偷梁换柱"以及照搬式执行等行为偏差现象。那么,究竟是那些因素造成的呢?

首先,河长制政策具有冲突性和模糊性高的特征。河长制的执行存在着地方政府生态环境保护与经济发展之间的目标冲突以及纵向层级政府之间治理责任划分的模糊性问题,导致基层政府河长制执行的责任边界不清晰,基层河长不堪重负。其次,基层政府河长制执行的组织基础具有弱权力与弱能力的特征。基层河长处于责任的第一线,然而却不具备相应的行政执法权力,因此,只能向上汇报,而要处理还需要经过上级政府的决策与任务下达,无形之中就增加了行政负担,降低了行政效率。同时,基层政府在财政资金和人力以及专业性等各方面的总体能力也十分薄弱,不足以支持其进行复杂的河流治理。最后,基层政府河长制执行的任务环境具有强任务与强压力的特征。基层政府河长制执行处于压力型体制下,为了保证完成任务目标,上级政府部门将水污染治理压力层层分解到基层政府,实质上却造成了层层加压的后果,而为了达成任务,基层河长往往选择弄虚作假、搞面子工程。

除此之外,地方政府河长制也面临着制度困境。首先,地方政府面临着短期治理与长效治理机制的转换困境。虽然河长制短期治水成效显著,但法律效力不足影响了河长制运行的长期性、连续性和稳定性,同时,制度供给路径依赖导致河长制泛化效应,让基层干部"身兼数长",时常因各种任务"打架"而不堪重负。其次,地方政府面临着跨域合作与制度安排的约束困境。水资源具有明显的公共性和外部性,较长的河长制链条加剧了协同困境,同时,河长制将治水责任与考核绩效挂钩的制度设计,增加了跨域治理行动主体间的合作难度。最后,地方政府面临着边界模糊与信息不对称的叠加困境。一方面,河流的边界模糊容易导致监督失准;另一方面,信息不对称导致河长制监督机制在一定程度流于形式。因此,河长制的推广与深入发展仍需要制度的完善与法制的支持相互配合。

(资料来源:参见曹新富,周建国:《我国基层政府河长制执行偏差:主要表现形式、成因及其矫正路径》,载《当代经济管理》,2022年第3期;毛寿龙,栗伊萱:《河长制下水环境治理的制度困境及其优化路径》,载《行政管理改革》,2023年第3期。引用时有删改。)

02 "新乡贤"助力乡村振兴

乡贤文化是中华优秀传统文化的重要组成部分,具有见贤思齐、崇德向善、诚信友爱等特点。"乡贤"制度的历史源远流长,战国时期,"乡老"具备乡贤的特征和品格,一般由地方名宿、族内长者和地方豪强构成,负责对地方司法事务进行审判。汉初则建立了"乡三老"。乡老人选必须要年老而有号召力,个人德行能作为民众表率。明清时期,"乡绅"概念得到推广,认定标准也不再受到地域性的限制,而是通过科举,取得相应的地位,对乡村稳固具有积极作用的人才。20世纪初,乡土社会结构遭到严重破坏,乡村中的贤者和人才大量流失,乡绅治理无法转化为一种民主政治,反而逐渐异化为一种制度化的"乡绅统治格局",极大阻碍了国家对乡村社会的秩序建构。

随着新中国的成立,社会秩序的稳定与发展,新乡贤作为社会治理的主体之一,是基层社会治理的重要组成部分,也是推进国家治理体系和治理能力现代化的重要动力。重构新乡贤治理,发挥新乡贤主体的能动作用无疑可以强化国家与社会之间的连接，深化村民自治实践。

根据第十三届中国农村发展论坛的定义，新乡贤是心系乡土、有公益心的社会贤达，一般包括乡籍的经济能人、社会名流和文化名人，财富、权力、声望是其外在表现形式，公益性是其精神内心。中共中央、国务院印发的《乡村振兴战略规划》明确提出，积极发挥"新乡贤"作用，激活乡村自组织的内生能力、助力乡村振兴的深入发展。

贵州春晖社

春晖社源起于春晖行动，以孟郊《游子吟》的感人意境为启发，感召游子返乡，共同促进家乡经济社会发展，其纽带是"乡土之情"。春晖社成立以来，吸引了上千名社员，联络并组织返乡大学生参与乡村各项事务。作为贵州省松桃自治县大学生春晖服务社的负责人，龙洁勇带头扶助果农，利用线上直播方式，将滞销的黄桃推向全国，为乡村经济带来了巨大活力。

春晖社建设有三大原则：资源整合原则、志愿参与原则和形式多样原则。除此之外，春晖社还具有三大特征。首先，春晖社组织成员多元化，既包括体制内新乡贤也包含体制外新乡贤，既有本土新乡贤也发展外来型新乡贤。其次，春晖社兼备自发与建构特征，始终以自发秩序为主导，强调自我管理、自我发展，同时注意运用政策和法律资源，实现外来型资源和内部资源的整合。最后，春晖社组织内部优势互补、信息共享。充分发挥春晖成员的知识资本、经济资本、社会资本等优势，通过信息共享机制，为家乡的建设精准服务。

除此之外，春晖社的程序性规则不同于以往乡贤治理的权威基础而更倾向于法理型权威，在组织结构设置、选拔和退出机制以及考核评价机制等方面不断形成专门的制度规范。而在此基础上形成的"村两委＋新乡贤"治理模式在村事民议、村事民治、决策咨询、民情反馈、监督评议等方面发挥着重要的作用，推动了村民自治委员会转型，规范引导乡村自治，激发了行动内生性；增强文化认同感和共同体意识；创新资金募集方式，推动乡村经济有序发展，实现资源整合和村民再组织。

"新乡贤"正在成为新时代乡村振兴战略实施的新动力源和乡村治理的重要力量。

（资料来源：参见尹训洋：《乡村振兴背景下新乡贤治理的功能再生与制度建构——基于贵州省 D 县新乡贤组织的调查》，载《贵州民族研究》，2023 年第 1 期；唐任伍，孟娜，刘洋：《关系型社会资本："新乡贤"对乡村振兴战略实施的推动》，载《治理现代化研究》，2021年第1期；《贵州：大学生反哺家乡收获成长》，载《中国青年报》，2023年3月31日。引用时有删改。）

03 南京秦淮区"两赋两强"开展街道集成改革

近年来，南京市秦淮区持续加强党建引领、创新社会治理、聚焦民生福祉，探索推进街道集成改革，以赋权、赋能、强基层、强队伍为着力点，加快推进基层治理体系和治理能力现代化。

秦淮区探索"街道吹哨、部门报到"机制，是实地学习北京先进做法，进行"集成超越"的探索，旨在形成属地街道牵头负责，部门"一呼百应"全力给予支持的工作格局，真正践行"一线工作法"，着力形成到基层一线、到现场帮助解决问题的导向。

如何实现街道"一呼百应"？秦淮区实现了党建引领、精准赋权、力量下沉、智慧治理与服务民生的有机结合。

首先，秦淮区坚持把加强街道社区党建作为贯穿基层治理的源头活水，积极探索党建引领城市基层治理的有效路径，坚持抓党建、抓治理、抓服务"三位一体"。

其次，秦淮区赋予街道社区更多治理权责，下沉街道17项审批服务权及对辖区公共服务设施布局等方面规划建设的参与权；赋予街道综合执法主体地位；赋予街道统筹使用各类人员自主权，打破行政、事业等各类人员身份界限，推动身份管理向岗位管理转变。

再次，秦淮区启动执法力量下沉街道，将城市管理80%的执法力量、市场监管70%的执法力量先后下沉和派驻街道；建立区街力量常态化下沉机制，安排区级机关领导干部担任民生工作站结对社区"第一书记"；针对单靠街道社区力量难以解决的问题，启动"吹哨报到"工作机制。

除此之外，秦淮区打造区街两级社区治理智慧平台，建立区社会治理综合指挥中心，整合数字城管、12345政务热线电话等全区16个部门的30个信息平台功能，推行"全要素"网格管理，完善网格事项流转运行机制。

最后，秦淮区推动政务服务"触手可及"，将分散在13个部门的100项行政审批事项集中到区行政审批局，实现"一枚公章管审批"，实现公共服务"一站可达"，并打造"向人民汇报"工作品牌。

2023年以来，秦淮各街道"吹哨"已成常态，累计吹哨近200次，报到单位54家，问题解决率超过80%。如今，一声"哨响"不仅唤起了主管部门责任心，更是齐聚利益各方好商量。目前，这一改革的管理成效正逐步显现。秦淮区城管局负责人介绍，街道按执法队员数量划分片区，明确管理边界，管理绩效奖惩分明。采取执法队员带领协管员、停车管理员、社区网格员的基本网格工作方式，实现了网格内城市管理问题及时发现、及时管理、及时执法，一线城市管理问题处置更加快捷，解决了以前协管员管不住，停车管理员不管"分外事"，执法队员执法跟不上的问题。

党的十九届四中全会强调，必须加强和创新社会治理，完善党委领导、政府负责、民主协商、社会协同、公众参与、法治保障、科技支撑的社会治理体系。秦淮区区委书记、南部新城开发建设管委会主任、党组书记林涛表示，该区将深入学习贯彻党的十九届四中全会精神，积极推动顶层设计与基层实践的有机结合，深化改革不停步，基层治理勇探路，为推进国家治理体系和治理能力现代化探索"秦淮经验"，贡献"秦淮力量"。

（资料来源：参见林涛：《南京市秦淮区探索"两赋两强"街道集成改革》，载《中国机构改革与管理》，2020年第10期；《秦淮区"两赋两强""双做双增" 构建基层社会治理新格局》，载南京市人民政府网站，2021年9月15日。引用时有删改。）

04 数智治理下"城市大脑"的建设与创新

城市大脑是一个由中枢、系统与平台、数字驾驶舱和应用场景等要素组成，以数据、算力、算法等为基础和支撑，运用大数据、云计算、区块链等新技术，推动全面、全程、全域实现城市治理体系和治理能力现代化的数字系统和现代城市基础设施，旨在使便民服务更加精准、城市治理更加精细。

我国城市大脑建设源于2016年浙江杭州市的"数字治堵"实践，随后拓展至覆盖城市治理各大生产生活领域的"数字治城""数字治疫"等实践。截至2021年，杭州城市大脑已建成涵盖交通、城管、卫健、警务、基层治理等11个重点领域的48个应用场景，390个数字驾驶舱，形成中枢系统数据服务接口1.2万个，日均协同数据2亿余条，数据累计调用量35.6亿次。

那么，杭州"城市大脑"创新是怎样发挥其作用的呢？

首先，杭州"城市大脑"通过构建数字化基础底座和管理服务端应用，以获取、共享和分析数据为基础,为政府数字化转型提供了技术底层支撑,赋能政府整体智治。近年来,杭州市陆续实现了网上预约、互联网诊疗、体检报告查询等各类"互联网+医疗健康"应用,实现"一码在手,就医全程通",打造数字治疫的"杭州方案"。

其次,杭州"城市大脑"的赋能方式是通过中枢系统汇聚所有部门动态数据。"城市大脑"将市、区县(市)、乡镇(街道)、社区(小区)四级和96个部门、317个信息化系统的数据互联互通,推动公共数据资源协调互通。同时,"城市大脑"突破了传统以官僚为中心的组织结构和功能设计,以更为灵活的专班制开展运作,平台政府去结构化的形态也推动着镇街层面条块关系的重塑和社会治理需求责任归属的进一步明确。除此之外,杭州市"城市大脑"基层治理平台提供了一个综合、集成、共享的运作体系,政府治理逻辑从"职能"起点转为"需求"导向,部门间围绕"一件事"达成协作,业务流程整体化、扁平化、高效化,推动实现了整体主义改革的中心目标——需求回应。

最后,杭州市城市大脑以整体智治为目标,促进多元主体协同治理。模糊化、碎片化、复杂多变的社会形态又使治理需求很难实现集中,城市大脑的解决方案是通过大数据分析、机器视觉、大规模拓扑网络计算等跨学科领域的顶尖技术精准识别潜在的治理需求,甚至实现"自动式"的敏捷回应。同时,政务网站、政务微博微信等在线媒体为社会公众参与治理提供了高效、便捷的渠道,公民可以跨地区、多领域实时反映诉求和需求,这为多元共治格局的形成提供了更多可能性,激发公民参与治理的积极性和主动性。

然而,技术是把双刃剑,城市大脑赋能社会治理存在一定的限度。一是技术可以拓展人的"有限理性边界",但它依然不能消除理性的限度。二是"技术型治理"往往与民主、自由等政治价值相悖,过度依赖数字技术就可能形成治理超载。三是政府科层制内的技术嵌入更多地取决于压力型体制下的政治逻辑而非单纯的技术逻辑,技术无法完全替代政治和科层制度来解决整合障碍。四是传统公共事务治理规则往往无法及时有效覆盖数字空间中新的社会关系,两者之间的异步困境会使技术潜在风险被释放。

(资料来源:参见郁建兴,樊靓:《数字技术赋能社会治理及其限度——以杭州城市大脑为分析对象》,载《经济社会体制比较》,2022年第1期;《杭州:数字赋能让城市服务触手可及》,载《中国青年报》,2020年12月15日。引用时有删改。)

[思考与讨论]

1. "河长制"政策执行偏差表现在哪些方面？它们的产生原因是什么？应当如何改进？

2. 新乡贤参与基层社会治理如何推进地方政府决策科学化、民主化和法治化？新乡贤参与乡村治理面临哪些困难和挑战？如何有效解决这些问题？

3. "街道吹哨、部门报到"机制是如何实现街道"一呼百应"的？它体现了哪些地方政府管理的原则和理念？秦淮区如何利用智慧平台和政务服务提升社会治理的效率和质量？

4. 地方政府"城市大脑"创新建设的经验有哪些？"城市大脑"的建设与创新有哪些主要特点和优势？它是如何赋能政府整体智治和多元主体协同治理的？

5. 地方政府管理过程的每个环节应当发挥怎样的作用？如何才能更好地发挥这些作用？

延伸阅读

新时代"枫桥经验"助推基层治理现代化

20世纪60年代，浙江省诸暨市创造了"发动和依靠群众，坚持矛盾不上交，就地解决"为核心的"枫桥经验"。随着我国社会的加速发展以及新科学技术手段的进步，基层社会治理不断完善并逐渐形成了党建统领、人民主体、自治法治德治"三治融合"、共建共治共享、四防并举五个核心要素构成的新时代"枫桥经验"。

新时代"枫桥经验"以马克思主义为思想理论来源，扎根中国基础社会实际情境，坚持党的领导、人民为中心、走群众路线。党建引领是新时代"枫桥经验"的政治灵魂，路径创新是新时代"枫桥经验"的实践特质。坚持自治、法治、德治"三治融合"是新时代"枫桥经验"的主要路径。人防、物防、技防、心防"四防并举"是新时代"枫桥经验"的重要手段。共建共享是新时代"枫桥经验"的工作格局。

党的十九届五中全会指出"十四五"时期要努力实现社会治理特别是基层治理水平的明显提高，习近平总书记也多次强调，要把"枫桥经验"坚持好、发展好。在新时代、新形势、新任务的要求下，将新时代"枫桥经验"推广到基层治理改革中，对于创新基层社会治理、加快推进社会治理现代化具有重要的示范价值和启示意义。

桐乡经验

2013年以来,浙江省桐乡市率先创新实践,着力实现"大事一起干、好坏大家判、事事有人管",走出了一条具有桐乡特色的新路子。桐乡市强调镇村党组织的领导,注重发挥网格支部、党员和小组长的作用,并选拔年轻骨干重点培养。同时,桐乡市打造"一约两会三团"工作机制,让百姓主动参与到治理当中。"一约"是村规民约,由村民来参与制定并进行监督,如将文明餐桌写入村规民约以引导村民厉行节约。"两会"是指百姓议事会和乡贤参事会。百姓议事会由村社书记召集党员群众骨干以及利益相关者实现民事民议;乡贤参事会则是有威望的党员干部、企业家以及道德模范等,协助"两委"做好群众工作。"三团"即在每个村组建百事服务团、法律服务团、道德评判团,办好群众家门口的事。桐乡市通过"三治融合",弘扬了向上向善的乡风,提升了服务群众的实效,激发了乡村振兴的动力。

宜都经验

作为湖北省"双基强化、三治融合"唯一试点县市,湖北省宜都市以党建工作提升网格治理活力,在全市成立了494个"网格支部"、48个"家+驿站"和247个"党员微家"活动阵地,形成精细化的居村治理平台,实施微治理,延伸成为宜都市"神经末梢"。宜都市还组建了乡贤理事会、红白理事会、道德评议会、禁赌禁毒会等507个自治组织,培育和发展社工组织、行业商会、志愿服务队伍等社会组织,积极促进实现"民事民提、民事民议、民事民办、民事民管"的自治目标。在法律援助方面,宜都市建立了市、乡、村三级公共法律服务体系和专业调解委员会,为群众提供专业的法律服务。在文化建设方面,一方面,宜都市组建道德法治宣讲团,因地制宜开展群众喜闻乐见的文化活动和志愿活动,另一方面,宜都市重视道德模范的带头作用,倡导新家风建设,引导人民群众崇德向善。除此之外,宜都市通过与"宜都一家亲""融媒体"等的互联互通,构建起了智能化防控体系,并深化"网格化+大数据"社会治理创新,主动对接宜昌市社会治理综合信息平台,以"智治"提升基层社会治理效能。

光明模式

深圳市光明区一站式解决群众诉求服务的"光明模式",探索了超大城市城区社会治理的新路径,构建了"诉求服务在身边,矛盾化解在源头,问题处理在基层"的基层社会治理新格局。从机制运行上,光明区系统性提出"1+6+31+N"群众诉求服务体系,创新"社区发令、部门执行"机制,并纳入绩效考核。光明区依托社区群众诉求服务大厅,强化"三级负责制",让职能部门主动到现场解决群众矛盾。除此之外,光明区还设置了群众诉求服务二维码,辖区群众可随时扫码在线反映诉求、报告情况。总体而言,光明区将一个信访大厅转变为多个服务站点，实现"诉求服务在身边"；由行政主导转变为全员参与，实现"矛盾化解在源头"；由层级管理转变为社区发令，实现"问题处理在基层"；由传统管控转变为智慧治理，实现"治理效能再提升"，打通了矛盾纠纷化解"最后一公里"。

（资料来源：参见张爱民：《新时代"枫桥经验"的理论逻辑及其示范性价值》，载《新视野》，2021年第4期；《基层治理浙江探索——党建引领下"三治融合"的桐乡样本了解一下！》，载浙江党建网，2019年12月6日；《基层社会治理的"宜都经验"》，载湖北长安网，2020年10月23日；《从"枫桥经验"到"光明模式"的中国基层社会治理新路径》，载澎湃新闻网站，2021年3月19日。引用时有删改。）

后　记

地方政府管理学是公共管理学类各专业本科生和研究生的核心课程，本教材理论与实践相结合，专门针对 MPA 教育的特点，在讲授地方政府管理的基本理论和知识的基础上，重点服务于案例教学实践需要。本教材在内容体系设计上独具特色，与当前已出版教材的内容体例存在较大差别，故定名为《地方政府管理学新论》。本教材入选"研究生卓越人才教育培养系列教材"，其出版受到西北大学研究生院和西北大学出版社的大力支持。

教材除了适合 MPA 课程教学外，也适合公共管理等相关专业本科生和研究生理论和案例教学需要，以及相关社会培训使用教材。

就目前地方政府管理学课程教材的内容设计来看，在内容安排上与公共管理学、行政管理学、公共政策学、公共经济学、绩效管理、人力资源管理等课程内容存在交叉重复，区别主要在于冠以"地方政府"，如地方政府绩效管理、地方政府人力资源管理等，章节之间主要是并列平行关系，缺少一个内在的独立完整的知识逻辑体系。本教材在内容设计上力图避免与其他课程授课内容的重复，试图构建独立完整的地方政府管理学知识体系。

无论教师还是学生，搭建知识架构是非常重要的。对教师而言，建构一个课程的知识体系是必要的，属于"顶层设计"和"匠心独运"。教师授课时，讲清楚课程知识体系构成部分的逻辑关系十分重要，如果能够犹如"羊肉串""糖葫芦",用一根"杆"将知识点串起来,这样讲课才能达到"脉络清晰""轻车熟路",学生也才能对课程知识体系"印象深刻",甚至"烂熟于心"。

本教材内容架构和体例设计新颖,即将地方政府管理的知识体系分为基础和主体两大部分,第一部分基础部分主要介绍地方政府管理的核心概念和知识架构、基础理论、历史沿革和国际经验,帮助学生掌握地方政府管理基础知识的同时,形成学生对本门课程的内容设计和知识体系的总体性把握。第二部分主体部分是本书在课程知识结构上的最大特色,也是区别于其他教材的最重要特点。内容分为"一个逻辑起点、二个基础、三种力量、四大要素、五个环节"等富有逻辑关系的五大部分,用一根"杆"将知识串起来。

本教材是集体智慧的成果,主要由西北大学、燕山大学、河北工业大学和中共天津市委党校(天津行政学院)从事公共管理教学和研究的专任教师组成,编写者均具有公共管理案例学习、教学和研究经历。本教材由司林波、任都甜担任主编,主要负责教材框架设计,以及组稿、统稿和定稿工作;徐芳芳、韩艳丽、李亚鹏、谭筱波、王伟伟、张丰担任副主编,谭筱波协助主编承担组稿、统稿工作,并对第4、5、7章等章节部分内容进行了修改。各章节编写人员文责自负。本教材编写成员具体分工如下:

绪言,司林波(西北大学)

第1章,司林波、谭筱波(西北大学)

第2章(第1—2节),任都甜(西北大学)

第2章(第3节及案例部分),任都甜、谭筱波(西北大学)

第2章(第4—6节),司林波(西北大学)

第3章,任都甜(西北大学)

第4章,韩艳丽(燕山大学)

第5章,徐芳芳(中共天津市委党校)

第6章,李亚鹏(河北工业大学)

第 7 章，徐芳芳（中共天津市委党校）

第 8 章，王伟伟（西北大学）

第 9 章，司林波、张丰（西北大学）

本教材的内容结构和知识体系设计是我们多年教学实践的成果总结。本教材试图联系 MPA 学生和教学实践的实际情况，构建学生能够"烂熟于心"的"一二三四五"知识结构体系，实现理论与实践的有机结合，以便于学生整体上把握课程的知识结构，便于学生学和教师教，是一次对地方政府管理知识体系和教改实践的探索尝试。正因为本书是对地方政府管理学在知识体系设计上的探索尝试，加之我们的水平有限，肯定还存在诸多疏漏之处，恳请广大读者批评指正，我们将适时对教材进行修订完善。

希望本教材的出版，能够对促进公共管理案例教学有所裨益。

司林波
2023 年 10 月于西安